The Covenant: Christianity as Togetherness III

언약: 함께로 그리스도교 III

The Covenant: Christianity as Togetherness III

언약: 함께로 그리스도교 III

황두용
Doo Yong Hwang

언약: 함께로 그리스도교 III

The Covenant: Christianity as Togetherness III

지은이   황두용 Doo Yong Hwang
초판발행   2023년 4월 12일

펴낸이   배용하
책임편집   윤찬란

등록   제364-2008-000013호
펴낸곳   도서출판 대장간
          www.daejanggan.org
등록한곳   충남 논산시 매죽헌로 1176번길 8-54
대표전화   전화: 041-742-1424 전송 : 0303-0959-1424

분류   기독교 | 성서연구 | 언약
ISBN   978-89-7071-613-8 (03230)
          978-89-7071-611-4 (04230) set

 값 30,000원

서문

Preface

이 글을 쓰게 된 배경은 이렇습니다.

This is the background narrative of this writing.

2017년 11월 12일, 주일 이른 새벽, 늘 그러듯 교회에 기도하러 갔습니다. 특별히 그날부터 새로운 책을 쓰려는 계획을 하나님께 아뢰려 했습니다. 저의 이전 글은 대부분 한글로 써졌고 독자에게 우호적이지 않아 나쁘게 평가되었습니다. 이번에는 영어로 쓰되 대중에게 우호적인 책을 염두에 두었습니다. 이전에 받은 계시에서 영어로 쓰인 책을 보았기 때문입니다.

On Sunday, November 12, 2017, I went to the church in the early morning to pray as I did every morning. I especially thought of telling God my plan for writing a new book that very day. My previous writings, mostly written in Korean, were ill reputed because they were unfriendly to the readers. This time, I had in my mind a book that would be friendly to the public in English, since I had seen a book written in English in a revelation before.

영어로 새로운 책을 쓰려고 한다고 기도를 시작했습니다. 그리고 대중에게 읽기 쉬운 글을 쓰려고 한다고 하나님께 언급하려는 순간 제 두 뇌가 회전되면서 "철저"와 "엄밀"이라는 말이 분명히 나타났습니다.

I began to pray by telling that I had a plan for writing a new book in English. When I was about to mention that I would like to write an easily readable book to the public to God, my brain was turned around to unveil the words, "thorough" and "rigor," vividly.

제 글이 신학적이고 체계적이라 일반 신자들이 읽기가 어렵다고들 했습니다. 그런데 하나님께서 저를 이전 글보다 더 철저하고 엄밀한 글로 집중하게 하시는 듯 했습니다. 그러나 저는 망연해져서 무엇을 어떻게 할지 전혀 엄두가 나지 않았습니다.

My writings had been reputed to be unreadable to the common believers because they were theological and systematic. But God seemed to let me concentrate on an even more thorough and rigorous writing than my previous ones. But I was so stunned as to be at a loss of what to do and how to do it.

10년 넘게 아우구스티누스로부터 이어온 신학에 문제가 있다고 여겨왔습니다. 성경을 그리스 철학으로 풀이하는 것은 적절하지 않습니다. 성경과 그리스 철학은 전혀 다른 언어 체계를 갖는데, 성경의 언어를 그리스 철학 언어로 풀이하는 것은 불합리합니다. 성경은 그 자체의 언어로 재현되어야 된다는 것이 저의 확신이지만, 이 글을 시작하는 순간엔 어떻게 할지 전혀 아이디어가 없었습니다.

For more than 10 years, I have thought that the theology that has been succeeded since Augustine is problematic. It is improper to interpret the Bible in terms of Greek philosophy. Since the Bible and Greek philosophy have quite different linguistic systems, it is illegitimate to interpret the Biblical language into the Greek philosophical language. It is my conviction that the Bible should be recapitulated in its own language. However, I had no idea what to do at the moment that I started writing.

하나님의 인도하심을 따라 이 글에 이끌리면서, 제목이 언약 신학: 함께로 그리스도교로 설정되게 되었습니다. 성경의 주제가 언약이니, 성경의 언어는 단지 언약의 언어로 재현됩니다. 따라서 이 글은 어느 의미에서 언약 언어의 상기이고 일신입니다.

As I was engaged in this writing in accordance with God's guidance, the title became settled as The Covenant Theology: Christianity as Togetherness. Since the main theme of the Bible is the covenant, the Biblical language can be only recapitulated by the covenant language. Thus, this writing is, in a sense, the recollection and renewal of the covenant language.

그리스 철학은 어떻든 존재론적 언어로 체계화됩니다. 성경의 언약 언어가 그리스 철학의 존재론적 언어로 풀이되면, 하나님 함께의 언약 내용은 사라집니다. 그러면 하나님의 함께보다 그분의 존재가 신학적 시도의 출발점입니다. 임마누엘, 곧 하나님이 우리와 함께, 의 언약 주제는 하나님과 인간의 존재론적 상관성으로 바뀝니다. 그리고 언약의 함께는 개인의 종교성으로부터 제거됩니다.

Greek philosophy is, at any rate, systematized in terms of onto-logical language. If the covenant language of the Bible is interpret-ed in terms of the ontological language of Greek philosophy, the covenant content of God's togetherness disappears. Then, God's being rather than His togetherness is the starting point of the theo-logical undertaking. The covenant theme of Immanuel, i.e., God-with-us, is replaced by the thesis of ontological correlation of God and man. And the covenant togetherness is excluded from the indi-vidual religiosity.

하나님은 그분 함께로 말해질 수 있습니다. 그리고 하나님의 말씀은 그분 백성에게 주어집니다. 이 둘은 성경에 나오는 언약 서사의 근거입니다. 이에 반하여 하나님의 존재는 그분에 대한 사람의 생각 소산입니다. 이 경우 그분은 사람의 생각의 대상입니다. 그러므로 존재론적 풀이로 주장된 성경 내용은 단지 성경에 대한 사람 생각의 정리입니다.

God can be told with His togetherness. And His word is given to His people. These two are the foundation of the covenant narra-tives in the Bible. Contrasted to these, His Being is the outcome of man's thinking of Him. In this case, He is an object of man's think-ing. Therefore, the Biblical content that is claimed by its ontolog-ical interpretation is a mere organization of man's thinking about the Bible.

함께로 그리스도교라는 부제는 "하나의 종교로 그리스도교" 혹은 "관계로 그리스도교"라는 성향에 대비됩니다. 그리스도교는 로마 제국의 국교가 되면서부터 하나의 종교로 여겨져 왔습니다. 그리고 그리스도교는 근래 존재론적으로 상설됨에 따라 관계성으로 다루어집니다. 하나님이 존재로 다루어지면, 하나님과 사람은 단지 관계된다고 주장됩니다. 그러나 종교나 관계성은 개인성의 바탕에서 일어납니다. 그렇지만 그리스도교는 개인성으로부터 나오지 않습니다. 언약의 근거에서 함께로 재조명되어야 합니다.

The subtitle, Christianity as Togetherness, is contrasted to the disposition, "Christianity as a kind of religion" or "Christianity as relationship." Since Christianity became the state religion of the Roman Empire, it has been considered as a religion. And it is recently dealt with as a relationship in order for it to be explicated ontologically. If God is dealt with as Being ontologically, He and man can only claim to be related. Religion or relationship is, at any rate, arisen on the basis of individuality. Nevertheless, Christianity does not come from individuality. It has to be re-examined as togetherness on the ground of the covenant.

글을 전개하는 중에 글 제목 가운데 "신학"이라는 말을 삭제하도록 계시를 받았습니다. 따라서 언약: 함께로 그리스도교가 결국 이 글의 제목이 되었습니다. 그 계시는 또한 이 글이 제가 신학적으로 글을 전개하는 것이 아니라고 일깨워주었습니다. 글이 진척될수록 하나님께서 직접 계시하시는 것이라고 인정해야 했습니다.

While developing this writing, I received a revelation of illuminating the word, "theology," in the title to be eliminated. Thus, The Covenant: Christianity as Togetherness was finalized as the title of this writing. The revelation also awaked me to admit that this writing was not what I could develop theologically. As it progressed, I had to concede that it was what God directly revealed.

처음에는 이 글의 영어를 교정해서 출판할 계획이었습니다. 그러나 그 계획을 포기해야 했습니다. 제가 이 글의 저자일 수 없다고 여겨졌기 때문입니다. 제가 영어로 컴퓨터에 이 글을 썼다고 하더라도, 저는 하나님께서 계시하신 것에 영어 글자를 입혔을 뿐입니다. 이 글이 교정되기 위해서는 글의 뜻이 파악되어야 합니다. 적절한 말과 배치는 그 뜻을 따릅니다. 그러나 그 뜻이 제가 이 글에 사용한 글자에 깔려지지 않고 하나님에 의해 계시되기 때문에 어떤 적절한 말이나 배치도 합당하다고 주장될 수 없습니다.

At first, I planned to publish this writing after its English was edited with the help of someone else. But I had to give up the plan completely because I considered that I could not be the author of this writing. Even if I wrote it in English on the computer, I just put English letters on what God revealed to me. In order for this writing to be edited, its meaning had to be grasped. Proper words and arrangement are claimed in accordance with its meaning. But since its meaning is not embedded in my words used in this writing but revealed by God, no proper words or arrangement can be claimed to be legitimate.

이 글은 하나님의 함께로 이루어졌습니다. 그러므로 그분의 함께로 읽어질 수 있습니다. 이 글로 부여된 사역은 그분 함께를 증거하는 것입니다.

This writing was fulfilled with God's togetherness; therefore, it could be read with His togetherness. The mission endowed with this writing is to witness His togetherness.

영어 부분은 2019년 4월에 일차 마무리되었습니다. 그리고 나서 그것을 한글로 번역하도록 인도되었습니다. 한글 번역은 물론 영어 부분의 편집과 동반되었습니다. 그러나 한글 번역에서 문제에 봉착했습니다. 한글로 번역이 일종의 풀이이면 그 뜻이 전제되어야 합니다. 그러나 그것은 하나님에 의해 주어진 것이기 때문에, 그 뜻은 텍스트로서 고정될 수 없습니다. 즉 한글 번역은 텍스트의 풀이일 수 없습니다. 따라서 결국 직역해야 했습니다. 계시된 것에 영어 글자를 입혔으니, 영어 글자를 한글 글자로 바꾸었습니다. 그래서 한글 번역은 딱딱해서 편안하게 읽어지지 않습니다.

The first draft of the English part was done in April, 2019. And, then, I was guided to translate it into Korean. The translation was, of course, accompanied with the edition of the English part too. But I encountered a problem in its translation into Korean. If its translation into Korean was a kind of interpretation, its meaning had to be presupposed. But since it was given by God, its meaning could not be fixed as a text. That is, its translation could not be a textual interpretation. Thus, I eventually had to translate word-for-word. Since I put English letters on what was revealed, I changed them to Korean letters. Therefore, the Korean translation is so stiff that it could not be read comfortably.

영어 부분과 한글 번역은 2019년 말에 마무리되었습니다. 그러고 나서 집중 부분을 거기에 더하였습니다. 영어 부분과 한글 번역은 문단을 따라 단계적으로 읽을 수 있습니다. 그러나 120 토픽 하나하나가 짧지 않기 때문에 다 읽어도 전체적 그림이 잡히지 않을 것 같았습니다. 그러나 그것을 요약하고 싶지 않았습니다. 제 생각이 거기에 반영될 수 있기 때문입니다. 그래서 전체 그림에 집중하는 시각이 필요하다고 결론 내렸습니다. 집중 부분은 한글로 먼저 쓰고 영어로 번역하였습니다.

The English part and its Korean translation were finished at the end of 2019. And, then, I added the part of Focus to it, The English part and its Korean translation could be, step by step, read paragraphically. But each of the 120 topics was not short so that its whole picture might not be grasped even if it was read through. But I did not want to summarize it because my own thoughts might be reflected in it. Thus, I concluded that it would be necessary to have the perspective of focusing on the whole picture. The **Focus** part was first written in Korean and, then, translated into English.

이 글은 하나님 함께로 써졌습니다. 그분 함께는 원래적으로 또 궁극적으로 선교적입니다. 그러므로 이 글도 또한 선교적일 수밖에 없습니다. 즉 이 글은 그분 함께로 그분 함께를 위해 마련됩니다.

   This writing is done with God's togetherness. His togetherness is originally and ultimately missionary. Therefore, this writing is also inevitably missionary. That is, it is prepared with His togetherness for His togetherness.

   글쓰기와 번역에 29개월 꼬박 걸렸습니다. 그렇지만 그분이 제 평생을 이 걸 위해 준비해 오신 것을 고백하지 않을 수 없습니다. 이 정도라도 감당하게 되어 이제 압도되면서 또 안도하게 됩니다.

   I have spent 29 months straight on this writing and its accompanied translation. However, I have to confess that He has prepared for them throughout my life. Now I am overwhelmed and relieved because I have coped with them even this much.

2020년 부활절에
Easter, 2020

Order(순서)

Part 8: The Christ(그리스도)

Part 9: The Life of Disciples(제자의 삶)

Part 15: The Church Services(교회 봉사)

Part 16: The Fruit of the Holy Spirit(성령님의 열매)

Part 17: The Trinity(삼위일체)

The Holy Spirit | 성령님

Part 12

The Spirit of God

(하나님의 영)

12.1

The Spirit of Pentecost(오순절의 영)

The Holy Spirit came to the world as the Spirit of God just as Jesus came to the world as the Son of God. As the Holy Spirit came, the guided life by the Holy Spirit became fulfilled with the guided word by the Holy Spirit. It was the church. The church was fulfilled as the Spirit of God came to the world.

예수님이 하나님의 아들로 세상에 오신 것처럼 성령님은 하나님의 영으로 세상에 오셨습니다. 성령님이 오심으로 성령님에 의해 인도되는 삶이 성령님에 의해 인도되는 말씀으로 이루어지게 되었습니다. 그것이 교회였습니다. 교회는 하나님의 영이 세상에 오심으로 이루어졌습니다.

The Holy Spirit came on the day of Pentecost. He was the Spirit of Pentecost. The incidence of the coming of the Holy Spirit was narrated in chapter 2 of Acts. It was not a private or personal experience but a manifested 'event' witnessed by the public. That is, the Holy Spirit did not work in the private realm but work in the public realm.

성령님은 오순절 날에 임하셨습니다. 그분은 오순절의 영이었습니다. 성령님이 오신 사건은 사도행전 2장에 서사되었습니다. 그것은 사적이나 개인적인 체험이 아닌 공중에 의해 증거된 나타난 '사건'이었습니다. 즉 성령님은 사적인 영역에서 일하지 않고 공중의 영역에서 일하셨습니다.

The Holy Spirit who came led the disciples who were gathered together for prayer and supplication to speak with other tongues. And everyone of the multitudes who were there from every nation heard his own language spoken by the disciples who were native Galileans. The first sign of the coming of the Holy Spirit was His leading them to speak with all different languages in the world.

오신 성령님은 기도와 청원을 위해 모인 제자들을 인도하셔서 다른 언어로 말하게 하셨습니다. 그리고 모든 나라로부터 거기에 온 군중 모두가 갈릴리 토박인 제자들로 말해진 자신들의 언어를 들었습니다. 성령님의 오심의 첫 표적은 제자들로 세상의 다른 모든 언어로 말하게 하신 그분의 인도하심이었습니다.

The guidance of the Spirit encompassed all languages in the world. Therefore, the Spiritual utterances could not be restrictive to locality which was not to be translated to other languages. They could be heard anyone with his own language in any place and time. The Spiritual utterance overcame linguistic barriers.

영의 인도하심은 세상에 있는 모든 언어를 아울렀습니다. 그러므로 영적 발설은 다른 언어로 번역될 수 없는 지역성에 제한될 수 없었습니다. 영적 발설은 어느 장소나 시간에서 누구나 자신의 언어로 들을 수 있었습니다. 영적 발설은 언어적 장벽을 극복하였습니다.

The Holy Spirit, i.e., the Spirit of Pentecost, is the Spirit of togetherness. Although everyone in the world recites the Spiritual utterances with his own language, everyone is guided by the Holy Spirit to be together with the Spiritual utterances of his own language since they are guided by the Holy Spirit.

성령님, 곧 오순절의 영은 함께의 영입니다. 세상 모든 사람이 자신의 언어로 영적 발설을 말하지만, 모두가 성령님에 의하여 인도되어 자신의 언어에 의한 영적 발설로 함께하게 됩니다. 영적 발설은 성령님에 의해 인도되기 때문입니다.

The significance of the encompassment of languages as the primary guidance of the Holy Spirit lies in the admission of the priority of the word of God. Since God is Spirit, His word is originally Spiritual. And, thus, His word is given with and guided by His Spirit. It cannot be read literally.

성령님의 일차적 인도하심으로 언어의 아우름 뜻은 하나님 말씀의 우선성을 인정하는데 있습니다. 하나님은 영이심으로, 그분 말씀은 원래 영적입니다. 따라서 그분 말씀은 그분 영으로 주어지고 인도됩니다. 문자적으로 읽어질 수 없습니다.

God's word can be uttered in all different languages. But it is guided by the Holy Spirit because it is originally Spiritual. With the coming of the Holy Spirit, His word becomes fully revealed. No geographical or temporal restriction or limitation can be imposed on His word, since it is Spiritual.

하나님의 말씀은 모든 다른 언어로 발설될 수 있습니다. 그러나 그것은 원래 영적이기 때문에 성령님에 의해 인도됩니다. 성령님의 오심으로 그분 말씀은 완전히 계시되게 됩니다. 지리적 혹은 시간적 제한이나 한계는 그분 말씀에 부과될 수 없습니다. 그분 말씀은 영적이기 때문입니다.

If the law is claimed as the word of God, it is not in need of the guidance of the Holy Spirit. It requires the strict individual response only and applies the strict retribution to individual response only. Therefore, it is restrictive and limited, for individual response is inevitably conditional.

율법이 하나님의 말씀으로 주장되면, 성령님의 인도를 필요로 하지 않습니다. 그것은 엄격한 개인적 반응만 요구하고 또 개인의 반응에 대해 엄격한 징벌만 적용합니다. 그러므로 그것은 제한되고 한정됩니다. 개인의 반응은 어쩔 수 없이 조건적이기 때문입니다.

Because of the restriction and limitation of the law, the coming of the Holy Spirit brought along the new Spiritual word of God. He gave His word with His Spirit. The coming of the Holy Spirit involved in the proclamation of the new Spiritual word of God. His Spiritual word is only proclaimed, not interpreted.

율법의 제한과 한계 때문에, 성령님의 오심은 새로운 하나님의 영적 말씀을 가져왔습니다. 하나님은 그분 말씀을 그분 영으로 주셨습니다. 성령님의 오심은 새로운 하나님의 영적 말씀에 대한 선포를 초래하였습니다. 그분의 영적 말씀은 선포될 뿐입니다. 풀이되지 않습니다.

The new Spiritual word of God encompasses all different languages of the world with the Holy Spirit. This implies that it is missionary unlike the law. That is, God's togetherness reaches up to the whole parts of the world with His new Spiritual word under the guidance of His Spirit. His Spiritual word overcomes His literal word.

새로운 하나님의 영적 말씀은 성령님과 더불어 세상의 모든 다른 언어를 아우릅니다. 이것은 새로운 하나님의 영적 말씀은 율법과 달리 선교적인 것을 시사합니다. 즉 하나님의 함께는 그분 영의 인도하심 아래 그분의 새로운 영적 말씀으로 세상 온 지역에 이릅니다. 그분 영적 말씀은 그분 문자적 말씀을 극복합니다.

With the coming of the Holy Spirit, the Spiritually guided word becomes uttered. It is different from the ordinary word that man expresses. Since God is Spirit, His word should be Spiritually guided. In this respect, the law as the word of God is limited and incomplete. This means that the journey toward the NT from the OT is guided by the Holy Spirit.

성령님이 오심으로 영적으로 인도된 말이 발설되게 됩니다. 그것은 사람이 표현하는 보통 말과는 다릅니다. 하나님은 영이심으로, 그분 말씀은 영적으로 인도되어야 합니다. 이 점에서 하나님의 말씀으로서 율법은 한계적이고 불완전합니다. 이것은 구약으로부터 신약으로 향한 여정은 성령님에 의해 인도되는 것을 뜻합니다.

Without the guidance of the Holy Spirit, the phrase "the word of God" has only symbolic meaning. Even if the Bible is affirmed as the word of God, there is no way to confirm that it is the word of

God if it is read without the guidance of the Holy Spirit. Without the guidance of the Holy Spirit, the word of God cannot be separated from the word of man.

성령님의 인도 없이 "하나님의 말씀"이라는 어구는 단지 상징적 의미만 갖습니다. 성경이 하나님의 말씀으로 확언되더라도, 성령님의 인도 없이 읽어지면, 그것이 하나님의 말씀이라고 확인될 길이 없습니다. 성령님의 인도 없이 하나님의 말씀은 사람의 말과 구별될 수 없습니다.

If the word of God cannot be separated from the word of man, the phrase "the word of God" is used symbolically among the word of man. Then, what is claimed as the word of God is the mere extrapolatory meaning of the word of man. Thus, the word of God is symbolically claimed among the word of man.

하나님의 말씀이 사람의 말과 구별될 수 없으면, "하나님의 말씀"이라는 어구는 사람의 말 가운데 상징적으로 쓰입니다. 그러면 하나님의 말씀이라고 주장된 것은 단지 사람의 말의 외삽적 뜻입니다. 따라서 하나님의 말씀은 사람의 말 가운데 상징적으로 주장됩니다.

Specifically, the narrative of Jesus, as the gospel of God, is guided by the Holy Spirit. If Jesus is narrated without the guidance of the Holy Spirit, He will be only narrated religiously or mythologically with the word of man. Then, He is at most depicted as a man who is delineated with religious or mythological words.

구체적으로 하나님의 복음으로서 예수님의 서사는 성령님에 의해 인도됩니다. 만약 예수님이 성령님의 인도하심이 없이 서사되면, 사람의 말로 종교적으로 혹은 신화적으로만 서사될 것입니다. 그러면 그분은 기껏 종교적 혹은 신화적 말로 그려진 사람으로 묘사됩니다.

With the guidance of the Holy Spirit who came, the disciples witnessed Jesus to express their own confession: "Therefore let all the house of Israel know assuredly that God has made this Jesus, whom you crucified, both Lord and Christ" ^{Acts 2:36}. The Holy Spirit who came on the day of Pentecost primarily led them to express this confession toward Him whom they followed and discarded.

오신 성령님의 인도로, 제자들은 예수님을 증거하여 자신들의 고백을 표현했습니다: "그런즉 이스라엘 온 집은 알지니 너희가 십자가에 못 박은 이 예수를 하나님이 주와 그리스도가 되게 하셨느니라^{행 2:36}" 오순절 날에 오신 성령님은 그들이 따르다가 버려버린 예수님을 향하여 이 고백을 표현하도록 일차적으로 이끌었습니다.

It is Spiritually guided to confess that Jesus who was crucified is Lord and Christ. Thus, those who utter such a confession are guided by the Holy Spirit to follow Him as Lord and Christ. Since the confession is Spiritually guided, the confessional words are Spiritually fulfilled.

십자가에 못 박힌 예수님을 주와 그리스도라고 고백하는 것은 영적으로 인도됩니다. 따라서 그런 고백을 발설하는 이들은 성령님에 의해 인도되어 예수님을 주와 그리스도로 따릅니다. 그 고백은 영적으로 인도됨으로, 고백의 말은 영적으로 이루어집니다.

The Christians are those who follow Jesus, confessing Him as Lord and Christ. Since the confession is guided by the Spirit, the following of Him as Lord and Christ is guided by the Spirit. Thus, they live Spiritually guided life. Simply speaking, they live a Spiritual life with the church.

그리스도인들은 예수님을 주와 그리스도로 고백하며 예수님을 따르는 이들입니다. 그 고백은 영으로 인도되게 때문에, 예수님을 주와 그리스도로 따름도 영으로 인도됩니다. 따라서 그들은 영적으로 인도된 삶을 삽니다. 간단히 말하면, 그들은 교회로 영적 삶을 삽니다.

The following of Jesus is on the Spiritually guided path. It is not to be judged by man's understanding. The way to the cross cannot be the path of following with human understanding. In this respect, the ruling of Jesus as Christ on the cross is Spiritual guidance.

예수님을 따름은 영적으로 인도된 길에 있습니다. 그것은 사람의 이해로 판단되지 않습니다. 십자가로 향한 길은 사람의 이해로 따르는 길일 수 없습니다. 이 점에서 십자가상에서 그리스도로 예수님의 다스림은 영적인 인도입니다.

Jesus reigns as Christ on the cross with the guidance of the Holy Spirit. His reign is not symbolic but Spiritual. His whole story which is narrated to the way of the cross is Spiritually guided. That is, the whole gospel is narrated with the guidance of the Holy Spirit. This means that His whole life narrated in the gospel is guided by the Holy Spirit.

예수님은 십자가상에서 성령님의 인도하심으로 그리스도로 통치하십니다. 그분의 통치는 상징적이 아닌 영적입니다. 십자가로 향한 길로 서사된 그분의 모든 이야기는 영적으로 인도됩니다. 즉 전반적 복음은 성령님의 인도하심으로 서사됩니다. 이것은 복음에 서사된 그분의 전반적인 삶은 성령님에 의해 인도된 것을 뜻합니다.

The life ruled by Jesus as Christ appears as the church with the coming of the Holy Spirit. The Christians who confess Him as Christ live the life of the church with the guidance of the Holy Spirit. The church of their Spiritual togetherness is guided by the Holy Spirit. That is, it is Spiritual.

그리스도이신 예수님에 의해 다스려진 삶은 성령님이 오심으로 교회로 나타납니다. 예수님을 그리스도로 고백하는 그리스도인들은 성령님의 인도하심으로 교회의 삶을 삽니다. 그들 영적 함께의 교회는 성령님에 의해 인도됩니다. 즉 그것은 영적입니다.

The Holy Spirit, on the day of Pentecost, guided those who confessed Jesus as Christ to live together as the church. Since they lived together, they had to share what they were in need of. Thus, they sold what they possessed in order to share among themselves under the guidance of the Holy Spirit.

오순절 날, 성령님은 예수님을 그리스도로 고백하는 이들을 교회로 함께 살도록 인도하셨습니다. 그들은 함께 살았음으로, 필요한 것을 나누어야 했습니다. 따라서 그들은 성령님의 인도하심으로 그들 가운데 나누기 위해 그들이 소유한 것을 팔았습니다.

As one does not want to go to the cross, his mind does not lead him to give away to others what he has. His mind is self-centric. Therefore, there is no way to live together as individuals, for they go along with the propensity of their own mind. Individuals with self-centered minds cannot live together.

사람은 십자가로 가기를 원치 않기 때문에, 그의 마음은 가진 것을 다른 이들에게 주도록 그를 이끌지 않습니다. 그의 마음은 자기중심적입니다. 그러므로 개인들로 함께 살 길이 없습니다. 자신들의 마음 성향으로 가기 때문입니다. 자기중심적인 개인들은 함께 살 수 없습니다.

Life of togetherness is to be fulfilled with the guidance of the Holy Spirit. Thus, the church is the Spiritual life of togetherness. Here, togetherness is what is to be fulfilled with the guidance of the Holy Spirit. Phrasing differently, it is fulfilled in the Spiritual realm. That is, it cannot be fixed in the physical realm.

함께의 삶은 성령님의 인도하심으로 이루어지게 됩니다. 따라서 교회는 함께하는 영적인 삶입니다. 여기서 함께는 성령님의 인도하심으로 이루어질 것입니다. 달리 말하면 그것은 영적 영역에서 이루어집니다. 즉 그것은 물리적 영역에서 고정될 수 없습니다.

God's togetherness becomes unfolded in the Spiritual life of togetherness. The covenant life of His togetherness becomes fulfilled into the church. It is the Spiritual covenant life, for the gospel, i.e., the new covenant, is Spiritual. The church should be visible not with its physical presence but with its Spiritual togetherness.

하나님의 함께는 함께하는 영적 삶으로 펼쳐지게 됩니다. 그분 함께의 언약의 삶은 교회로 이루어지게 됩니다. 그것은 영적 언약의 삶입니다. 복음, 곧 새 언약이 영적이기 때문입니다. 교회는 물리적 임재가 아닌 영적 함께로 보여야 합니다.

The guidance of the Holy Spirit is fulfilled in the practical life which is in need of living materials. The church as the Spiritual life of togetherness is fulfilled as a practical life with living materials in the world. That is, the guidance of the Holy Spirit is fulfilled in a practical life with living material.

성령님의 인도하심은 물질이 필요한 실제적인 삶에서 이루어집니다. 함께하는 영적 삶으로서 교회는 세상에 사는 물질과 더불어 실제적인 삶으로 이루어집니다. 즉 성령님의 인도하심은 사는 물질과 더불어 실제적인 삶으로 이루어집니다.

The guidance of the Holy Spirit is practical, since the life of Jesus in the world was practical. The life of the following of Him with the guidance of the Holy Spirit should be practical, since His way to the cross was practical. The fulfillment of Spirituality wears practicality in the world.

성령님의 인도하심은 실제적입니다. 세상에서 예수님의 삶이 실제적이었기 때문입니다. 성령님의 인도하심으로 예수님을 따르는 삶은 실제적이어야 합니다. 십자가로 향한 예수님의 길이 실제적이었기 때문입니다. 영성의 이루어짐은 세상에서 실제성을 입습니다.

The inclusiveness of practicality with the guidance of the Holy Spirit is observed in Jesus' teaching: "But seek first the kingdom of God and His righteousness, and all these things shall be added to you" Matt. 6:33. Here, practicality is clearly noted as what is to be accompanied.

성령님의 인도하심으로 실제성의 포함은 예수님의 가르침에도 보입

니다: "그런즉 너희는 먼저 그의 나라와 그의 의를 구하라 그리하면 이 모든 것을 너희에게 더하시리라^{마 6:33}." 여기서 실제성은 분명히 수반되는 것으로 적혀있습니다.

In the quote, "all these things" refers to what we will eat, what we will drink, and what we will wear. These are necessary things in the kingdom of the world; therefore, these are what are primarily sought in the kingdom of the world. But Jesus says that these are what are to be added in the kingdom of God.

이 인용에서 "이 모든 것"은 우리가 먹을 것, 우리가 마실 것, 그리고 우리가 입을 것을 지적합니다. 이것들은 세상 나라에서 필요한 것입니다. 그러므로 이것들은 세상 나라에서 우선적으로 구해지는 것입니다. 그러나 예수님은 이것들이 하나님 나라에 더해질 것으로 말씀하십니다.

Spiritual togetherness is fulfilled in practical life. Therefore, the Spiritual guidance is accompanied by the practical provision. But the practical provision should be in accordance with the cross, for the Spiritual togetherness is guided to it. Therefore, the Spiritual togetherness is accompanied with Spiritually guided provision.

영적 함께는 실제적인 삶에 이루어집니다. 그러므로 영적 인도는 실제적 제공을 수반합니다. 그러나 실제적 제공은 십자가를 부합해야 합니다. 영적 함께는 그것에 인도되기 때문입니다. 그러므로 영적 함께는 영적으로 인도된 제공을 수반합니다.

With the coming of the Holy Spirit the church was fulfilled. And since the church was the Spiritual community of togetherness, it was missionary with the guidance of the Holy Spirit. Its mission was for the impartation of the gospel, i.e., the word of God, as the promise of God's togetherness.

성령님의 오심으로 교회가 이루어졌습니다. 그리고 교회가 함께하는 영적 공동체임으로, 성령님의 인도하심으로 선교적이었습니다. 교회의 선교는 하나님 함께의 약속으로서 복음, 곧 하나님의 말씀을 나누기 위함이었습니다.

집중(Focus)

성령님은 사도행전 2장에 서사된 오순절의 영으로 다루어져야 합니다. 성령님은 오순절 날 세상에 임하신 영입니다. 성령님이 임하심으로 예수님에 대한 영적 고백의 언어가 발설되어 공중이 목격하게 됩니다. 발설된 영적 언어, 혹은 복음의 언어는 지역의 경계를 넘어 초대 사도들의 선교 활동으로 파급됩니다. 영적 언어의 영성은 지역적 인간 언어의 인간성을 극복합니다.

The Holy Spirit has to be dealt with as the Spirit of Pentecost narrated in the second chapter of Acts. The Holy Spirit is the Spirit that comes on the day of Pentecost. As He comes, the Spiritually confessed language for Jesus is uttered so as to be witnessed by the public. The uttered Spiritual word, or the gospel word, spreads over the regional boundaries through the early apostles' missionary activities. The Spirituality of the Spiritual word overcomes the humanities of the regional human languages.

성령님이 임하심으로 예수님을 증거하는 교회가 이루어지게 됩니다. 교회로 예수님은 개인의 종교성을 고양하는 종교적인 인물이 아닌 영성으로 고백되는 하나님의 아들, 그리스도입니다. 따라서 교회는 종교적 개인들의 모임이 아닌 영성으로 이루어진 함께의 삶입니다. 이렇게 오순절의 영으로 시작할 때 교회는 종교적이 아니라 영적으로 보아집니다.

As the Holy Spirit comes, the church that witnesses Jesus becomes fulfilled. Jesus in terms of the church is not a religious figure who elevates individual religiosity but the Spiritually confessed Christ, the Son of God. Thus, the church is not a gathering of religious individuals but the life of togetherness that is fulfilled by Spirituality. When the church begins with the Spirit of Pentecost in this way, it is seen not religiously but Spiritually.

성령님이 임함으로 영적 인도됨이 보입니다. 개인의 마음에 따른 삶이 아닌 영적으로 인도된 삶이 드러납니다. 개인의 마음에 따른 물질은 소유되지만 영에 의해 인도된 물질은 제공됩니다. 개인의 마음에 집착된 물질이 아닌 영적으로 제공되는 물질이 교회에 보입니다. 즉 교회로 물질이 영성에 수반됩니다. 물질로 교회가 조건적이지 않고, 교회로 물질이 자유로워집니다.

As the Holy Spirit comes, the Spiritual guidance is seen. Not the life of being disposed of by the mind but the life of being guided Spiritually is unveiled. Materials that are disposed of by the individual mind are possessed, but materials that are guided by the Spirit offered. Not materials that are attached to the individual mind but materials that are offered Spiritually are seen in the church. That is, through the church, materials are accompanied with Spirituality. The church is not conditioned by materials, but materials are freed by the church.

12.2

The Spirit of God(하나님의 영)

The Spirit of God is properly elucidated covenantally rather than ontologically. For elucidating the Spirit of God, it is not a good start to say that the ontological God has Spirit. Ontologically, God, Himself, is the primary subject to be elucidated as Being. And His Spirit is at most attributed to Him.

하나님의 영은 존재론으로보다 언약으로 적절하게 밝혀집니다. 하나님의 영을 밝힘에서 존재론적 하나님이 영을 지닌다고 하는 것은 좋은 출발이 아닙니다. 존재론적으로 하나님 자신이 존재로 밝혀질 일차적인 주제입니다. 그리고 그분 영은 기껏 그분에게 부여됩니다.

But in the covenant setting, the primary subject to be dealt with is God's togetherness rather than God, Himself. And His togetherness is Spiritual. Therefore, the Spirit of God is the primary subject that the covenantal treatise comes across. His togetherness is Spiritual togetherness.

그러나 언약의 설정에서 다루어질 일차적 주제는 하나님 자신이기보다 하나님의 함께입니다. 그리고 그분 함께는 영적입니다. 그러므로 하나님의 영은 언약의 논제가 만나는 일차적 주제입니다. 그분의 함께는 영적 함께입니다.

The covenant people are together with God through His Spirit. That is, they encounter His Spirit primarily. With the guidance of His Spirit, they know Him and confess that He is their God. Since God is Spirit, He and His Spirit are inseparable. But in the dealing of His togetherness, His Spirit is suitable terminologically.

언약의 백성은 하나님의 영으로 그분과 함께합니다. 즉 그들은 그분 영을 일차적으로 접합니다. 그분 영의 인도하심으로, 그들은 그분을 알고 그분이 그들 하나님이라고 고백합니다. 하나님이 영이시기 때문에, 그분과 그분 영은 분리될 수 없습니다. 그러나 그분 함께를 다루는 데 그분의 영이 용어상 적합합니다.

In the OT. God appeared directly to His people, the Israelites. He directly guided them during the Exodus journey. And He directly gave them the Ten Commandments through Moses. What He directly gave them became the literal law. That is, what He gave them was the letters of the law.

구약에서 하나님은 그분 백성, 이스라엘 백성에게 직접적으로 나타나셨습니다. 그분은 출애굽 여정동안 그들을 직접 인도하셨습니다. 그리고 그분은 모세를 통해 십계명을 그들에게 직접 주셨습니다. 그들에게 직접 주신 것은 문자적 율법이 되었습니다. 즉 그분이 그들에게 주신 것은 율법의 문자였습니다.

The prophets, like Jeremiah and Ezekiel, saw this problem. As long as the word of God remained as the letters written on tablets of stone, His covenant togetherness could not reach up to the hearts of the Israelites. The prophets opened up their eyes to the Spirit of God along with the word of God.

> *But this is the covenant that I will make with the house of Israel after those days, says the LORD: I will put My law in their minds, and write it on their hearts; and I will be their God, and they shall be My people* ^{Jer. 31:33}.

> *I will give you a new heart and put a new spirit within you; I will take the heart of stone out of your flesh and give you a heart of flesh. I will put My Spirit within you and cause you to walk in My statutes, and you will keep My judgments and do them. Then you shall dwell in the land that I gave to your fathers; you shall be My people, and I will be your God* ^{Ezek. 36:26-28}.

예레미야나 에스겔 같은 예언자들은 이 문제를 보았습니다. 하나님의 말씀이 돌 판에 쓰인 문자로 남는 한, 그분 언약의 함께는 이스라엘 백성들의 마음에 이를 수 없었습니다. 예언자들은 그들의 눈을 하나님의 말씀을 따라 하나님의 영을 향해 열어주었습니다.

> *그러나 그 날 후에 내가 이스라엘 집과 맺을 언약은 이러하니 곧 내가 나의 법을 그들의 속에 두며 그들의 마음에 기록하여 나는 그들의 하나님이 되고 그들은 내 백성이 될 것이라 여호와의 말씀이니라* ^{렘 31:33}.

> *또 새 영을 너희 속에 두고 새 마음을 너희에게 주되 너희 육신에서 굳은 마음을 제거하고 부드러운 마음을 줄 것이며 또 내 영을 너희 속에 두어 너희로 내 율례를 행하게 하리니 너희가 내 규례를 지켜 행할지라 내가 너희 조상들에게 준 땅에서 너*

희가 거주하면서 내 백성이 되고 나는 너희 하나님이 되리라^겔 36:26-28.

In the NT, the narrative of Jesus was so guided by the Spirit of God that it became the gospel. That is, the gospel is the Spiritual narrative of Jesus. In it, God's togetherness through Jesus was witnessed by God's Spirit. Therefore, the gospel is not merely the historical story of Jesus.

신약에서 예수님의 서사는 하나님의 영으로 인도되어 복음이 되었습니다. 즉 복음은 예수님의 영적 서사입니다. 복음 안에 예수님을 통한 하나님의 함께가 하나님의 영에 의해 증거됩니다. 그러므로 복음은 단지 예수님의 역사적 이야기가 아닙니다.

The new covenant is Spiritually written. Thus, it is viewed as the Spiritual covenant. That's why Paul claims that circumcision is that of the heart "in the Spirit, not in the letter" ^{Rom. 2:29}. Therefore, God's covenant togetherness should be seen in His word with His Spirit. The word of the Spirit has to be demarcated from the word of the letter.

새 언약은 영적으로 써집니다. 따라서 그것은 영적 언약으로 보입니다. 그 때문에 바울은 할례가 "영에 있고 율법 조문에 있지 아니한" 마음의 할례라고 주장합니다^{롬 2:29}. 그러므로 하나님의 언약 함께는 그분 영으로 그분 말씀에서 보여야 합니다. 영의 말은 문자의 말과 구별되어야 합니다.

God's word remains as letters as long as it is not accompanied

with His Spirit. The old covenant was given with His word as let-
ters; thus, it became the law. But the new covenant was given with
His word accompanied with His Spirit; thus, it became the gospel.
Phrasing differently, if His word is read under the guidance of His
Spirit, it can be the gospel. Nevertheless, if it is read without the
guidance of His Spirit, it is inevitably read as the law.

하나님의 말씀은 그분 영과 동반되지 않는 한 문자로 남습니다. 옛 언
약은 문자로서 그분 말씀으로 주어졌습니다. 따라서 그것은 율법이 되
었습니다. 그러나 새 언약은 그분 영과 동반된 그분 말씀으로 주어졌습
니다. 따라서 그것은 복음이 되었습니다. 달리 말하면, 그분 말씀은 그
분 영의 인도하심으로 읽어지면, 복음이 될 수 있습니다. 그렇지만 그
분 말씀이 그분 영의 인도 없이 읽어지면, 어쩔 수 없이 율법으로 읽어
집니다.

The narrative of Jesus with God's togetherness by His Spirit is
called the gospel. His togetherness can be told by His Spirit. If Je-
sus is narrated with man's word, He can only be described as a his-
torical figure because God's togetherness with Him cannot be nar-
rated. Then, His title like "Christ" or "the Son of God" is regarded
as a symbol.

하나님의 영에 의한 그분 함께로 예수님의 서사는 복음으로 불러집
니다. 그분 함께는 그분 영으로 말해질 수 있습니다. 만약 예수님이 사
람의 말로 서사되면, 예수님은 그분과 더불어는 하나님의 함께가 서사
될 수 없기 때문에 역사적 인물로만 서술됩니다. 그러면 "그리스도" 혹
은 "하나님의 아들" 같은 그분 직함은 상징으로 여겨집니다.

God's togetherness cannot be told without His Spirit. Even if Jesus told His disciples that He came from God as the Son of God, they could not receive His word without being guided by the Holy Spirit. That's why they were scattered when He was crucified. He was not in scope of their own understanding.

하나님의 함께는 그분 영이 없이 말해질 수 없습니다. 예수님께서 제자들에게 자신이 하나님의 아들로 하나님으로부터 왔다고 말씀하셨더라도, 그들은 성령님에 의해 인도됨이 없이 그분 말씀을 받아들일 수 없었습니다. 그 때문에 그분이 십자가에 못 박혔을 때 그들은 흩어졌습니다. 그분은 그들이 이해하는 범위에 있지 않으셨습니다.

Although Peter confessed that Jesus was "the Christ, the Son of the living God" [Matt. 16:16]," he did it with his own mind without the guidance of the Holy Spirit. Therefore, it could not be a Spiritual confession of affirming God's togetherness with Jesus. It was an expression of his own feelings.

베드로가 예수님을 "그리스도시요 살아 계신 하나님의 아들[마 16:16]"이라고 고백했지만, 그는 성령님의 인도하심이 없이 자신의 마음으로 고백했습니다. 그러므로 그것은 예수님과 더불어는 하나님의 함께를 확언하는 영적 고백일 수 없었습니다. 그것은 그 자신의 느낌의 표현이었습니다.

When the Holy Spirit came to the world on the day of Pentecost, the disciples of Jesus who were filled with the Holy Spirit spoke with various tongues. Thus, with the coming of the Holy Spirit, the word guided by the Holy Spirit was expressed in various tongues.

Spiritual words in various tongues came to be noticed.

성령님이 오순절 날에 세상에 오셨을 때, 성령으로 채워진 예수님의 제자들은 여러 언어로 말했습니다. 따라서 성령님이 오심으로 성령님에 의해 인도된 말이 여러 언어로 표현되었습니다. 여러 언어로 표현된 영적 말이 주시되었습니다.

With the coming of the Holy Spirit, Jesus could be narrated with the guidance of the Holy Spirit in the various tongues. Thus, the gospel could be proclaimed in various tongues in various regions. The Spiritually guided story of Jesus became the missionary word. The gospel, i.e., the Spiritual story of Jesus, was not interpreted to different languages but proclaimed into different languages.

성령님이 오심으로 예수님은 성령님의 인도하심으로 여러 언어로 서사될 수 있었습니다. 따라서 복음은 여러 지역에서 여러 언어로 선포될 수 있었습니다. 영적으로 인도된 예수님의 이야기는 선교적인 말이 되었습니다. 복음, 곧 예수님의 영적 이야기는 다른 언어로 해석되지 않고 다른 언어로 선포되었습니다.

The Spiritually guided story of Jesus is the witness of Him with God's togetherness. In this respect, the witness of Him as the gospel is different from any kind of witness in the world. God's togetherness is only witnessed Spiritually. The gospel is written as and for the Spiritual witness,

영적으로 인도된 예수님의 이야기는 하나님 함께로 예수님의 증거입니다. 이 점에서 복음으로 예수님의 증거는 세상에서 어떤 증거와도 다릅니다. 하나님의 함께는 영적으로만 증거 됩니다. 복음은 영적 증거로 또 영적 증거를 위해 써졌습니다.

Since Jesus is narrated by the guidance of the Spirit of God, His narrative becomes the word of God. Unlike the law of the OT, His story, i.e., the gospel, is Spiritual. Therefore, the word of God becomes Spiritual. That is, it is the Spiritual word of His togetherness. Most misunderstanding of the gospel stems from the allegation that it is written in man's word.

예수님이 하나님의 영의 인도하심으로 서사되기 때문에, 그분 서사는 하나님의 말씀이 됩니다. 구약의 율법과는 달리 그분 이야기, 곧 복음은 영적입니다. 그러므로 하나님의 말씀은 영적이 됩니다. 즉 복음은 그분 함께의 영적 말입니다. 복음에 대한 대부분 잘못된 이해는 그것이 사람의 말로 써졌다는 주장으로부터 비롯됩니다.

The law was given in letters. It is not conceivable that God would be together with the letter of the law. Although He gave it, His togetherness could not be expressed in it since the letter of the law was man's. That is, His togetherness claimed in man's word is not the disclosure of His togetherness.

율법은 문자로 주어졌습니다. 하나님은 율법의 문자로 함께하실 것이라고 여겨지지 않습니다. 그분이 율법을 주셨지만, 율법의 문자는 사람 것이기 때문에 그분 함께는 거기에 표현될 수 없습니다. 즉 사람의 말로 주장된 그분 함께는 그분 함께의 드러남이 아닙니다.

For this reason, the law is accompanied with the conditional statement that God will be together with those who keep it. However, the word of God cannot be conditional since it is given for His fulfillment. This means that the law as His word does not warrant His togetherness.

이 때문에 율법은 하나님께서 율법을 지키는 이들과 함께하실 것이라는 조건적인 진술을 수반합니다. 그렇지만 하나님의 말씀은 그분의 이룸으로 주어지기 때문에 조건적일 수 없습니다. 이것은 하나님의 말씀으로 율법은 그분 함께를 보장하지 않는다는 것을 뜻합니다.

But God's togetherness is expressed in the gospel, since it is narrated with the guidance of His Spirit. Those who read it are Spiritually awakened. Thus, they are together with Him. Phrasing reversely, with His togetherness, it can be read Spiritually. Otherwise, it will be read like the law.

그러나 하나님의 함께는 복음에 표현됩니다. 복음은 그분 영의 인도 하심으로 서사되기 때문입니다. 복음을 읽는 이들은 영적으로 일깨워집니다. 따라서 그들은 하나님과 함께합니다. 거꾸로 말하면 그분 함께로 복음은 영적으로 읽어질 수 있습니다. 그렇지 않으면 그것은 율법같이 읽어질 것입니다.

If God's Spirit is not accompanied with His word, His word easily becomes the type of the law. It is received as the imposition that man should be kept, for His togetherness cannot be perceived with it. That is, His word should be self-revelatory; otherwise, it is imposed as His word from the outside of it.

만약 하나님의 영이 그분 말씀에 동반되지 않으면, 그분 말씀은 쉬이 율법의 유형이 됩니다. 그것은 사람이 지켜야 될 부담으로 받아들여집니다. 그분 함께가 그것과 더불어 감지될 수 없기 때문입니다. 즉 그분 말씀은 자기 계시적이어야 합니다. 그렇지 않으면 외부로부터 그분 말씀이라고 강요됩니다.

The word that God's Spirit is embedded can be received as His word in itself. But the word in which His Spirit is not embedded is in need of the extra word that tells that it is His word as seen in the case of the law and the traditional church doctrines. For instance, it is an extra statement to say that the Bible is His word.

하나님의 영이 깔린 말은 그분 말씀 자체로 받아질 수 있습니다. 그러나 하나님의 영이 깔리지 않은 말은, 율법이나 전통적인 교회 교리에서 보이듯이, 그것이 하나님의 말씀이라고 하는 추가된 말이 필요합니다. 예를 들어 성경은 하나님의 말씀이라고 하는 것은 추가된 진술입니다.

The extra word usually comes from the human institution, like the priests in the period of the OT or the church hierarchies in the medieval era. The earthly powers have been involved in the confirmation of God's word. This trend occurs when His togetherness is not disclosed with His word.

추가된 말은 보통 구약 기간 동안 제사장이나 중세기에 교회 위계체제 같은 인간 기관으로부터 옵니다. 세상의 힘이 하나님의 말씀을 확인하는데 개입되어 왔습니다. 이 경향은 그분 함께가 그분 말씀과 함께 드러나지 않을 때 일어납니다.

The gospel, itself, shows that it is God's word, since it is narrated by His Spirit. There is no objective criterion to distinguish

His word from man's word. His word is only Spiritually discerned with His togetherness. That is, the discernment of His word comes from Him. His word is not identified by an objective criterion but discerned Spiritually.

복음 자체는 그것이 하나님의 말씀이라고 보입니다. 하나님의 영으로 서사되기 때문입니다. 그분의 말씀을 사람의 말과 구별할 객관적인 기준이 없습니다. 그분 말씀은 그분 함께로 영적으로만 분별됩니다. 즉 그분 말씀의 분별은 그분으로부터 옵니다. 그분 말씀은 객관적인 기준에 의해 식별되지 않고 영적으로 분별됩니다.

Since the covenant is disclosed with God's word, its saturation becomes Spiritual covenant. When it is unfolded Spiritually, no human power can be lurking. That's why the early church is acclaimed as the covenant life as such. It is the self-disclosed covenant life. That is, it is not an outcome of human effort.

언약은 하나님의 말씀으로 드러나기 때문에, 그 포화는 영적 언약이 됩니다. 언약이 영적으로 펼쳐지게 될 때, 인간의 힘이 거기에 잠복될 수 없습니다. 그 때문에 초대 교회는 언약의 삶 그 자체로 칭송됩니다. 그것은 자체로 드러난 언약의 삶입니다. 즉 인간의 노력의 소산이 아닙니다.

As long as human power is involved in the covenant life, God's togetherness becomes overshadowed. This feature is well seen in the time of OT. Since kings and priests have controlled the covenant life, His togetherness has been overlooked until the prophets speak out the problem.

인간의 힘이 언약의 삶에 개입되는 한, 하나님의 함께는 가리어지게 됩니다. 이 양상은 구약 시대에서 잘 보입니다. 왕이나 제사장들이 언약의 삶을 통제해왔기 때문에, 그분 함께는 예언자들이 그 문제를 말하기까지 관과 되어왔습니다.

This problem is seen today, too. The church has been instituted. It tells of God's word and togetherness. It insists that what it tells is His word and with it He is together. However, it does not tell that He discloses Himself with His own Spirit. His togetherness is only known with His togetherness.

이 문제는 지금도 역시 보입니다. 교회가 기관이 되어왔습니다. 교회가 하나님의 말씀과 하나님의 함께를 말합니다. 교회는 자체가 말하는 것이 하나님의 말씀이고 자체와 하나님이 함께하신다고 단언합니다. 그렇지만 교회는 하나님께서 그분 영으로 그분 자신을 드러내신다고 말하지 않습니다. 그분 함께는 단지 그분 함께로만 알게 됩니다.

The early church was fulfilled with the guidance of God's Spirit. Therefore, it was a Spiritual church, not an institutional church. The Spiritual church is the covenant church of the covenant people, but the institutional church is the religious institution of individuals. The former is His church, but the latter man's church.

초대 교회는 하나님의 영의 인도하심으로 이루어졌습니다. 그러므로 그것은 영적 교회였지 기관의 교회가 아니었습니다. 영적 교회는 언약 백성의 언약 교회입니다. 그러나 기관 교회는 개인들의 종교적인 기관입니다. 전자는 그분의 교회이지만, 후자는 사람의 교회입니다.

In the covenant church, God's togetherness is the ground. But in the institutional church His togetherness is not the subject that it is concerned with. Instead, in it God rather than His togetherness is focused. That is, it is concerned with the ontological God rather than covenant God.

언약의 교회에서 하나님의 함께는 근거입니다. 그러나 기관 교회에서 그분 함께는 관심의 주제가 아닙니다. 그 대신, 거기선 하나님의 함께보다 하나님에 초점이 맞춰집니다. 즉 기관 교회는 언약의 하나님보다 존재론적 하나님에 관심을 갖습니다.

The covenant God is alluded to with His togetherness and, thus, with His Spirit. The word of the covenant God is laden with His Spirit. In this respect, the gospel is to be regarded as the covenant word as such. Therefore, the covenant life as such is unfolded with the gospel.

언약의 하나님은 그분 함께, 따라서 그분 영으로 시사됩니다. 언약의 하나님의 말씀은 그분 영으로 지워집니다. 이 점에서 복음은 언약의 말 자체라고 여겨질 수 있습니다. 그러므로 언약의 삶 그 자체는 복음으로 펼쳐집니다.

God's word has to be read under the guidance of His Spirit. Otherwise, it is inevitably read as what people have to do in accordance with it, since they who live in the conditional world primarily think of what they have to do. Thus, they cannot think of His word which is guided by His Spirit.

하나님의 말씀은 그분 영의 인도하심으로 읽어져야 합니다. 그렇지 않으면 어쩔 수 없이 그에 따라 사람들이 해야 할 바로 읽어지게 됩니다. 조건적인 세상에 사는 사람들로서는 그들이 해야 할 바를 일차적으로 생각하기 때문입니다. 따라서 그들은 그분 영으로 인도되는 그분 말씀을 생각할 수 없습니다.

But in the story of Jesus, i.e., the gospel, people see that His life is Spiritually guided. Therefore, the gospel is seen as God's word with the guidance of His Spirit. And, thus, the readers of the gospel are the followers of Jesus under the guidance of God's Spirit. They who follow Jesus who is the Son of God are sons of God who are led by His Spirit.

그러나 예수님의 이야기, 곧 복음에서 사람들은 그분의 삶이 영적으로 인도됨을 봅니다. 그러므로 복음은 하나님의 영으로 인도된 하나님의 말씀으로 보입니다. 따라서 복음을 읽는 이들은 하나님의 영의 인도로 예수님을 따르는 이들입니다. 하나님의 아들이신 예수님을 따르는 그들은 하나님의 영으로 인도된 그분의 아들들입니다.

집중(Focus)

하나님께서 영을 부어주심으로 그분 함께를 개시하십니다. 따라서 오순절의 영으로 하나님의 영이 말해집니다. 이 경우 하나님의 영은 존재하는 하나님의 속성으로 고려되지 않습니다. 하나님께서 함께하는 그분의 백성에게 부어주시는 영입니다. 즉 함께의 영입니다. 그러므로 하나님의 영은 존재론적이 아니라 언약적으로 다루어집니다.

God, pouring His Spirit, initiates His togetherness. Thus, His Spirit is told with the Spirit of Pentecost. In this case, His Spirit is not regarded as His existing property. His Spirit is the Spirit that He pours to His people with whom He is together. That is, His Spirit is the Spirit of togetherness. Therefore, His Spirit is dealt with not ontologically but Spiritually.

이스라엘 백성은 율법을 하나님의 말씀으로 지킴으로 하나님과 함께하는 삶을 산다고 여겼습니다. 그러나 율법이 문자적이기 때문에, 그들은 그것을 사람의 말과 같이 지키기만 했습니다. 즉 그들은 하나님과 함께함이 없이 율법을 개인적으로 지켰습니다. 율법은, 쓰인 문자 자체로는, 사람의 말인지 하나님의 말씀인지 말해지지 않습니다.

The Israelites considered that they would live the life of being together with God, keeping the law as His word. But since the law is literal, they only kept it like man's word. That is, they kept it individually without being together with Him. The law, with its written letters, is not to be told whether it is man's word or His word.

어떤 글이든, 단지 쓰인 문자만을 접해지면, 하나님의 말씀으로 받아들여질 수 없습니다. 하나님의 영이 깃든 말이어야 하나님이 함께하시는 하나님의 말씀입니다. 예수님은 세상에 사셨지만 하나님의 영으로 하나님의 아들로 서사됩니다. 이 점에서 예수님의 서사인 복음은 하나님의 말씀이 됩니다. 오순절의 영으로 증거 된 예수님의 서사는 하나님의 말씀입니다.

Any word, if it is encountered with its written letters only, is not to be received as God's word. The word that is dwelled by His Spirit is His word of being together. Jesus, even though He lived in the world, is narrated as God's Son with His Spirit. In this regard, the gospel that is the narrative of Jesus becomes God's word. The narrative of Jesus who is witnessed by the Spirit of Pentecost is God's word.

12.3

The Advocate(보혜사)

The Advocate is referred in the gospel of John:

And I will ask the Father, and he will give you another Advocate, to be with you forever. This is the Spirit of truth, whom the world cannot receive, because it neither sees him know him. You know him, because he abides with you, and he will be in you 14:16-17

But the Advocate, the Holy Spirit, whom the Father will send in my name, will teach you everything, and remind you of all that I have said to you 14:26.

보혜사는 요한복음에 언급됩니다:

*내가 아버지께 구하겠으니 그가 또 다른 보혜사를 너희에게 주사 영원토록 너희와 함께 있게 하리니 그는 진리의 영이라 세상은 능히 그를 받지 못하나니 이는 그를 보지도 못하고 알지도 못함이라 그러나 너희는 그를 아나니 그는 너희와 함께 거하심이요 또 너희 속에 계시겠음이라*14:16-17.

*보혜사 곧 아버지께서 내이름으로 보내실 성령 그가 너희에게 모든 것을 가르치고 내가 너희에게 말한 모든 것을 생각나게 하리라*14:26.

In these verses, John affirms that the Holy Spirit is the Advocate, the Spirit of the truth. And Jesus' reference of the Advocate is to show a close tied-ness or inseparability of Him and the Holy Spirit. That's why He uses the phrase "another Advocate." This implies that He is also the Advocate.

이 구절들에서 요한은 성령님이 보혜사, 곧 참의 영이시라고 확언합니다. 그리고 예수님의 보혜사에 대한 언급은 예수님과 성령님의 유대 혹은 분리될 수 없음을 보이기 위해서입니다. 그 때문에 예수님은 "또 다른 보혜사"라는 어구를 씁니다. 이것은 예수님도 또한 보혜사시라는 것을 시사합니다.

As Jesus abides with His disciples, the Advocate also abides with them. His togetherness with them is succeeded by the Advocate's togetherness. Even though He goes to God, the Advocate will be together with them forever so that they are not left alone. This is the main point to the reference of the Advocate.

예수님이 제자들과 머무시듯이, 보혜사도 또한 그들과 머무십니다. 그들과 예수님의 함께는 보혜사의 함께로 이어집니다. 예수님이 하나님께로 가시더라도, 보혜사는 그들과 영원히 함께하셔서 그들은 홀로 남지 않을 것입니다. 이것이 보혜사 언급에 대한 주된 점입니다.

Therefore, Jesus' reference of the Advocate is for the togetherness with the disciples. Even if He departs from them, the Advocate should be together with them in order for them not to succumb into the world. Without Jesus or the Advocate, they cannot be together since togetherness is not their inherent quality.

그러므로 보혜사에 대한 예수님의 언급은 제자들과 함께를 위함입니다. 예수님이 그들을 떠나신다 하더라도, 보혜사가 그들과 함께하셔서 그들이 세상에 굴복되지 않게 하십니다. 예수님이나 보혜사가 없이 그들은 함께하여질 수 없습니다. 함께는 그들의 내재적 품성이 아니기 때문입니다.

The disciples, in their nature alone, are not different from the multitudes who live in the world. They come out of the multitudes to be with Jesus and to be led by Him. Thus, after He leaves to God, they will be left alone. Apart from God's togetherness, they cannot be together with their own will.

제자들도 그들의 본성만으로는 세상에 사는 군중과 다르지 않습니다. 그들은 군중으로부터 나와 예수님과 함께하고 예수님에 의해 인도됩니다. 따라서 예수님이 하나님께로 떠나신 후에는 그들은 홀로 남을 것입니다. 하나님의 함께를 떠나 그들은 자신들의 뜻으로 함께해질 수 없습니다.

Under these circumstances, Jesus tells the disciples that the Advocate will come to be with them. The Advocate is together with them in place of Jesus who will depart them soon. With the Advocate, they will be able to remain as His disciples even after He departs from them.

이런 상황에서 예수님은 보혜사가 그들과 함께하려고 오실 것이라고 하십니다. 보혜사는 곧 그들을 떠날 예수님 대신에 그들과 함께하십니다. 보혜사와 함께 그들은 예수님이 그들을 떠나신 후에도 그분 제자들로 남아질 수 있을 것입니다.

The disciples cannot remain as Jesus' disciples with their own determination. They can live as His disciples because they live together with Him. Without Him, they cannot live as His disciples, for there is no guidance for living as His disciples. They are His disciples in togetherness, not with their own determination.

제자들은 자신의 결심으로 예수님의 제자들로 남을 수 없습니다. 그들은 예수님과 함께 살기 때문에 그분 제자들로 살 수 있습니다. 그분 없이는 그분 제자들로 살 수 없습니다. 그분 제자들로 살기 위한 인도가 없기 때문입니다. 그들은 함께로 그분 제자들입니다. 자신들의 결심으로가 아닙니다.

The Advocate, while being together with the disciples, will remind them all that Jesus has said to them. What is reminded by the Advocate of all that He said to them is narrated by them in the gospel. This, also, implies that with the gospel the Advocate will be together with them, or it can be said that the gospel will be read with the togetherness of the Advocate.

보혜사는 제자들과 함께하시면서 예수님이 그들에게 말씀하신 모든 것을 기억하게 하실 것입니다. 예수님이 그들에게 말씀하신 모든 것에 대해 보혜사에 의해 기억된 것은 그들에 의해 복음에 서사됩니다. 이것은 또한 복음으로 보혜사가 그들과 함께하실 것을 시사합니다. 혹은 복음은 보혜사의 함께로 읽어질 것이라고 말해질 수 있습니다.

The Advocate comes for being together with the disciples and for guiding them as Jesus did. Togetherness and guidance are the tenets of the covenant life, for God's togetherness is unfolding into leading the covenant life. Therefore, He sent His Son and His Spirit into the world for that purpose.

보혜사는 예수님이 하셨던 것처럼 제자들과 함께하시고, 또 그들을 인도하시기 위해 오십니다. 함께와 인도는 언약의 삶의 기조입니다. 하나님 함께가 언약의 삶을 이끌면서 펼쳐가기 때문입니다. 그러므로 하나님은 그분 아들과 그분 영을 그 목적으로 세상에 보내셨습니다.

The reminding of Jesus by the Advocate is narrated into the gospel. The gospel means the togetherness of the Advocate with the disciples so as to guide them in accordance with what Jesus has told. What Jesus has told becomes fulfilled with the guidance of the Advocate.

보혜사에 의한 예수님의 기억은 복음으로 서사됩니다. 복음은 예수님이 말씀하심을 따라 제자들을 인도하기 위해 보혜사의 그들과 함께하심을 뜻합니다. 예수님께서 말씀하신 것은 보혜사의 인도하심으로 이루어지게 됩니다.

The remembrance of Jesus by the Advocate implies the togetherness of the Advocate. Thus, it is not about the past life of Jesus but about the guidance of the Advocate in accordance with the life of Jesus. The remembrance of Jesus is fulfilled in the life of togetherness of the gospel with the guidance of the Advocate.

보혜사에 의한 예수님의 기억은 보혜사의 함께를 시사합니다. 따라서 예수님의 기억은 예수님의 과거 삶에 대해서가 아니라 예수님의 삶을 따라 보혜사의 인도하심에 대해서입니다. 예수님의 기억은 보혜사의 인도하심으로 복음의 함께의 삶으로 이루어집니다.

And John affirms that the Advocate is the Spirit of truth. In the Gospel of John, the truth is told as the life of Jesus. Compared to the life of man in the world, His life is the truth. Therefore, His life narrated by the Advocate is the disclosure of the truth. The gospel is the disclosure of the truth.

그리고 요한은 보혜사가 참의 영이라고 확언합니다. 요한복음에서 참은 예수님의 생명으로 말해집니다. 세상에 있는 사람의 생명에 비추어, 그분의 생명은 참입니다. 그러므로 보혜사에 의해 서사된 예수님의 생명은 참의 드러남입니다. 복음은 참의 드러남입니다.

The Advocate who reminds life of Jesus tells of truth; therefore, He is the Spirit of truth. In the Gospel of John, truth is tied with the life of Jesus. The telling of the life of Jesus is truth. Reversely, the life of Jesus cannot be witnessed as truth without the Spirit of truth, for life of truth cannot but be witnessed by the Spirit of truth.

예수님의 생명을 기억하게 하시는 보혜사는 참을 들려주십니다. 그러므로 그분은 참의 영이십니다. 요한복음에서 참은 예수님의 생명과 결부됩니다. 예수님의 생명을 말함은 참입니다. 거꾸로 예수님의 생명은 참의 영이 없이는 참으로 증거될 수 없습니다. 참의 생명은 참의 영으로 증거될 수밖에 없습니다.

Jesus' life is the incarnated life that the Word that was with God in the beginning became flesh. Because His life is incarnated, it is well contrasted to man's life that is inherited by birth and belongs to the condition of the world. In this case, His life and man's life should not be conceived as two sorts of life. To man's life by birth,

His incarnated life is light.

예수님의 생명은 태초에 하나님과 함께한 말씀이 육신이 된 성육신의 생명입니다. 그분의 생명은 성육신이 되셨음으로, 출생으로 타고나 세상 조건에 속한 사람의 생명과 대조됩니다. 이 경우 그분의 생명과 사람의 생명이 두 종류의 생명으로 여겨지지 말아야 합니다. 출생에 의한 사람의 생명에, 그분의 성육신된 생명은 빛입니다.

Because of incarnation, with Jesus' life holiness as well as truth can be told. His life is the truth because it was in the Word that was with God from the beginning. And His life is holy because it was in the Word before creation. In this way, truth and holiness are told together with the life of Jesus.

성육신 때문에 예수님의 생명으로 참과 더불어 거룩함을 말해질 수 있습니다. 그분의 생명은 태초로부터 하나님과 함께한 말씀이기 때문에 참입니다. 그리고 그분 생명은 창조 이전에 말씀 안에 있었기 때문에 거룩합니다. 이렇게 해서 참과 거룩함은 같이 예수님의 생명으로 말해집니다.

Therefore, when Jesus' life is narrated, these two sides should be its guidelines. Although holiness is mentioned in the OT, it was regulated by the law. But when it is told with His life, it can be elucidated with truth. and vice versa. These two are inseparable and complementary to each other.

그러므로 예수님의 생명이 서사될 때, 이 두 측면은 그 서사의 지침이 되어야 합니다. 거룩함은 구약에서 언급되었지만 율법에 의해 규제되었습니다. 그러나 그것이 그분 생명으로 말해질 때 참으로 밝혀집니다.

또한 거꾸로도 말해집니다. 이 둘은 분리될 수 없고 서로 상보적입니다.

In the Gospel of John, holiness and truth are succinctly elaborated in the prayer of Jesus: "Sanctify them by Your truth, Your word is truth" [17:17]. Because this is in His prayer, He beseeches that God will sanctify His disciples with God's word. But His word is God's word, since the gospel is God's gospel.

요한복음에서 거룩함과 참은 예수님의 기도에서 간결하게 되고 되었습니다: "그들을 진리로 거룩하게 하옵소서 아버지의 말씀은 진리니이다[17:17]." 이것은 그분의 기도에 있음으로, 그분은 그분 제자들을 하나님께서 하나님의 말씀으로 거룩하게 하시길 간청하십니다. 그러나 예수님의 말씀은 하나님의 말씀입니다. 복음이 하나님의 복음이기 때문입니다.

The gospel leads the disciples to be sanctified. They become separated from the world because the life of Jesus that is narrated in the gospel is separated. Their holiness with Jesus is upheld with the Advocate. Thus, their life with the Advocate is holy. The Advocate is the Holy Spirit.

복음은 제자들을 거룩하여지도록 인도합니다. 그들은 복음에서 서사된 예수님의 생명이 구별되기 때문에 세상으로부터 구별됩니다. 예수님과 함께한 그들의 거룩함은 보혜사와 함께로 유지됩니다. 따라서 보혜사와 함께한 그들의 삶은 거룩합니다. 보혜사는 성령님이십니다.

The disciples are to be referred only with truth and holiness because they are together with Jesus. But they do not have these qualities in themselves, or they cannot be provided with these in the world. Only the Advocate whom God will send in Jesus' name will lead them to truth and holiness.

제자들은 예수님과 함께하기 때문에 참과 거룩함으로만 언급됩니다. 그러나 그들은 이 품성을 그들 자체로 갖지 않습니다. 혹은 그들은 이 품성을 세상에서 제공받을 수 없습니다. 하나님께서 예수님의 이름으로 보내신 보혜사만이 그들을 참과 거룩함으로 인도하실 것입니다.

With the Advocate's togetherness and guidance, the remembrance of Jesus comes to be narrated into the gospel. Therefore, with the gospel, the disciples have comfort as if they are together with Jesus. And they become genuinely together with the Advocate. Here, genuineness is not physical but Spiritual.

보혜사의 함께와 인도로 예수님의 기억은 복음으로 서사됩니다. 그러므로 복음으로 제자들은 그들이 예수님과 함께하는 것처럼 위로를 받습니다. 그리고 그들은 보혜사와 진정으로 함께하게 됩니다. 여기서 진정성은 육체적이지 않고 영적입니다.

Because of the Advocate, the disciples are not left like orphans. Their keeping of the gospel is to be together with the Advocate in the remembrance of Jesus. Therefore, it is not said as the mere physical remembrance of Him. That is, Jesus in it is not a historical figure. The remembrance of Him has to be separated from that of a man as a historical figure.

보혜사 때문에 제자들은 고아와 같이 남겨지지 않습니다. 그들의 복음을 간직함은 예수님의 기억 가운데 보혜사와 함께하는 것입니다. 그러므로 그것은 단지 예수님의 육체적인 기억으로 말해지지 않습니다. 즉 복음에서 예수님은 역사적 인물이 아닙니다. 그분에 대한 기억은 역사적 인물로서 사람에 대한 기억과 구별되어야 합니다.

Since the remembrance of Jesus is guided by the Advocate, the telling of Him is guided by the Advocate. Therefore, the recitation of the gospel is, even these days, guided by the Advocate. The gospel and the Advocate are not separable. The preaching of it is accompanied with the Avocate.

예수님의 기억은 보혜사에 의해 인도되기 때문에, 예수님을 말하는 것은 보혜사에 의해 인도됩니다. 그러므로 지금에도 복음의 암송은 보혜사에 의해 인도됩니다. 복음과 보혜사는 분리될 수 없습니다. 복음의 설교는 보혜사를 동반합니다.

The gospel is the narrative of the remembrance of Jesus by the Advocate. Therefore, in the reading of the gospel, the remembrance of Jesus is guided by the Advocate. We, even now, read it in the remembrance of Him with the guidance of the Advocate. Otherwise, we interpret it with our own understanding.

복음은 보혜사에 의한 예수님의 기억 서사입니다. 그러므로 복음을 읽는 가운데 예수님의 기억이 보혜사에 의해 인도됩니다. 지금도 우리는 복음을 보혜사의 인도하심으로 예수님의 기억 가운데 읽습니다. 그렇지 않으면 우리는 우리 자신의 이해로 복음을 풀이합니다.

Therefore, the gospel should be read in the remembrance of Jesus. It should not be read as what is to be understood. In the reading of the gospel in the remembrance of Him, the guidance of the Advocate is also unveiled. The understanding of Jesus is due to the reader's intelligence, but the remembrance of Him is due to the guidance of the Advocate.

그러므로 복음은 예수님의 기억으로 읽어져야 합니다. 이해되는 것으로 읽어지지 말아야 합니다. 복음을 예수님의 기억으로 읽는데 보혜사의 인도하심이 또한 드러납니다. 예수님에 대한 이해는 독자의 지성에 의합니다, 그러나 예수님에 대한 기억은 보혜사의 인도하심에 의합니다.

Jesus in the gospel is the One who is remembered. He is not the One who is understood. If He is narrated with understanding, He becomes a historical figure. But He is remembered with the guidance of the Advocate. The gospel should be read in the remembrance of Him. Remembrance and understanding have to be distinguished.

복음에서 예수님은 기억되어지는 분이십니다. 이해되어지는 분이 아닙니다. 그분이 이해로 서사되면 역사적 인물이 됩니다. 그러나 그분은 보혜사의 인도하심으로 기억됩니다. 복음은 그분을 기억함으로 읽혀져야 합니다. 기억과 이해는 차별되어야 합니다.

Remembrance is a peculiar perspective of reading the Bible. That is, it has to be read in remembrance, since it is the book of the word of God. The word of God is what is to be remembered. It is not what is to be understood. What is remembered is led to obedience but what is understood to practice.

기억은 성경을 읽는 독특한 관점입니다. 즉 성경은 하나님의 말씀의 책임으로 기억으로 읽어져야 합니다. 하나님의 말씀은 기억되어질 것입니다. 이해되어질 것이 아닙니다. 기억되는 것은 순종으로 이끌어집니다. 그러나 이해되는 것은 실행으로 이끌어집니다.

The word of God should be remembered. In this case, its remembrance does not mean memorizing its literal expression. Its remembrance primarily means the exclusion of any interpretation of it. One who reads it has to be waiting until it comes to be remembered as the word of God.

하나님의 말씀은 기억되어야 합니다. 이 경우 하나님 말씀의 기억은 그 문자적 표현을 기억하는 것을 뜻하지 않습니다. 그것의 기억은 일차적으로 그것에 대한 어떤 해석도 제거하는 것을 뜻합니다. 하나님의 말씀을 읽는 이는 그것이 하나님의 말씀으로 기억될 때까지 기다려야 합니다.

The word of God is received in the remembrance, for it is to be fulfilled with His togetherness. His togetherness unfolds with His word that is remembered. If it is understood, it is controlled by the will of the one who understands it. Their difference results in the difference of obedient life and practical life.

하나님의 말씀은 기억 가운데 받아집니다. 그분 함께로 이루어지기 때문입니다. 그분 함께는 기억되는 그분 말씀으로 펼쳐집니다. 하나님의 말씀이 이해되면, 이해하는 이의 의지로 조절 됩니다. 그 다름은 순종의 삶과 실행의 삶의 다름을 초래합니다.

With the help of the Advocate, Christians can, even now, have the remembrance of Jesus. That is, with the help of the Advocate, He is always Jesus of remembrance. Therefore, in the remembrance of Him, they are together with Him in the church, for He is remembered as Lord.

보혜사의 도움으로 그리스도인들은 지금도 예수님의 기억을 지닐 수 있습니다. 즉 보혜사의 도움으로 그분은 항시 기억의 예수님이십니다. 그러므로 그분에 대한 기억 가운데 그들은 교회에서 그분과 함께합니다. 그분이 주님으로 기억되기 때문입니다.

집중(Focus)

성령님은 하나님의 영으로 세상에 임한 오순절의 영이십니다. 그분은 보혜사로서 예수님을 믿는 이들과 함께하시는 교회의 영이십니다. 예수님과 함께하며 그분을 따름은 개인의 능력이나 의지에 의함이 아닙니다. 예수님은 함께할 수 있는 역사적 인물로 따르게 될 수 없기 때문입니다. 보혜사에 의해서만 예수님은 따름의 시각으로 서사되게 됩니다. 이것이 복음입니다.

The Holy Spirit as God's Spirit is the Spirit of Pentecost who comes to the world. He is the Spirit of the church who is together with the believers in Jesus as the Advocate. The following of Jesus through being together with Him is not due to individual faculty or will, for He is not to be followed as a historical figure who can be together. He can be narrated with the perspective of following Him only by the Advocate. This is the gospel.

보혜사는 예수님을 참 생명으로 기억하게 하는 참의 영이십니다. 그분에 의해 예수님은 역사적 인물이 아닌 참 생명으로 기억되며, 복음에 서사됩니다. 따라서 그분에 의해 복음을 읽는 이들은 예수님을 참 생명으로 기억함으로 참 생명의 삶을 삽니다. 요한복음에 담아진 내용은 보혜사 성령님에 의해 기억된 예수님의 이야기입니다.

The advocate is the Spirit of truth who brings Jesus as the true life to remembrance. By Him, Jesus is remembered not as a historical figure but the true life and narrated in the gospel. Thus, those who read the gospel by Him remember Jesus as the true life so as to live a true life. The content in the Gospel of John is the story of Jesus who is remembered by the Advocate.

성육신된 예수님은 세상에서 있음으로나 일어남으로 설명되거나 이해될 수 없습니다. 보혜사 성령님에 의해 기억됩니다. 예수님에 대한 영적 내용은 원래 보혜사 성령님에 의해 기억된 것임으로 지금도 보혜사 성령님에 의해 예수님의 기억으로 지닙니다. 예수님이 참 생명으로 드러나는 내용은 단지 영적으로 기억됩니다. 그것은 세상에서 이해될 수 없습니다.

The incarnated Jesus is not to be interpreted or understood in terms of what-is or occurrences in the world. He is remembered by the Advocate. Since the Spiritual content of Him was originally what was remembered by the Advocate, it is, even now, carried as remembrance of Him by the Advocate. The content that Jesus is unveiled as the true life is only remembered Spiritually. It is not to be understood in the world.

Part 13

Christianity

(그리스도교)

13.1

Spiritual Togetherness(영적 함께)

God is Spirit, and He is together with His people. Therefore, His togetherness is Spiritual. As His togetherness is with them, His covenant is given to them. Thus, their covenant life is Spiritual. They are Spiritually together with their God who is Spirit. In the respect that they are Spiritually together with Him, they are Spiritual.

하나님은 영이시고, 그분은 그분 백성과 함께하십니다. 그러므로 그분 함께는 영적입니다. 그분 함께가 그들과 함께함으로, 그분 언약이 그들에게 주어집니다. 따라서 그들 언약의 삶은 영적입니다. 그들은 영이신 그들 하나님과 영적으로 함께합니다. 그들이 그분과 영적으로 함께하는 점에서 그들은 영적입니다.

Then, the covenant life of God's togetherness cannot be confirmed as conditional flourishing. That is, His togetherness cannot be identified with His blessing. The betterness in the world is not to be claimed as the outcome of His togetherness. His togetherness is disclosed in the Spiritual life of togetherness.

그러면 하나님 함께의 언약의 삶은 조건적인 번성으로 확인될 수 없습니다. 즉 그분의 함께는 그분의 축복과 동일시 할 수 없습니다. 세상에서 나아짐은 그분 함께의 소산이라고 주장될 수 없습니다. 그분 함께는 함께하는 영적 삶으로 드러납니다.

In the OT, God's togetherness with the Israelites was specified in terms of the law. Its requirements were what were supposed to be done by them. And if they abided by the requirements, they would be blessed with conditional flourishing. This was the basic stance of their life.

구약에서 이스라엘 백성과 하나님의 함께는 율법으로 명시되었습니다. 율법의 요구는 그들이 해야 할 바였습니다. 그들이 그 요구에 머물었으면, 그들은 조건적인 번성으로 축복되었을 것입니다. 이것이 그들 삶의 기본자세였습니다.

This law-abiding life is similar to a wisdom-oriented life. Those who live with wisdom will have a better life, since wisdom tells the way the world moves naturally. The OT tells that, since the world was created by God, those who live with the word of God, i.e. the law, live with His blessing.

율법에 머무는 삶은 지혜를 향한 삶과 유사합니다. 지혜로 사는 이들은 나은 삶을 살 것입니다. 지혜는 세상이 자연적으로 움직이는 길을 들려주기 때문입니다. 구약은, 세상이 하나님에 의해 창조되었음으로, 하나님의 말씀, 곧 율법을 따라 사는 이들은 그분의 축복으로 산다고 합니다.

However, the OT did not conclusively narrate that God's togetherness could be identified with the blessing of the law-abiding. The nations of the Israelites were collapsed, their land was deprived by foreigners, and they were scattered and some of them were deported to the foreign lands as slaves.

그렇지만 구약은 하나님 함께가 율법에 머무는 축복과 동일시할 수 있다고 결론적으로 서사하지 않았습니다. 이스라엘 백성의 국가는 무너졌고, 그들 땅은 이민족에게 빼앗겼습니다. 그리고 그들은 흩어졌고, 그 가운데 얼마는 이국땅에 종으로 끌려갔습니다.

Under such a situation, the prophets spoke out that God was not with them. They acknowledged the limitation of the law as the guideline of the covenant life of His togetherness ^{cf. Jeremiah 31:33}. That is, they eventually conceded that the covenant life could not be fulfilled with the law.

그런 상황에서, 예언자들은 하나님께서 그들과 함께하지 않으신다고 소리쳤습니다. 그들은 그분 함께의 언약의 삶의 지침으로서 율법의 한계를 인정하였습니다렘 31:33 참조. 즉 그들은 언약의 삶이 율법으로 이루어질 수 없었다고 결국 인정하였습니다.

The law means, at any rate, doing something in accordance with its instruction in the world. It gives a conditional impact on the world so as to bring out its conditional outcome. Therefore, in terms of it, only conditional life in the created world matters, for what is specified in it is conditional.

율법은 어떻든 세상에서 그 지시를 따라 무얼 하는 것을 뜻합니다. 그것은 조건적인 소산을 가져오기 위해 세상에 조건적인 영향을 가합니다. 그러므로 율법으로는 창조된 세상에서 조건적인 삶만 문제됩니다. 그 안에 명시된 것이 조건적이기 때문입니다.

The blessing of conditional flourishing is against togetherness, for it shows a favoritism. But God's togetherness is not disclosed into favoritism. That is, His togetherness is not to be approached from the perspective of the conditional blessing. But a blessing in terms of the abidance of the law is conditional since it requires conditional doings.

조건적인 번성에 대한 축복은 함께에 반합니다. 편파를 보이기 때문입니다. 그러나 하나님 함께는 편파로 드러나지 않습니다. 즉 그분 함께는 조건적인 축복의 관점으로부터 접근되지 않습니다. 그러나 율법의 머묾에 의한 축복은 조건적입니다. 그것은 조건적인 행함을 요구하기 때문입니다.

The law originally came out of the covenant. It was given for the covenant life of God's togetherness. But because of its nature, it came to be applied to the life of the created world, for what could be required by it was specific practice in the world. In this way, it succumbed to the conditionality of the world.

율법은 원래 언약으로부터 왔습니다. 하나님 함께의 언약의 삶을 위해 주어졌습니다. 그러나 율법의 속성상 율법은 창조된 세상 삶에 적용되게 되었습니다. 율법에 의해 요구될 수 있은 것은 세상에서 명시된 실행이었기 때문입니다. 이렇게 해서 율법은 세상 조건성에 빨려들게 되었습니다.

The law-abiding life is sustained in the world. In the background of the world, it is visible. That is, it is a way of living in the world, Although the law-abiding life is claimed as separated from the world, it does not entail the content of separated-ness. because it is conditionally sustained in the world.

율법에 머무는 삶은 세상에서 유지됩니다. 세상을 배경으로 보입니다. 즉 세상에서 사는 하나의 방법입니다. 율법에 머무는 삶이 세상으로부터 분리된다고 주장되긴 하지만, 그것은 구별됨의 내용을 내포하지 않습니다. 그것은 세상에서 조건적으로 유지되기 때문입니다.

The NT affirms that Jesus came to the world as God's togetherness. But Jesus was rejected by the Jews who regarded themselves as God's chosen people. This implies that God's togetherness through Jesus was not apparent. Then, how can it be narrated that God's togetherness unfolded with Jesus' life?

신약은 예수님이 하나님 함께로 세상에 오셨다고 확언합니다. 그러나 예수님은 자신들을 하나님의 선택된 백성이라고 여기는 유대인들에 의해 배척당했습니다. 이것은 예수님을 통한 하나님의 함께가 외견적이지 않다는 것을 시사합니다. 그러면 하나님의 함께가 예수님의 삶으로 펼쳐지는 것이 어떻게 서사될 수 있겠습니까?

The Jews set their own criteria of God's togetherness in terms of the law and applied it to Jesus. But it is questionable to set His togetherness rigidly in terms of human judgment, for it is confessed in the covenant life that His togetherness has no boundary. Although the law is judgmental, His togetherness is not judgmental.

유대인들은 율법으로 하나님 함께의 기준을 설정하고서 그것을 예수님에게 적용했습니다. 그러나 그분 함께를 인간의 판단으로 엄격하게 설정하는 것은 문제입니다. 왜냐하면 그분 함께는 경계가 없다고 언약의 삶에서 고백되기 때문입니다. 율법은 판단적이지만, 그분의 함께는 판단적이지 않습니다.

Because of the rejection of Jesus by the Jews, it may be reversely concluded that for God's togetherness no human criterion can be set. His togetherness is shown by His own will and can be known with His own word. His togetherness is primarily witnessed in order to talk of Him.

유대인들에 의해 예수님이 배척되었기 때문에, 하나님 함께에 대해선 어떤 인간의 기준을 설정할 수 없는 것을 거꾸로 결론 내려질 수 있습니다. 그분 함께는 그분 자신의 뜻으로 보이고 또 그분 자신의 말씀으로 알아질 수 있습니다. 그분 함께는 그분을 말하기 위해 일차적으로 증거됩니다.

God gave His word, but it became the law. And He sent His Son, but people could not recognize His Son. Then, He, Himself, had to let them know His togetherness. Thus, He sent His own Spirit in order for them to know His togetherness. In this respect, His togetherness is narrated Spiritually.

하나님은 그분 말씀을 주셨습니다. 그러나 그것은 율법이 되었습니다. 그리고 그분은 그분 아들을 보내셨습니다. 그러나 사람들은 그분 아들을 인식할 수 없었습니다. 그러면 그분 자신이 그분 함께를 그들에게 알게 하여야 하셨습니다. 따라서 그분은 그분 자신의 영을 그들이 그분 함께를 알도록 보내셨습니다. 이 점에서 그분 함께는 영적으로 서사됩니다.

God shows His togetherness with His own Spirit. But we should be cautious in dealing with His Spirit. In general, people have their own peculiar experience of spirit and tell it with their own experience. That is, spirit is primarily mentioned with its experience. To them spirit is experiential.

하나님은 그분 함께를 그분 자신의 영으로 보이십니다. 그러나 우리는 그분의 영을 다루는데 주의해야 합니다. 일반적으로 사람들은 그들 자신의 독특한 영의 체험을 갖고, 또 그들 자신의 체험으로 영을 말합니다. 즉 영은 일차적으로 그 체험으로 언급됩니다. 그들에게 영은 체험적입니다.

But experience is personal. Each individual has his own experience. Even though he talks about what he experienced, it cannot be shared with others. His talking of his own experience is almost like expressing his own emotion. Therefore, personal experience cannot lead to togetherness.

그러나 체험은 개인적입니다. 개인은 각기 자신의 체험을 갖습니다. 그가 체험한 것에 대해 말하더라도, 그것을 다른 사람과 나눌 수 없습니다. 자신의 체험을 말하는 것은 자신의 감정을 말하는 것과 거의 같습니다. 그러므로 개인의 체험은 함께로 이끌 수 없습니다.

Under this trend, even if people insist that they have experience of God's Spirit, their experience cannot lead to togetherness.

Therefore, although God shows His togetherness with His own Spirit, people cannot be together with His Spirit if they receive His Spirit in their own experience.

이 경향으로, 사람들이 하나님의 영의 체험을 갖는다고 단언하더라도, 그들 체험은 함께로 이끌어질 수 없습니다. 그러므로 하나님께서 자신의 영으로 그분 함께를 보이시더라도, 사람들이 그들 자신의 체험으로 그분 영을 받으면 그분 영으로 함께할 수 없습니다.

Nevertheless, God leads His people to togetherness with His Spirit. His Spirit leads them to confess that Jesus is Christ, the Son of the living God. And with the confession they become to be gotten together. They are Spiritually together. Therefore, His Spirit is not experienced by them but guides them to confess that Jesus is Christ.

그렇지만 하나님은 그분 영으로 그분 백성을 함께로 인도하십니다. 그분 영은 그들로 예수님을 그리스도시요 살아계신 하나님의 아들이라고 고백하도록 인도하십니다. 그리고 그 고백으로 그들은 함께하게 됩니다. 그들은 영적으로 함께합니다. 그러므로 그분 영은 그들에 의해 체험되지 않지만, 그들을 예수님이 그리스도라고 고백하도록 인도하십니다.

When the Spirit of God leads His people to speak out, what is spoken by them is His word. That is, He tells His word through His Spirit unlike the law that was given to Moses. Prophets, Psalms, and the apostles' epistles are His word given with His Spirit. That is, there is no literal sense of His word.

하나님의 영이 그분 백성을 말하도록 인도하실 때, 그들에 의해 말해지는 것은 그분 말씀입니다. 즉 그분은 모세에게 주어진 율법과 달리 그분 영으로 그분 말씀을 들려주십니다. 예언자, 시편, 그리고 사도들의 편지는 그분 영으로 주어진 그분 말씀입니다. 즉 그분 말씀의 문자적 의미는 없습니다.

With the Spirit of God, His word becomes Spiritual. Therefore, His togetherness with His Spirit is Spiritual. What is uttered with the guidance of His Spirit is for His togetherness. The primary discourse of His Spirit is of His togetherness rather than of Himself. Jesus and the Holy Spirit came to the world as His togetherness.

하나님의 영으로 그분 말씀은 영적이 됩니다. 그러므로 그분 영으로 그분의 함께는 영적입니다. 그분 영의 인도로 발설되는 것은 그분 함께를 위함입니다. 그분 영의 일차적 담화는 그분보다 그분 함께에 대해서입니다. 예수님과 성령님은 그분 함께로 세상에 오셨습니다.

But the Spirit of God is the Holy Spirit who is separated from other spirits in the world. General spirits in the world let people talk of all kinds of things or events in it, since general spirits belong to the world. They are also parts of what is in the world. That is, the worldly spirits are among what is, and thus, they are not covenantal.

그러나 하나님의 영은 세상에 있는 다른 영과는 구별된 성령님이십니다. 세상에 있는 일반 영은 세상에 속하기 때문에, 사람들로 세상에 있는 모든 종류의 사물이나 사건에 대해 말하게 합니다. 일반 영은 또한 세상에 있는 것의 부분입니다. 즉 세상의 영은 세상에 있는 것 가운데 있습니다. 따라서 언약적이 아닙니다.

But the Spirit of God was sent by God to remind His Son who was sent by Him. Therefore, the Spirit of God tells of His Son, Jesus, alone in order for Him to be confessed as Lord and Christ. In this way, the Spirit of God is separated from other spirits in the world so as to be called the Holy Spirit.

그러나 하나님의 영은 그분에 의해 보내지신 그분 아들을 기억하게 하기 위해 하나님에 의해 보내졌습니다. 그러므로 하나님의 영은 그분 아들 예수님에 관해서만 말씀하셔서 그분을 주와 그리스도로 고백되게 하십니다. 이렇게 하여 하나님의 영은 세상의 다른 영과 구별되어 성령님으로 불러지게 합니다.

The primary task of the Holy Spirit is to lead people to confess that Jesus is Christ, the Son of the living God. Those who utter this confession are together. That is, the confession is for togetherness. The Spiritual confession of Jesus is covenantal. Any confession on Him is expressed not as religious conviction but as Spiritual togetherness.

성령님의 일차적 임무는 사람들로 예수님을 그리스도, 살아계신 하나님의 아들로 고백하도록 인도하는 것입니다. 이 고백을 발설하는 이들은 함께하게 됩니다. 즉 그 고백은 함께를 위함입니다. 예수님에 대한 영적 고백은 언약적입니다. 예수님에 대한 어떤 고백이든 종교적인 확신이 아닌 영적 함께로 표현됩니다.

The Holy Spirit leads those who confess that Jesus is the Christ, the Son of the living God to remind Him so that they can narrate Him with God's togetherness. Therefore, God's togetherness is disclosed when Jesus is narrated with the guidance of the Holy Spirit. Phrasing differently, the Spiritual narrative of Jesus, i.e., the gospel, is the disclosure of God's togetherness.

성령님은 예수님을 그리스도, 살아계신 하나님의 아들로 고백하는 이들로 그분을 기억하도록 인도하셔서, 그분을 하나님과 함께로 서사할 수 있게 하십니다. 그러므로 하나님의 함께는 예수님이 성령님의 인도하심으로 서사될 때 드러납니다. 달리 말하면, 예수님의 영적 서사, 곧 복음은 하나님 함께의 드러남입니다.

In this way, the word of God is fully unveiled by the narrative of Jesus with the guidance of the Spirit of God. That is, the word of God is the Spiritual narrative of Jesus i.e., the gospel. Otherwise, it may be insisted as the law or religious experience. In this respect, the gospel leads to receiving the word of God as the gospel.

이렇게 해서 하나님의 말씀은 하나님의 영의 인도하심으로 예수님의 서사에 의해 완전히 드러납니다. 즉 하나님의 말씀은 예수님의 영적 서사, 곧 복음입니다. 그렇지 않으면 하나님의 말씀은 율법이나 종교적인 체험으로 단언될지 모릅니다. 이 점에서 복음은 하나님의 말씀을 복음으로 받도록 이끕니다.

Jesus should be narrated with God's togetherness; otherwise, He is merely talked about as a historical figure. Since He is narrated with God's togetherness, the life of following Him is covenantal. He is the covenant Lord and Christ. And the believers in Him are the covenant people.

　예수님은 하나님의 함께로 서사되어야 합니다. 그렇지 않으면 단지 역사적 인물로 말해집니다. 예수님이 하나님의 함께로 서사되기 때문에, 예수님을 따르는 삶은 언약적입니다. 예수님은 언약의 주와 그리스도십니다. 그리고 그분을 믿는 이들은 언약의 백성입니다.

Togetherness with the new covenant is Spiritual. The new covenant life of the church is Spiritual. The church becomes unfolded with the Spiritually guided narrative of Jesus as seen in the early church. Therefore, as long as He is narrated Spiritually, it cannot be institutionally rigid.

　새 언약으로 함께는 영적입니다. 교회의 새 언약의 삶은 영적입니다. 교회는 초대 교회에서 보이듯이 영적으로 인도된 예수님의 서사로 펼쳐집니다. 그러므로 예수님이 영적으로 서사되는 한, 교회는 기관적으로 굳어질 수 없습니다.

Spirituality is not an option but the ground of the church because the church is fulfilled with those who confess that Jesus is Christ with the guidance of the Holy Spirit. Apart from Spirituality, it easily becomes doctrinally institutionalized. Since the church doctrines are formulated by man, they only bring out individual practices like the law.

　영성은 교회의 선택이 아니라 근거입니다. 왜냐하면 교회는 성령님의 인도하심으로 예수님을 그리스도로 고백하는 이들로 이루어지기 때문입니다. 영성을 떠나서 교회는 쉬이 교리적으로 기관화됩니다. 교회 교리는 사람에 의해 형성되었기 때문에 율법과 같이 개인의 실행만 초래합니다.

God's togetherness unfolds with the Spiritual narrative of Jesus. That is, God is together with those who speak of His Son with His Spirit, for He sent His Son and His Spirit for His togetherness. Reversely speaking, whenever His Son is narrated with His Spirit, His togetherness is disclosed.

하나님 함께는 예수님의 영적 서사로 펼쳐집니다. 즉 하나님은 그분 영으로 예수님을 말하는 이들과 함께하십니다. 왜냐하면 하나님은 그분 아들과 그분 영을 그분 함께를 위해 보내셨기 때문입니다. 거꾸로 말하면, 그분 아들이 그분 영으로 서사될 때마다, 그분 함께는 드러납니다.

Spirituality unfolds into togetherness. Therefore, it is different from religiosity. The confusion of these two lets the church fall into an institution. In an institutional church, individuals are gathered together for their common purpose. Consequently, it only promotes individuality, not Spirituality.

영성은 함께로 펼쳐갑니다. 그러므로 그것은 종교성과 다릅니다. 이 둘의 혼동은 교회를 기관으로 타락되게 하였습니다. 기관 교회에서 개인들은 그들 공통된 목적을 위해 모입니다. 따라서 그것은 단지 영성이 아닌 개인성을 증진합니다.

집중(Focus)

영이신 하나님과 함께하는 것은 영적입니다. 따라서 하나님과 함께는 영적 언어로 서사됩니다. 예수님의 서사인 복음이 영적 언어인 것은 이 때문입니다. 영적 언어가 아니고는 예수님은 하나님과 함께로 서사될 수 없습니다. 즉 영적 언어가 아닌 언어로는 예수님은 역사적 인물로밖에 서사될 수 없습니다. 그래서 복음은 존재론적, 혹은 종교적인 언어로 풀이될 수 없습니다.

It is Spiritual to be together with God who is Spirit. Thus, togetherness with Him is narrated with the Spiritual language. This is why the gospel that is the narrative of Jesus is a Spiritual language. He cannot be narrated in terms of His togetherness with God without Spiritual language. With any language other than Spiritual language, He is only narrated as a historical figure. Thus, the gospel cannot be interpreted in ontological or religious language.

하나님과 함께 사는 것은 영적입니다. 즉 예수님을 믿는 믿음으로 하나님과 함께 사는 새 언약의 삶은 영적입니다. 그것에 비추어 율법에 의한 옛 언약의 삶은 온전히 하나님과 함께하는 삶일 수 없습니다. 율법, 지혜, 혹은 종교는 함께의 내용이 아닙니다. 개인을 세우는 내용입니다. 따라서 그것을 표현하는 말은 함께의 언어가 아닙니다.

It is Spiritual to live together with God. That is, the new covenant life of togetherness with God in believing in Jesus is Spiritual. Being contrasted to it, the old covenant life due to the law cannot be a wholesome life of being together with God. The law, wisdom, or religion is not a content of togetherness. it is the content of building up individuals. Thus, the word to express it is not togetherness language.

함께의 언어인 복음은 개인의 언어로 풀이되지 말아야 합니다. 풀이된 복음은 함께의 삶이 아닌 개인의 삶을 진작시킵니다. 언약의 삶을 보이지 못합니다. 교회 전통의 교리는 복음을 개인의 언어로 풀이한 산물입니다. 따라서 교회는 그것으로 함께하는 언약의 삶이 아닌 개인의 삶으로 세워지게 됩니다. 율법에서 보이듯이 영적 언어가 아니고는 함께의 삶을 살 수 없습니다.

The gospel that is togetherness language should not be interpreted into personal language. An interpreted gospel is to stimulate not togetherness life but individual life. It cannot show the covenant life. The doctrines of the tradition of the church are the product of the interpretation of the gospel into personal language. Thus, the church, with it, becomes built not as the covenant life but as the individual life. As seen in the law, we cannot live a togetherness life without Spiritual language.

13.2

Spiritual Remembrance(영적 기억)

The basic theme of Spiritual remembrance is this: Jesus is remembered with God's togetherness under the guidance of the Holy Spirit. The Biblical word is Spiritually remembered, since it is the word of God who is Spirit. The phrase "the word of God" is transmitted in remembrance, not in understanding.

영적 기억의 기본 주제는 이렇습니다: 예수님은 성령님의 인도하심으로 하나님 함께로 기억됩니다. 성경의 말은 영적으로 기억됩니다. 영이신 하나님의 말씀이기 때문입니다. "하나님의 말씀"이라는 어구는 이해가 아닌 기억으로 전해집니다.

Spiritual remembrance is different from experiential remembrance, since it is guided by the Holy Spirit. Therefore, it can be guided to be together. But experiential remembrance is confined to an individual who has it. Even though it can be told to others, it is not to be shared with them.

영적 기억은 성령님에 의해 인도되기 때문에 체험적 기억과 다릅니다. 그러므로 함께하도록 인도될 수 있습니다. 그러나 체험적 기억은 그것을 지닌 개인에게 국한됩니다. 그것은 다른 이들에게 말해질 수 있더라도 그들과 나누어질 수 없습니다.

The covenant remembrance is Spiritual remembrance, since the covenant is initiated by God's togetherness that can only be Spiritually remembered because He is Spirit. His people are together with Him with Spiritual remembrance of Him. His togetherness is reawakened in remembrance.

언약의 기억은 영적 기억입니다. 왜냐하면 언약은 하나님이 영이시기 때문에 영적으로만 기억될 수 있는 하나님의 함께로 개시되기 때문입니다. 그분 백성은 그분에 대한 영적 기억으로 그분과 함께합니다. 그분의 함께는 기억 가운데 재 각성됩니다.

Christians, nowadays, read the Bible with understanding like any other books. They do not think that it is given as the word of God that is to be remembered. God may be thought of as an object, but His word is not what is thought of as an object since His word is given with His togetherness.

오늘날 그리스도인들은 성경을 다른 책과 같이 이해로 읽습니다. 그들은 그것이 기억되어야 될 하나님의 말씀으로 주어진 것이라고 생각하지 않습니다. 하나님은 하나의 대상으로 생각될 수 있습니다. 그러나 그분 말씀은 그분의 함께로 주어지기 때문에 대상으로 생각되는 것이 아닙니다.

God's word is not what is to be understood but what is to be remembered. Since His word is given as His promise which is to be fulfilled, there is nothing to be understood in it. It is only to be remembered so as for its fulfillment to be waited for. In this case, the remembrance of His word is not the memorization of it.

하나님의 말씀은 이해되는 것이 아니라 기억되는 것입니다. 그분 말씀은 이루어질 그분 약속으로 주어지기 때문에, 그 안에 이해될 것이 없습니다. 그것은 단지 기억되어 그 이루어짐이 기다려집니다. 이 경우 그분 말씀의 기억은 암기가 아닙니다.

The remembrance of the word of God does not mean the remembrance of the word of letters. That is, it does not mean the remembrance of the word in the Bible. Therefore, the remembrance of the word of God has to be told in the covenant setting. Apart from the covenant setting, the telling of the word of God is senseless.

하나님의 말씀의 기억은 문자적 말의 기억을 뜻하지 않습니다. 즉 그것은 성경에 있는 말의 기억을 뜻하지 않습니다. 그러므로 하나님의 말씀의 기억은 언약의 설정에서 말해져야 합니다. 언약의 설정을 떠나 하나님의 말씀을 말하는 것은 무의미합니다.

The word of God in the covenant setting has been fulfilled in the covenant life. And the covenant life is not to be understood but to be remembered, for it is not what has been sustained or changed but what has been fulfilled. Therefore, it is not traditional but renewal. It is renewed in remembrance.

언약의 설정에서 하나님의 말씀은 언약의 삶으로 이루어져옵니다. 그리고 언약의 삶은 이해될 수 없고 기억될 수 있습니다. 그것은 유지되거나 변화되어 온 것이 아니고 이루어져 온 것이기 때문입니다. 그러므로 그것은 전통적이지 않고 새로워집니다. 기억 가운데 새로워집니다.

For what is fulfilled, there can be no explanation. Only God's word of promise should be remembered. If God's word of promise is not remembered, its fulfillment cannot be recognized. Word-fulfillment is accompanied with remembrance-recognition. The recognition of His word is a renewal of remembrance.

이루어지는 것에 대해선 설명이 있을 수 없습니다. 하나님 약속의 말씀은 단지 기억되어야 합니다. 하나님 약속의 말씀이 기억되지 않으면, 그 이루어짐이 인지될 수 없습니다. 말씀-이루어짐은 기억-인지를 수반합니다. 하나님 말씀의 인지는 기억의 새로워짐입니다.

For this reason, the Biblical life is centered around remembrance. God's togetherness with His word is only remembered. That is, His togetherness becomes disclosed in the remembrance of His word. Here, remembrance of His word is not the recollection of His word.

이 때문에 성경의 삶은 기억을 중심으로 합니다. 하나님 말씀으로 그분 함께는 단지 기억됩니다. 즉 그분 함께는 그분 말씀의 기억 가운데 드러나게 됩니다. 여기서 그분 말씀의 기억은 그분 말씀의 회상이 아닙니다.

The Biblical word becomes God's word when it is read in the remembrance of His togetherness. His word cannot be claimed objectively. That is, His word cannot be claimed independently from His togetherness. Apart from His togetherness, the word in the Bible only has literal or textual sense.

성경의 말은 그분 함께를 기억하며 읽을 때 그분 말씀이 됩니다. 그분 말씀은 객관적으로 주장될 수 없습니다. 즉 그분 말씀은 그분 함께와 독립적으로 주장될 수 없습니다. 그분 함께를 떠나 성경에 있는 말은 단지 문자적 혹은 축어적 의미만 갖습니다.

The covenant life is unfolding in remembrance. But remembrance becomes overshadowed by understanding. Under this trend, covenant life becomes secularized into ontological life. And, thus, the Biblical word becomes subject to interpretation.

언약의 삶은 기억 가운데 펼쳐갑니다. 그러나 기억은 이해에 의해 가려지게 됩니다. 이 경향으로 언약의 삶은 존재론적 삶으로 세속화됩니다. 따라서 성경의 말은 해석에 종속되게 됩니다.

The Bible is not understood but remembered as the word of God. With God's togetherness, it is recognized as His word. In this recognition, there is no room for human understanding to be lurked in. The understanding of His word means that it is interpreted in terms of human faculty.

성경은 하나님 말씀으로 이해되지 않고 기억됩니다. 하나님 함께로 그것은 그분 말씀으로 인지됩니다. 이 인지에 인간의 이해가 잠복될 여지가 없습니다. 그분 말씀의 이해는 인간의 능력에 의해 그것이 해석되는 것을 뜻합니다.

The remembered word of God becomes a covenant word. Therefore, the covenant word is transmitted in remembrance. In the covenant life, the covenant word of God is not understood but remembered. But in ontological life, the word of God is understood like any other word.

기억된 하나님의 말씀은 언약의 말이 됩니다. 그러므로 언약의 말은 기억 가운데 전해집니다. 언약의 삶에서 하나님의 언약의 말씀은 이해되지 않고 기억됩니다. 그러나 존재론적 삶에서 하나님의 말씀도 다른 말과 같이 이해됩니다.

In the covenant life, God's word is inherent in the remembrance. That is, remembrance consists in His word. As His word is fulfilled, remembrance is also regenerated. In this way, the covenant life is unfolded with the remembrance of the fulfillment of His word. The covenant life, so to speak, is not a life of understanding but a life of remembrance.

언약의 삶에서 하나님의 말씀은 기억에 내재됩니다. 즉 기억은 그분 말씀으로 구성됩니다. 그분 말씀이 이루어짐을 따라 기억 또한 재생됩니다. 이렇게 하여 언약의 삶은 그분 말씀의 이루어짐의 기억으로 펼쳐집니다. 언약의 삶은 말하자면 이해의 삶이 아닌 기억의 삶입니다.

In the covenant life, God's word and remembrance are inseparable. If His word is not remembered as His word, there is no way to recognize it as His word. His word is pre-accepted in remembrance. The canonized Bible as His word is meaningful in the tradition of the church.

언약의 삶에서 하나님의 말씀과 기억은 분리될 수 없습니다. 그분 말씀이 그분 말씀으로 기억되지 않으면, 그것을 그분 말씀으로 인지할 어떤 길도 없습니다. 그분 말씀은 기억 가운데 미리 받아집니다. 그분 말씀으로 정경이 된 성경은 교회 전통에서 의미 있습니다.

There cannot be any objective proof of God's word, for His word is the disclosure of His togetherness. Therefore, it is only remembered with His togetherness. Apart from His togetherness, there is no way to recognize even the Bible as His word. Remembrance and recognition of His word are accompanied with His togetherness.

하나님의 말씀에 대한 객관적인 증명은 있을 수 없습니다. 그분 말씀은 그분 함께의 드러남이기 때문입니다. 그러므로 그것은 그분 함께로 단지 기억됩니다. 그분 함께를 떠나서 성경조차도 그분 말씀으로 인지할 길이 없습니다. 그분 말씀에 대한 기억과 인지는 그분 함께를 동반합니다.

God's word in remembrance is fulfilled into life. In this case, remembrance and life are covenantal. His word as the covenant remembrance is fulfilled into the covenant life. The Bible is narrated in this mode. Thus, it is His word when it is read in the remembrance in the covenant life.

기억 가운데 하나님의 말씀은 삶으로 이루어집니다. 이 경우 기억과 삶은 언약적입니다. 언약의 기억으로 그분 말씀은 언약의 삶으로 이루어집니다. 성경은 이 양식으로 서사됩니다. 따라서 성경은 언약의 삶에서 기억 가운데 읽혀질 때 하나님의 말씀입니다.

In the remembrance, the word of God is heard as the word of God. The hearing of the word of God can be told on the basis of remembrance. The remembrance and hearing of the word of God consist in the basic framework of the covenant. The covenant word is His word that is remembered and heard.

기억 가운데 하나님의 말씀은 하나님의 말씀으로 들려집니다. 하나님의 말씀의 들음은 기억의 바탕으로 말해질 수 있습니다. 하나님의 말씀의 기억과 들음은 언약의 기본 체계를 구성합니다. 언약의 말은 기억되고 들려지는 그분 말씀입니다.

The covenant life of God's togetherness is unfolded in the remembrance and hearing of His word. His word is regarded as the disclosure of His togetherness when it is remembered and heard. When it is remembered and heard, His togetherness is disclosed in obedience. That is, when His word is remembered and heard, it leads to obedience.

하나님 함께의 언약의 삶은 그분 말씀의 기억과 들음으로 펼쳐집니다. 그분 말씀은 기억되고 들려질 때 그분 함께의 드러남으로 여겨집니다. 그분 말씀이 기억되고 들려질 때, 그분 함께는 순종 가운데 드러납니다. 즉 그분 말씀은 기억되고 들려질 때 순종으로 인도합니다.

God's word is what is to be remembered. But with His togetherness His word can be remembered as His word. Therefore, the remembrance of His word is accompanied with His togetherness. Apart from His togetherness, "the word of God" cannot be spoken meaningfully.

하나님의 말씀은 기억되는 것입니다. 그러나 그분 함께로 그분 말씀은 그분 말씀으로 기억될 수 있습니다. 그러므로 그분 말씀의 기억은 그분 함께를 동반합니다. 그분 함께를 떠나서 "하나님의 말씀"은 의미있게 말해질 수 없습니다.

The covenant theology begins with God's togetherness which is disclosed with His word in remembrance. Even though it deals with His word, it is touched on His togetherness. Therefore, in any handling of His word, His togetherness should be narrated in remembrance.

언약 신학은 기억 가운데 하나님의 말씀으로 드러나는 그분 함께로 시작합니다. 그분 말씀을 다룰지라도, 그것은 그분 함께에 접촉됩니다. 그러므로 그분 말씀의 어떤 다룸에도, 그분 함께가 기억 가운데 서사되어야 합니다.

Apart from remembrance, God's word cannot be confirmed objectively since His togetherness cannot be confirmed objectively. Therefore, His word with His togetherness is fulfilled into the covenant life. The fulfillment of His word can be asserted with His togetherness; therefore, the fulfillment is covenantal.

기억을 떠나 하나님의 말씀은 객관적으로 확인될 수 없습니다. 그분 함께가 객관적으로 확인될 수 없기 때문입니다. 그분 함께로 그분 말씀은 언약의 삶으로 이루어집니다. 그분 말씀의 이루어짐은 그분 함께와 더불어 주장될 수 있습니다. 그러므로 그 이루어짐은 언약적입니다.

The covenant life begins with God's togetherness, since He gives His covenant as His togetherness. Therefore, it is generated in the remembrance of His togetherness with His word. Since His togetherness is due to His own will, the initiation of His togetherness is only kept in the remembrance.

언약의 삶은 하나님의 함께로 시작합니다. 그분께서 그분 언약을 그분 함께로 주셨기 때문입니다. 그러므로 언약의 삶은 그분 말씀과 더불어 그분 함께의 기억 가운데 생성됩니다. 그분 함께는 그분 자신의 뜻에 의함으로. 그분 함께의 개시는 기억에 간직됩니다.

On the other hand, the ontological life is succeeded as the outcome of the causal consequence in the world as seen in all kinds of life in the world. Therefore, it is sustained by being adapted to the conditions that it is encountered in terms of the causal understanding and maneuvering.

그 반면에 존재론적 삶은 세상에 있는 모든 종류의 삶에서 보이듯이 세상의 인과 결과의 소산으로 이어집니다. 그러므로 그것은 인과의 이해나 조작에 의하여 접하여지는 조건에 적응됨으로 유지됩니다.

The covenant life begins when God's togetherness is pre-accepted with His word. Then, the pre-accepted togetherness with His word is kept in remembrance for the unfolding of the covenant life. In this respect, the covenant life is a life of remembrance of His togetherness with His word.

언약의 삶은 하나님의 함께가 그분 말씀으로 미리 받아들여질 때 시작됩니다. 그러면 그분 말씀과 미리 받아진 그분 함께는 언약의 삶이 펼쳐감에 대한 기억 가운데 지녀집니다. 이 점에서 언약의 삶은 그분 말씀과 더불어 그분 함께의 기억의 삶입니다.

The covenant theology basically deals with God's togetherness with His word. Therefore, it cannot depart from the remembrance of itself. It eventually witnesses His togetherness with His word.

That is, the covenant theology itself is the disclosure of His togeth-erness. It is basically reiteration of the covenant.

언약 신학은 기본적으로 그분 말씀으로 그분 함께를 다룹니다. 그러므로 그것은 그 자체의 기억을 떠날 수 없습니다. 결국 그분 말씀으로 그분 함께를 증거합니다. 즉 언약 신학 자체는 그분 함께의 드러남입니다. 기본적으로 언약의 반복입니다.

The difference of theology and philosophical treatise of God lies in the point that the former begins with remembrance of God's word, but the latter begins with understanding of it in terms of human faculty. Basically, theology retells His word to bring into remembrance. That is, it retells His word to be heard,

신학과 하나님에 관한 철학적 논제의 차이는 전자는 하나님 말씀의 기억으로 시작하지만 후자는 인간 능력으로 이해함으로 시작하는 점에 있습니다. 기본적으로 신학은 그분 말씀을 기억에 불러오기 위해 다시 말합니다. 즉 그분 말씀이 들려지도록 다시 말합니다.

Any theological undertaking with a philosophical outcome de-parts from the covenant theology. It becomes philosophical or ontological theology. Then, it has fallen into an outcome of hu-man understanding. What is seen in it is a human word rather than God's word since His togetherness is not with it.

철학적인 소산과 더불어는 어떤 신학적인 시도든 언약 신학을 떠납니다. 그것은 철학적이나 존재론적 신학이 됩니다. 그러면 그것은 인간 이해의 소산으로 타락됩니다. 그것에 보는 것은 하나님의 말씀이기 보다 사람의 말입니다. 그분 함께가 그것과 더불어 지지 않기 때문입니다.

The covenant theology retells the Spiritual remembrance of God's togetherness with His word. Since He is Spirit, His togetherness is Spiritually witnessed and remembered. That is, His word can only be Spiritually retold. Therefore, the covenant theology is Spiritual. The Spiritual word cannot be interpreted through understanding.

언약 신학은 하나님 함께의 영적 기억을 그분 말씀으로 다시 말합니다. 그분이 영이시기 때문에, 그분 함께는 영적으로 증거되고 기억됩니다. 즉 그분 말씀은 영적으로만 다시 말해질 수 있습니다. 그러므로 언약 신학은 영적입니다. 영적 말은 이해를 통해 해석될 수 없습니다.

The gospel is the Spiritual remembrance of Jesus with God's togetherness. And the church tells the Spiritual remembrance of Jesus with God's togetherness. Therefore, theology also should tell the Spiritual remembrance of Jesus with God's togetherness. Then, such theology becomes covenant theology.

복음은 하나님 함께로 예수님의 영적 기억입니다. 그리고 교회는 하나님 함께로 예수님의 영적 기억을 들려줍니다. 그러므로 신학 또한 하나님 함께로 예수님의 영적 기억을 말해야 합니다. 그러면 그런 신학은 언약 신학이 됩니다.

What is Spiritually guided is fulfilled; thus, it is only remembered. It is not to be understood. Since understanding is a faculty, those who are understood do with their own understanding without being guided by the Spirit. Therefore, God's word is fulfilled in remembrance.

영적으로 인도된 것은 이루어집니다. 따라서 단지 기억됩니다. 그것은 이해되지 않습니다. 이해는 능력임으로, 이해된 이들은 영의 인도됨이 없이 자신들의 이해로 행합니다. 그러므로 하나님의 말씀은 기억 가운데 이루어집니다.

집중(Focus)

복음은 성령님이 오심으로 기억된 예수님을 서사합니다. 역사적인 인물로 기억된 예수님을 서사하지 않습니다. 세상에 있는 것을 기술하는 언어는 세상에 있는 것으로 전개됩니다. 새로운 것은 새로운 세상의 말로 설명되고 이해됩니다. 그러나 영적 언어로 서사된 복음은 설명되거나 이해될 수 없습니다. 복음은 영적으로 기억된 예수님의 서사임으로 영적으로만 기억됩니다.

The gospel narrates Jesus who was remembered as the Holy Spirit came. It does not narrate Him who was remembered as a historical figure. The language that accounts what-is in the world is generated by what-is in the world. What is new is interpreted and understood by a new worldly word. But the gospel narrated into Spiritual language cannot be interpreted or understood, The gospel, since it is the narrative of Jesus who was Spiritually remembered, is only Spiritually remembered.

영적 언어는 기억 언어입니다. 복음으로 기억된 언어입니다. 세상이 알아짐에 따라 전개되는 언어가 아니기 때문입니다. 예수님으로 하나님의 함께는 영적으로 기억된 예수님에 대한 영적 언어로 서사됩니다. 그러므로 기억된 예수님은 기억으로 재현됩니다. 하나님과 함께하는 예수님은 영적으로 기억된 내용으로 재현됩니다. 언약의 기억은 언약의 기억으로 재현됩니다.

The Spiritual language is a remembrance language. It is remembered as a language with the gospel, for it is not a language that is generated as the world becomes to be known. God's togetherness with Jesus is narrated by Spiritual language for Jesus who is Spiritually remembered. Therefore, the remembered Jesus is recapitulated in remembrance. Jesus who is together with God is recapitulated in Spiritually remembered content. The covenant remembrance is recapitulated into the covenant remembrance.

하나님의 함께는 성령님에 의해 인도된 기억으로 이어집니다. 성령님에 의해 기억된 예수님의 서사에 담아지기 때문입니다. 예수님의 서사는 새 언약입니다. 그것이 기억으로 재현되기 때문입니다. 언약의 삶은 하나님의 약속의 이루어진 삶임으로, 그분의 약속은 기억으로 이어집니다. 언약의 삶은 기억의 삶입니다. 즉 성경은 기억의 삶으로 서사됩니다.

God's togetherness is succeeded by the remembrance guided by the Holy Spirit, for it is carried in the narrative of Jesus who is remembered by the Holy Spirit. The narrative of Jesus is the new covenant because it is recapitulated in remembrance. Since the covenant life is the fulfilled life of God's promise, His promise is succeeded in the remembrance. The covenant life is the remembrance life. That is, the Bible is narrated into the remembrance life

13.3

Spiritual Confession(영적 고백)

Under the law all people are obliged to keep it. It does not allow any response to it. Even if it can be changed by people in the democratic nation, it should be kept as long as it is prevailing. It does not require personal response but obligation. Response is personal but obligation impersonal.

법아래 있는 모든 사람들은 그것을 의무적으로 지켜야만 합니다. 법은 사람들에게 그것에 대한 어떤 반응이든 허용하지 않습니다. 민주 국가에서 법이 사람에 의해 바꿔지긴 하지만 그것이 효력이 있는 한 지켜야만 합니다. 그것은 개인적인 반응이 아니라 의무를 요구합니다. 반응은 개인적이지만 의무는 일반적입니다.

But Christians are those who respond to Jesus. His disciples followed Him when they were called by Him. People nowadays confess that Jesus is Christ when they attend the church as Christians. Their being Christians is shown not merely by their attending it but by their confession.

그러나 그리스도인들은 예수님에게 반응하는 이들입니다. 그분 제자들은 예수님이 불렀을 때 그분을 따랐습니다. 지금 사람들도 그리스

111

도인으로 교회에 다닐 때 예수님을 그리스도로 고백합니다. 그들이 그리스도인들 됨은 단지 교회에 다니는 것만이 아니라 그들 고백으로 보입니다.

In this case, the response should not be regarded as a decision. One cannot be a Christian in terms of his own decision. It is not a matter of decision to be a Christian. The following of Jesus as the Christ is not what can be achieved by his own decision. What can be achieved by his own decision is only conditionally identified.

이 경우 반응은 결정으로 고려되지 말아야 합니다. 자신의 결정으로 그리스도인이 될 수 없습니다. 그리스도인이 되는 것은 결정의 문제가 아닙니다. 예수님을 그리스도로 따르는 것은 자신의 결정으로 성취될 수 있는 것이 아닙니다. 자신의 결정으로 성취될 수 있는 것은 단지 조건적으로 식별됩니다.

If one initiates with his own decision, he can give it up with a different decision. The disciples of Jesus did so when He was crucified. Therefore, the response to Him cannot be an individual's own decision. Individual's decision cannot be a constituent of Christianity. This means that individuality cannot be a constituent of Christianity.

사람이 자신의 결정으로 개시하면, 그는 다른 결정으로 그것을 포기할 수 있습니다. 예수님의 제자들은 그분이 십자가에 못 박혔을 때 그렇게 했습니다. 그러므로 그분에 대한 반응은 개인의 결정일 수 없습니다. 개인의 결정은 그리스도교의 구성요인일 수 없습니다. 이것은 개인성이 그리스도교의 구성요인일 수 없는 것을 뜻합니다.

The response of being a Christian is guided by the Holy Spirit. It is not a simple response to Jesus as a worldly person. It is a 'peculiar' response to Him as Christ. "Christ" is not a worldly title but Spiritual title. That is, it has only Spiritual sense. Therefore, one cannot follow Him as Christ with his own decision.

그리스도인이 되는 반응은 성령님에 의해 인도됩니다. 그것은 세상의 개인으로서 예수님에 대한 반응이 아닙니다. 그것은 그리스도로 그분에게 보이는 '독특한' 반응입니다. "그리스도"는 세상 직함이 아닌 영적 직함입니다. 즉 그것은 단지 영적 의미만 갖습니다. 그러므로 자신의 결정으로 그분을 그리스도로 따를 수 없습니다.

The Spiritually guided response to Jesus as Christ is confessional. It is verbally expressed with the utterance that Jesus is Christ. On the basis of this confessional response, He comes to be narrated as Christ with the guidance of the Holy Spirit. The narrative of Jesus as Christ, i.e., the gospel, is a confessional response.

예수님을 그리스도라고 하는 영적으로 인도된 반응은 고백적입니다. 그것은 예수님을 그리스도라고 발설하는 말로 표현됩니다. 이 고백의 반응을 근거로 그분은 성령님의 인도하심으로 그리스도로 서사되게 됩니다. 예수님을 그리스도로 서사, 곧 복음은 고백의 반응입니다.

Therefore, "Christ" is a confessional title. Christians are confessional people. And, thus, the Christian church is the life of confessional togetherness. They as the confessional people live confessional life with confessional words. Thus, they have to have a pure consciousness of confession.

그러므로 "그리스도"는 고백의 직함입니다. 그리스도인들은 고백의 백성입니다. 따라서 그리스도교 교회는 고백으로 함께하는 삶입니다. 고백의 백성으로 그들은 고백의 말로 고백의 삶을 삽니다. 따라서 그들은 순수한 고백의 의식을 가져야 합니다.

In the world people live judgmental lives. They always choose their way judgmentally. The judgmental life is ruled by the law. But Christians are confessional since they are guided by the Holy Spirit. The ruling of the law and the guidance of the Holy Spirit are in need of being compared and contrasted.

세상에서 사람들은 판단의 삶을 삽니다. 그들은 자신의 길을 판단으로 택합니다. 판단의 삶은 법에 의해 다스려집니다. 그러나 그리스도인들은 성령님에 의해 인도되기 때문에 고백적입니다. 법의 다스림과 성령님의 인도하심은 비교되고 대조되어야할 필요가 있습니다.

When people are guided, they do not judge but confess. They confess to being guided. The confession that Jesus is Christ should not be considered as a direct confession to Him by the confessor. If the Spiritual guidance is overlooked in the confession, it becomes merely an utterance, "Jesus is Christ."

사람들이 인도될 때, 그들은 판단하지 않고 고백합니다. 그들은 인도됨을 고백합니다. 예수님이 그리스도라는 고백은 고백자에 의한 그분에게 직접적 고백으로 여겨지지 말아야 합니다. 만약 고백에 영적 인도가 간과된다면, 그것은 단지 "예수님은 그리스도입니다"라는 발설이 됩니다.

The utterance, "Jesus is Christ," becomes a confession when it is uttered under the guidance of the Holy Spirit. Differently phrasing, any utterance on Jesus becomes a confession when it is uttered under the guidance of the Holy Spirit. He only confesses Spiritually.

"예수님은 그리스도입니다"고 하는 발설은 성령님의 인도하심으로 발설될 때 고백이 됩니다. 달리 말하면 예수님에 대한 어떤 발설이든 성령님에 인도하심으로 발설될 때 고백이 됩니다. 그분은 영적으로만 고백됩니다.

In daily life, confession comes out of conscience. The phrase "confession of conscience" is generally remarked, since conscience leads the confessor to speak out the hidden truth of an event or affair. In daily discourses, confession led by conscience attracts attention. Thus, people regard that what comes out of conscience is confessional.

일상적 삶에서 고백은 양심에서 나옵니다. "양심의 고백"이라는 어구는 일반적으로 언급됩니다. 양심이 고백자로 하여금 사건이나 사태에 대해 숨겨진 참을 말하도록 이끌기 때문입니다. 일상적 담화에서 양심에 이끌려진 고백은 주의를 끕니다. 따라서 사람들은 양심으로부터 나오는 것은 고백적이라고 여깁니다.

Confession of conscience is expressed in terms of worldly events or affairs. The reason for bringing out such a confession is to disclose the truth that has been hitherto covered up. In this case, the truth is the facticity of the world. Any expression of fact is true. The confession of conscience uncovers hidden facticity under falsity.

양심의 고백은 세상의 사건이나 사태로 표현됩니다. 그런 고백을 불러오는 이유는 지금까지 가려진 참을 드러내려는 것입니다. 이 경우 참은 세상의 사실성입니다. 사실에 대한 어떤 표현이든 참됩니다. 양심의 고백은 거짓 아래 있는 숨겨진 사실성을 벗겨냅니다.

Since the conscience confession is based on the facticity of the world, people who live without hiding anything have nothing to confess. If people live honestly, their word comes from their conscience. Then, it represents facts and its confession is not essential but redundant.

양심의 고백은 세상의 사실성에 근거하기 때문에, 아무 것도 숨기지 않고 사는 사람들은 아무것도 고백할 것이 없습니다. 사람들이 정직하게 살면, 그들의 말은 그들 양심에서 나옵니다. 그러면 그것은 사실을 표상하고 그 고백은 본질적이 아니라 잉여적입니다.

But the Spiritual confession is different. It is guided by the Holy Spirit to be directed only to Jesus. Then, the Spiritual confession of Him is not directed to the facticity of Him but to His togetherness with God. The confession of Him is completely different from the factual description of Him.

그러나 영적 고백은 다릅니다. 그것은 성령님에 인도되어 예수님에게만 향합니다. 그러면 그분에 대한 영적 고백은 그분의 사실성이 아닌 하나님과 그분 함께를 향합니다. 그분에 대한 고백은 그분에 대한 사실적인 서술과는 전혀 다릅니다.

The Spiritual confession is for togetherness. Therefore, it cannot be compared to any sort of worldly confession. All sort of worldly confession is individualistic, for it comes out of the individual mind. The purpose of the worldly confession is to clarify life in the world. It is not for togetherness.

영적 고백은 함께를 위함입니다. 그러므로 그것은 어떤 종류의 세상 고백과 비교될 수 없습니다. 모든 종류의 세상 고백은 개인적입니다. 개인의 마음에서 나오기 때문입니다. 세상 고백의 목적은 세상에서 삶을 분명하게 하려는 것입니다. 함께를 위함이 아닙니다.

However, as seen in the early Christians, those who are guided by the Holy Spirit confess for togetherness. The confession that Jesus is Christ is destined to His togetherness with God, and thus, with it its confessors are together under the guidance of the Holy Spirit.

그렇지만 초대 그리스도인들에게서 보이듯이, 성령님에 의해 인도된 이들은 함께로 고백합니다. 예수님이 그리스도시라는 고백은 하나님과 그분의 함께로 정해집니다. 따라서 고백으로 고백자들은 성령님의 인도하심으로 함께하게 됩니다.

The Spiritual confession does not remain in the individual experience but is expressed in the word of togetherness. Jesus is confessed as Christ who is together with God by the Holy Spirit. Otherwise, He is merely described as an individual. Therefore, only togetherness is expressed with the Spiritual confession.

영적 고백은 개인의 체험에 머물지 않고 함께의 말로 표현됩니다. 예수님은 성령님에 의해 하나님과 함께하시는 그리스도라고 고백됩니다. 그렇지 않으면 그분은 단지 개인으로 서술됩니다. 그러므로 단지 함께만 영적 고백으로 표현됩니다.

With the Spiritual confession, the confessors have gotten together, for they are led to the same confession by the Holy Spirit. They show confessional togetherness. And their subsequent life of togetherness is guided by the Holy Spirit. The confessional togetherness is not agreed on but guided.

영적 고백으로 고백자들은 함께합니다. 그들이 성령님에 의해 같은 고백으로 인도되기 때문입니다. 그들은 고백의 함께를 보입니다. 그들의 이어지는 고백의 삶은 성령님에 의해 인도됩니다. 고백의 함께는 합의되지 않고 인도됩니다.

Christians are those who are led to the same confession that Jesus is Christ. They are guided by the Holy Spirit to the same confession. With the guidance of the Holy Spirit to the same confession, their life of togetherness, i.e., the church, becomes fulfilled.

그리스도인들은 예수님이 그리스도시라는 같은 고백으로 인도되는 이들입니다. 그들은 성령님의 의해 같은 고백으로 인도됩니다. 성령님에 의하여 같은 고백으로 인도됨으로, 그들의 함께하는 삶, 곧 교회가 이루어지게 됩니다.

Any spiritual utterance in terms of individual experience, on the other hand, disrupts togetherness. If the confession that Jesus is Christ is personally uttered in terms of alleged spiritual experience, it is not regarded as what comes from the Holy Spirit. Then, its outcome is disruption rather than togetherness.

반면, 개인의 체험에 의한 영적 발언은 함께를 분열합니다. 만약 예수님이 그리스도라는 고백이 내세우는 영적 체험에 의해 개인적으로 발설되면, 그것은 성령님으로부터 오는 것으로 고려되지 않습니다. 그러면 그 결과는 함께보다는 분열입니다.

The Spiritual confession that leads to togetherness is the covenant confession, for the covenant togetherness is fulfilled with it. Since the narrative of Jesus in the gospel is confessional, the gospel is the new covenant. The gospel as the new covenant invokes the Spiritual confessions of Him so as for the confessors to live the new covenant life.

함께로 인도하는 영적 고백은 언약의 고백입니다. 그것으로 언약의 함께가 이루어지기 때문입니다. 복음에서 예수님의 서사는 고백적이기 때문에, 복음은 새 언약입니다. 새 언약으로 고백은 그분에 대한 영적 고백을 불러일으켜 고백자들로 새 언약의 삶을 살게 합니다.

The covenant with the confessional togetherness is the new covenant. Togetherness should be the confessional outcome guided by the Holy Spirit. However, the law of the old covenant merely shows agreement in terms of keeping it. For this reason, the old covenant with the law is incomplete.

고백의 함께로 언약은 새 언약입니다. 함께는 성령님에 의해 인도된 고백의 소산이어야 합니다. 그렇지만 구약의 율법은 단지 그것을 지킴에 의한 합의를 보입니다. 이 때문에 율법으로 옛 언약은 불완전합니다.

Agreement and togetherness are different. Agreement comes from individual judgment; therefore, it is an expression of individual life. But togetherness is guided by the Holy Spirit; therefore, it is Spiritual life. For this reason, any communion life of an unanimous agreement is not a life of togetherness.

합의와 함께는 다릅니다. 합의는 개인적인 판단으로부터 옵니다. 그러므로 그것은 개인적 삶의 표현입니다. 그러나 함께는 성령님에 의해 인도됩니다. 그러므로 그것은 영적 삶입니다. 이 때문에 어떤 전원합의의 공동체 삶도 함께의 삶이 아닙니다.

The Spiritual confession produces the Spiritual word of togetherness. This is well seen in the gospel and the subsequent letters of the apostles in the NT. Therefore, the NT should be read as the Spiritual word of confessional togetherness. In this respect, the NT is well contrasted to the OT whose main theme is the law.

영적 고백은 함께하는 언약의 말을 생산합니다. 이것은 복음과 신약에서 이어지는 사도들의 서간문에 잘 보입니다. 그러므로 신약은 고백의 함께에 대한 영적 말로 읽어져야 합니다. 이 점에서 신약은 율법이 주된 주제인 구약과 잘 대조됩니다.

Confession is the Spiritual word for togetherness. It is generated from the basic confession that Jesus is Christ with the guidance of the Holy Spirit. Therefore, it should not be overlooked that the preaching of the gospel is basically confessional. It is guided by the Holy Spirit.

고백은 함께를 위한 영적 말입니다. 성령님의 인도하심으로 예수님이 그리스도시라는 기본 고백으로부터 생성됩니다. 그러므로 복음을 설교하는 것은 기본적으로 고백적이라는 것이 간과되지 말아야 합니다. 그것은 성령님에 의해 인도됩니다.

In the world, people are accustomed to express judgmental words, for they live, making judgment individually. They are not concerned with the life of togetherness. They think of how to live with other people through their associated activities and make judgments about the way they do.

세상에서 사람들은 판단의 말을 표현하는데 익숙합니다. 그들은 개인적으로 판단하면서 살기 때문입니다. 그들은 함께의 삶에 개의치 않습니다. 그들은 그들이 종사하는 활동을 통해 다른 사람들과 어떻게 살 것인지 생각하고, 또 그들이 하는 길에 대해 판단합니다.

The Spiritually confessed word came out after the coming of Jesus and the Holy Spirit so as to be formulated into the new covenant. It was not a kind of individual word. It was basically a covenant word of togetherness. It was the new covenant word that was different from the law.

영적으로 고백된 말은 예수님과 성령님이 오신 후에 나와 새 언약으로 형성되었습니다. 그것은 일종의 개인적인 말이 아니었습니다. 기본적으로 함께하는 언약의 말이었습니다. 율법과 다른 새 언약의 말이었습니다.

It is a mistake to think that the confession of Jesus as Christ merely states His own status. It does not say that He is Christ objectively. It is guided to be uttered as the common confession of togetherness. Only to the confessors, He is Christ. Therefore, "Christ" is expressed in Spiritual togetherness.

예수님을 그리스도로 고백이 단지 그분 자체의 입장을 진술한다고 생각하는 것은 잘못입니다. 그것은 예수님이 객관적으로 그리스도라고 말하지 않습니다. 그것은 함께하는 공통된 고백으로 발설되도록 인도됩니다. 고백자에게만 그분은 그리스도십니다. 그러므로 "그리스도"는 영적 함께로 표현됩니다.

The confession that Jesus is Christ is not an individual confession but church confession. It is confessed as a church member. If it is expressed apart from the church, it has no meaning. There is no objective state to which it is expressed. It is not expressed as a personal relationship.

예수님이 그리스도시라는 고백은 개인적 고백이 아닌 교회 고백입니다. 그것은 교회 일원으로 고백됩니다. 교회를 떠나 그것이 표현되면, 그것은 뜻이 없습니다. 그것이 표현되는 객관적 상태가 없습니다. 그것은 개인적 관계로 표현되지 않습니다.

Therefore, the church is confessional. But if it is institutionalized, its saying is no more confessional. Then, the confession that Jesus is Christ becomes an individualized utterance of personal assurance. It is no more expressed as covenant togetherness guided by the Holy Spirit.

그러므로 교회는 고백적입니다. 그러나 교회가 기관이 되면, 그 말함은 더 이상 고백이 아닙니다. 그러면 예수님이 그리스도라는 고백은 개인의 확신에 대한 개인화된 발설이 됩니다. 그것은 더 이상 성령님에 의해 인도된 언약의 함께로 표현되지 않습니다.

집중(Focus)

예수님이 그리스도이신 것은 영적으로 고백되는 내용입니다. 그 고백은 성령님에 의해 인도되어 나옵니다. 아무도 십자가에 참혹하게 돌아가신 분을 개인이 마음으로 그리스도라고 고백할 수 없습니다. 따라서 예수님은 영적 인도로 고백되는 그리스도시지 개인의 마음의 확신으로 고백되는 그리스도가 아닙니다. "그리스도"는 영적 말이지 심적 말이 아닙니다.

It is the Spiritually confessed content that Jesus is Christ. The confession comes out, being guided by the Holy Spirit. No one can confess from his mind that the One who cruelly died on the cross is Christ. Thus, He is the confessed Christ under the Spiritual guidance. But He is not the confessed Christ due to the individual conviction of mind. "Christ" is not a mental word but a Spiritual word.

"그리스도"는 규정되거나 정의될 수 없는 말입니다. 단지 고백의 말입니다. 따라서 고백자의 입술로 고백될 때 뜻을 줍니다. 예수님과 고백자를 함께하게 하는 말입니다. 예수님은 고백자의 그리스도십니다. 예수님을 그리스도로 고백함으로 고백자는 예수님과 함께합니다. 또한 고백자는 하나님과 함께하게 됩니다. 따라서 그 고백은 언약의 고백입니다.

"Christ" is a word that cannot be set down or defined. it is only a confessional word. Thus, it, when it is confessed on the lips of the confessor, gives its meaning. It is the word that binds Jesus and the confessor together. He is the Christ of the confessor. He, confessing that He is Christ, is together with Him. Also he becomes together with God. Thus, the confession is a covenant confession.

이렇게 그리스도로 고백은 함께의 고백입니다. 그리고 예수님을 통한 고백입니다. 하나님께서 세상에 보내신 예수님이 그리스도로 고백되게 하심으로 하나님은 새 언약의 삶을 이루십니다. 하나님께서 직접 말씀을 주셔서 지켜지게 하면, 그것은 율법과 같이 갇혀지게 됩니다. 그러나 세상에 보내신 예수님으로 그분을 그리스도로 고백하는 새 언약의 삶이 이루어집니다.

In this way, the confession with Christ is togetherness confession. And it is confession through Jesus. As God lets Jesus, whom He sent to the world, be confessed as Christ, He fulfills the new covenant life. If God directly gives His word to be kept, it becomes entrapped like the law. But with Jesus whom He sent to the world, the new covenant life of confessing Him as Christ is fulfilled.

13.4

The Christians(그리스도인)

"Christian" or "Christianity" was associated with the word, "Christ." At the time of the rise of Christianity, non-Christians called the disciples of Jesus who frequently put the word, "Christ," on their lips "Christians" ^{cf. Acts 11:26}." Thus, the Christians were not an ethnic or religious group, they were people who used the word, "Christ," openly.

"그리스도인" 혹은 "그리스도교"는 "그리스도"라는 말과 연계되었습니다. 그리스도교가 일어날 때 그리스도인이 아닌 사람들이 "그리스도"라는 말을 자주 입술에 담는 예수님의 제자들을 "그리스도인들"이라고 불렀습니다^{행 11:26 참조}. 따라서 그리스도인들은 종족이나 종교적인 부류가 아니었습니다. 그들은 "그리스도"라는 말을 공개적으로 쓰는 사람들이었습니다.

The Christians are the disciples of Jesus who confess that He is Christ. "Christ" is the Greek word corresponding to the Aram word "Messiah." The ritualistic meaning of Messiah is anointment. A king or priest was enthroned or elected to his position with a ritual of anointment. Therefore, "Messiah" practically means kingship or priesthood.

    그리스도인들은 예수님이 그리스도시라고 고백하는 예수님의 제자들입니다. "그리스도"는 아람 말 "메시아"에 해당하는 그리스 말입니다. 메시아의 의식적인 뜻은 관유입니다. 왕이나 제사장은 관유의 의식으로 왕위에 올랐거나 새워진 자리에 올랐습니다. 그러므로 "메시아"는 실제적으로 왕권이나 제사장직을 뜻합니다.

As seen in the OT, kingship or priesthood has a practical meaning in the earthly kingdom. But Jesus was crucified; therefore, He was not the Messiah of an earthly kingdom. Then, there arises a question: How could He who was crucified by the earthly rulers be confessed as Christ?

    구약에서 보이듯이 왕권이나 제사장직은 세상 나라에서 실제적인 뜻을 갖습니다. 그러나 예수님은 십자가에 못 박혔습니다. 그러므로 세상 나라의 메시아가 아니었습니다. 그러면 질문이 생깁니다. 세상 통치자들에 의해 십자가에 못 박힌 그분이 어떻게 그리스도로 고백될 수 있었습니까?

Therefore, the departed meaning of Christ from Messiah should be carefully construed because Jesus was, by no means. the Messiah whom the Jews were waiting for at His time. Those who consider themselves as Christians should have the clear and distinctive meaning of Christ since "Christian" is directly linked with "Christ" as mentioned before.

    그러므로 메시아로부터 그리스도로 떠난 뜻이 조심스럽게 파악돼야 합니다. 예수님은 결코 당시 유대인들이 기다린 메시아가 아니었기 때문입니다. 자신들을 그리스도인들로 여기는 이들은 분명하고 독특한 그리스도의 뜻을 가져야 합니다. 앞에 언급한 바와 같이 "그리스도인" 은 "그리스도"에 직접적으로 연계되기 때문입니다.

Jesus proclaimed the coming of the kingdom of God, and, thus, His teaching was mainly focused on the kingdom of God. There-fore, the title, Christ, was associated with the kingdom of God. Then, what is the feature of the ruling of Christ in the kingdom of God? Or what is the significance of Christ in the kingdom of God?

예수님은 임하는 하나님의 나라를 선포하셨습니다. 따라서 그분 가르침은 주로 하나님 나라에 초점이 맞춰졌습니다. 그러므로 그리스도라는 직함은 하나님 나라와 연계됩니다. 그러면 하나님 나라에서 그리스도로 다스려지는 양상은 무엇입니까? 혹은 하나님 나라에서 그리스도의 의미는 무엇입니까?

In the OT, the reigning of God was recited ^{cf. Ps. 93; 97; 99}. His reigning over nature could be praised with hymns since He was the Creator. But His reigning on human affairs was affiliated to the Lawgiver or Judge, since the life of the OT was governed by the law. But the life that could be governed by it was nothing but the natural life.

구약에는 하나님의 다스림이 암송되었습니다^{시편 93; 97; 99 참조}. 그분이 창조주심으로, 그분의 자연을 다스림은 노래로 찬양될 수 있었습니다. 그러나 그분이 인간의 사태를 다스림은 입법자 혹은 심판자와 관련되었습니다. 구약의 삶이 율법에 의해 지배되기 때문이었습니다. 그러나 율법에 의해 다스려질 수 있는 삶은 자연적 삶일 뿐이었습니다.

If God was regarded as the Lawgiver or Judge, the kingdom of God would be reigned by the law. But the kingdom of God that Jesus proclaimed could not be ruled by the law, for He was crucified by the Jews who accused Him as a lawbreaker. Therefore, the cross became the juncture of the departure from the OT perspective.

하나님이 입법자나 심판자로 고려되었다면, 하나님 나라는 율법으로 다스려져야 할 것이었습니다. 그러나 예수님이 선포하신 하나님 나라는 율법으로 다스려질 수 없었습니다. 예수님은 자신을 범법자로 고발한 유대인들에 의해 십자가에 못 박혔기 때문입니다. 그러므로 십자가는 구약의 관점으로부터 벗어나는 분기점이 되었습니다.

Then, the kingdom of God that Jesus proclaimed should be recapitulated with Jesus, Himself, for it will be fulfilled with its proclaimer. That is, the kingdom of God, i.e.. the life of His togetherness, is fulfilled in accordance with the life of the proclaimer, i.e., Jesus' life. That's why the gospel narrates His life.

그러면 예수님이 선포하신 하나님 나라는 예수님 자신으로 재현되어야만 합니다. 그것은 그 선포자로 이루어지기 때문입니다. 즉 하나님의 나라, 곧 하나님이 함께하시는 삶은 선포자의 삶, 곧 예수님의 삶을 따라 이루어집니다. 그 때문에 복음은 예수님의 삶을 서사합니다.

Since Jesus' life was centered on the cross, the kingdom of God was centered on the cross of Jesus. And since He was excluded from the law, the reigning of the Christ cannot be in accordance with the law. Then, the meaning of the Christ of the kingdom of God should include the significance of the cross. Christ reigns on the cross.

예수님의 삶은 십자가에 중심을 두었기 때문에, 하나님 나라는 예수님의 십자가에 중심을 두었습니다. 그리고 예수님이 율법으로부터 제거되었기 때문에, 그리스도로 다스림은 율법에 따라질 수 없습니다. 그러면 하나님 나라의 그리스도 뜻은 십자가의 의미를 포함하여야 합니다. 그리스도는 십자가상에서 다스리십니다.

The reigning on the cross has no physical or practical meaning. It is not helpful at all to talk of its symbolic meaning, for a symbol has no reigning impact in the kingdom of God. Therefore, the reigning impact of the cross in the kingdom of God should be seen differently. The reigning on the cross is paradoxical.

십자가상 다스림은 육체적이나 실제적인 뜻이 없습니다. 십자가의 상징적인 의미를 말하는 것은 전혀 도움이 되지 못합니다. 상징은 하나님 나라에서 다스리는 영향이 없습니다. 그러므로 하나님의 나라에서 십자가의 다스리는 영향은 달리 보아져야 합니다. 십자가상 다스림은 역설적입니다.

The kingdom of God that is ruled by Jesus on the cross should be Spiritual kingdom. And since God is Spirit, His togetherness is Spiritual. Therefore, the life of His togetherness, i.e., the kingdom of God, is Spiritual. Then, the ruling of it is also Spiritual. And the rules in it are also Spiritual.

십자가상에서 예수님에 의해 다스려지는 하나님 나라는 영적인 나라여야 합니다. 그리고 하나님의 영이시기 때문에, 그분 함께는 영적입니다. 그러므로 그분 함께의 삶, 곧 하나님 나라는 영적입니다. 그러면 그것의 다스림은 영적입니다. 그리고 그 안에서 다스려지는 이들도 또한 영적입니다.

God's togetherness is manifested along the guidance of His Spirit. Therefore, the reigning over the kingdom of God is fulfilled with the guidance of His Spirit. With the guidance of His Spirit the disciples of Jesus also confess that Jesus on the cross is the Christ. The path toward the cross is Spiritually guided.

하나님의 함께는 그분 영의 인도하심을 따라 나타납니다. 그러므로 하나님 나라를 다스림은 그분 영의 인도하심으로 이루어집니다. 그분 영의 인도하심으로 예수님의 제자들은 또한 십자가상의 예수님이 그리스도이시라고 고백합니다. 십자가로 향하는 길은 영적으로 인도됩니다.

Therefore, "Christ" is a Spiritual word. Any derivative word from it has Spiritual connotation. And anyone who confesses that Jesus is Christ becomes a Christian. In this case, his confession is guided by the Holy Spirit, i.e., God's Spirit. Therefore, it can be affirmed Spiritually that the Christians are reigned by Christ.

그러므로 "그리스도"는 영적인 말입니다. 그로부터 유도된 어떤 말이든 영적인 뜻을 함축합니다. 그리고 예수님을 그리스도라고 고백하는 이는 누구나 그리스도인이 됩니다. 이 경우 그의 고백은 성령님, 곧 하나님의 영에 의해 인도됩니다. 그러므로 그리스도인이 그리스도에 의해 다스림을 받는 것은 영적으로 확언될 수 있습니다.

The reign of Jesus as Christ is fulfilled with the guidance of the

Holy Spirit. Since the Christians, with the guidance of the Holy Spirit, confess that He is Christ, they live in accordance with the gospel which is the Spiritually confessed narrative of Him as Christ. The reigning of Jesus and the guidance of the Holy Spirit are inseparably linked.

예수님이 그리스도로 다스림은 성령님의 인도하심으로 이루어집니다. 그리스도인들은, 성령님의 인도하심으로 그분이 그리스도시라고 고백하기 때문에, 그분이 그리스도라고 하는 영적으로 고백된 서사인 복음을 따라 삽니다. 예수님의 다스림과 성령님의 인도하심은 분리될 수 없이 연계됩니다.

The reigning of Jesus as the Christ is the motif of the gospel, i.e., the Spiritual narrative of His life. Therefore, the Christians live in accordance with the gospel which is the narrative of Jesus as Christ by the Holy Spirit. In reading the gospel, they are reigned by Jesus as Christ. Or they are guided by the Holy Spirit.

예수님이 그리스도로 다스림은 복음, 곧 예수님 삶의 영적 서사의 모티브입니다. 그러므로 그리스도인들은 성령님에 의해 예수님을 그리스도로 서사된 복음을 따라 삽니다. 복음을 읽는 가운데 그들은 그리스도이신 예수님의 다스림을 받습니다. 혹은 그들은 성령님에 의해 인도됩니다.

Since Jesus can be narrated as Christ only Spiritually, the Christians live only Spiritually. That's why they are told to be born in the Spirit. With baptism they become born in the Spirit as Christians. Therefore, it is considered as the beginning of the Christian life. It is not a ritual but Spiritual.

예수님은 영적으로만 그리스도로 서사될 수 있기 때문에, 그리스도인들은 영적으로만 삽니다. 그 때문에 그들은 영으로 태어났다고 말해집니다. 그들은 세례로 그리스도인들로 영적으로 태어나게 됩니다. 그러므로 세례는 그리스도인의 삶의 출발로 여겨집니다. 그것은 의식적이 아닌 영적입니다.

Even though Jesus was crucified in the flesh, He was Christ in the Spirit. His physicality was not matter with His being Christ. Likewise, for the Christians, their physicality also did not matter with their being Christians. At any rate, they have to be born newly in the Spirit to be Christians.

예수님은 육신으로 십자가에 못 박히셨지만, 영적으로 그리스도셨습니다. 그분 육성은 그분의 그리스도 됨에 문제가 되지 않았습니다. 그와 같이 그리스도인들에 대해서도 그들의 육성은 그들의 그리스도인 됨에 문제가 되지 않습니다. 어떻든 그들은 그리스도인이 되기 위해 영으로 새로 태어나야 합니다.

The Israelites were the descendants of Abraham. Their identity was determined by their physicality of blood. Therefore, they were classified racially, and, thus, they could be compared with and contrasted to other races. They lived a kind of racial life. For this reason, they fell into racial conflicts all the time.

이스라엘 백성은 아브라함의 후손이었습니다. 그들의 신분은 그들 혈연의 육신으로 결정되었습니다. 그러므로 그들은 인종적으로 분류되었습니다. 따라서 그들은 다른 인종과 비교되고 대조될 수 있었습니다. 그들은 일종의 인종적인 삶을 살았습니다. 이 때문에 그들은 항시 인종적인 갈등으로 타락되었습니다.

But the Christians cannot be compared with or contrasted to other people racially, since they are not physical but Spiritual. Therefore, they are not to be compared with or contrasted to other people with physical nature. This means that they are not to be classified in terms of physicality. And since physicality is characterized individually, they are not classified in terms of individuality either.

그리스도인들은 다른 사람들과 인종적으로 비교되거나 대조될 수 없습니다. 그들은 육적이 아니라 영적이기 때문입니다. 그러므로 그들은 다른 사람들과 육적인 본성으로 비교되거나 대조되지 않습니다. 이것은 그들이 육성으로 분류되지 않는 것을 뜻합니다. 그리고 육성은 개인적으로 특징지어지기 때문에, 그들은 개인성으로도 분류되지 않습니다.

The Israelites lived with the law, but the Christians lived with the gospel. The law was written in letters, but the gospel in the Spirit. The law directs, but the gospel guides because it is guided by the Holy Spirit. Therefore, the reigning of Christ in accordance with the gospel is guided by the Holy Spirit.

이스라엘 백성은 율법으로 살았습니다. 그러나 그리스도인들은 복음으로 삽니다. 율법은 문자로 써졌습니다. 그러나 복음은 영으로 써졌습니다. 율법은 지시하지만, 복음은 성령님에 의해 인도되었기 때문에 인도합니다. 그러므로 복음에 따른 그리스도의 다스림은 성령님에 의해 인도됩니다.

These days, even though the Christians are not compared with or contrasted to other people with physical nature, they are compared with and contrasted to other religious people. This means that they are also considered religious people. That is, the Christianity is considered a religion.

현재 그리스도인들은 육신의 본성으로 다른 사람들과 비교되거나 대조되지 않더라도, 다른 종교인들과 비교되고 대조됩니다. 이것은 그들도 또한 종교인들로 여겨지기 때문입니다. 즉 그리스도교가 하나의 종교로 여겨집니다.

It is a classification to regard that the Christians are religious people. Religion is a human phenomenon; therefore, it is classified. That is, religion is understood with the application of categories. It is subjected to categorical meaning and, thus, treated in the realm of understanding.

그리스도인들이 종교인들이라고 여기는 것은 분류입니다. 종교는 인간 현상입니다. 그러므로 분류됩니다. 즉 종교는 범주를 적용하면서 이해됩니다. 그것은 범주적인 뜻에 종속되고, 따라서 이해의 영역에서 다루어집니다.

If the Christians are classified as religious people, they are categorized to be understood. In order for them to be compared with and contrasted to other religious people, the understanding of them is necessary. Thus, the Christianity is approached as what is to be understood.

그리스도인들이 종교인으로 분류되면, 그들은 이해되기 위해 범주에 적용됩니다. 그들이 다른 종교인들과 비교되고 대조되기 위해 그들에 대한 이해가 필요합니다. 따라서 그리스도교는 이해되어야 하는 것으로 접근됩니다.

However, the Christians are not religious but Spiritual, since they confess that Jesus is Christ with the guidance of the Holy Spirit. And Spirituality cannot be understood in terms of categorizing, since it is not a property that is in the world. In dealing with Spirituality, a special attention is needed.

그렇지만 그리스도인들은 종교적이 아닌 영적입니다. 그들은 성령님의 인도하심으로 예수님을 그리스도로 고백하기 때문입니다. 그리고 영성은 범주를 적용함으로 이해될 수 없습니다. 그것이 세상에 속한 속성이 아니기 때문입니다. 영성을 다루는 데는 특별한 주의가 필요합니다.

But people may claim that the Holy Spirit is also a kind of spirit that can be experienced religiously and the human response in the guidance of the Holy Spirit can also be dealt with religiously. And they may assert that human experience and response are religious. That is, they are concerned with the receptive side of Christianity.

그러나 사람들은 성령도 종교적으로 체험되는 영의 일종이고, 또 성령님의 인도하심에 따른 인간의 반응은 종교적으로 다룰 수 있다고 주장할 수 있습니다. 그리고 그들은 인간의 체험과 반응은 종교적이라고 단언할 수 있습니다. 즉 그들은 그리스도교의 수용적인 측면에 관심을 갖습니다.

Nevertheless, the Christians are guided by the Spirit of God, i.e., the Holy Spirit. He is not a kind of spirit in the world. That's why He is the Holy Spirit, being separated from any spirit in the world. Therefore, He is not to be compared with or contrasted to anything. And His guidance is for togetherness; therefore, it is senseless to talk of the receptive side of His guidance.

그렇지만 그리스도인들은 하나님의 영, 곧 성령님에 의해 인도됩니다. 성령님은 세상에 있는 일종의 영이 아닙니다. 그 때문에 그분은 세상에 있는 어떤 영과도 구별된 성령님이십니다. 그러므로 그분은 어떤 것으로 비교되거나 분류되지 않습니다. 그분의 인도하심은 함께를 위함입니다. 그러므로 그분 인도하심의 수용적인 측면을 말하는 것은 무의미합니다.

The response of the guidance of the Holy Spirit is not experiential. Experience is man's subjectivity that is to be understood. But the guidance of the Holy Spirit cannot be man's response with understanding. It is only expressed in confession in accordance with the gospel.

성령님의 인도하심에 대한 반응은 체험적이 아닙니다. 체험은 이해되어야 하는 사람의 주관성입니다. 그러나 성령님의 인도하심은 이해와 더불어는 사람의 반응일 수 없습니다. 사람의 반응은 단지 복음을 따르는 고백으로 표현됩니다.

There is no man's contribution to the guidance of the Holy Spirit. That is, in the guidance of the Holy Spirit, there is no room for man's religiosity to lurk. The narrative of the gospel which includes the account of the cross of Jesus is the exemplar of the guidance of the Holy Spirit.

성령님의 인도하심에 사람의 기여는 없습니다. 즉 성령님의 인도하심에 사람의 종교성이 잠복될 여지가 없습니다. 예수님의 십자가 기술을 포함한 복음의 서사는 성령님의 인도하심의 표본입니다.

The cross of Jesus precludes any human contribution from its narrative for faith. Even if human contribution precipitates His death on the cross, the faith in His cross is only narrated with the guidance of the Holy Spirit. That is, the faith in Him cannot be reduced to the explanation of His life in the world,

예수님의 십자가는 어떤 인간의 기여도 믿음을 향한 십자가의 서사로부터 금합니다. 인간의 기여가 십자가상 그분 죽음을 야기한다고 하더라도, 그분 십자가를 믿는 믿음은 단지 성령님의 인도하심으로 서사됩니다. 즉 그분을 믿는 믿음은 세상에서 그분의 삶에 대한 설명으로 환원될 수 없습니다.

The Christians believe that Jesus who was crucified is their Christ and Savior. Such beliefs cannot come from their religious mind. That is, there is no religious ground that can lead them to have such faith. They are holy and salvational so that they cannot be classified in the world.

그리스도인들은 십자가에 못 박힌 예수님이 그리스도시고 구세주시라고 믿습니다. 그런 믿음은 그들의 종교적인 마음으로부터 올 수 없습니다. 즉 그런 믿음을 갖도록 그들을 인도할 수 있는 종교적인 근거가 없습니다. 그들은 거룩하고 구원되어 세상에서 분류될 수 없습니다.

집중(Focus)

예수님을 그리스도로 고백하는 사람들이 그리스도인들입니다. 그
들은 예수님을 역사적 인물이나 종교적인 선구자로 여기지 않습니다.
"그리스도"는 성령님에 의해 인도되어 발설되는 고백의 말임으로 고백
의 뜻을 지닙니다. 그것에 세상의 어떤 내용을 의미로 줄 수 없습니다.
따라서 그리스도인들은 세상의 특징으로 분류될 수 없습니다. 즉 그들
은 종교인이 아닙니다.

Those who confess that Jesus is Christ are Christians. They do
not consider Him as a historical figure or religious progenitor.
Since "Christ" is a confessional word that is uttered under the
guidance of the Holy Spirit, it has a confessional meaning. Any
worldly content cannot be attributed to it as its sense. Thus, the
Christians are not to be classified by worldly characteristics. That
is, they are not religious people.

예수님을 그리스도라고 하는 고백은 영적으로 인도되어 발설됩니
다. 그 고백은 영성을 띱니다. 그러므로 그리스도인들은 영성을 보이지
종교성을 보이지 않습니다. 그리스도인들의 함께는 영성으로 이루어
지지 종교성으로 표현되지 않습니다. 그들의 예수님을 믿는 믿음은 예
수님을 그리스도로 고백하는 영성입니다. 즉 그들의 믿음은 영적으로
인도됩니다.

The confession that Jesus is Christ is uttered under the Spiritual
guidance. The confession bears Spirituality. Therefore, the Chris-
tians do not show religiosity but show Spirituality. Their togeth-

erness is not expressed by religiosity but fulfilled by Spirituality. Their belief in Jesus is the Spirituality of confessing Him as Christ. That is, their belief is Spiritually guided.

그리스도인들은 그들의 영성으로 구별됩니다. 세상에서 그들의 나음으로 비교되지 않습니다. 그들은 거룩합니다. 거룩한 영, 곧 성령님에 의해 인도되기 때문입니다. 그들의 거룩함은 예수님을 그리스도로 고백하는 내용으로 보입니다. 하나님과 함께하는 예수님을 영성으로 서사하기 때문에 그들은 거룩합니다. 성령님에 의해 그들의 삶이 인도됨으로 그들은 거룩합니다.

The Christians are separated with their Spirituality. They are not compared with their betterness. They are holy, for they are guided by the holy Spirit, i.e., the Holy Spirit. Their holiness is shown by the content of their confession of Jesus as Christ. They are holy because they narrated Jesus with whom God is together with Spirituality. They are holy since their life is guided by the Holy Spirit.

13.5

The Church(교회)

The church was concretely fulfilled with the coming of the Holy Spirit on the day of Pentecost. But it should be observed in the background of the life of the law of the Israelites. And it should be also observed from the perspective of the kingdom of God that Jesus proclaimed. That is, it should not be observed as its status quo.

교회는 오순절 날 성령님이 오심으로 구체적으로 이루어졌습니다. 그러나 이스라엘 백성의 율법의 삶의 배경으로 주시되어야 합니다. 그리고 또한 예수님이 선포하신 하나님의 나라의 관점으로 주시되어야 합니다. 즉 교회는 자체의 현 상태로 주시되지 말아야 합니다.

And also the church should be observed in the background of the Bible rather than its historical continuity. That is, it should be observed as the fulfillment of God's covenant of togetherness rather than as the continuity as a human institution. It, so to speak, should be seen as Biblical rather than historical.

그리고 또 교회는 자체의 역사적 지속성보다 성경의 배경으로 주시되어야 합니다. 즉 교회는 인간의 기관으로 지속성보다 함께하는 하나님의 언약의 이루어짐으로 주시되어야 합니다. 교회는 말하자면 역사적으로보다 성경적으로 보아져야 합니다.

The church is basically the covenant life of God's togetherness with His people. And it is the instance of the fulfillment of the proclaimed kingdom of God by Jesus. Therefore, it is always perceived as what is to be fulfilled rather than as what is to be continued. Its basic attribution is not continuity but fulfillment.

교회는 기본적으로 하나님의 백성과 더불어는 그분 함께의 언약의 삶입니다. 그리고 예수님에 의해 선포된 하나님 나라 이루어짐의 실례입니다. 그러므로 교회는 항시 지속되어야 할 것으로보다 이루어져야 할 것으로 지각되어야 합니다. 교회의 기본 귀속은 지속이 아닌 이루어짐입니다.

As Jesus is narrated with His togetherness with God, the church is also recounted with its togetherness with God. This does not mean that God's togetherness is delivered in it. His togetherness cannot not be a subject that it deals with. Rather, it is unfolding with the proclamation of God's togetherness.

예수님은 하나님과 그분 함께로 서사됨으로, 교회도 또한 하나님과 교회의 함께로 말해집니다. 이것은 하나님의 함께가 교회에 전해진다는 것을 뜻하지 않습니다. 그분 함께는 교회가 다루는 주제가 아닙니다. 그보다 교회는 하나님 함께의 선포로 펼쳐갑니다.

God's togetherness has to be primarily supposed to affirm the fulfillment of the church. Then, its fulfillment is unveiled with His togetherness that is manifested in the Spiritual narrative of Jesus.

In this way, it is awakened as the covenant church. And it is visible with His togetherness.

하나님의 함께는 일차적으로 교회의 이뤄짐을 확언하게 되어야 합니다. 그러면 교회의 이루어짐은 예수님의 영적 서사 가운데 나타나는 그분 함께로 드러나 집니다. 이렇게 해서 교회는 언약의 교회로 일깨워 집니다. 그리고 그분 함께로 보입니다.

The church was the outcome of God's togetherness. As He sent Jesus and the Holy Spirit to the world for His togetherness, it came to be fulfillment. It was the fulfillment of His togetherness with His people. It is shown as the life of His people with whom He is together. That is, it has to be the covenant church.

교회는 하나님 함께의 소산이었습니다. 그분이 그분 함께를 위해 예수님과 성령님을 세상에 보내셨음으로, 교회가 이루어지게 되었습니다. 교회는 그분 백성과 더불어는 그분 함께의 이루어짐입니다. 그분이 함께하시는 그분 백성의 삶으로 보입니다. 즉 교회는 언약의 교회여야 합니다.

Life of God's togetherness is visible as life of togetherness in the midst of the life of individuals. This is the visibility of the church. Even though there cannot be any boundary set for it in order for it to be discriminated against, it becomes visible because of its togetherness. The covenant church is visible.

하나님 함께의 삶은 개인들의 삶 가운데 함께의 삶으로 보입니다. 이것이 교회의 보임입니다. 비록 교회가 분리되기 위해 어떤 경계도 설정될 수 없지만, 자체의 함께 때문에 보이게 됩니다. 언약의 교회는 보입니다.

The visibility of the church is conjoined with the visibility of the disciples of Jesus. He told His disciples that they would be visible as the light of the world. Togetherness can be the light of the world of individuals. The togetherness of His disciples is the church. It is visible with its togetherness.

교회의 보임은 예수님의 제자들의 보임과 결합됩니다. 예수님은 제자들에게 세상의 빛으로 보일 것이라고 말씀하셨습니다. 함께는 개인들의 세상에 빛일 수 있습니다. 그분 제자들의 함께는 교회입니다. 교회는 자체의 함께로 보입니다.

Any worldly setting of the boundary or demarcation hinders togetherness. Togetherness is disclosed in the world of individuals, since togetherness is fulfilled with God's togetherness. That is, when He is together with His people, the togetherness of His people is visible in the world as His church.

세상의 어떤 경계나 분리의 설정은 함께를 방해합니다. 함께는 개인들의 세상에 드러납니다. 함께는 하나님의 함께로 이루어지기 때문입니다. 즉 그분이 그분 백성과 함께하실 때, 그분 백성의 함께는 세상에서 그분 교회로 보입니다.

The status quo or ideality of the church comes out of human imaginative endeavor. But human imaginative endeavor goes against God's togetherness, since it is based on individuality. The church as the congregations of individuals is the outcome of human endeavor which is based on individual will.

교회의 현 상태나 이상은 인간의 상상적 노력으로부터 옵니다. 그러나 인간의 상상적 노력은 하나님의 함께에 반합니다. 그것은 개인성에 근거하기 때문입니다. 개인들의 집회로서 교회는 개인의 의지에 근거한 인간 노력의 소산입니다.

Jesus' proclamation of the kingdom of God was the announcement that the new life of God's own reigning was begun. That is, it was the announcement that the new covenant life of God's togetherness was begun with Jesus' coming into the world. The church was the outcome of His proclamation.

하나님 나라에 대한 예수님의 선포는 하나님 자신의 통치의 새로운 삶이 시작되었다는 알림이었습니다. 즉 그것은 하나님 함께의 새 언약의 삶이 세상에 예수님의 오심으로 시작되었다는 알림이었습니다. 교회는 예수님 선포의 소산이었습니다.

Jesus' proclamation of the kingdom of God means that He did not come to stay in the life of the kingdom of the world but to fulfill the new life of the kingdom of God. And He called the disciples to the kingdom of God. He came to the world for the new life of the kingdom of God with His disciples.

하나님 나라에 대한 예수님의 선포는 예수님이 세상 나라에 머물기 위해 오지 않고 하나님 나라의 새로운 삶을 이루기 위해 오셨다는 것을 뜻합니다. 그리고 예수님은 하나님 나라로 제자들을 부르셨습니다. 예수님은 그분 제자들과 더불어는 하나님 나라의 새로운 삶을 위해 세상에 오셨습니다.

Jesus came to the world not to abide in it but to install the new life of being together with God. Therefore, He should be seen with the kingdom of God, i.e., God's togetherness. He should not be narrated with His status in the world but be narrated with His togetherness with God.

예수님은 세상에 머물려고 오지 않고 하나님과 함께하는 새로운 삶을 설치하려 오셨습니다. 그러므로 예수님은 하나님 나라, 곧 하나님의 함께로 보아져야 합니다. 세상에서 그분 상태로 서사되지 않고 하나님과 그분 함께로 서사되어야 합니다.

Jesus of the kingdom of God is seen in the gospel. Therefore, the preaching of the gospel is not for the life of the world but for the life of the kingdom of God, i.e., the life of being together with God. And the telling of Him is for living together with God. Therefore, the telling of Him is confessional or exhortative.

하나님 나라의 예수님은 복음에서 보입니다. 그러므로 복음의 설교는 세상의 삶이 아닌 하나님 나라의 삶, 곧 하나님과 함께하는 삶을 위합니다. 그리고 예수님을 말함은 하나님과 함께하는 삶을 위함입니다. 그러므로 예수님을 말함은 고백적이거나 권면적입니다.

Jesus is told for the life of togetherness, not for the wholeness of individuals. As long as His name is uttered, the subsequent iteration is guided to togetherness of the kingdom of God. That is, His story exhibits His life of togetherness in the kingdom of God. Therefore, He cannot be told about personal relationships.

예수님은 함께의 삶을 위해 말해집니다. 개인의 온전함을 위해서가 아닙니다. 예수님의 이름이 발설되는 한, 이어지는 반복은 하나님 나라의 함께로 인도됩니다. 즉 그분 이야기는 하나님 나라에서 함께하는 그분 삶을 보입니다. 그러므로 예수님은 개인의 관계성에 대해 말해질 수 없습니다.

The preaching of the gospel, or the telling of Jesus is for the implementation of the new life of togetherness. That is, He cannot be told apart from the kingdom of God, i.e., God's togetherness, that is unfolded into the covenantal life. He is narrated in the gospel covenantally.

복음의 설교, 혹은 예수님을 말함은 함께하는 새로운 삶의 수행을 위함입니다. 즉 예수님은 언약의 삶으로 펼쳐지는 하나님 나라, 곧 그분 함께를 떠나 말해질 수 없습니다. 예수님은 언약적으로 복음에서 서사됩니다.

God's togetherness is told covenantally. So is Jesus. That is, He is the Jesus of the new covenant. Phrasing differently, Jesus of the gospel is the Jesus of the new covenant. Apart from the covenant, God's togetherness and Jesus are not to be told properly. The gospel shows the covenant Jesus who came to the world.

하나님의 함께는 언약적으로 말해집니다. 예수님도 그렇게 말해집니다. 즉 예수님은 새 언약의 예수님이십니다. 달리 말하면, 복음의 예수님은 새 언약의 예수님이십니다. 언약을 떠나 하나님 함께와 예수님은 적절하게 말해지지 않습니다. 복음은 세상에 오신 언약의 예수님을 보입니다.

Since the covenant Jesus is overlooked, the preaching of the gospel cannot bring out the life of togetherness and, thus, becomes a mere instruction to individuals. Then, it inevitably deals with a better life in the world, for life is, in a sense, individual subjection to the world. Individuality is, so to speak, the subjectivity to the world.

언약의 예수님이 간과되었기 때문에, 복음의 설교는 함께의 삶을 불러올 수 없었고, 따라서 단지 개인에게 주는 교훈이 되었습니다. 그러면 그것은 어쩔 수 없이 세상에서 나은 삶을 다루게 됩니다. 삶은 어느 의미에서 세상에 개인의 종속이기 때문입니다. 개인성은 말하자면 세상에 종속성입니다.

Jesus is the content of the new covenant. He is the promise that God will fulfill for His togetherness. His teaching is significant as the promise of God who sent Him to the world. It is not given as what His disciples have to do but given as what God will fulfill with them. It is not akin to the law but akin to promise.

예수님은 새 언약의 내용입니다. 예수님은 하나님께서 그분 함께를 위해 이루실 약속입니다. 예수님의 가르침은 예수님을 세상에 보내신 하나님의 약속으로 의미 있습니다. 그것은 그분 제자들이 해야 할 것으로 주어지지 않고 하나님께서 그들과 이루실 것으로 주어집니다. 그것은 율법에 가깝지 않고 약속에 가깝습니다.

The preaching of the gospel is the implementation of the covenant life of God's togetherness. Therefore, it is not to be given to individuals for their response, for the life of togetherness is not the outcome of the individual responses. Togetherness is fulfilled with His togetherness. There is nothing to be contributed from individual responses.

복음의 설교는 하나님 함께의 언약의 삶의 수행입니다. 그러므로 그것은 개인들에게 그들의 반응을 위해 주어지지 않습니다. 함께의 삶은 개인의 반응의 소산이 아니기 때문입니다. 함께는 그분 함께로 이루어집니다. 개인의 반응으로부터 기여되는 것은 없습니다.

Jesus' proclamation of the kingdom of God was succeeded by the apostles' mission of the church. The church was the concrete outcome of His proclamation of the kingdom of God with the guidance of the Holy Spirit. Phrasing differently, it is the fulfillment of His word of the proclamation.

하나님의 나라에 대한 예수님의 선포는 교회에 대한 사도들의 선교로 이어집니다. 교회는 성령님의 인도하심으로 하나님 나라에 대한 예수님 선포의 구체적 소산입니다. 달리 말하면, 교회는 선포되는 그분 말씀의 이루어짐입니다.

Therefore, the Spiritually guided church of the apostles should be seen from the perspective of God's covenant of togetherness as well as Jesus' proclamation of the kingdom of God. When it is seen from the perspective of the covenant and the kingdom of God, it is not to be identified as its status quo.

그러므로 영적으로 인도된 사도들의 교회는 함께하는 하나님의 언약과 더불어 하나님 나라에 대한 예수님의 선포의 관점으로 보아져야 합니다. 교회가 언약과 하나님 나라의 관점으로 보아질 때 교회의 현 상태로 동일시 될 수 없습니다.

The Spiritual togetherness of the church can be properly told with the covenant of God's togetherness and the kingdom of God. The Spirit of the church is the Holy Spirit, i. e., the Spirit of God, that leads to the confession that Jesus is the Christ. In this respect, Jesus is the Christ of the covenant life of the kingdom of God.

교회의 영적 함께는 하나님 함께의 언약과 하나님 나라로 적절하게 말해질 수 있습니다. 교회의 영은 예수님이 그리스도시라는 고백으로 인도하시는 성령님, 곧 하나님의 영이십니다. 이 점에서 예수님은 하나님 나라의 언약의 삶에서 그리스도십니다.

If the Spirit of the church is not considered with the covenant life of the kingdom of God, His holiness cannot be affirmed. Then, the church Spirituality becomes fallen to individual spirituality. And it becomes fallen to the congregations of individuals. That is, it, as the congregations of individuals, is not holy.

교회의 영이 하나님 나라의 언약의 삶으로 고려되지 않으면, 그분의 거룩함은 확언될 수 없습니다. 그러면 교회 영성은 개인 영성으로 타락되게 됩니다. 그리고 교회는 개인들의 회중으로 타락되게 됩니다. 즉 개인들의 회중으로서 교회는 거룩하지 않습니다.

In the early church, its holiness is clear since it was fulfilled with the guidance of the Holy Spirit. The apostles emphasized the Spiritual togetherness with it. Thus, it was visibly covenantal, Their exhortations were wholly directed to the covenant togetherness of the kingdom of God.

초대 교회에서 그 거룩함은 분명합니다. 초대 교회는 성령님의 인도 하심으로 이루어졌기 때문입니다. 사도들은 초대 교회로 영적 함께를 강조했습니다. 따라서 초대 교회는 두드러지게 언약적이었습니다. 사도들의 권면은 하나님 나라의 언약의 함께로 전적으로 향합니다.

However, the traditional church has been deviated from the early church. Since it has been succeeded as an institution of the states or religion, it becomes seen as the congregations of individuals. That is, it becomes known in terms of its institution and congregation.

그렇지만 전통 교회는 초대 교회로부터 벗어나 왔습니다. 그것이 국가의 기관이나 종교로 이어져 왔음으로 개인들의 회중으로 보이게 됩니다. 즉 그것은 기관이나 회중으로 알려지게 되었습니다.

Thus, the traditional church has been succeeded as a non-covenantal or non-Spiritual church. As people are individualized culturally, they come into the church as individuals so as to be its congregations. In this way, they become religious. They are gathered in it religiously. That is, it becomes the gathering of religious individuals.

따라서 전통 교회는 비언약적, 혹은 비 영적 교회로 이어져 왔습니다. 사람들이 문화적으로 개인화됨에 따라, 그들은 교회의 회중이 되기 위해 개인들로 교회에 옵니다. 이렇게 해서 그들은 종교적이 됩니다. 그들은 교회에 종교적으로 모입니다. 즉 교회는 종교적 개인들의 모임이 됩니다.

Individualized church inevitably becomes a religious institution. Individuals in a religious institution cannot live together. Each individual is encouraged to be virtuous or enlightened. Self-elevation is the target of the institutional church's message so that self-elevated individuals may share what they have modestly.

개인화된 교회는 어쩔 수 없이 종교적 기관이 됩니다. 종교적 기관에서 개인들은 함께로 살 수 없습니다. 각 개인은 도덕적이거나 깨닫도록 격려됩니다. 자기고양은 기관 교회 메시지의 목표로서 자기고양 된 개인들이 그들이 가진 것을 겸손하게 나누도록 합니다.

If the church consists of individuals, the baptism with repentance becomes symbolic. It remains as a symbol in the individual mind. Thus, if an individual becomes a church member through baptism, he remains as an individual even in the church. However, as long as individuality is preserved, togetherness cannot be expected in it.

교회가 개인들로 구성되면, 회개로 세례는 상징적이 됩니다. 세례는 개인의 마음에 상징으로 남습니다. 따라서 개인이 세례로 교회 회원이 되면, 그는 교회에서도 개인으로 남게 됩니다. 그렇지만 개인성이 보존되는 한, 함께는 교회에서 기대될 수 없습니다.

Therefore, the church should be covenantal, Spiritual, and the fulfilled kingdom of God. If these three perspectives do not go together with the church, it easily becomes an institution of individuals. Since it merely nourishes individuals, it is nothing but a cultural form of life.

그러므로 교회는 언약적이고, 영적이고, 또 하나님 나라의 이루어짐이어야 합니다. 이 세 관점이 교회와 같이 가지 않으면, 교회는 쉬이 개인들의 기관이 됩니다. 교회가 개인을 육성하기 때문에 문화적인 삶의 형태에 지나지 않습니다.

집중(Focus)

교회는 성령님이 임하심으로 예수님을 주와 그리스도로 고백하는 이들로 이루어진 함께의 삶입니다. 예수님은 성령님에 의해 하나님 나라의 주와 그리스도로 고백됩니다. 하나님의 나라는 하나님께서 함께하심으로 세상에 이루어지는 함께의 삶입니다. 이렇게 교회는 세상에 영적으로 이루어지는 함께의 삶입니다. 그러나 세상 나라는 개인들이 조건적인 관계로 얽힌 삶입니다.

The church is the togetherness life that is fulfilled with those who confess Jesus as Lord and Christ as the Holy Spirit comes. Jesus is confessed as Lord and Christ of the kingdom of God by the Holy Spirit. The kingdom of God is the togetherness life that is fulfilled in the world with God's togetherness. In this way, the church is the togetherness life that is fulfilled in the world Spiritually. But the kingdom of the world is conditionally entangled with the lives of individuals.

영적으로 인도된 함께의 삶은 이루어집니다. 그러므로 교회는 함께의 이루어짐으로 재현되어야 합니다. 그에 비추어 세상의 모든 삶은 개체 존속의 내포로 보입니다. 개체로 존속하는 세상의 삶 가운데 교회는 성령님의 인도하심으로 함께로 이루어집니다. 하나님이 함께하시는 함께의 삶은 영성으로 드러납니다. 초대 교회는 함께의 이루어짐을 영성으로 보입니다.

The togetherness life that is guided Spiritually is fulfilled. Therefore, the church has to be recapitulated as the fulfillment of togetherness. Contrasted to it, all life in the world is seen as the inclusiveness of individual sustenances. In the midst of the worldly life of individual sustenance, the church is fulfilled into togetherness under the guidance of the Holy Spirit. The togetherness life of God's togetherness is unveiled with Spirituality. The early church shows the fulfillment of togetherness with its Spirituality.

그러나 역사적 교회는 함께의 이루어짐을 보이지 않습니다. 종교적인 기관으로 존속되어 왔습니다. 영성이 아닌 종교성을 보이니 이루어지지 않고 존속됩니다. 따라서 언약 교회가 아닌 기관 교회가 됩니다. 함께의 삶이 아닌 모임의 삶을 보입니다. 즉 역사적 교회는 일종의 세상 삶을 보입니다. 하나님의 나라의 이루어진 삶보다 현실적인 세상 나라의 삶에 가깝습니다.

But the historical church does not show the fulfillment of togetherness. It has been sustained as a religious institution. Since it shows religiosity instead of Spirituality, it is not fulfilled but sustained. Thus, it becomes not a covenant church but an institutional church. It does not show togetherness life but shows gathering life. That is, it shows a kind of worldly life. It is akin to the status quo life of the kingdom of the world rather than the fulfilled life of the kingdom of God.

13.6

Spiritual Gifts(영적 은사)

In the letters to the Corinthian church, Paul mentions Spiritual gifts [1 Cor. Chapter 12]. He tells of Spiritual gifts in the context of the church. Christians become its members with their Spiritual gifts. Therefore, Spiritual gifts should not be regarded as what can be possessed by individuals as their merits.

고린도 교회에 보내는 편지에서 바울은 영적 은사를 언급합니다[고전 12장]. 그는 교회의 배경으로 영적 은사를 말합니다. 그리스도인들은 영적 은사로 교회 일원이 됩니다. 그러므로 영적 은사는 개인이 자신의 장점으로 소유될 수 있는 것으로 여겨지지 말아야 합니다.

With "gift" Paul means "impartation." Spiritual gifts are what are imparted to the church members by the Spirit. They are gifts in the sense that they are given by the Spirit. But they are not to be detached from the Giver, the Spirit. Therefore, they are not what are to be possessed by those who receive them like ordinary gifts.

"은사"로 바울은 "나누어 줌"을 뜻합니다. 영적 은사는 성령님에 의해 교회 일원들에게 나누어지는 것입니다. 영적 은사는 성령님에 의해 주어지는 뜻에서 은사입니다. 그러나 그것은 주는 분, 성령님으로부터 떨어질 수 없습니다. 그러므로 그것은 보통 선물처럼 받는 이들에게 소유되는 것이 아닙니다.

Spiritual gifts are contrasted to natural talents or excellencies. They are not to be regarded as individual charisma. They are not given for upholding individual status. They are gifts not from the perspective of the receivers but from the perspective of the Giver, the Holy Spirit. In this respect, they should be distinguished from natural gifts.

영적 은사는 타고난 재능이나 우수함과 대조됩니다. 개인적 카리스마로 여겨질 수 없습니다. 개인의 상태를 유지하기 위해 주어지지 않습니다. 영적 은사는 받는 이의 관점에서 아닌 주시는 분, 성령님의 관점에서 선물입니다. 이 점에서 영적 은사는 타고난 재능과 구별되어야 합니다.

Spiritual gifts are given for togetherness by the Holy Spirit, for man has no inborn quality of togetherness. He cannot live in the church with his own inherent qualities, for the church is the life of togetherness. Therefore, he should be given a Spiritual gift to live in the church. Church life is Spiritually gifted life.

영적 은사는 성령님에 의해 함께로 주어집니다. 사람은 함께하는 타고난 성품이 없기 때문입니다. 교회가 함께의 삶이기 때문에, 사람은 타고난 성품으로 교회에서 살 수 없습니다. 그러므로 교회에서 살기 위해 영적 은사가 주어져야 합니다. 교회 삶은 영적으로 부여된 삶입니다.

With the coming of the Holy Spirit, the church was, for the first time, fulfilled. Those who were guided by the Holy Spirit confessed that Jesus was Lord and Christ and lived together, sharing what they had. They were, in a sense, guided to share what they had by the Holy Spirit.

성령님이 오심으로 교회는 처음으로 이루어졌습니다. 성령님에 의해 인도된 이들은 예수님을 주와 그리스도로 고백하고, 또 가진 것을 나누면서 함께 살았습니다. 그들은 어느 의미에서 성령님에 의해 가진 것을 나누도록 인도되었습니다.

Since the church was fulfilled with the coming of the Holy Spirit, the church members had Spiritual gifts to live together. Paul's purpose of dealing with Spiritual gifts was to uphold the church. Spiritual gifts were gifts in the sense of a new quality of togetherness for a new life of togetherness.

교회가 성령님이 오심으로 이루어졌기 때문에, 교회 일원들은 함께 살기 위해 영적 은사를 지녔습니다. 영적 은사를 다루는 바울의 목적은 교회를 옹호하기 위함이었습니다. 영적 은사는 함께하는 새로운 삶을 위한 함께하는 새로운 성품의 의미로 선물입니다.

The church is Spiritual life of togetherness with Spiritual gifts from the one Holy Spirit. Therefore, it is different from any type of man's life which is formed by relationships of the participants. Such relationships are established by qualities they have. That is, they are related as individuals.

교회는 한 분 성령님으로부터 받은 영적 은사로 함께하는 영적 삶입니다. 그러므로 그것은 참가자들의 관계로 형성되는 어떤 유형의 사람의 삶과도 다릅니다. 그런 관계는 그들이 지닌 성품으로 맺어집니다. 즉 그들은 개인들로 관계됩니다.

But in the church, the members are not related to one another, since they are no more individuals. And it is senseless to say of Spiritual relationship, for Spiritual qualities are given as gifts by the Holy Spirit. They are guided to share their imparted gifts by the Spirit so as to be together.

그러나 교회에서 일원들은 더 이상 개인들이 아님으로 서로 관계되지 않습니다. 그리고 영적 관계를 말하는 것은 무의미합니다. 영적 성품은 성령님의 은사로 주어지기 때문입니다. 그들은 성령님에 의해 그들에게 주어진 선물을 함께 살기 위해 나누도록 인도됩니다.

Relationship presupposes the independence of the related parties. But independent parties cannot be together, even though they are collected. For this reason, the church cannot be fulfilled in terms of the relationship of independent individuals. They cannot be the members of the church independently.

관계성은 관계된 당사자들의 독자성을 전제합니다. 그러나 독자적인 당사자들은 모아지더라도 함께할 수 없습니다. 이 때문에 교회는 독자적인 개인들의 관계로 이루어질 수 없습니다. 그들은 독자적으로 교회 일원들일 수 없습니다.

The church members are together with their Spiritual gifts. Thus, it shows Spiritual togetherness of its members who have Spiritual gifts from the one Spirit. Therefore, the oneness of the church comes from the oneness of the Holy Spirit. This is the main insight into which Paul introduces Spiritual gifts.

교회 일원들은 그들의 영적 은사로 함께합니다. 따라서 교회는 한 성령님으로부터 영적 은사를 지닌 일원들의 영적 함께를 보입니다. 그러므로 교회의 하나 됨은 성령님의 하나 됨으로부터 옵니다. 이것이 바울이 영적 은사를 도입한 주된 통찰입니다.

With the coming of the Holy Spirit, those who were guided by Him confessed that Jesus was Lord and Christ and also shared what they had to live together. In this way, the church was fulfilled with the guidance of the Holy Spirit. His guidance was shown with His gift. That is, His gifts were the disclosure of His guidance.

성령님이 오심으로 그분에 의해 인도된 이들은 예수님을 주와 그리스도로 고백하며 또한 함께 살기 위해 가진 것을 나누었습니다. 이렇게 해서 교회는 성령님의 인도하심으로 이루어졌습니다. 그분 인도는 그분 은사로 보였습니다. 즉 그분 은사는 그분 인도하심의 드러남이었습니다.

Those who confess that Jesus is Lord and Christ relinquish their own mastership to Him. If so, they become to relinquish their ownership to Him too. Those who are guided by the Holy Spirit cannot maintain their own mastership or ownership. The relinquishing of their mastership and ownership are accompanied with the guidance of the Holy Spirit.

예수님이 주와 그리스도시라고 고백하는 이들은 자신의 주인 됨을 그분에게 양도합니다. 그렇게 하면, 그들은 또한 그들의 소유주임도 그분에게 양도하게 됩니다. 성령님에 의해 인도된 이들은 그들 자신의 주인 됨과 소유주임을 유지할 수 없습니다. 그들의 주인 됨과 소유주임의 양도는 성령님의 인도하심에 수반됩니다.

The confession of Jesus as Lord and Christ and the share of what is owned in order to live together are the two pivotal Spiritual guidance by which the early church is unfolded. Therefore, any Spiritual gift is associated with these two Spiritual guidance. While confessing that Jesus is Lord and Christ, one cannot keep his own ownership.

예수님을 주와 그리스도로 고백과 함께 살기 위해 가진 것의 나눔은 초대 교회가 펼쳐진 영적 인도의 두 추축입니다. 그러므로 어떤 영적 은사도 이 두 영적 인도와 연계됩니다. 예수님을 주와 그리스도로 고백하면서 자신의 소유주를 유지할 수 없습니다.

Since the church is a Spiritually guided life, it is disclosed with Spiritually guided activities. It does not stand in the world as its building nor is established as an institute. It is not in the world. It is only disclosed whenever it is guided Spiritually. If it is not guided with the Holy Spirit, it is set as an institute in the world.

교회는 영적으로 인도된 삶임으로 영적으로 인도된 활동으로 드러납니다. 교회는 세상에서 자체의 건물로 서거나 기관으로 설립되지 않습니다. 교회는 세상에 있지 않습니다. 영적으로 인도될 때 단지 드러납니다. 성령님에 의해 인도되지 않으면, 교회는 세상에서 기관으로 설정됩니다.

Spiritual gifts should not be remarked apart from the church. They cannot be cherished as individual virtues. Individual virtues are natural qualities, not Spiritual qualities. Natural qualities and Spiritual qualities are completely different. The latter is holy; therefore, it is not a higher state of the former.

영적 은사는 교회를 떠나 언급되지 말아야 합니다. 그것은 개인의 덕으로 누려질 수 없습니다. 개인의 덕은 자연적 성품입니다. 영적 성품이 아닙니다. 자연적 성품과 영적 성품은 전혀 다릅니다. 후자는 거룩합니다. 그러므로 전자 보다 높은 상태가 아닙니다.

Spiritual gifts are involved in a peculiar sense. For ordinary gifts the giver and the receiver are related. But for Spiritual gifts, there are no relationships. The receivers of Spiritual gifts lose their identity and are guided by the Spirit because of the Spiritual gifts they received.

영적 은사는 독특한 뜻을 내포합니다. 보통 선물에 대해선 주는 이와 받는 이가 관계됩니다. 그러나 영적 은사에 대해선 관계성이 없습니다. 영적 은사를 받은 이들은 그들의 독자성을 잃고 받은 영의 은사 때문에 영에 의해 인도됩니다.

Spiritual gifts are, in a sense, Spiritual 'bondages'. The Spiritual confession of Jesus as Lord and Christ involves Spiritual bondage. His Lordship is preserved in the togetherness of the church. That's why Paul says that the church is the body of Christ. Since Jesus is Spiritually confessed as Christ, the body of Christ is the Spiritual body.

영적 은사는 어느 의미에서 영적 '속박'입니다. 예수님을 주와 그리스도라고 하는 영적 고백은 영적 속박을 내포합니다. 그분의 주 되심은 교회의 함께로 보전됩니다. 그 때문에 바울은 교회가 그리스도의 몸이라고 합니다. 예수님이 영적으로 그리스도라고 고백되기 때문에, 그리스도의 몸은 영적 몸입니다.

Those who confess that Jesus is Lord and Christ receive Spiritual gifts. Reversely, those who have Spiritual gifts confess that He is Lord and Christ. Therefore, His Lordship is consolidated over the body of Christ which consists of members of Spiritual gifts. Since the body of Christ is the Spiritual body, its parts are Spiritual gifts.

예수님이 주와 그리스도시라고 고백하는 이들은 영적 은사를 받습니다. 거꾸로, 영적 은사를 지닌 이들은 예수님이 주와 그리스도라고 고백합니다. 그러므로 예수님의 주 되심은 영적 은사를 지닌 일원들로 구성된 그리스도 몸으로 강화됩니다. 그리스도의 몸은 영적 몸임으로, 그 부분은 영적 은사입니다.

"Lord" and "Christ" are Spiritual words that can be uttered with Spiritual gifts. They should not be appreciated apart from Jesus' Lordship and His being Christ. They are not attributed to anyone who enlightens personal insights or enhances personal merits. That is, they are not to be used in religious tint.

"주"와 "그리스도"는 영적 은사로 발설될 수 있는 영적 말들입니다. "주"와 "그리스도"는 예수님의 주 되심과 예수님의 그리스도이심으로부터 떨어져 인정되지 말아야 합니다. 그 말들은 개인의 통찰을 깨닫고 개인의 장점을 고양하는 이에게 부여되지 않습니다. 즉 그 말들은 종교적인 색채로 쓰일 수 없습니다.

Spiritual gifts are the disclosure of the church. Or it becomes visible with Spiritual gifts. Therefore, it cannot be sustained in the world, for Spiritual gifts are not what are to be possessed. When it is institutionalized, it can be only sustained. Then, it is no more the church that is fulfilled with the guidance of the Holy Spirit.

영적 은사는 교회의 드러남입니다. 혹은 교회는 영적 은사로 보이게 됩니다. 그러므로 교회는 세상에 지속되지 않습니다. 영적 은사가 소유되는 것이 아니기 때문입니다. 교회가 기관이 되면 존속될 수 있을 뿐입니다. 그러면 그것은 더 이상 성령님의 인도하심으로 이루어지는 교회가 아닙니다.

What should primarily be announced in the church is its oneness. Its oneness is the presupposition as well as fulfillment. Divergent Spiritual gifts spring from its oneness and work for the fulfillment of its oneness. It is Spiritually one, but it is by no means institutionally one that is the outcome of human endeavor.

교회에서 일차적으로 선언되어야 할 것은 교회의 하나 됨입니다. 교회의 하나 됨은 전제이고 또한 이루어짐입니다. 다양한 영적 은사는 교회의 하나 됨으로부터 솟아나고 교회의 하나 됨의 이루어짐을 위해 일합니다. 교회는 영적으로 하나입니다. 그러나 교회는 결코 인간 노력의 소산인 기관으로 하나가 아닙니다.

The church members work with their Spiritual gifts. But they should not be indulged in the gifts with their own experiences that are accompanied with the gifts. They should admit that the gifts come from the oneness of the church. But their own experiences are personal and independent.

교회 일원들은 그들의 영적 은사로 일합니다. 그러나 그들은 은사에 수반된 자신들의 체험으로 은사에 몰입되지 말아야 합니다. 그들은 은사가 교회의 하나 됨으로부터 온다는 것을 인정해야 합니다. 그러나 그들 자신들의 체험은 개인적이고 독자적입니다.

If the experiential side of Spiritual gifts is emphasized, they become personalized since experiences are personalized. Therefore, they should be separated from personal experiences so that they are on the path of Spiritual guidance toward confessions. When they are expressed in confessions, they are constitutive for the body of Christ.

영적 은사의 체험적 측면이 강조되면, 체험이 개인적이기 때문에 영적 은사도 개인적이 됩니다. 그러므로 영적 은사는 개인적 체험과 분리되어 고백을 향한 영적 인도의 길에 있어야 합니다. 영적 은사가 고백으로 표현될 때 그리스도의 몸을 구성하게 됩니다.

The Spiritual body of Christ cannot be divisible. Therefore, Spirituality cannot be divisible. And Spiritual gifts cannot be divided into parts. Division cannot be thought of in the Spiritual realm. It is told in terms of the properties that belong to the world. When Spiritual gifts are regarded as what can be experienced, they are divided into parts.

그리스도의 영적인 몸은 분리될 수 없습니다. 그러므로 영성은 분리될 수 없습니다. 그리고 영적 은사는 부분으로 분리될 수 없습니다. 분리는 영적인 영역에서 생각될 수 없습니다. 그것은 세상에 속한 성질로 말해집니다. 영적 은사가 체험될 수 있는 것으로 여겨질 때, 부분으로 나누어집니다.

Therefore, if the Spiritual body of Christ, i.e., the church is divided, it is divided as an institution. Since institutions are made by men, they can be characterized by men with their own emphasis. What men make are divided because of their different concerns. Men can be united with agreement, but they cannot be one.

그러므로 그리스도의 영적인 몸, 곧 교회가 분리되면 기관으로 분리됩니다. 기관은 사람들에 의해 만들어짐으로 사람들의 강조점으로 특징지어질 수 있습니다. 사람들이 만드는 것은 그들의 다른 관심 때문에 분리됩니다. 사람들은 합의로 합쳐질 수 있지만 하나가 될 수 없습니다.

The Spiritual church cannot be divisible, but the institutional church divisible. The divided church has fallen into the world, being deviated from the Spiritual guidance. Since men use their own ideas to make institutions, their institutions are independent of one another. Even if institutional churches are united, they are not the Spiritual church of togetherness.

영적 교회는 분리될 수 없습니다. 그러나 기관 교회는 분리됩니다. 분리된 교회는 영적 인도로부터 벗어나 세상으로 타락됩니다. 사람들은 자신들의 생각으로 기관을 만들기 때문에, 그들 기관은 서로 독립됩니다. 기관 교회가 합쳐진다고 해도 함께하는 영적 교회는 아닙니다.

Divisibility cannot be thought of in the Spiritual realm. There cannot be anything that can be applied to the Spirit so that He becomes divided. Divisibility is the outcome of conceptualization in terms of using categories in the world. But categories cannot be applied to Spirituality.

가분성은 영적인 영역에서 생각될 수 없습니다. 영이 분리되도록 영에 적용할 어떤 것도 있을 수 없습니다. 가분성은 세상에서 범주를 써서 개념화하는 소산입니다. 그러나 범주는 영성에 적용될 수 없습니다.

The message that the church delivers is primarily concerned with its Spiritual oneness. Thus, the message should be the disclosure of the affirmation of its Spiritual oneness. In this case, the affirmation is also Spiritually guided. Otherwise, it can be easily dissolved into religious institutions.

교회가 전하는 메시지는 일차적으로 교회의 영적 하나 됨에 연관됩니다. 따라서 메시지는 교회의 영적 하나 됨에 대한 확언의 드러남이어야 합니다. 이 경우 확언 또한 영적으로 인도됩니다. 그렇지 않으면 교회는 쉬이 종교적인 기관으로 분해됩니다.

Religion in the world is divided, since it comes out of man's mind. And it is instituted according to its diverse practices. But the church is not a religious body but the Spiritual body of Christ. It cannot fall into a kind of religious institution. But if it is institutionalized, it falls into a religious institution.

세상에서 종교는 분리됩니다. 사람의 마음에서 나오기 때문입니다. 그리고 다양한 실행에 따라 기관이 됩니다. 그러나 교회는 종교적 몸이 아닌 그리스도의 영적 몸입니다. 그것은 일종의 종교 기관으로 타락될 수 없습니다. 그러나 교회가 기관화 되면 종교 기관으로 타락되게 됩니다.

Spiritual gifts are not compared to religious qualities: the former is Spiritual impartations but the latter individual merits. The former is bounded by the Spirit, but the latter enhances individuality. A religious institution is nothing other than the assembly of religious individuals.

영적 은사는 종교적인 성품과 비교되지 않습니다. 전자는 영적 나눔이지만 후자는 개인적 장점입니다. 전자는 영적으로 결속되지만, 후자는 개인성을 고양합니다. 종교적 기관은 종교적 개인들의 집회에 지나지 않습니다.

집중(Focus)

영적 은사는 개인에게 주어지지 않고 교회에 주어집니다. 교회를 떠나 개인들을 세우는 것으로 생각되지 말아야 합니다. 영적 은사가 개인적으로 말해지면 그 영은 하나님의 영, 곧 성령님이 아닌 세상의 영입니다. 하나님의 영은 예수님이 주와 그리스도라는 고백으로 인도함으로 교회를 이루어 교회의 영으로 일컬어집니다. 따라서 성령님의 은사는 교회로 함께하는 은사입니다.

Spiritual gifts are not given to individuals but to the church. They should not be conceived as what upbuild individuals apart from the church. If spiritual gifts are told individually, the spirit is not God's Spirit, i.e., the Holy Spirit but spirit of the world. God's Spirit, leading to the confession that Jesus is Lord and Christ, fulfills the church so that He may be called the Spirit of the church, Thus, Spiritual gifts are gifts of being together with the church.

사람들은 개인으로 함께할 수 없기 때문에 영적 은사로 함께하게 됩니다. 함께는 영적 은사로 표현됩니다. 교회로 함께의 삶은 영적 은사의 다양한 활동으로 보입니다. 이 때문에 다양한 개인들의 활동은 단지 개인들의 모임으로 보이지 교회로 보이지 않습니다. 개인의 모임으로 보이는 교회는 이미 기관으로 전락된 것입니다. 기관의 교회에서는 영적 은사가 보이지 않습니다.

Since people cannot be together as individuals, they become together with Spiritual gifts. Togetherness is expressed with Spiritual gifts. The togetherness life of the church is seen as various activities of Spiritual gifts. For this reason, various individuals' activities are not seen as the church but seen as their gathering. The church seen as a gathering of individuals has already fallen into an institution. In an institutional church no Spiritual gifts are visible.

영적 은사는 함께로 표현됩니다. 함께하는 그리스도의 몸인 하나로 표현됩니다. 영적 은사는 그리스도의 몸인 하나의 활동입니다. 그러나 개인들의 모임으로 기관은 하나가 아닙니다. 개인들의 활동은 하나의 기관 활동일 수 없습니다. 개인은 그 자체로 기본적인 단위입니다. 그러므로 개인들의 모임은 개인들로 분리됩니다. 그렇지만 교회는 그 자체로 하나입니다.

Spiritual gifts are expressed in togetherness. They are expressed as the one that is the body of Christ of togetherness. They are activities of the one that is the body of Christ. But an institution as a gathering of individuals is not one. Their activities cannot be activities of one institution. An individual, in itself, is the basic unit. Therefore, a gathering of individuals is divided into individuals. However, the church, in itself, is one.

13.7

Christianity(그리스도교)

Christianity is the mode of the life of the Christians who believe in Jesus as the Christ. Here, belief in Him as Christ is guided by the Holy Spirit; therefore, it is Spiritual. Consequently, Christianity is Spiritual. But it is differentiated from spirituality of human natural quality. In this respect, it is not classified but separated.

그리스도교는 예수님을 그리스도로 믿는 그리스도인들의 삶의 양상입니다. 여기서 그분을 그리스도로 믿는 믿음은 성령님에 의해 인도됩니다. 그러므로 영적입니다. 따라서 그리스도교는 영적입니다. 그러나 그것은 인간의 자연적인 성품으로서 영성과 구별되어야 합니다. 이 점에서 그것은 분류되지 않고 구별됩니다.

Christianity arose with the early apostles' mission. Their mission of the proclamation of the gospel was guided by the Holy Spirit. Therefore, their mission was Spiritual. Christianity, as the outcome of their mission, was sprouted Spiritually. That is, Christianity and Spirituality are inseparable.

그리스도교는 초대 사도들의 선교로 일어났습니다. 복음 선포에 대한 그들의 선교는 성령님에 의해 인도되었습니다. 그러므로 그들의 선교는 영적이었습니다. 그들의 선교의 소산으로 그리스도교는 영적으로 피어났습니다. 즉 그리스도교와 영성은 분리될 수 없습니다.

Christianity, for this reason, is not related with human natural quality but guided by the Holy Spirit who came to the world as God's Spirit. Since God's Spirit is not mingled with human nature, He is the Holy Spirit. The Holy Spirit guides, but He does not intervene in human nature. Holiness is not interventional.

이 때문에 그리스도교는 인간의 자연적 품성과 관계되지 않고 하나님의 영으로 세상에 오신 성령님에 의해 인도됩니다. 하나님의 영은 인간의 본성과 섞이지 않음으로, 성령이십니다. 성령님은 인도하시지만 인간의 본성에 개입하지 않습니다. 거룩함은 개입적이지 않습니다.

Therefore, guidance should be separated from natural propensity. It is directed to the fulfillment of the will of God. But natural propensity is expressed into self-realization. Christianity is guided for the fulfillment of the will of God, but religiosity is a natural propensity for self-realization.

그러므로 인도는 자연적 성향과 구별되어야 합니다. 인도는 하나님의 뜻의 이루어짐을 향합니다. 그러나 자연적 성향은 자기실현으로 표현됩니다. 그리스도교는 하나님의 뜻의 이루어짐으로 인도됩니다. 그러나 종교성은 지기실현의 자연적인 성향입니다.

For this reason, Christianity should not be confused with religiosity. Since it is also recognised in the world, people like to identify its characteristics in terms of religiosity. However, it cannot be identified with a fixed form because it is manifested Spiritually. But since people consider it as a fixed form, they want to make it with their own endeavor.

이 때문에 그리스도교는 종교성으로 혼동되지 말아야 합니다. 그것도 또한 세상에서 인식되기 때문에, 사람들은 종교성으로 그 특성을 식별하려고 합니다. 그렇지만 그것은 영적으로 나타나기 때문에 고정된 형태로 식별될 수 없습니다. 그러나 사람들은 그것을 고정된 형태로 생각하기 때문에, 자신들의 노력으로 만들려고 합니다.

Religiosity is individualized, since it comes out of the individual mind. But Christianity is for togetherness, since it is initiated by God's togetherness with His Spirit. The disclosure of His togetherness cannot be identified but be witnessed. Therefore, Christianity is not identified even though it is visible.

종교성은 개인화됩니다. 개인의 마음에서 나오기 때문입니다. 그러나 그리스도교는 함께를 향합니다. 하나님의 영을 더불어 그분 함께에 의해 개시되기 때문입니다. 그분 함께의 드러남은 식별될 수 없고 증거됩니다. 그러므로 그리스도교는 보이더라도 식별되지 않습니다.

Christianity is not conceived with its identification but instantiated with its witness. The confession of Jesus as Christ is also the witness of Him as Christ, since the word, "Christ," is not used for identification but used for the expression of God's togetherness. It is a mistake to think that "Christ" is used to identify a historical figure, Jesus.

그리스도교는 그 독자성으로 이해되지 않고 증거로 예시됩니다. 예수님을 그리스도라는 고백은 또한 그분을 그리스도라는 증거입니다. "그리스도"라는 말은 독자성을 위해 쓰이지 않고 하나님 함께의 표현으로 쓰이기 때문입니다. "그리스도"를 역사적 인물, 예수님을 지적하기 위해 쓰인다고 생각하는 것은 잘못입니다.

Although "Christianity" is derived from "Christ," its significance originates from God's togetherness. That is, Christianity is originally covenantal. It is not a human propensity but what is disclosed with the fulfillment of His togetherness. That's why it is not identifiable although it is visible.

"그리스도교"는 "그리스도"로부디 제시되지만, 그 의미는 하나님의 함께로부터 유래됩니다. 즉 그리스도교는 원래 언약적입니다. 그것은 인간의 성향이 아닌 그분 함께의 이루어짐으로 드러나는 것입니다. 그 때문에 그것은 보이지만 식별되지 않습니다.

Christianity is the covenant togetherness of Jesus as Christ. The tenet of Christianity is togetherness. That is, it is mentioned in the direction of togetherness. Therefore, it is clarified with the accompaniment of the church and its mission. That is, it cannot be abstracted from the church and its mission.

그리스도교는 예수님을 그리스도로 언약의 함께입니다. 그리스도교의 기조는 함께입니다. 즉 함께를 향해 그리스도교는 언급됩니다. 그러므로 그것은 교회와 선교에 수반되어 분명해집니다. 즉 교회와 선교로부터 추상화될 수 없습니다.

Christianity as togetherness precludes any ontological approach to it. The death of Jesus on the cross cannot be described as an ontological status but can be narrated for the covenant togetherness. For this reason, death cannot be treated ontologically but can be treated covenantally.

함께로서 그리스도교는 그것을 향한 어떤 존재론적 접근도 금합니다. 십자가상 예수님의 죽음은 존재론적 상태로 서술될 수 없고 언약의 함께로 서사될 수 있습니다. 이 때문에 죽음은 존재론적으로 다루어질 수 없고 언약적으로 다루어질 수 있습니다.

Christianity was born in the background of Judaism. The law is based on the ontological life since it gives the direction of life to a betterness in the world. Therefore, it is individualistic, since it is kept individually. It does not work for togetherness. This shows the limitation of the law as God's word.

그리스도교는 율법의 유대교 배경에서 일어났습니다. 율법은 세상에서 나은 삶에 대한 지침을 주기 때문에 존재론적 삶에 근거합니다. 그러므로 그것은 개인적으로 지켜지기 때문에 개인적입니다. 그것은 함께로 일하지 않습니다. 이것은 하나님의 말씀으로서 율법의 한계를 보입니다.

The law builds up those who keep it. On the other hand, it gives punishment to those who do not keep it. Therefore, togetherness cannot be the outcome of it. That is, it is not proper for the covenant togetherness. That's why it is not for togetherness but for exclusiveness as seen in the OT.

율법은 그것을 지키는 이들을 세웁니다. 반면, 그것을 지키지 않은 이들은 처벌합니다. 그러므로 함께는 그 소산일 수 없습니다. 즉 그것은 언약의 함께에 적절하지 않습니다. 그 때문에 그것은 구약에서 보이듯이 함께를 위하지 않고 배타성을 위합니다.

For this reason, God's judgment rather than His togetherness is shown in the law. The covenant with the law sets the boundary rather than togetherness. Therefore, the old covenant is the covenant of bondage rather than of togetherness. Thus, His togetherness is not fully disclosed into the law.

이 때문에 하나님의 함께보다 하나님의 심판이 율법에서 보입니다. 율법으로 언약은 함께보다 경계를 정합니다. 그러므로 옛 언약은 함께의 언약이기보다 속박의 언약입니다. 따라서 그분 함께는 율법에 온전히 드러나지 않습니다.

In the old covenant, those who abide in the law are bound as the covenant people. But those who do not know it are excluded. Therefore, the old covenant people are exclusively bound together as the law-keepers. In this respect, it is a restrictive covenant which involves a conditional boundary.

옛 언약에서 율법에 거하는 이들은 언약의 백성으로 묶입니다. 그러나 율법을 알지 못하는 이들은 제외됩니다. 그러므로 옛 언약의 백성은 율법을 지키는 이들로 배타적으로 묶입니다. 이 점에서 옛 언약은 조건적 경계를 포함한 제한적 언약입니다.

The Jews who abided in the law crucified Jesus, charging Him as a law-breaker. They, so to speak, rejected Him from their covenant life, since they considered that He was not bound together with them with the law. At any rate, His cross means that He and they were not together.

율법에 거한 유대인들은 예수님을 범법자로 고발해서 십자가에 못 박았습니다. 그들은 말하자면 예수님이 율법으로 그들과 함께 결속되지 않는다고 여겨 그분을 그들의 언약의 삶에서 거부하였습니다. 어떻든 그분의 십자가는 예수님과 그들은 함께하지 않았던 것을 뜻합니다.

God is the Lawgiver; thus, He is not bound to the law. Even though the Jews are bound together to live together by the law, God, by keeping the law, is not together with them. Therefore, it cannot be affirmed that God is together with those who abide in the law. That is, His togetherness cannot be put into it as an article.

하나님은 입법자이십니다. 따라서 율법에 묶이지 않습니다. 유대인들은 율법에 의해 같이 살도록 묶여있지만, 하나님은 율법을 지킴으로 그들과 함께하지 않으십니다. 그러므로 하나님께서 율법에 거하는 이들과 함께한다고 확언될 수 없습니다. 즉 그분 함께는 율법에 조항으로 넣어질 수 없습니다.

Then, even if Jesus was rejected by the Jews in terms of their law, He can be together with God. Therefore, apart from the law, the new covenant with God's togetherness can be narrated with Jesus. In the strict sense, Jesus in the gospel was narrated with God's togetherness.

그러면 예수님은 유대인들의 율법으로 그들에 의해 거부되었지만, 하나님과 함께하실 수 있습니다. 그러므로 율법을 떠나 하나님이 함께하시는 새 언약이 예수님으로 서사됩니다. 엄밀한 뜻에서, 복음에서 예수님은 하나님 함께로 서사되었습니다.

Judaism was raised with the law, but Christianity with the narrative of Jesus with God's togetherness, ie., the gospel. The law can be practiced apart from God's togetherness. But Jesus cannot be narrated as Christ apart from His togetherness. Therefore, His narrative, i.e., the gospel, cannot be literal. What is written in letters is subjected to interpretation. But the gospel cannot be interpreted.

유대교는 율법으로 일어났습니다. 그러나 그리스도교는 하나님이 함께하시는 예수님의 서사, 곧 복음으로 일이났습니다. 율법은 하나님의 함께를 떠나 실행될 수 있습니다. 그러나 예수님은 하나님의 함께를 떠나 그리스도로 서사될 수 없습니다. 그러므로 그분 서사, 곧 복음은 문자적일 수 없습니다. 문자로 쓰인 것은 해석되어야만 합니다. 그러나 복음은 해석될 수 없습니다.

The rise of Christianity gives the new perspective of the covenant: not the covenant of bondage but the covenant of togetherness. That is, with Christianity, the covenant of togetherness rather than mutuality can be affirmed. The Christians live together, not mutually. Individuals live at most mutually.

그리스도교의 일어남은 언약에 대한 새로운 관점을 줍니다: 속박의 언약이 아닌 함께의 언약입니다. 즉 그리스도교로 상호성보다 함께의 언약이 확언될 수 있습니다. 그리스도인들은 상호적으로 살지 않고 함께로 삽니다. 개인들은 기껏 상호적으로 삽니다.

Since Christianity is originated from the Spiritual confession that Jesus who was crucified and resurrected is Christ, it is narrated as togetherness. His death on the cross and resurrection have no ontological conditionality; therefore, it can only be iterated with God's togetherness Spiritually.

그리스도교는 십자가에 못 박히고 부활하신 예수님이 그리스도시라는 영적 고백으로 시작되기 때문에 함께로 서사됩니다. 그분의 십자가상 죽음과 부활은 존재론적 조건성을 갖지 않습니다. 그러므로 그리스도교는 단지 하나님의 함께로 영적으로 반복될 수 있습니다.

Christianity is the Spiritual proclamation of God's togetherness in terms of the narrative of Jesus, i.e., the gospel, for the covenant life of togetherness. Thus, it cannot be applied individually. As long as people live individually, they can only talk of mutuality, not of togetherness. That's why the covenant togetherness can be told only with His togetherness.

그리스도교는 함께하는 언약의 삶을 위해 예수님의 서사, 곧 복음으로 하나님 함께에 대한 영적 선포입니다. 따라서 그것은 개인에게 적용될 수 없습니다. 사람들이 개인으로 사는 한, 그들은 함께가 아닌 상호성만 말할 수 있습니다. 그 때문에 언약의 함께는 하나님의 함께로만 말해질 수 있습니다.

Christianity affirms the covenant togetherness with God's togetherness which can be narrated only with Jesus' death and resurrection, because Jesus' death and resurrection preclude mutuality or conditionality. Or Christianity is the covenant life of togetherness with God's togetherness.

　그리스도교는 예수님의 죽음과 부활로만 서사되는 하나님 함께로 언약의 함께를 확언합니다. 예수님의 죽음과 부활이 상호성이나 조건성을 금하기 때문입니다. 혹은 그리스도교는 하나님 함께로 함께의 언약의 삶입니다.

To sum up, togetherness can be told from God's togetherness. And God's togetherness can be narrated with the death and resurrection of Jesus. Speaking reversely, there is no way to narrate God's togetherness apart from the death and resurrection of Jesus. And if His togetherness cannot be narrated, His word is only received as literal word like the law.

　간추리면, 함께는 하나님 함께로부터 말해질 수 있습니다. 그리고 하나님 함께는 예수님의 죽음과 부활로 서사될 수 있습니다. 거꾸로 말하면, 예수님의 죽음과 부활을 떠나 하나님 함께를 서사할 길이 없습니다. 그분 함께가 서사될 수 없으면, 그분 말씀은 단지 율법과 같이 문자적인 말로만 받아집니다.

Christianity is not to be told as human consciousness like religiosity. It is ascertained with the fulfillment of the church because of its togetherness. Therefore, its covenant life of togetherness is expressed into a catch-phrase, "Christianity as togetherness." It has only a sense of fulfillment.

　그리스도교는 종교성과 같이 인간 의식으로 말해질 수 없습니다. 그것은 자체의 함께 때문에 교회의 이루어짐으로 확인됩니다. 그러므로 그리스도교의 함께하는 언약의 삶은 "함께로 그리스도교"라는 경구로 표현됩니다. 그것은 이루어짐의 의미만 갖습니다.

Christianity is separated because it is guided by the Holy Spirit. Separated-ness rather than better-ness is its direction. Therefore, it becomes visible in terms of the fulfillment rather than transformation. What is fulfilled cannot be compared with or contrasted to what is. That is, what is fulfilled is separated from what is.

그리스도교는 성령님에 의해 인도되기 때문에 구별됩니다. 나아짐보다 구별됨이 그 방향입니다. 그러므로 그것은 변화보다 이루어짐으로 보이게 됩니다. 이루어진 것은 있는 것과 비교되거나 대조될 수 없습니다. 즉 이루어진 것은 있는 것으로부터 구별됩니다.

Christianity is cited with God's togetherness rather than God. With God, togetherness cannot be deduced, since His ontological Being is primarily concerned with. After His Being is affirmed or proved, His relationship rather than His togetherness comes to matter. That is, His togetherness is not His property.

그리스도교는 하나님보다 하나님의 함께로 언급됩니다. 하나님으로, 함께는 연역될 수 없습니다. 그분의 존재론적 존재가 일차적으로 관심되기 때문입니다. 그분의 존재가 확언되거나 증명되고서, 그분 함께보다 그분 관계가 문제되게 됩니다. 즉 그분 함께는 그분 속성이 아닙니다.

Therefore, God's togetherness, Jesus, and the Holy Spirit are told in the covenant togetherness. Jesus and the Holy Spirit came to the world for God's togetherness. Therefore, any one of them is told in the background of the other two. This means that all three are told together always.

　그러므로 하나님 함께, 예수님, 그리고 성령님은 언약의 함께에서 말해집니다. 예수님과 성령님은 하나님 함께를 위해 세상에 오셨습니다. 그러므로 그분들 가운데 어느 한 분은 다른 두 분의 배경으로 말해집니다. 이것은 세 분 모두 항시 함께 말해지는 것을 뜻합니다.

Christianity is separated because of its togetherness in the midst of individuals. The separated-ness of Christianity is led to its salvational outcome. It is not a world phenomenon but the fulfillment of salvation. Therefore, it should not be confused with religiosity. It is salvational, but religiosity is phenomenal.

　그리스도교는 개인들 가운데 그것의 함께 때문에 구별됩니다. 그리스도교의 구별됨은 자체의 구원의 소산으로 인도됩니다. 그것은 세상 현상이 아닌 구원의 이루어짐입니다. 그러므로 그것은 종교성과 혼동되지 말아야 합니다. 그것은 구원적이지만, 종교성은 현상적입니다.

Holiness and salvation go together since they are the disclosure of God's togetherness. That's why Christianity shows these two features as its constituents. The Christians are holy and salvational. Therefore, they should have the salvational sense of holiness and the hallowed sense of salvation.

　거룩함과 구원은 하나님 함께의 드러남임으로 같이 갑니다. 그 때문에 그리스도교는 이 두 양상을 그 구성요인으로 보입니다. 그리스도인들은 거룩하고 구원적입니다. 그러므로 그들은 거룩함의 구원적 의미와 구원의 거룩된 의미를 가져야 합니다.

For this reason, Christianity is guided by the Holy Spirit. Thus, it is Spiritual. The Spirituality of Christianity rather than of individuality is the Biblical or church Spirituality. The church of the Christians should be filled with the Spirituality of Christianity. Spirituality and Christianity are interchangeable.

이 때문에 그리스도교는 성령님에 의해 인도됩니다. 따라서 영적입니다. 개인성의 영성보다 그리스도교의 영성이 성경적 혹은 교회 영성입니다. 그리스도인들의 교회는 그리스도교의 영성으로 충만해야 합니다. 영성과 그리스도교는 상호 교체됩니다.

집중(Focus)

그리스도교는 종교성이 아닌 영성입니다. 종교성은 사람의 내면에서 나오지만 영성은 하나님의 영에 의한 인도됨입니다. 종교성은 개체적일 수밖에 없지만 영성은 하나님 영의 함께를 보입니다. 따라서 그리스도교는 함께로 이루어지고 드러납니다. 그리고 교회의 이루어짐으로 보입니다. 교회로 그리스도교를 말하는 뜻이 여기 있습니다.

Christianity is not religiosity but Spirituality. Religiosity comes out of man's inside, but Spirituality is being guided by God's Spirit. Religiosity cannot but be individualistic, but Spirituality shows togetherness of His Spirit. Thus, Christianity is fulfilled and unveiled with togetherness. And it is seen as the fulfillment of the church. Here is the significance of telling Christianity in terms of the church.

함께로 이루어지는 그리스도교는 선교적입니다. 선교는 모임의 확장이 아닌 함께의 파급입니다. 따라서 그리스도교는 교회로 파급됩니다. 교회로 함께의 삶이 이루어지기 때문입니다. 교회로 함께 삶은 영성으로 보입니다. 이 경우 교회의 세상에서 필요한 조건은 하나님의 영에 의해 인도되는 영성에 수반됩니다. 즉 세상에 이루어지는 교회 삶에 수반된 세상 조건입니다.

Christianity that is fulfilled in togetherness is missionary. Mission is not the extension of gathering but the reaching out of togetherness. Thus, Christianity is reached out with the church, for with it the togetherness life is fulfilled. The togetherness life as the church is seen as Spirituality. In this case, its necessary conditions in the world are accompanied with Spirituality which is guided by God's Spirit. That is, they are the worldly conditions that are accompanied with the church life that is fulfilled in the world.

교회로 함께의 삶은 언약의 삶입니다. 그리스도교는 새 언약의 삶입니다. 즉 복음의 삶입니다. 복음은 예수님이 세상에서 개인으로 산 자취가 아닙니다. 따라서 개인으로 예수님을 따라 살 내용이 아닙니다. 그 보다 복음은 교회로 이루어질 내용입니다. 그리스도교를 식별하는 복음은 새 언약입니다. 복음으로 언약의 예수님, 곧 하나님 함께의 예수님이 보입니다.

The togetherness life of the church is the covenant life. Christianity is the new covenant life. That is, it is the gospel life. The gospel is not the trait of Jesus who lived in the world as an individual. Thus, it is not the content for the following of Him as an individual. Rather, it is the content of being fulfilled in the church. The gospel that identifies Christianity is the new covenant. Through it, the covenant Jesus, i.e., Jesus of God's togetherness is visible.

13.8

Covenant Spirituality(언약 영성)

People generally regard that spirituality is what they have like intellectuality, morality, or religiosity. They regard it as a quality of human nature. Since they were born with spirit, they can develop their own spirituality. Thus, they believe that they are intellectual, moral, religious and spiritual.

사람들은 일반적으로 영성을 지성, 도덕성, 혹은 종교성과 같이 그들이 지닌 것으로 여깁니다. 영성을 인간 본성의 성품으로 여깁니다. 그들은 영으로 태어났기 때문에 자신들의 영성을 계발할 수 있습니다. 따라서 자신들이 지적, 도덕적, 종교적, 그리고 영적이라고 믿습니다.

But the Spirit that is dealt with in the Bible is covenantal rather than natural, since the Bible is the book of the covenant. It consists of the two covenants: the old and new covenant. Although the two are sequentially arranged in it, they are contrasted: the former conditional; and, the latter Spiritual.

그러나 성경에서 다루어지는 영은 자연적이기 보다 언약적입니다. 성경이 언약의 책이기 때문입니다. 성경은 옛 언약과 새 언약의 두 언약으로 구성됩니다. 그 둘은 성경에서 순서적으로 정리되었지만, 대조됩니다. 전자는 조건적이고, 후자는 영적입니다.

In the old covenant there are two constituents of it: the descendants of Abraham and the land they live on, i.e., the land of Canaan. These two are conditions of the world. In the days of the OT, there is no other than these two constituents for the basic content of life. This means that the old covenant also has the common constituents of life like any other worldly life.

옛 언약에는 두 구성요인이 있습니다: 아브라함의 후손과 그들이 사는 땅, 곧 가나안 땅입니다. 이 둘은 세상의 조건입니다. 구약 시대에는 삶의 기본 내용으로 이 둘 구성 요인 외에 다른 것은 없습니다. 이것은 옛 언약도 다른 세상 삶과 같이 삶의 공통된 구성요인을 갖고 있는 것을 뜻합니다.

However, if the covenant is constituted by any condition of the world, it is affected by other conditions of the world because all conditions of the world are interlinked one to another. Therefore, the covenant constituted by conditions cannot but be subjected to the condition of the world.

그렇지만 언약이 세상의 조건으로 구성되면, 그것은, 세상의 모든 조건은 서로 연결되어 있기 때문에, 다른 조건에 의해 영향을 받습니다. 그러므로 조건으로 구성된 언약은 세상의 조건에 속박될 수밖에 없습니다.

Therefore, the covenant life of Abraham's descendants, i.e., the Israelites, in the land of Canaan comes to interact with the life of other people near the land. That's why the overall OT narratives cover their wars against neighboring people in order for their racial identity to be kept in their land.

그러므로 가나안 땅에서 아브라함의 후손, 곧 이스라엘 백성의 언약의 삶은 그 땅 가까이 다른 백성의 삶과 상호작용하게 됩니다. 그 때문에 전반적 구약의 서사는 그들 땅에서 그들의 인종적 독자성을 지키기 위해 이웃 백성에 대항한 그들의 전쟁을 망라합니다.

Therefore, it can be claimed that the conditional covenant life is conditioned by the overall worldly condition. And, then, it is possible to conclude that the conditional covenant life becomes seriously challenged by super powers in the world. The Israelites who called themselves the covenant people of God were deported to foreign lands after the fall of their nations by other super powers.

그러므로 조건적 언약의 삶은 전반적 세상 조건에 의해 조건적이 된다고 주장될 수 있습니다. 그러면 조건적 언약의 삶은 세상의 강한 힘에 의해 심각하게 도전된다고 결론지을 수 있습니다. 하나님의 언약의 백성이라고 자신들을 부른 이스라엘 백성은 다른 강한 힘에 의해 그들 나라가 망한 후 이국땅에 끌려갔습니다.

Therefore, if the covenant constituents are conditional, the covenant life can be jeopardized by the change of the world. Since the change of the world is due to the change of its conditions, the conditional covenant life cannot but be subjected to the change of the world.

그러므로 언약의 구성요인이 조건적이면, 언약의 삶은 세상의 변화에 의해 위태롭게 됩니다. 세상 변화는 자체 조건의 변화에 의함으로, 조건적 언약의 삶은 세상의 변화에 종속될 수밖에 없습니다.

Thus, the conditional covenant is not wholesome. It may be a stage or forecast for the coming wholesome covenant that is not conditional. It is merely given to those who cannot but see the conditions of the world. They are so subjected to conditions of the world that their faith in God is also subjected to conditions of the world.

따라서 조건적 언약은 온전하지 않습니다. 그것은 조건적이 아닌 앞 하는 온전한 언약을 위한 단계나 예고일 수 있습니다. 그것은 단지 세상의 조건밖에 볼 수 없는 이들에게 주어집니다. 그들은 세상 조건에 종속됨으로 하나님을 믿는 그들의 믿음 또한 세상 조건에 종속됩니다.

Nevertheless, the OT unveils the preliminary stage of the covenant that cannot be reduced to religious indulgence. Therefore, it can be said that the significance of the old covenant lies in its non-religious formulation, for the first time. It is, at any rate, the dawning of the covenant life.

그렇지만 구약은 종교적 몰입으로 환원될 수 없는 언약의 예비적 단계를 보입니다. 그러므로 옛 언약의 의미는 처음으로 자체의 비종교적 형성에 있다고 말해질 수 있습니다. 그것은 어떻든 언약의 삶의 동틈입니다.

God's covenant is for His togetherness with His covenant people. But His togetherness is not to be fully fulfilled with the conditional

covenant, for there is no worldly condition that can lead to togeth-
erness. Therefore, as long as the covenant life is subjected to con-
ditions, His togetherness is not disclosed fully.

하나님의 언약은 그분 언약의 백성과 더불어는 그분 함께를 위함입
니다. 그러나 그분 함께는 조건적인 언약으로 충만하게 이루어질 수 없
습니다. 함께로 이끌 수 있는 세상의 조건이 없기 때문입니다. 그러므
로 언약의 삶이 조건에 종속되는 한, 그분 함께는 충만하게 드러나지
않습니다.

God's togetherness cannot be characterized by any condition of
the world, since the condition of the world is the fallen state of His
creation rather than His togetherness. Therefore, His togetherness
should be sought prior to His creation. The covenant should be se-
cured prior to the account of creation.

하나님 함께는 세상의 어떤 조건으로 특징지어질 수 없습니다. 세상
조건은 그분 함께 보다 그분 창조의 타락된 상태이기 때문입니다. 그러
므로 그분 함께는 그분 창조 이전에 추구되어야 합니다. 언약은 창조
기술 이전에 보전되어야 합니다.

God's covenant is not properly told in the realm of creation. But
the overall narrative of the OT remains in the realm of creation.
Therefore, in order for His togetherness to be fulfilled, the glimpse
of what is beyond the realm of creation should be at hand. Such a
glimpse, if attained, will dawn a new perspective.

하나님의 언약은 창조의 영역에서 적절하게 말해지지 않습니다. 그
러나 전반적 구약의 서사는 창조의 영역에 남습니다. 그러므로 그분 함

께가 이루어지기 위해, 창조의 영역을 넘은 것에 대한 일별이 마련되어야 합니다. 그런 일별은, 얻어진다면, 새로운 관점을 동트게 할 것입니다.

The coming of Jesus to the world led to the new covenant that could be glimpsed beyond the realm of creation. With Him, God's togetherness could be narrated into the new covenant. Therefore, in the narrative of Him, this point should be checked primarily. The phrase "the coming of Jesus" illustrates that He comes into the realm of creation from the realm beyond creation.

예수님의 오심은 창조 영역을 넘어 일별되는 새 언약으로 인도했습니다. 그분과 함께 하나님 함께는 새 언약으로 서술될 수 있었습니다. 그러므로 그분 서사에서 이 점이 일차적으로 점금 되어야 합니다. "예수님의 오심"이라는 어구는 그분이 창조를 넘은 영역에서 창조의 영역으로 들어오는 것을 예증합니다.

The new covenant narrates Jesus as the One who came to the world. He did not belong to the world like ordinary people. Therefore, the categories that are applied to them cannot be applied to Him. And since He came to the world, His life that is depicted in the new covenant is not conditional.

새 언약은 예수님을 세상에 오신 분으로 서사합니다. 그분은 보통 사람들 같이 세상에 속하지 않습니다. 그러므로 그들에게 적용되는 범주는 그분에게 적용될 수 없습니다. 그리고 그분이 세상에 오셨음으로, 새 언약에서 묘사되는 그분의 생명은 조건적이지 않습니다.

Anyhow, how to narrate Jesus non-conditionally is not easy. If He is narrated as a historical figure, the narrative becomes conditional because He is regarded as a man who belongs to the conditional world of creation. That is, His life is subjected to the condition of the world that is under the ruling of death.

어떻든 예수님을 어떻게 비 조건적으로 서사할지는 쉽지 않습니다. 그분이 역사적 인물로 서사되면, 그 서사는 조건적이 됩니다. 그분이 창조된 조건적 세상에 속한 사람으로 여겨지기 때문입니다. 즉 그분 생명은 죽음이 지배하는 세상 조건에 속박됩니다.

Therefore, Jesus shouldn't be narrated as one of the people who lived in the world conditionally. Or He shouldn't be narrated as a historical figure to whom the general categories were applied. That is, He shouldn't be subjected to generalization. He should be narrated with His life which was separated to be holy.

그러므로 예수님은 세상에서 조건적으로 산 사람들 가운데 한 분으로 서사되지 말아야 합니다. 혹은 그분은 일반 범주가 적용되는 역사적 인물로 서사되지 말아야 합니다. 즉 그분은 일반화에 종속되지 말아야 합니다. 거룩하게 구별된 그분 생명으로 서사되어야 합니다.

As for the non-conditional narrative of Jesus, the only option was a Spiritual narrative. And a Spiritual narrative was possible since the Holy Spirit came on the day of Pentecost. With the guidance of the Holy Spirit, He could be narrated as the covenant figure. Before the coming of the Holy Spirit, Jesus could only be seen as a historical figure.

예수님의 비 조건적인 서사로서 유일한 선택은 영적 서사였습니다. 영적 서사는 성령님이 오순절 날에 오셨음으로 가능했습니다. 성령님의 인도하심으로 그분은 언약의 인물로 서사될 수 있었습니다. 성령님이 오시기 전 예수님은 역사적 인물로만 보일 수 있었습니다.

The disciples who followed Jesus saw Him with their physical eyes; thus, they could not see Him as the covenant figure. And they ran away when He was crucified. With their physical eyes, they had to admit that He was punished to death as a lawbreaker. That is, they could not see Him Spiritually, since the Holy Spirit did not come yet.

예수님을 따른 제자들은 그들 육신의 눈으로 예수님을 보았습니다. 따라서 그들은 그분을 언약의 인물로 볼 수 없었습니다. 그리고 그들은 예수님이 십자가에 못 박혔을 때 도망갔습니다. 그들 육신의 눈으로는 그들은 예수님이 범법자로 죽음에 처해졌다고 인정해야 했습니다. 즉 그들은 그분을 영적으로 볼 수 없었습니다. 성령님이 아직 오지 않으셨기 때문입니다.

The gospel is the narrative of Jesus as Christ. He can be confessed as Christ by the guidance of the Holy Spirit. Consequently, the gospel is the Spiritual narrative of Him. Since He is Spiritually narrated as Christ, the narrative of Him becomes the new covenant. Without the guidance of the Holy Spirit, there is no way to confess the crucified Him as Christ.

복음은 그리스도로 예수님의 서사입니다. 그분은 성령님의 인도하심으로 그리스도로 고백될 수 있습니다. 따라서 복음은 그분의 영적 서사입니다. 그분은 영적으로 그리스도로 서사되기 때문에, 그분 서사는 새 언약이 됩니다. 성령님의 인도 없이 십자가에 못 박힌 그분을 그리스도로 고백할 길이 없습니다.

The new covenant is a Spiritual covenant. The narrative of Jesus with the coming of the Holy Spirit is the gospel, or the new covenant. When He is narrated by the Holy Spirit, He becomes the covenant figure. In this way, the new covenant becomes fulfilled in the world. When Jesus is narrated as the covenant figure, the narrative becomes the new covenant.

새 언악은 영적 언약입니다. 싱령님이 오심으로 예수님의 서사는 복음, 혹은 새 언약입니다. 그분이 성령님에 의해 서사될 때, 언약의 인물이 됩니다. 이렇게 해서 새 언약이 세상에 이루어지게 됩니다. 예수님이 언약의 인물로 사사될 때, 그 서사는 새 언약이 됩니다.

With Jesus, God's new covenant came to be seen in the world. This means that with Him the life of God's covenant togetherness came to be fulfilled in the world. This could be only affirmed by the guidance of the Holy Spirit. For this reason, His life has to be narrated with the guidance of the Holy Spirit.

예수님으로 하나님의 새 언약이 세상에 보이게 되었습니다. 이것은 예수님으로 하나님께서 언약으로 함께하시는 삶이 세상에 이루어지게 되었다는 것을 뜻합니다. 이것은 성령님의 인도하심으로만 확언될 수 있었습니다. 이 때문에 예수님의 삶은 성령님의 인도하심으로 서사되어야 합니다.

Jesus comes to the world as the new covenant figure who is confessed as Christ. Thus, Christ connotes with the new covenant life that is Spiritual. He is Christ in the new covenant life. He is the Lord of the non-conditional life. Therefore, His Lordship is separated from any lordship of the world.

예수님은 그리스도로 고백되는 새 언약의 인물로 세상에 오십니다. 따라서 그리스도는 영적 새 언약의 삶을 함축합니다. 예수님은 새 언약의 삶에서 그리스도십니다. 예수님은 비 조건적인 삶의 주님이십니다. 그러므로 예수님의 주 되심은 어떤 세상의 주 됨과도 구별됩니다.

The wholesome covenant that was given with Jesus is not conditional but Spiritual. The confession of Jesus as Lord and Christ is led to Spiritual life, since He is Lord and Christ in the Spiritual realm. When Lord or Christ is mentioned in the physical realm, it becomes symbolic.

예수님으로 주어진 온전한 언약은 조건적이 아닌 영적입니다. 예수님을 주와 그리스도라고 하는 고백은 영적 삶으로 인도됩니다. 그분은 영적 영역에서 주와 그리스도시기 때문입니다. 주나 그리스도가 육신의 영역에서 언급될 때, 상징적이 됩니다.

As the gospel is read with the perspective of the historical Jesus, its Spiritual meaning becomes overlooked. Consequently, it is interpreted as a non-covenant formulation. It becomes read religiously. Then, it is reduced to a religious teaching for individuals. The teaching of Him as a historical individual is inevitably addressed to individuals.

복음이 역사적 예수의 관점으로 읽혀지면서, 그 영적 의미가 간과됩니다. 따라서 그것은 비 언약적 형성으로 해석됩니다. 종교적으로 읽혀지게 됩니다. 그러면 복음은 개인을 위한 종교적 가르침으로 환원됩니다. 역사적 개인으로 예수님의 가르침은 어쩔 수 없이 개인에게 전해집니다.

As long as Jesus is merely regarded as a historical figure, God's togetherness with Him cannot be confessed. Then, there cannot be a proper confession that He is Christ, since He is confessed as Christ Spiritually. Thus, Spirituality becomes replaced by religiosity. The alleged Christians who do not live Spiritually live religiously.

예수님이 단지 역사적 인물로 고려되는 한, 예수님과 하나님의 함께는 고백될 수 없습니다. 그러면 예수님이 그리스도시라고 하는 적절한 고백이 있을 수 없습니다. 그분은 영적으로 그리스도라고 고백되기 때문입니다. 따라서 영성은 종교성으로 대치되게 됩니다. 영적으로 살지 않는 내세우는 그리스도인들은 종교적으로 삽니다.

Therefore, the new covenant with the gospel should be read as the Spiritual covenant. The covenant with Jesus is Spiritual. Phrasing differently, when He is confessed as Christ, the confession is led to the life of the Spiritual covenant. In this way, the new covenant becomes a non-conditional covenant.

그러므로 복음으로 새 언약은 영적 언약으로 읽어져야 합니다. 예수님으로 언약은 영적입니다. 달리 표현하면, 예수님이 그리스도로 고백될 때, 고백은 영적 언약의 삶으로 이끌려집니다. 이렇게 해서 새 언약은 비 조건적인 언약이 됩니다.

Therefore, the confession that Jesus is Christ is Spiritually covenantal. It cannot be confessed individually. As long as it is confessed individually, it is a mere expression of symbolism. Christ becomes a mere symbol in the individual mind. Then, symbols in the individual mind only matter.

그러므로 예수님이 그리스도시라는 고백은 영적으로 언약적입니다. 그것은 개인적으로 고백될 수 없습니다. 개인적으로 그것이 고백되는 한, 단지 상징의 표현입니다. 그리스도는 단지 개인의 마음에 상징이 됩니다. 그러면 개인의 마음에 있는 상징이 단지 문제됩니다.

The guidance of the Holy Spirit is covenantal. The Holy Spirit leads to the covenant life that is ruled by Jesus as Lord and Christ. For this reason, the gospel should be read from the perspective of Jesus of the Spiritual covenant. Phrasing differently, Jesus in the gospel is Spiritually covenantal.

성령님의 인도하심은 언약적입니다. 성령님은 주와 그리스도로서 예수님에 의해 다스려지는 언약의 삶으로 인도하십니다. 이 때문에 복음은 영적 언약의 예수님 관점으로 읽어져야 합니다. 달리 표현하면, 복음에서 예수님은 영적으로 언약적입니다.

With the confession of Jesus as Lord and Christ, the confessors live the Spiritually covenant life. Thus, the discipleship and following of Jesus can only be significantly asserted in the covenant life Spiritually. Reversely speaking, the Spiritually covenant life is unfolded into the discipleship and following of Him.

예수님을 주와 그리스도라는 고백으로 고백자들은 영적 언약의 삶을 삽니다. 따라서 제자 됨이나 예수님을 따름은 언약의 삶에서 영적으로 의미 있게 단언될 수 있습니다. 거꾸로 말하면, 영적으로 언약의 삶은 제자도나 그분의 따름으로 펼쳐집니다.

Therefore, the church of the confession of Jesus as Lord and Christ is the Spiritually covenant life. Apart from the Spiritually covenant theme, the new covenant and the new covenant church cannot be significantly iterated. Then, only individualistic expressions are meaningfully stated.

그러므로 예수님을 주와 그리스도라는 고백의 교회는 영적으로 언약의 삶입니다. 영적으로 언약의 주제를 떠나서 새 언약과 새 언약의 교회는 의미 있게 반복될 수 없습니다. 그러면 단지 개인적 표현만 의미 있게 진술됩니다.

집중(Focus)

성경은 언약 영성을 보입니다. 하나님의 영은 세상에 하나님의 함께로 임하시기 때문입니다. 예수님과 같이 언약의 삶으로 세상에 임한 분이십니다. 언약의 하나님의 언약의 영이십니다. 예수님으로 하나님의 함께를 들려주는 분이십니다. 그러므로 언약적으로 영성이 다루어지지 않으면, 영성은 개인을 진작시키는 것으로 여겨져 종교성으로 혼동되게 됩니다.

The Bible shows covenant Spirituality, for God's Spirit comes to the world with His togetherness. He is the One who comes as the covenant life to the world like Jesus. He is the covenant Spirit of the Covenant God. He is the One who tells God's togetherness with Jesus. Therefore, if Spirituality is not dealt with covenantally, it is confused as religiosity because it is conceived as what elevates individuals.

예수님의 서사에 보이는 복음의 영성은 예수님 개인의 영성이 아닙니다. 원래 성경은 개인의 영성을 다루지 않습니다. 성경이 언약으로 서사됨으로 성경에서 보는 영성은 언약 영성입니다. 즉 성경에서 보는 영성은 하나님께서 그분 백성과 함께하심으로 드러나는 그분 영의 인도하심입니다. 그분 말씀의 이루어짐은 그분 영의 인도하심을 동반합니다.

The gospel Spirituality in the narrative of Jesus is not His individual spirituality. Originally, the Bible does not deal with individual spirituality. Because it is narrated as the covenant, Spirituality seen in it is the covenant Spirituality. That is, the Spirituality seen in it is the guidance of God's Spirit that is disclosed as He is together with His people. The fulfillment of His word is accompanied with the guidance of His Spirit.

하나님의 말씀이 언약의 말씀이니, 하나님의 영의 인도하심은 언약의 영성입니다. 언약의 백성은 언약의 말씀을 지니며 인도되는 언약의 영성을 보입니다. 구약에서 율법에 의해 보일 수 없었던 언약의 삶이 언약 영성으로 보이게 됩니다. 언약의 백성은 하나님의 말씀을 율법으로 지키지 않고 그 말씀을 주신 하나님의 영에 의해 인도됩니다. 따라서 영성으로 살아갑니다.

Since God's word is the covenant word, the guidance of His Spirit is the covenant Spirituality. The covenant people, carrying the covenant word, show the guided covenant Spirituality. The covenant life that could not be seen by the law is to be seen with the covenant Spirituality. The covenant people do not keep His word as the law but are guided by the Spirit of God who gives the word. Thus, they live with Spirituality.

13.9
The Spirit of Reconciliation(화해의 영)

God's togetherness is reconciliatory with His Spirit. He is together with those with whom He was not together with His Spirit of reconciliation. Therefore, His togetherness is inherently reconciliatory. Since His togetherness is reconciliatory togetherness, it cannot be understood as His relationship.

하나님 함께는 그분 영으로 화해적입니다. 그분은 함께하지 않으셨던 이들과 그분 함께의 영으로 함께하십니다. 그러므로 그분 함께는 내재적으로 화해적입니다. 그분 함께가 화해하는 함께임으로, 그분 관계성으로 이해될 수 없습니다.

But the statement that God is reconciliatory is in need of proof since it is retorted by the question that He is really so. Any statement about Him cannot be free from its provability because it is an objective statement. An objective statement is accompanied with an objective proof.

그러나 하나님은 화해적이라고 하는 진술은 증명이 필요합니다. 그분이 정말 그러신가요 하는 질문에 의해 대꾸되어야 하기 때문입니다. 그분에 대한 어떤 진술도 입증으로부터 자유로울 수 없습니다. 객관적 진술이기 때문입니다. 객관적 진술은 객관적 증명을 수반합니다.

In ordinary life, reconciliation means to return to a friendly relationship from a hostile relationship between individuals. Since they are independent of one another, only their relationship matters. Basically, independent entities are related, and their relationship is changed under the circumstances even though their properties are not changed.

보통 삶에서 화해는 개인들 사이에 적대적 관계로부터 우호적 관계로 돌아가는 것을 뜻합니다. 그들은 서로 독립적이기 때문에, 단지 그들 관계성이 문제됩니다. 기본적으로 독립된 개체들은 관계됩니다, 그리고 그들 속성은 변하지 않더라도 그들 관계는 상황 가운데 변합니다.

An individual may insist on his relationship with God as an extrapolation of his relationship with other people. But he cannot insist on His relationship with himself, for His relationship is told by Himself. There is no ground to mention His relationship with each individual in the Bible.

개인은 다른 사람들과 관계의 외삽으로 하나님과 그의 관계를 주장할 수 있습니다. 그러나 그는 그분의 그와 관계를 주장할 수 없습니다. 그분 관계는 그분에 의해 말씀되기 때문입니다. 성경에 각 개인과 그분의 관계를 언급할 근거가 없습니다.

The Bible tells that God is not together with individuals because they have fallen. Thus, the claim of His relationship with the fallen individuals comes out of their own imagination. Any claim of their relationship with Him is an outcome of their fallen imagination. They have to know that they cannot claim anything about Him since they have fallen.

성경은 개인들이 타락되었음으로 하나님께서 그들과 함께하지 않으신다고 말합니다. 따라서 타락된 개인들과 그분 관계에 대한 주장은 그들의 상상에서 나옵니다. 그분과 그들 관계의 어떤 주장이든 그들의 타락된 상상의 소산입니다. 그들은 타락하였기 때문에 그분에 대해 어떤 것도 주장할 수 없다는 것을 알아야 합니다.

The claim or proof of God's existence is also a product of the imagination of the fallen individuals. Any philosophical thesis on Him reflects the fallen nature of individuals. Even theological doctrines on Him come out of individual imagination as long as they are formulated on the basis of individual understanding.

하나님의 있음에 대한 주장이나 증명은 또한 타락된 개인들 상상의 소산입니다. 그분에 대한 어떤 철학적 논문도 개인들의 타락된 속성을 반영합니다. 그분에 대한 신학적 교리조차도, 개인의 이해의 근거에서 형성되는 한, 개인의 상상으로부터 나옵니다.

Therefore, God's togetherness has to be observed in the background of the fallen individuals. He wills Himself to be together with the fallen individuals so as for them to be His people. Then, His togetherness is the reconciliation of them to Himself as His people. He reconciles them to Himself to be His people.

그러므로 하나님 함께는 타락된 개인의 배경에서 주시되어야 합니다. 그분은 타락된 개인들과 함께하셔서 그들이 그분 백성이 되는 것을 뜻하십니다. 그러면 그분 함께는 그들의 그분 백성으로서 그분에게 화해입니다. 그분은 그들로 그분에게 화해하게 하셔서 그분 백성이 되게 하십니다.

Consequently, the fallen individuals are to be reconciled into God's people with whom He is together. He is together with His people; but, He reconciles the fallen individuals to be His people. Therefore, His togetherness is basically reconciliatory in the fallen world where the fallen individuals live.

따라서 타락된 개인들은 하나님께서 함께하시는 그분 백성으로 화해됩니다. 그분은 그분 백성과 함께하십니다. 그러나 그분은 타락된 개인들과 화해하셔서 그분 백성이 되게 하십니다. 그러므로 그분 함께는 기본적으로 타락된 개인들이 사는 타락된 세상에서 화해적입니다.

Any theological undertaking on the ground of individualism is problematic since it overlooks the Biblical theme that individuals are fallen so that they cannot be together with God. Even though they allegedly claim their relationship with Him, they cannot confirm His relationship with them.

개인주의의 근거에서 어떤 신학적 시도도 문제입니다. 개인들은 타락되어 하나님과 함께할 수 없다는 성경의 주제를 간과하기 때문입니다. 그들이 그분과 관계를 내세우더라도, 그분의 그들과의 관계는 그들이 확인할 수 없습니다.

Self-centered fallen individuals want to understand God like any other concern that they have. Even if they admit that He is their ultimate concern, He is nothing but an object with whom they are concerned. And their alleged relationship with Him is an outcome of their understanding of Him.

자기중심적 타락된 개인들은 그들이 갖는 다른 관심과 같이 하나님을 이해하려고 합니다. 그분이 그들의 궁극적인 관심이라고 그들이 인정하더라도, 그분은 그들이 관심하는 대상일 뿐입니다. 그리고 그들이 내세우는 그분과 관계도 그분에 대한 그들의 이해 소산입니다.

God's reconciliation is not His property or propensity. It is disclosed in His togetherness with fallen individuals with whom He was not together. Thus, the statement that He is reconciliatory is used not to inform Himself but to confirm His togetherness. That is, on the ground of His togetherness, it is stated that He is reconciliatory.

하나님의 화해는 그분 속성이나 성향이 아닙니다. 그분이 함께하지 않은 타락된 개인들에 대한 그분 함께로 드러납니다. 따라서 그분이 화해적이라고 하는 진술은 그분을 알리는 것이 아니라 그분 함께를 확인하는 것에 쓰입니다. 즉 그분 함께의 근거에서 그분은 화해적이라고 진술됩니다.

Reconciliation is essentially and meaningfully stated in the treatment of the covenant, since it is presupposed for togetherness. It is not a relational feature. That is, there is no reconciliatory relationship. Therefore, "reconciliation" is not an ontological but covenant notion.

화해는 언약의 다룸에서 본질적으로 또 의미 있게 진술됩니다. 그것은 함께를 위해 전제되기 때문입니다. 그것은 관계적 양상이 아닙니다. 즉 화해적 관계는 없습니다. 그러므로 "화해"는 존재론적이 아닌 언약적 통념입니다.

The narrative of the fall, after the account of creation, is essential and significant in the covenant. If man has not fallen, God's togetherness with him is not mattered at all, and he is only concerned with Him religiously or ontologically. That is, if the narrative of the fall is not seriously taken into consideration, religious feeling or ontological relationship matters with Him.

창조의 기술 후에 타락의 서사는 언약에서 본질적이고 의미 있습니다. 사람이 타락되지 않았다면, 그와 그분의 함께는 전혀 문제되지 않습니다. 그리고 그는 단지 그분에 대해 종교적이나 존재론적으로 관심을 갖습니다. 즉 타락의 서사가 심각하게 고려되지 않으면, 종교적 느낌이나 존재론적 관계성이 그분과 문제입니다.

But since the narrative of the fall follows the account of creation in the Bible, God's togetherness with the fallen man whom He created is the guiding theme of its subsequent narratives. Therefore, it can be confirmed that the whole Biblical narrative is developed from the covenant perspective.

그러나 성경에서 타락의 서사가 창조의 기술을 따라오기 때문에, 하나님께서 창조하신 타락된 사람과 하나님의 함께는 이어지는 서사를 이끄는 주제입니다. 그러므로 성경의 전반적 서사는 언약의 관점에서 전개된다고 확언될 수 있습니다.

This is the main reason to state that the Bible is the book of the covenant. Its main and central theme is God's togetherness with the fallen man through His reconciliation, or His reconciliatory togetherness is the guiding theme of its overall narrative. That is, it is narrated with His togetherness rather than He, himself.

이것은 성경이 언약의 책이라고 진술하는 주된 이유입니다. 성경의 주되고 중심적 주제는 하나님의 화해로 타락된 사람과 그분의 함께하심입니다. 혹은 그분 화해의 함께는 성경의 전반적 서사를 이끄는 주제입니다. 즉 성경은 그분 자신보다 그분 함께로 서사됩니다.

For this reason, God's reconciliation is the undertone of His togetherness. If the fall of man is not taken into consideration, His reconciliation is not in need of consideration. Then, He is not narrated with His togetherness. He is conjectured in terms of His alleged relationship with created or natural man.

이 때문에 하나님 화해는 그분 함께의 저의입니다. 사람의 타락이 고려되지 않으면 그분 화해는 고려될 필요가 없습니다. 그러면 그분은 그분 함께로 서사되지 않습니다. 그분은 창조된 혹은 자연적인 사람과 그분의 내세우는 관계로 추론됩니다.

But God's reconciliation is due to His own will and initiation. This becomes clear in the ministry of Jesus that is explicitly remarked by Paul: "Now all things are of God, who has reconciled us to Himself through Jesus Christ, and has given us the ministry of reconciliation, that is, that God was in Christ reconciling the world to Himself, not imputing their trespasses to them, and has committed to us the word of reconciliation" 2 Cor. 5:18-19.

그러나 하나님의 함께는 그분 자신의 뜻과 개시에 의합니다. 이것은 바울에 의하여 명시적으로 언급된 예수님의 사역에서 분명합니다: "모든 것이 하나님께로서 났으며 그가 그리스도로 말미암아 우리를 자기와 화목하게 하시고 또 우리에게 화목하게 하는 직분을 주셨으니 곧 하나님께서 그리스도 안에 계시사 세상을 자기와 화목하게 하시며 그들의 죄를 그들에게 돌리지 아니하시고 화목하게 하는 말씀을 우리에게 부탁하셨느니라고후 5:18-19."

Therefore, reconciliation is the guiding theme of the narrative of Jesus, i.e., the gospel. And the early apostles have engaged in the ministry of reconciliation, preaching the gospel that is considered as the word of reconciliation. In this respect, the gospel is regarded as the new covenant of God's togetherness.

그러므로 화해는 예수님의 서사, 곧 복음을 이끄는 주제입니다. 그리고 초대 사도들은, 화해의 말로 여겨지는 복음을 설교하면서, 화해의 사역에 종사했습니다. 이 점에서 복음은 하나님 함께의 새 언약으로 고려됩니다.

Phrasing reversely, as long as the gospel is received as the new covenant, God's togetherness in terms of His reconciliation has to be acknowledged as its guiding theme. Then, it is affirmed that Jesus came to the world for the ministry of reconciliation and His cross was the fulfillment of His ministry of reconciliation.

거꾸로 말하면, 복음이 새 언약으로 받아지는 한, 하나님 화해에 의한 그분 함께는 복음의 이끄는 주제로 인정되어야 합니다. 그러면 예수님은 세상에 화해의 사역으로 오셨고 그분 십자가는 그분 화해 사역의 이루어짐이었다고 확언됩니다.

Therefore, if God's reconciliation is overlooked, His togetherness is reduced to His relationship. Then, no covenant togetherness can be narrated. Everything is interpreted in terms of ontological relationship or religious insight. Jesus in the gospel cannot but be seen as a religious figure who is somehow related to God.

그러므로 하나님의 화해가 간과되면, 그분 함께는 그분의 관계로 환원됩니다. 그러면 언약의 함께는 사사될 수 없습니다. 모든 것은 존재론적 관계성이나 종교적 통찰로 해석됩니다. 복음에서 예수님은 하나님과 아무튼 관계된 종교적 인물로밖에 보일 수 없습니다.

Jesus' ministry of reconciliation is narrated Spiritually. God's reconciliation due to His own will and initiation is disclosed with His Spirit. Therefore, it is narrated in the gospel Spiritually. Phrasing reversely, since the gospel is narrated by God's Spirit, it is received as His reconciliatory story.

예수님의 화해 사역은 영적으로 서사됩니다. 하나님의 뜻과 개시에 의한 그분 화해는 그분 영으로 드러납니다. 그러므로 그것은 복음에서 영적으로 서사됩니다. 거꾸로 말하면, 복음이 하나님의 영으로 서사되기 때문에, 그분의 화해의 이야기로 받아집니다.

Therefore, Jesus has to be narrated by God's Spirit so as to show His reconciliation. If Jesus is narrated apart from God's Spirit, He is only depicted as a religious figure. When He, the Son of God, is narrated by the Spirit of God, He is disclosed as God's reconciliation.

그러므로 예수님은 하나님의 화해를 보이기 위해 그분 영으로 서사되어야 합니다. 예수님이 하나님의 영으로부터 떠나 서사되면, 그분은 단지 종교적 인물로 묘사됩니다. 그분, 곧 하나님의 아들이 하나님의 영으로 서사될 때, 하나님의 화해로 드러납니다.

God's Spirit is not to identify but to unveil Jesus as God's Son. The unveiling of His Son is for disclosing His reconciliation. That is, God sent His Son for His reconciliation. And His Spirit witnessed this in the gospel. Jesus is God's Son not in the sense of His identification but in the sense of God's reconciliation.

하나님의 영은 예수님을 하나님의 아들로 식별하지 않고 드러냅니다. 그분 아들의 보임은 그분 화해를 드러내기 위함입니다. 즉 하나님은 그분 아들을 그분 화해로 보내셨습니다. 그리고 그분 영은 이것을 복음에 증거했습니다. 예수님은 그분 독자성의 의미가 아닌 하나님 화해의 의미로 하나님의 아들이십니다.

The perspective of the reconciliatory togetherness precludes any identificational approach to Jesus, for identification is objectified individualization. Spiritual identification is senseless. Since the gospel is narrated by the guidance of the Holy Spirit, it cannot be read in terms of identification of its content.

화해적 함께의 관점은 예수님에게 신원확인의 접근을 금합니다. 신원확인은 개인화를 객관화하기 때문입니다. 특히 영적 신원확인은 무의미합니다. 복음은 성령님의 인도하심에 의해 서사되기 때문에, 그 내용의 신원확인으로 읽어질 수 없습니다.

God's reconciliation is for His togetherness. That is, His reconciliation is the undertone of His togetherness. Therefore, His reconciliation is accompanied with and subsidiary to His togetherness. Because of His reconciliation, His togetherness cannot be considered as His participation or relationship.

하나님의 화해는 그분 함께를 위합니다. 즉 그분 화해는 그분 함께의 저의입니다. 그러므로 그분 화해는 그분 함께를 수반하고 또 부수적입니다. 그분 화해 때문에 그분 함께는 그분의 참여나 관계로 여겨질 수 없습니다.

Therefore, God's togetherness is tightened with and bound by His reconciliation. His reconciliation is unilateral, and so is His togetherness. Thus, His reconciliation is covenantal. The covenant God reconciles His people to Himself. In this way, the covenant life is tightened and bound.

그러므로 하나님의 함께는 그분 화해로 조여지고 묶여집니다. 그분 화해는 일방적이고, 그분 함께도 그렇습니다. 따라서 그분의 화해는 언약적입니다. 언약의 하나님은 그분 백성을 그분에게 화해하게 하십니다. 이렇게 해서 언약의 삶은 조여지고 묶여집니다.

The church, as the new covenant life, is reconciliatory. It reconciles the world to itself, preaching the gospel. Since it is reconciliatory in the world, it is missionary in the world. That is, it has the mission of reconciliation. Its reconciliatory mission is fulfilled in togetherness, not in its expansion of influence.

새 언약의 삶으로 교회는 화해적입니다. 교회는 복음을 설교하면서 세상을 그에 화해시킵니다. 그것이 세상에서 화해적이기 때문에 세상에서 선교적입니다. 즉 그것은 화해의 선교를 지닙니다. 그것의 화해의 선교는 함께로 이루어집니다. 영향력 확장으로가 아닙니다.

Since the church has the mission of reconciliation, it cannot be a religious institute. A religious institute is sustained in the world as long as its influence prevails. But the church is visible with its reconciliatory mission. For this reason, it cannot be classified as a worldly activity like religion.

교회가 화해의 사역을 지님으로 종교적 기관이 될 수 없습니다. 종교적 기관은 그 영향이 미치는 한 세상에서 유지됩니다. 그러나 교회는 화해의 사역으로 보입니다. 이 때문에 그것은 종교와 같이 세상의 활동으로 분류될 수 없습니다.

The mission of reconciliation of the church is fulfilled in the healing of life, as Jesus' mission is shown with His healing. When God's reconciliatory Spirit comes into the world, it becomes healed. The reconciliatory healing is Spiritual, not physical. A reconciliatory preaching is accompanied with healing.

교회의 화해 사역은, 예수님의 사역이 그분 고침으로 보이듯이, 삶의 고침으로 이루어집니다. 하나님의 화해의 영이 세상에 오실 때, 세상은 고쳐지게 됩니다. 화해의 고침은 영적입니다. 육적이 아닙니다. 화해의 설교는 고침을 수반합니다.

Jesus showed reconciliatory healing as the sign of God's togetherness. Healing with His togetherness should not be confused with healing in terms of His power which intervenes to change the existing state. Reconciliation does not mean the change of state but means the fulfillment of togetherness.

예수님은 하나님 함께의 표적으로 화해의 고침을 보이셨습니다. 그분 함께로 고침은 현존하는 상태를 바꾸려고 개입되는 그분 힘에 의한 고침으로 혼동되지 말아야 합니다. 화해는 상태의 바뀜을 뜻하지 않고 함께의 이루어짐을 뜻합니다.

집중(Focus)

하나님은 타락한 사람과 함께하십니다. 타락은 사람이 하나님에게 불순종함으로 그분을 떠난 것을 뜻합니다. 그러므로 타락한 사람과 하나님의 함께는 화해된 함께입니다. 이 경우 화해는 타락한 사람이 보일 수 있는 것이 아닙니다. 하나님께서 타락한 사람을 그분께 화해하게 하십니다. 하나님의 타락한 사람과 함께는 그분 화해로 개시됩니다.

God is together with a fallen man. The fall means that man, being disobedient to God, departs from Him. Therefore, His togetherness with fallen men is reconciled togetherness. In this case, reconciliation is not what can be shown by a fallen man. He reconciles fallen men to Himself. His togetherness with the fallen men is initiated by His reconciliation.

화해가 전제되지 않으면 하나님과 함께는 하나님과 관계가 됩니다. 화해가 고려되지 않으면 사람의 타락은 의식될 필요가 없습니다. 타락으로 의식되지 않는 사람은 독자성을 지닌 개인입니다. 독자적인 개인은 하나님과 관계를 주장할 수 있습니다. 사람이 자신의 개인성에 대한 의식으로 출발하는 한 단지 그분과 관계만 주장합니다. 그분과 화해된 함께를 누릴 수 없습니다.

If reconciliation is not presupposed, togetherness with Him becomes a relationship with Him. If reconciliation is not considered, the man's fall needs not to be conscious of. A man who is not to be conscious of in terms of his fall is an individual who has his own identity. An independent individual can claim his relationship with God. As long as a man begins with his consciousness of his individuality, he only claims his relationship with Him. He cannot cherish his reconciled togetherness with Him.

하나님과 함께는 하나님의 함께가 확언될 수 없을 때 의식됩니다. 사람이 하나님은 언제나 자신과 관계된다고 여기는 것은 언약적이기보다 철학적입니다. 하나님이 존재로 여겨지면 그분은 관계될 수 있는 분입니다. 그렇지만 하나님과 함께하지 못한 타락한 죄인은 그분으로부터 화해를 받아들이지 않을 수 없습니다. 화해로 관계가 아닌 함께가 의식되게 됩니다.

Togetherness with God is being conscious of when His togetherness cannot be affirmed. One's consideration that He is always related to him is philosophical rather than covenantal. If He is considered as Being, He can be the One who is to be related. However, a fallen sinner who cannot be together with Him cannot but accept reconciliation from Him. With reconciliation, not relationship, but togetherness is to be conscious of.

Part 14

Spiritual Disclosure

(영적 드러남)

14.1

Apostles(사도)

The disciples of Jesus were those who followed Him with His calling. Meanwhile, the apostles were those who were sent for mission according to the guidance of the Holy Spirit. All disciples except Judas Iscariot who betrayed Him became apostles when the Holy Spirit came on the day of Pentecost.

예수님의 제자들은 그분의 부름으로 그분을 따라간 이들이었습니다. 한편 사도들은 성령님의 인도하심을 따라 선교로 보내진 이들이었습니다. 예수님을 배반한 가룟 유다를 제외한 모든 제자들은 성령님이 오순절 날에 오셨을 때 사도들이 되었습니다.

Paul was not a disciple of Jesus, but he was an apostle. The apostles, whether they were given their mission for the preaching of the gospel directly from Jesus or not, were guided by the Holy Spirit. Therefore, their mission was Spiritual, and they were Spiritual. Thus, their Spirituality is not individualistic but missionary.

바울은 예수님의 제자가 아니었습니다. 그러나 그는 사도였습니다. 사도들은 예수님으로부터 직접 복음을 설교하는 임무가 주어졌든 아니든 성령님에 의해 인도되었습니다. 그러므로 그들의 임무는 영적이었습니다. 또한 그들은 영적이었습니다. 따라서 그들의 영성은 개인적이 아닌 선교적입니다.

The narrative of Acts deals with the various activities of the apostles for their missionary works. But the main 'figure' who directs them to be engaged in their activities is the Holy Spirit. That is, Acts deals with the Spiritual activities of the apostles. Acts is, so to speak, the narrative of the acts of the Holy Spirit.

사도행전의 서사는 사도들의 선교적 일을 위한 다양한 활동으로 다룹니다. 그러나 사도들로 그들의 활동에 종사하게 하신 주된 '모습'은 성령님이십니다. 즉 사도행전은 사도들의 영적 활동을 다룹니다. 사도행전은 말하자면 성령님의 활동 서사입니다.

The mission that was given to the apostles was to preach the gospel. Since the gospel was the story of the life of Jesus, the preaching of it was to witness Him. Here, what should not be overlooked is the fact that He was crucified. It was not allowed to talk about Him publicly because He was 'criminal.'

사도들에게 주어진 소명은 복음을 설교하는 것입니다. 복음이 예수님의 삶의 이야기였음으로, 그 설교도 그분을 증거하는 것이었습니다. 여기서 간과되지 말아야 될 것은 그분이 십자가에 못 박혔다는 사실입니다. 그분은 '범죄자'였기 때문에, 공중에게 그분을 말하는 것은 허용되지 않았습니다.

Therefore, it was the apostles' mission to tell the life of the criminal. For this reason, their mission was Spiritually guided, for nobody could do it on the basis of reasonableness. And also it could only be received with the guidance of the Holy Spirit, for nobody could receive it on the basis of reasonableness.

그러므로 그 범죄자의 삶을 말하는 것이 사도들의 소명이었습니다. 이 때문에 그들의 소명은 영적으로 인도되었습니다. 아무도 합리성의 근거에서 그것을 할 수 없었기 때문입니다. 그리고 또한 성령님의 인도하심으로 그것이 받아들여질 수 있었습니다. 아무도 합리성의 근거에서 그것을 받아들일 수 없었기 때문입니다.

The role of the apostles, at that time, was not simple as that of the recent missionaries. The recent missionaries use the Bible as their missionary text. But the apostles did not yet have the gospel as their text. It was the outcome of their missionary works. They had to proclaim the gospel that was reminded by the Holy Spirit.

그 당시 사도들의 역할은 지금 선교사들의 역할처럼 단순하지 않았습니다. 지금 선교사들은 성경을 그들의 선교적 문서로 씁니다. 그러나 사도들은 복음을 그들의 문서로 아직 갖지 못했습니다. 복음은 그들 선교의 소산이었습니다. 그들은 성령님에 의해 기억된 복음을 선포했어야 했습니다.

The apostles should be very cautious. Jesus whom they witnessed was a crucified criminal. The Jews charged Him as the One who did not abide in the law. And the Romans were suspicious of His proclamation of the kingdom of God. Therefore, their mission was inevitably the challenge against the Jewish tradition and Roman politics.

사도들은 대단히 조심스러워야 했습니다. 그들이 증거한 예수님은 십자가에 못 박힌 범죄자였습니다. 유대인들은 그분을 율법에 머물지 않는 분으로 고발했습니다. 그리고 로마인들은 그분이 선포한 하나님 나라에 대해 미심쩍게 여겼습니다. 그러므로 그들의 소명은 유대 전통과 로마 정치에 어쩔 수 없는 도전이었습니다.

The apostles had to tell their witness of Jesus with God's togetherness and proclaim the kingdom of God alongside of Him non-politically. They could do these missions with the guidance of the Holy Spirit. Thus, their Spirituality was the demarcation as well as guidance of their mission.

사도들은 하나님의 함께로 예수님에 대한 증거를 말해야 했고, 또 그분을 따라 하나님 나라를 비정치적으로 선포해야 했습니다. 그들은 이 소명을 성령님의 인도하심으로 했습니다. 따라서 그들 영성은 소명의 인도와 더불어 구별이었습니다.

The Christian mission was the outcome of the apostles' activities with the guidance of the Holy Spirit. It was not what was predetermined so as to be assigned to them. Therefore, the Christian mission is not predetermined by any direction but guided by the Holy Spirit. That is, the missionary outcome is not determined but guided.

그리스도교 선교는 성령님의 인도하심으로 사도들 활동의 소산이었습니다. 그것은 그들에게 부여되기 위해 미리 정해진 것이 아니었습니다. 그러므로 그리스도교 선교는 어느 방향으로 미리 정해지지 않고 성령님에 의해 인도됩니다. 즉 선교적 소산은 결정되지 않고 인도됩니다.

With the apostles' mission the gospel came to be formulated. The written text of the four gospels were based on their mission of the witnessing of Jesus with guidance of the Holy Spirit. Therefore, the four gospels should not be considered as the guideline of the Christian mission.

사도들의 선교로 복음은 형성되게 되었습니다. 네 복음서의 쓰인 문서는 성령님의 인도하심으로 예수님에 대한 증거의 선교에 근거합니다. 그러므로 네 복음서는 그리스도교 선교 지침으로 여겨지지 말아야 합니다.

Jesus was together with the disciples; likewise, the Holy Spirit was together with the apostles. The disciples were the followers of Jesus; and, the apostles the missionaries of the Holy Spirit. Since the Holy Spirit brought their remembrance of all things that Jesus said to the disciples, both the disciples and apostles told the same Jesus.

예수님은 제자들과 함께하셨습니다. 그와 같이 성령님은 사도들과 함께하셨습니다. 제자들은 예수님을 따른 이들이었습니다. 그리고 사도들은 성령님의 선교인들 이었습니다. 성령님이 예수님께서 제자들에게 말씀하신 모든 것을 기억하게 하셨음으로, 제자들과 사도들은 모두 같은 예수님을 말했습니다.

With the apostles' missionary works the guidance of the Holy Spirit was disclosed, for Jesus whom they witnessed was not the historical Jesus. They witnessed Him as the Christ, the Son of God. "Christ" or "the Son of God" had no historical sense. That is, the historical Jesus could not be narrated as Christ or the Son of God.

사도들의 선교 일로 성령님의 인도하심이 드러났습니다. 그들이 증거한 예수님은 역사적인 예수님이 아니었기 때문입니다. 그들은 그분을 그리스도요 하나님의 아들로 증거했습니다. "그리스도"나 "하나님의 아들"은 역사적 의미가 없습니다. 즉 역사적 예수님은 그리스도나 하나님의 아들로 서사될 수 없었습니다.

The outcome of the apostles' missionary works was the remembrance and witness of Jesus with the guidance of the Holy Spirit. And it was narrated into the gospel. Therefore, the gospel was the outcome of their missionary activities. That is, it was not a pre-written document for the guideline of the mission.

사도들 선교 일의 소산은 성령님의 인도하심으로 예수님에 대한 기억과 증거였습니다. 그리고 그것은 복음으로 서사되었습니다. 그러므로 복음은 그들 선교 활동의 소산이었습니다. 즉 그것은 선교의 지침으로 미리 쓰인 문서가 아니었습니다.

Therefore, Jesus whom we meet in the gospel is the One whom the apostles remembered and witnessed in their missionary works with the guidance of the Holy Spirit. Accordingly, it is a mistake to approach the gospels from our own historical perspective. We only give explanatory remarks on the specific parts of them.

그러므로 복음서에서 만나는 예수님은 성령님의 인도하심으로 선교 일에 종사한 사도들이 기억하고 증거한 분이십니다. 따라서 복음서를 우리들의 역사적인 관점으로 접근하는 것은 잘못입니다. 우리는 단지 그 안에 있는 구체적인 부분에 설명하는 언급만 합니다.

Jesus whom the apostles remembered and witnessed was not a historical figure, since their remembrance and witness were Spiritual remembrance and witness. It was impossible and senseless to be engaged in a missionary work of telling the historical Jesus who was crucified.

사도들이 기억하고 증거한 예수님은 역사적인 인물이 아닙니다. 그들의 기억과 증거가 영적 기억과 증거이기 때문이었습니다. 십자가에 못 박힌 역사적 예수를 말하는 선교적 일에 종사하는 것은 불가능하고 무의미했습니다,

God's togetherness with the crucified Jesus could be remembered and witnessed with the guidance of the Holy Spirit. Without such remembrance and witness, the missionary activities were not possible, and, thus, the outcome of the gospel was not possible. That is, what is read in the gospel was the remembrance and witness of Jesus with the guidance of the Holy Spirit.

십자가에 못 박힌 예수님과 하나님의 함께는 성령님의 인도하심으로 기억되고 증거될 수 있었습니다. 그런 기억과 증거가 없이 선교적 활동은 가능하지 못했고, 따라서 복음의 소산은 가능하지 못했습니다. 즉 복음서에서 읽어지는 것은 성령님의 인도하심으로 예수님에 대한 기억과 증거였습니다.

The apostles had Spiritual remembrance with the guidance of the Holy Spirit. Therefore, they did not simply have the remembrance of Jesus as a crucified criminal. Rather, they had the Spiritual remembrance of the crucified Jesus with God's togetherness. This point has to be come across in the reading of the gospel.

사도들은 성령님의 인도하심으로 영적 기억을 가졌습니다. 그러므로 그들은 단지 십자가에 못 박힌 범죄자로서 예수님에 대한 기억을 갖지 않았습니다. 그보다 하나님의 함께로 십자가에 못 박힌 예수님의 영적 기억을 가졌습니다. 이 점이 복음을 읽는 가운데 떠올라져야 합니다.

The witness of Jesus as Christ and the Son of God is not an understanding of Him. for "Christ" or "the Son of God" has no understandable content. It has no experiential content to which any category can be applied. Thus, it has no identifiable object. For this reason, when He is confessed as Christ and the Son of God, He is no more an identifiable object, either.

예수님을 그리스도와 하나님의 아들로서 증거는 그분에 대한 이해가 아닙니다. "그리스도"와 "하나님의 아들"은 이해할 내용을 갖지 않습니다. 그것은 범주가 적용될 체험적 내용을 지니지 않습니다. 따라서 그것은 식별할 대상을 갖지 않습니다. 이 때문에 그분이 그리스도와 하나님의 아들로 고백될 때, 그분도 또한 더 이상 식별될 대상이 아닙니다.

"Christ" and "the Son of God" are part of the word of God that is given as what is to be fulfilled. They are to be fulfilled Spiritually with the apostles' missionary word. Therefore, the gospel that the apostles left over is a Spiritual word to open to the Spiritual realm, i.e., the church.

"그리스도"와 "하나님의 아들"은 이루어질 것으로 주어진 하나님의 말씀의 부분입니다. 사도들의 선교적인 말과 더불어 영적으로 이루어집니다. 그러므로 사도들이 남긴 복음은 영적 영역, 곧 교회를 열기 위한 영적 말입니다.

For this reason, the apostles' missionary activities were accompanied with the appearance of churches. The early churches were the outcome of the fulfillment of their Spiritual remembrance and witness of Jesus with the guidance of the Holy Spirit as seen in the NT. In the apostles' letters to the early churches, the remembrance of Him and the guidance of the Holy Spirit were interwoven.

이 때문에 사도들의 선교적 활동은 교회의 나타남을 동반되었습니다. 초대 교회는 신약에서 보이듯이 성령님의 인도하시므로 예수님의 대한 그들의 영적 기억과 증거가 이루어진 소산이었습니다. 초대 교회로 보내진 사도들의 편지에 그분에 대한 기억과 성령님의 인도하심은 짜여있습니다.

The apostles were, in a sense, called by the Holy Spirit. They were given the word of the remembrance of Jesus and guided to witness it by the Holy Spirit. Their word of the Spiritual remembrance of Him became fulfilled in the Spiritual life of the church. Therefore, the church always has to be fulfilled in the Spiritual life.

사도들은 어느 의미에서 성령님에 의해 불려졌습니다. 그들은 예수님의 기억의 말이 주어지고 성령님에 의해 그것을 증거하도록 인도되었습니다. 그분에 대한 그들의 영적 기억의 말은 교회의 영적 삶으로 이루어졌습니다. 그러므로 교회는 항시 영적 삶으로 이루어져야 합니다.

The word of the Spiritual remembrance of Jesus originated with God's togetherness. God sent Jesus, His begotten Son, to the world. And the Holy Spirit is the Spirit of God. Jesus and the Holy Spirit, both of them came for the disclosure of God's togetherness. Their coming to the world means the disclosure of God's togetherness.

예수님에 대한 영적 기억의 말은 하나님 함께로 유래됩니다. 하나님은 예수님, 그분의 독생자를 세상에 보내셨습니다. 그리고 성령님은 하나님의 영이십니다. 예수님과 성령님 둘 다 하나님 함께의 드러남으로 세상에 오셨습니다. 그들의 세상에 오심은 하나님 함께의 드러남을 뜻합니다.

The apostles' missionary works were the proclamations of God's togetherness. They worked for the covenant life of His togetherness. Therefore, their mission should be seen from the perspective of the covenant life of His togetherness. That's why the narrative of their mission was integrated into the new covenant.

사도들의 선교적 일은 하나님 함께의 선포였습니다. 그들은 그분 함께의 언약의 삶을 위해 일했습니다. 그러므로 그들의 선교는 그분 함께의 언약의 삶의 관점으로부터 보아져야 했습니다. 그 때문에 그들의 선교 서사는 새 언약에 통합되었습니다.

Although Jesus taught the kingdom of God, it could not be seen concretely in His days. It was, in a sense, given as the word of God that would be fulfilled. He taught it as the new covenantal life of God's togetherness that would be fulfilled. The coming of the kingdom of God means the fulfillment of Jesus' proclamation of it.

예수님은 하나님 나라를 가르치셨지만, 그것은 그분 당시 구체적으로 보일 수 없었습니다. 그것은 어느 의미에서 이루어질 하나님의 말씀으로 주어졌습니다. 그분은 그것을 이루어질 하나님 함께의 새 언약의 삶으로 가르치셨습니다. 하나님 나라의 임함은 그에 대한 예수님의 선포의 이루어짐을 뜻합니다.

With the apostles' missionary work, the church came to be fulfilled as the new covenant life of the kingdom of God. Jesus' teaching in the gospel was for the fulfillment of the new covenant life of togetherness. Therefore, it should be read from the covenantal rather than ontological perspective.

사도들의 선교적 일로 교회는 하나님 나라의 새 언약의 삶으로 이루어지게 되었습니다. 복음서에서 예수님의 가르침은 함께하는 새 언약의 삶의 이루어짐을 위합니다. 그러므로 그것은 존재론적 관점보다 언약의 관점으로 읽어져야 합니다.

In this respect, the apostles' missionary works should be seen from the perspective of the fulfillment. With their works the covenant life was unfolded. The church was the instance of the fulfillment of the covenant life. The gospel and the church are an instance of word and fulfillment.

이 점에서 사도들의 선교적 일함은 이루어짐의 관점으로 보아져야 합니다. 그들의 일함으로 언약의 삶이 펼쳐졌습니다. 교회는 언약의 삶의 이루어짐의 사례였습니다. 복음과 교회는 말과 이루어짐의 사례입니다.

Any mission even nowadays should be an apostolic mission. An apostolic mission is always for the covenant togetherness. It should be guided by the Holy Spirit in order for God's togetherness to be disclosed into the covenant togetherness. There is no expansive sense in it.

지금도 어떤 선교든 사도적 선교여야 합니다. 사도적 선교는 항시 언약의 함께를 위합니다. 그것은 하나님의 함께가 언약의 함께로 드러나게 되도록 성령님에 의해 인도되어야 합니다. 거기에는 확장적인 의미가 없습니다.

The apostolic mission is the Spiritually guided mission for the remembrance and witness of Jesus with God's togetherness. It is the mission of the fulfillment of the church as the new covenant life. Therefore, if the church is regarded as what is in the world, then its mission becomes the extension of it.

사도적 선교는 하나님의 함께로 예수님의 기억과 증거를 위해 영적으로 인도된 선교입니다. 그것은 새 언약의 삶으로 교회의 이루어짐의 선교입니다. 그러므로 교회가 세상에 있는 것으로 여겨지면, 그 선교는 그것의 확장이 됩니다.

The apostolic mission is not for the expansion of but for the fulfillment of the church. The sense of fulfillment is inseparably tied with the church and its mission. Since the Spiritual remembrance and witness of Jesus with God's togetherness are ever anew, the church becomes anew.

사도적 선교는 교회의 확장이 아닌 이루어짐을 위합니다. 이루어짐의 의미는 교회와 자체의 선교와 분리될 수 없게 묶여있습니다. 하나님 함께로 예수님의 영적 기억과 증거는 늘 새롭기 때문에, 교회는 새롭게 됩니다.

Since the gospel is the outcome of the apostolic mission, it cannot be fixed as the written text. In this respect, the whole Bible cannot be fixed as the written text either. Therefore, the church on the basis of the gospel as well as the whole Bible should always be renewed into its fulfillment.

복음이 사도적 선교의 소산이기 때문에, 쓰인 원문으로 고정될 수 없습니다. 이 점에서 전반적 성경도 또한 쓰인 원문으로 고정될 수 없습니다. 그러므로 전반적 성경과 더불어 복음에 근거한 교회는 항시 자체의 이루어짐으로 새로워져야 합니다.

집중(Focus)

사도들의 복음 전파로 교회가 이루어집니다. 복음은 성령님의 인도하심으로 사도들에 의해 기억된 예수님의 삶입니다. 영적으로 기억된 예수님의 삶은 사도들의 머리에만 남아있지 않습니다. 그것은 영적으로 인도된 삶으로 이루어집니다. 복음은 기술된 텍스트로 머물지 않고 교회 삶으로 이루어집니다. 따라서 복음과 교회는 같이 갑니다.

The church is fulfilled by the apostles' preaching of the gospel. The gospel is Jesus' life remembered by the apostles under the guidance of the Holy Spirit. His life that is Spiritually remembered does not only remain in their brain. It is fulfilled into the Spiritually guided life. The gospel does not remain as a written text but is fulfilled into the church life. Thus, the gospel and the church go together.

예수님을 따름은 사도들에 의해 기억된 예수님의 삶의 재현입니다. 이 경우 예수님을 따름은 성령님에 의해 인도된 따름입니다. 예수님을 주와 그리스도로 따름입니다. 따라서 교회는 성령님의 인도하심으로 예수님을 주와 그리스도로 따르는 이들의 삶으로 보입니다. 사도들의 설교로 예수님을 주와 그리스도로 기억된 예수님의 삶의 말이 교회의 삶으로 이루어집니다.

The following of Jesus is the recapitulation of Jesus' life that is remembered by the apostles. In this case, the following of Him is guided by the Holy Spirit. It is the following of Jesus as Lord and Christ. Thus, the church is seen as the life of those who follow Jesus as Lord and Christ under the guidance of the Holy Spirit. The word of the life of Jesus who is remembered as Lord and Christ is fulfilled into the church life through the preaching of the apostles.

사도들은 복음을 새 언약으로 증거합니다. 새 언약은 하나님 함께에 대한 그분의 새로운 약속을 뜻합니다. 즉 하나님은 복음으로 그분의 새 약속의 삶을 이루십니다. 기억된 예수님의 삶은 과거의 일이 아닙니다. 그것은 앞으로 이루어질 하나님의 새 약속의 내용입니다. 그것은 예수님을 따라 이루질 하나님 함께의 삶입니다. 교회는 이렇게 새 언약의 삶으로 이루어집니다.

The apostles witness the gospel as the new covenant. The new covenant means God's new promise of His togetherness. That is, He fulfills His new promised life with the gospel. The remembered Jesus' life is not a past matter. It is the content of God's new promise that is to be fulfilled afterwards. It is the life of God's togetherness that is to be fulfilled in accordance with Jesus. The church is, in this way, fulfilled in the new covenant life.

14.2

Spiritual Obedience(영적 순종)

The death of Jesus on the cross is theologically treated as His obedience to God's will. But in the Bible there is no specific word that implies His will to send Jesus to the cross. The only narrative related with His will is seen in Jesus' Gethsemane prayer. Thus, it cannot be descriptively narrated, and it is only what is to be prayed.

예수님의 십자가상 죽음은 하나님의 뜻을 따른 그분 순종이라고 신학적으로 다루어집니다. 그러나 성경에 예수님을 십자가로 보내는 하나님의 뜻을 시사하는 구체적인 말은 없습니다. 하나님의 뜻에 관계된 유일한 서사는 예수님의 겟세마네 기도에서 봅니다. 따라서 그것은 서술적으로 서사될 수 없습니다. 단지 기도되어야 할 것입니다.

In Gethsemane prayer Jesus begins with the expression of His own wish to avoid the cross: "Abba, Father, all things are possible for You, Take this cup away from Me." And He concludes it with the remark of His obedience, "nevertheless, not what I will, but what You will" Mark 14:36.

겟세마네 기도에서 예수님은 십자가를 피하려는 자신의 바람에 대한 표현으로 시작합니다: "아빠 아버지여 아버지께는 모든 것이 가능하오니 이 잔을 내게서 옮기시옵소서." 그리고 예수님은 그분 순종의 언급으로 그것을 끝맺습니다, "그러나 나의 원대로 마시옵고 아버지의 원대로 하옵소서^{막 14:36}."

In the prayer, Jesus mentioned God's will, but He did not clarify what it was. He only prayed that it would be fulfilled. After He prayed, He was arrested and crucified. Then, His arrest and crucifixion could be considered as the fulfillment of God's will in accordance with His prayer. God's will is basically expressed not as what is but as what is to be fulfilled in prayer.

그 기도에서 예수님은 하나님의 뜻을 언급했습니다. 그러나 그분은 그것이 무엇인지 분명하게 밝히지 않았습니다. 그분은 단지 그것이 이루어질 것을 기도했습니다. 기도 후에 그분은 붙잡히셨고 또 십자가에 못 박혔습니다. 그러면 그분의 붙잡힘과 십자가에 못 박힘은 그분 기도를 따라 하나님의 뜻의 이루어짐이라고 여겨질 수 있었습니다. 하나님의 뜻은 기본적으로 있는 것이 아니라 기도 가운데 이루어질 것으로 표현됩니다.

God's will was not shown with His own word but expressed in Jesus' prayer. And Jesus' obedience was also expressed in Jesus' prayer. Then, the subsequent events that Jesus was faced with were considered as the fulfillment of His prayer that was expressed with God's will and Jesus' obedience.

하나님의 뜻은 그분 자신의 말씀으로 보이지 않고 예수님의 기도로 표현되었습니다. 그리고 예수님의 순종은 또한 예수님의 기도에 표현되었습니다. 그러면 예수님이 직면한 이어지는 사건은 하나님의 뜻과 예수님의 순종으로 표현된 그분 기도의 이루어짐으로 여겨졌습니다.

If a prayer is directed to God's will, its fulfillment can be told with the fulfillment of His will. And with its fulfillment with His will, obedience is fulfilled, Therefore, the fulfillment of obedience is entailed in the prayer in accordance with His will. A prayer directed to His will is prayer for the fulfillment of obedience to it.

기도가 하나님의 뜻을 향하면, 그 이루어짐은 그분 뜻의 이루어짐이라고 말해질 수 있습니다. 그리고 그분 뜻을 따라 그 이루어짐으로 순종이 이루어집니다. 그러므로 순종의 이루어짐은 그분의 뜻을 따른 기도에 내포됩니다. 그분 뜻을 향한 기도는 그분 뜻에 대한 순종의 이루어짐을 위한 기도입니다.

Jesus did not do anything for His death on the cross. But His death on the cross was regarded as obedience. In this case, His death should be seen as fulfillment rather than doing. Therefore, His obedience is the fulfillment of God's will rather than observation of God's will, or His obedience is disclosed with the fulfillment of God's will.

예수님은 십자가상에서 자신의 죽음을 위해 아무 것도 하지 않으셨습니다. 그러나 십자가상에서 예수님의 죽음은 순종으로 여겨졌습니다. 이 경우 예수님의 죽음은 무얼 함보다 이루어짐으로 보아져야 했습니다. 그러므로 예수님의 순종은 하나님의 뜻의 지킴보다 하나님의 뜻의 이루어짐입니다. 혹은 예수님의 순종은 하나님 뜻의 이루어짐으로 드러납니다.

Since God's will was fulfilled with Jesus, Jesus became obedient. Therefore, His obedience was told as the fulfillment of God's will. That is, obedience is told only in conjunction with the fulfillment of His will. It is not what can be shown with self-will. In this respect, obedience is considered as what is to be fulfilled.

하나님의 뜻이 예수님으로 이루어졌기 때문에, 예수님은 순종하게 되었습니다. 그러므로 예수님의 순종은 하나님의 뜻의 이루어짐으로 말해졌습니다. 즉 순종은 하나님의 뜻의 이루어짐과 관련되어서만 말해집니다. 자기의지로 보일 수 있는 것이 아닙니다. 이 점에서 순종은 이루어질 것으로 여겨집니다.

Since God's will is not given as a specific requirement like the law, it cannot be kept with specific activities as the law is kept. His will is received in the course of life of obedience; thus, it is disclosed in the obedient life. In natural life, His power rather than His will matters since it is not an obedient life.

하나님의 뜻은 율법과 같이 구체적인 요구로 주어지지 않기 때문에, 율법이 지켜지는 것 같이 구체적인 활동으로 지켜질 수 없습니다. 그분 뜻은 순종의 삶의 행로에서 받아집니다. 따라서 순종의 삶으로 드러납니다. 자연적 삶은 순종의 삶이 아니기 때문에, 그 삶에선 그분 뜻보다 그분 힘이 문제됩니다.

With God's togetherness, when His will is fulfilled with His people, they are obedient. Therefore, obedience is talked about not with their will but His will. Only when His will is fulfilled, is obedience disclosed. The fulfillment of His will is presupposed by obedience. His will and His people's obedience are fulfilled with His togetherness.

하나님 함께로 그분 뜻이 그분 백성으로 이루어질 때, 그들은 순종합니다. 그러므로 순종은 그들 뜻이 아닌 그분 뜻으로 말해집니다. 그분 뜻이 이루어질 때만 순종이 드러납니다. 그분 뜻의 이루어짐은 순종에 전제됩니다. 그분 뜻과 그분 백성의 순종은 그분 함께로 이루어집니다.

It is a mistake to think of obedience with self-will. It is not what can be achieved by willful activities. There is no sense of self-achievement in obedience. The cross of Jesus is not to be seen as His self-achievement. It is the nullification of self-will. Individual obedience, apart from God's togetherness, is senseless.

순종을 자기의지로 생각하는 것은 잘못입니다. 순종은 의지적인 활동으로 성취될 수 있는 것이 아닙니다. 순종에는 자기 성취적 의미가 없습니다. 예수님의 십자가는 그분의 자기 성취로 보일 수 없습니다. 그것은 자기 의지의 파기 입니다 하나님 함께를 떠나 개인의 순종은 무의미합니다.

Biblical obedience is not told in the individual realm but told in the covenant realm. It is told with His togetherness. When one is together with God, he is obedient to His will. Therefore, His will is fulfilled in togetherness. The fulfillment of His will on the cross of Jesus was His togetherness.

성경의 순종은 개인의 영역에서 말해지지 않고 언약의 영역에서 말해집니다. 그분 함께로 말해집니다. 사람이 하나님과 함께하게 될 때, 그분 뜻에 순종합니다. 그러므로 그분 뜻은 함께로 이루어집니다. 예수님의 십자가상에서 그분 뜻의 이루어짐은 그분 함께였습니다.

Obedience is not performative. It is fulfilled for togetherness. Even the old covenant was installed for togetherness. But its formulation in terms of commandments set only a boundary, and its formulation in terms of the law became performative. Thus, it was not fulfilled in togetherness.

순종은 수행적인 아닙니다. 함께를 향해 이루어집니다. 옛 언약조차도 함께를 위해 비치되었습니다. 그러나 계명에 의한 옛 언약의 형성은 단지 경계를 설정하였습니다. 그리고 율법에 의한 옛 언약의 형성은 수행적이 되었습니다. 따라서 옛 언약은 함께로 이루어지지 않았습니다.

Eight out of ten of the Ten Commandments are given to the Israelites as prohibitions. They are regarded as being given to set a boundary of allowance. The prohibition commandments are basically given for the allowance of their natural life without trespassing the boundary of prohibition.

십계명의 열 개 중 여덟은 이스라엘 백성에게 금함으로 주어집니다. 그것들은 허용하는 경계를 설정하려고 주어진다고 고려됩니다. 금지 계명은 기본적으로 금지의 경계를 침해하지 않고 그들의 자연적 삶의 허용을 위해 주어집니다.

The boundary setting of the commandments was for community formation. In the communal life of commandments, non-trespassing was regarded as obedience. However, it was not for the obedience of togetherness. It merely puts people inside of the boundary individually. Prohibition has no sense of fulfillment.

계명의 경계 설정은 공동체 형성을 위함이었습니다. 계명의 공동 삶에서 비 침해는 순종으로 여겨졌습니다. 그렇지만 그것은 함께의 순종을 위하지 않았습니다. 그것은 단지 사람들을 개인적으로 경계 안에 두었습니다. 금지는 이루어짐의 의미를 갖지 않습니다.

And the law of the Israelites required their specific activities for their communal life. Their communal life was maintained with their performance of the requirements individually. In this respect, their law is considered as the performative setting of individual participation. Individuals live a communal life with their own performative activities of the law.

그리고 이스라엘 백성의 율법은 공동의 삶을 위해 명시적 활동을 요구했습니다. 그들의 공동 삶은 개인적으로 요구에 대한 그들의 수행으로 유지되었습니다. 이 점에서 그들의 율법은 개인적인 참여의 수행적 설정으로 여겨집니다. 개인들은 율법에 대한 그들 자신의 수행적 활동으로 공동의 삶을 삽니다.

The non-trespassing boundary of community and the performance of the law are the characteristics of the obedience of the old covenant of the Israelites. That is, the obedience of the old covenant is shown by individuals' doing inside of the non-trespassing boundary. It is performative.

공동체의 비 침해 경계와 율법의 수행은 이스라엘 백성의 옛 언약의 순종의 특징입니다. 즉 옛 언약의 순종은 비 침해 경계 안에서 개인들의 행함에 의해 보입니다. 그것은 수행적입니다.

This is a general understanding of obedience. This understanding is directly introduced in the old covenant. Therefore, it is not much different from a general community setting. The laws of the modern society that are legislated for community settings do not require obedience but require performance.

이것은 순종에 대한 일반적 이해입니다. 이 이해는 직접적으로 옛 언약에 도입됩니다. 그러므로 그것은 일반적 공동체 설정과 별 다를 바가 없습니다. 공동체 설정을 위해 입법화된 현대 사회의 법은 순종을 요구하지 않고 수행을 요구합니다.

Therefore, the covenant life of the Israelites is not much different from an ethnic life. Obedience with God's togetherness is shadowed by the legal obligation. Thus, what is apparent in the covenant life of the Israelites is legalism rather than obedience. Legalism is shown with self-performance of individuals.

그러므로 이스라엘 백성의 언약의 삶은 종족의 삶과 별 다를 바가 없습니다. 하나님 함께로 순종은 법률적 의무로 가려집니다. 따라서 이스라엘 백성의 언약의 삶에서 뚜렷한 것은 순종보다 율법주의입니다. 율법주의는 개인들의 자기 수행으로 보입니다.

Togetherness is not to be shown by legalism. Therefore, it cannot be shown by legalistic obedience. Even if people are legally obedient, they are not to be gotten together. This is well seen in the present legal society. Legal obedience is, in a sense, individual self-realization. It is performance in accordance with legal letters.

함께는 율법주의로 보일 수 없습니다. 그러므로 율법적 순종으로 보일 수 없습니다. 사람들이 율법적으로 순종한다고 하더라도, 그들은 함께하게 될 수 없습니다. 이것은 지금 법치 사회에서 잘 보입니다. 율법적 순종은 어느 의미에서 개인적 자기실현입니다. 그것은 법적 문자를 따른 수행입니다.

Since the old covenant merely shows ethnic bondage, it does not show the covenant obedience, i.e., the covenant togetherness. The covenant togetherness and the covenant obedience are the same, for God's togetherness is accompanied with His people's obedience. The covenant is unfolding with His togetherness and His people's obedience.

옛 언약이 단지 종족적 결속을 보이기 때문에, 언약의 순종, 곧 언약의 함께를 보이지 않습니다. 언약의 함께와 언약의 순종은 같습니다. 하나님 함께는 그분 백성의 순종을 동반하기 때문입니다. 언약은 그분 함께와 그분 백성의 순종으로 펼쳐갑니다.

The obedience with the cross is the ground for the new covenant life, for it is shown as the fulfillment of God's will with His togetherness. The cross means the rejection of any conditional criterion as obedience. Any conditional obedience is actually performative, since any condition has to be willfully realized.

십자가로 순종은 새 언약의 삶의 근거입니다. 십자가가 하나님 함께로 그분 뜻의 이루어짐으로 보이기 때문입니다. 십자가는 순종으로 어떤 조건적 기준의 거부를 뜻합니다. 어떤 조건적 순종이든 실질적으로는 수행적입니다. 왜냐하면 어떤 조건이든 의지적으로 실현되어야 하기 때문입니다.

For Jesus, the way to the cross was His obedience in accordance with the fulfillment of God's will. And He also told His disciples the way to the cross as their obedience: "If anyone desires to come after Me, let him deny himself, and take up his cross, and follow Me" Matt. 16:24.

예수님에게 십자가로 가는 길은 하나님의 뜻의 이루어짐에 따른 그분 순종이었습니다. 그리고 그분은 제자들에게 십자가로 가는 길을 그들의 순종으로 또한 말씀하셨습니다: "누구든지 나를 따라오려거든 자기를 부인하고 자기 십자가를 지고 나를 따를 것이니라마 16:24."

Jesus' obedience was fulfilled in accordance with God's will. And the disciples' obedience was fulfilled with the guidance of the Holy Spirit. Obedience to the cross should be fulfilled in accordance with God's will or the guidance of the Holy Spirit. In this way, the cross opens up new obedience of fulfillment which is different from obedience of the law.

예수님의 순종은 하나님의 뜻에 따라 이루어졌습니다. 그리고 제자들의 순종은 성령님의 인도하심으로 이루어졌습니다. 십자가로 향한 순종은 하나님의 뜻을 따르거나 성령님의 인도하심으로 이루어져야 합니다. 이렇게 해서 십자가는 율법의 순종과 다른 새로운 이루어짐의 순종을 엽니다.

Spiritual obedience is envisaged with the cross. Since the cross eliminates all conditionality, the obedience to it is not to be achieved with any conditional obedience. The obedience to the cross cannot be performed by man's willful activity. Spiritual obedience is not performative but fulfillment obedience.

영적 순종은 십자가로 그려집니다. 십자가는 모든 조건을 제거하기 때문에, 십자가를 향한 순종은 어떤 조건적 순종으로도 성취될 수 없습니다. 십자가로 향한 순종은 사람의 의지적인 활동으로 실행될 수 없습니다. 영적 순종은 수행적이지 않고 이루어짐의 순종입니다.

The cross of Jesus does not merely show His own obedience. It directs the way of the obedience of the following of Him. But the obedience to the cross cannot be performed by self-will. His disciples fled when He was crucified. Since they followed Him willfully, they also rejected Him willfully.

예수님의 십자가는 단지 그분 자신의 순종만 보이지 않습니다. 예수님을 따르는 순종의 길을 지시합니다. 그러나 십자가를 향한 순종은 자기의지로 실행될 수 없습니다. 예수님의 제자들은 예수님이 십자가에 못 박혔을 때 도망갔습니다. 그들이 예수님을 의지적으로 따랐기 때문에, 그들은 또한 의지적으로 예수님을 거절했습니다.

With the guidance of the Holy Spirit, the disciples of Jesus followed Him with the obedience to the cross. Therefore, the obedience to the cross was Spiritual obedience. If the cross is told with God's togetherness, it should be seen and narrated from the perspective of Spirituality. In the gospel, it is led to the Spiritual realm.

성령님의 인도하심으로 예수님의 제자들은 십자가로 향한 순종으로 예수님을 따랐습니다. 그러므로 십자가로 향한 순종은 영적 순종입니다. 십자가가 하나님 함께로 말해지면, 영성의 관점으로 보아지고 서사되어야 합니다. 복음에서 십자가는 영적 영역으로 이끌어집니다.

In this way, the Spirituality of the cross is to be focused on. If the cross is seen from the perspective of obedience, it cannot but be narrated Spiritually. Therefore, the cross becomes the basis of the Spiritual narrative of Jesus, i.e., the gospel. The path to the cross is a Spiritually obedient path.

이렇게 하여 십자가 영성이 초점이 될 수 있습니다. 십자가가 순종의 관점으로 보이면, 영적으로 서사될 수밖에 없습니다. 그러므로 십자가는 예수님의 영적 서사, 곧 복음의 바탕입니다. 십자가로 향한 길은 영적으로 순종하는 길입니다.

The story of Jesus becomes the gospel, because it is the obedient story to God's will. Since He was obedient to God's will, His story becomes the fulfillment of God's will. Therefore, it can be read as the disclosure of God's togetherness. That's why the cross is the center of the reading of the gospel.

예수님의 이야기는 복음이 됩니다. 하나님의 뜻에 대한 순종의 이야기이기 때문입니다. 예수님이 하나님의 뜻에 순종하심으로, 그분 이야기는 하나님 뜻의 이루어짐이 됩니다. 그러므로 그것은 하나님의 함께의 드러남으로 읽어질 수 있습니다. 그 때문에 십자가는 복음서 읽음의 중심입니다.

The obedient story of Jesus is unfolded with His cross. Since His cross is narrated as obedience with the guidance of the Holy Spirit, His whole story unfolds as obedience with the guidance of the

Holy Spirit. For this reason, His whole story is completely different from anyone's life story.

예수님의 순종 이야기는 예수님의 십자가로 펼쳐집니다. 그분의 십자가가 성령님의 인도하심으로 순종으로 서사되면, 그분의 전반적 이야기는 성령님의 인도하심을 따라 순종으로 펼쳐갑니다. 이 때문에 그분의 전반적 이야기는 어떤 사람의 삶의 이야기와 완전히 다릅니다.

The cross of Jesus opens up Spiritual obedience. Therefore, Christians who follow Him live Spiritually obedient lives. Spirituality with which they live should be narrated with the cross. Reversely speaking, the following of Him to the cross is only narrated Spiritually. Any alleged spirituality apart from the cross is not holy.

예수님의 십자가는 영적 순종을 엽니다. 그러므로 예수님을 따르는 그리스도인들은 영적으로 순종하는 삶을 삽니다. 그들이 사는데 더불어는 영성은 십자가로 서사되어야 합니다. 거꾸로 말하면, 십자가로 그분을 따름은 영적으로만 서사됩니다. 십자가를 떠난 내세우는 영성은 어떤 것이든 거룩하지 않습니다.

집중(Focus)

하나님의 말씀은 언약의 말씀입니다. 하나님은 그것을 그분 약속으로 주시고, 그분 백성은 그것을 그들 순종으로 받습니다. 그분 약속과 그들 순종의 아우름이 함께의 언약이 됩니다. 하나님 약속의 말씀은 구체적 상태의 변화로 서술되지 않습니다. 그러므로 하나님의 말씀에 대한 순종은 구체적 명령을 이행하는 것 같지 않습니다. 명령의 이행은 규정된 행위를 보입니다.

God's word is the covenant word. God gives it as His promise, and His people receive it in their obedience. Both His promise and their obedience consist in the covenant of togetherness. His word of promise is not described by the change of concrete states. Therefore, the obedience of His word is not like the performance of concrete orders. The performance of orders is shown by regulated acts,

하나님의 약속에 수반된 순종은 규정된 행위로 보일 수 없습니다. 순종은 하나님의 약속의 이루어짐과 함께함입니다. 그러므로 순종은 율법의 행위와 같이 미리 규정될 수 없습니다. 사람의 독자적인 행위로 보일 수 없습니다. 하나님의 말씀은 하나님의 함께로 이루어지기 때문에 순종은 하나님과 함께로만 보입니다. 순종은 세상의 기준으로 말해질 수 없습니다.

The obedience of being accompanied with God's promise cannot be shown by regulated acts. It is being together with the fulfillment of His promise. Therefore, it cannot be pre-regulated like the acts of the law. It is not to be shown by man's independent acts. Since His word is fulfilled with His togetherness, obedience is only seen by being together with Him. It cannot be told in terms of the worldly standard.

예수님을 따름으로 순종이나 성령님에 의해 인도된 순종은 이루어짐의 순종입니다. 예수님이 세상에 보이신 것은 예수님에 의한 새로운 이루이짐입니다. 성령님은 예수님으로 이루어진 것을 따리 세상에서 인도하십니다. 그러므로 하나님의 말씀에 대한 순종은 세상에 규정된 행위로 판단될 수 없습니다. 순종은 하나님과 함께로만 펼쳐집니다.

The obedience of the following of Jesus or of being guided by the Holy Spirit is the obedience of fulfillment. What Jesus has shown in the world is the new fulfillment by Him. The Holy Spirit guides in accordance with what is fulfilled by Jesus in the world. Therefore, the obedience to God's word cannot be judged by the regulated acts in the world. It only unfolds into togetherness with God.

14.3

Children of God(하나님의 자녀)

Jesus called God the Father and told His disciples to call God the Father, too. As He came to the world as the Son of God, God came to be called "the Father." Nowadays, Christians also call God the Father as He said. What is the significance of the calling of God as the Father?

예수님은 하나님을 아버지로 부르셨고 또한 그분 제자들로 하나님을 아버지라고 부르게 하셨습니다. 그분은 세상에 하나님의 아들로 오셨음으로, 하나님은 "아버지"로 불러지게 되었습니다. 지금도 그리스도인들은 그분이 말씀하신 대로 하나님을 아버지로 또한 부릅니다. 하나님을 아버지로 부르는 의미는 무엇일까요?

The apostle Paul writes: "For as many as are led by the Spirit of God, these are sons of God" Rom. 8:14. Since God is Spirit, those who are guided by His Spirit to cry out "Abba, Father" are adopted as His children. He affirms that God is called the Father with the guidance of His Spirit.

사도 바울은 씁니다: "무릇 하나님의 영의 인도함을 받는 사람은 곧 하나님의 아들이라롬 8:14." 하나님은 영이심으로, 그분 영으로 인도되

어 "아빠 아버지"라고 부르짖는 이들은 입양되어 그분의 자녀가 됩니다. 바울은 그분 영의 인도하심으로 하나님이 아버지로 불러진다고 확언합니다.

Naturally people are born as children of men. But they can be adopted as children of God by His Spirit. Therefore, children of men live physically in accordance with the will of their parents. but children of God Spiritually in accordance with the will of God. Thus, the calling of Him as the Father is the affirmation of the birth by His Spirit.

지언적으로 사람들은 사람의 자녀로 태어납니다. 그러나 그들은 하나님의 영으로 그분 자녀로 입양될 수 있습니다. 그러므로 사람의 자녀는 그 부모의 뜻을 따라 육체적으로 삽니다. 그러나 하나님의 자녀는 하나님의 뜻을 따라 영적으로 삽니다. 따라서 그분을 아버지로 부름은 그분 영에 의한 태어남의 확언입니다.

In ordinary life, "father" or "child" is a relational word. It characterizes a person with his relationship of being a father or child. A father has at least a child, and a child has his father. Such a relationship identifies the basic family status and also delineates a part of personal ontological status.

보통 삶에서 "아버지" 혹은 "자녀"는 관계의 말입니다. 그것은 개인을 아버지 혹은 아들이 되는 관계성으로 특징짓습니다. 아버지는 적어도 한 자녀가 있습니다. 그리고 자녀는 아버지가 있습니다. 그런 관계성은 기본 가족 상태를 확인하고 또한 개인의 존재론적 상태의 부분을 묘사합니다.

However, "the Father" or "children of God" is not a relational phrase. It is the expression of the outcome of God's togetherness. Children of God are not related with Him as the Father but together with Him as the Father. The Father and His children are the basic constituents of togetherness.

그렇지만 "아버지" 혹은 "하나님의 자녀"는 관계의 어구가 아닙니다. 그것은 하나님 함께의 결과 표현입니다. 하나님의 자녀는 그분을 아버지로 관계된 것이 아니고 아버지로 그분과 함께합니다. 아버지와 그분 자녀는 함께의 기본 구성요인입니다.

God, because of not His being but His togetherness, is called the Father, and those who call Him the Father become His children. Since God is Spirit, He cannot be claimed as physically related with His people. And it is senseless to talk of Spiritual relationship, since relationship is dealt with ontologically.

하나님은, 그분 존재가 아닌 그분 함께 때문에, 아버지로 불러집니다. 그리고 그분을 아버지로 부르는 이들은 그분 자녀가 됩니다. 하나님은 영이심으로, 그분 백성과 육체적으로 관계되었다고 주장될 수 없습니다. 그리고 영적 관계성을 말하는 것은 무의미합니다. 관계성은 존재론적으로 다루어지기 때문입니다.

If theology is approached ontologically, God as the Father and His children are treated as an ontological relationship. But such an alleged relationship is unclear. If it is not Spiritual, it merely comes out of individual imagination. An imaginative relationship has no practical meaning.

신학이 존재론적으로 접근되면, 아버지로서 하나님과 그분 자녀는 존재론적 관계성으로 다루어집니다. 그러나 그런 주장된 관계성은 불분명합니다. 그것이 영적이 아니면 단지 개인의 상상에서 나옵니다. 상상의 관계성은 실제적 의미가 없습니다.

A person, calling God as the Father, may claim that he is the child of God. In doing so, he may be confident that he is in a relationship with Him personally. But his confidence remains in his own mind as long as He is not together with him Spiritually. That is, it is nothing but his own feelings.

하나님을 아버지로 부르는 개인은 자신이 하나님의 자녀라고 주장할 수 있습니다. 그렇게 함으로 그는 그분과 개인적으로 관계성을 갖는다고 확신할 수 있습니다. 그러나 그의 확신은, 그분이 그와 영적으로 함께하지 않는 한, 자신의 마음에만 남습니다. 즉 그것은 단지 자신의 느낌일 뿐입니다.

Therefore, God as the Father and His children should be expressed Spiritually with His togetherness. When God is together with us who are with His Son, Jesus, and His Spirit, we can be His children, calling Him the Father. In togetherness God is called the Father. In a relationship He needs not to be called the Father, for everyone can claim that he is personally related to Him.

그러므로 아버지로서 하나님과 그분 자녀는 그분 함께로 영적으로 표현되어야 합니다. 하나님이, 그분 아들 예수님과 또 그분 영과 함께하는 우리와 함께하실 때, 우리는 그분을 아버지라고 부르면서 그분 자녀일 수 있습니다. 함께에서 하나님은 아버지로 불러집니다. 관계성에서 그분이 아버지로 불러질 필요가 없습니다. 누구나 하나님과 개인적 관계가 있다고 주장할 수 있기 때문입니다.

God's togetherness precludes any relational approach to the covenant life. The new covenant life is the unfolding of His togetherness with His children. Here, His togetherness with His children means that He as the Father is together with His children. It is well contrasted to the old covenant of the Israelites who were the descendants of Abraham.

하나님 함께는 언약의 삶에서 어떤 관계적 접근도 금합니다. 새 언약의 삶은 그분 자녀와 그분 함께의 펼침입니다. 여기서 그분 자녀와 그분 함께는 그분이 아버지로서 그분 자녀와 함께함을 뜻합니다. 그것은 아브라함의 후손인 아스라엘 백성의 옛 언약과 잘 대조됩니다.

The old covenant people are the descendants of Abraham, but the new covenant people are children of God. The God of the old covenant is the Lawgiver, but the God of the new covenant the Father. God as the Lawgiver and the Israelites as the law-abiders are not to be together. But God as the Father and the Christians as His children are to be together with Spirit.

옛 언약의 백성은 아브라함의 후손입니다. 그러나 새 언약의 백성은 하나님의 자녀입니다. 옛 언약의 하나님은 입법자십니다, 그러나 새 언약의 하나님은 아버지십니다. 입법자로 하나님과 법에 머무는 자들로 이스라엘 백성은 함께 될 수 없습니다. 그러나 아버지로 하나님과 그분 자녀로 그리스도인들은 영으로 함께하게 될 수 있습니다.

God as the Father and His people as His children are the constituents of the covenant togetherness. Thus, the new covenant life is the life of His togetherness with children. This new covenant life becomes fulfilled with Jesus as the Son of God and His disciples in the world.

아버지로서 하나님과 그분 자녀로 그분 백성은 언약의 함께의 구성 요인입니다. 따라서 새 언약의 삶은 자녀와 그분 함께의 삶입니다. 이 새 언약의 삶은 세상에서 하나님의 아들로서 예수님과 그분 제자들로 이루어지게 됩니다.

In this way, Jesus becomes set at the center of the covenant life. In the narrative of Him, i.e., the gospel, He becomes to be observed as the Son of God who discloses the new covenant life of togetherness with God as the Father. His Sonship is disclosed in the gospel.

이렇게 하여 예수님은 언약의 삶의 중심에 설정되게 됩니다. 그분의 서사, 곧 복음에서 그분은 아버지 하나님과 함께하는 새 언약의 삶을 드러내는 하나님의 아들로 주시되게 됩니다. 그분의 아들 됨이 복음에 드러납니다.

Jesus, as the Son of God, proclaimed the kingdom of God. Thus, His proclamation of the kingdom of God was for the new covenant life of God's children with God as the Father. Jesus as the Son of God and God as the Father do not show an ontological relationship but show the covenant togetherness.

하나님의 아들로서 예수님은 하나님 나라를 선포하셨습니다. 따라서 하나님 나라의 그분 선포는 아버지로서 하나님과 함께하는 하나님의 자녀의 새 언약의 삶을 위하였습니다. 하나님의 아들로서 예수님과 아버지로서 하나님은 존재론적 관계성을 보이지 않고 언약의 함께를 보입니다.

For a physical father, his children, even if they were born from him, are independent beings from him. Thus, it is said that he is related to them. This is a part of the general feature that what is in the world is claimed to be related to one another. What is in the world is related to one another.

육신의 아버지에 대해 그의 자녀는 그로부터 태어났다고 하더라도 그와는 독립된 존재들입니다. 따라서 그는 그들과 관계된다고 말해집니다. 이것은 세상에 있는 것들은 서로 관계된다고 주장되는 일반 양상의 부분입니다. 세상에 있는 것은 서로 관계됩니다.

Nevertheless, this relationship cannot be applied to God and His children. His children cannot be independent from Him. They are His children as long as He is together with them. That is, they cannot have independent status apart from His togetherness. On the ground of His togetherness, He is called the Father.

그렇지만 관계성은 하나님과 그분 자녀에게 적용될 수 없습니다. 그분 자녀는 그분으로부터 독립될 수 없습니다. 그들은 그분이 그들과 함께하는 한 그분 자녀입니다. 즉 그들은 그분 함께로부터 떠나 독립적인 상태를 가질 수 없습니다. 그분 함께의 근거에서 그분은 아버지로 불려집니다.

For this reason, God and His children are affirmed as together covenantally. In the covenant, independence or separability is not allowed, since it is for togetherness. Any ontological interpretation is precluded from the covenant setting. Relationship is entailed in ontology; but, togetherness in the covenant.

이 때문에 하나님과 그분 자녀는 언약적으로 함께한다고 확언됩니다. 언약에서 독립성이나 분리성이 허용되지 않습니다. 그것은 함께를 위하기 때문입니다. 어떤 존재론적 해석도 언약의 설정에서 금지됩니다. 관계성은 존재론에 내포됩니다. 그러나 함께는 언약에 내포됩니다.

When we affirm that we are children of God, we do it not with our being but with our togetherness. Thus, with the church we affirm that we are children of God. Apart from the church we cannot affirm it. It is senseless to speak of His child individually apart from the church.

우리가 하나님의 자녀라고 확언할 때, 우리는 우리의 존재가 아닌 우리의 함께로 그것을 확언합니다. 따라서 교회로 우리는 하나님의 자녀라고 확언합니다. 교회를 떠나 우리는 그것을 확언할 수 없습니다. 교회를 떠나 개인적으로 그분의 자녀라고 말하는 것은 무의미합니다.

The church is the covenant life of the children of God. Since they are guided by the Holy Spirit, they show Spirituality, and it unveils Spiritual togetherness. Reversely speaking, the Christian Spirituality is shown by their church. It is not individual spirituality. Therefore, in it, He is called the Father.

교회는 하나님 자녀의 언약의 삶입니다. 그들은 성령님에 의해 인도됨으로, 그들은 영성을 보이고, 교회는 영적 함께를 드러냅니다. 거꾸로 말하면, 그리스도인의 영성은 그들의 교회로 보입니다. 그것은 개인 영성이 아닙니다. 그러므로 교회에서 그분은 아버지로 불러집니다.

People confuse the church Spirituality with individual spirituality. This confusion is prevalent among alleged Christians, for they attend the institutional church as individual believers. But the spirituality of the institutional church is not holy. Thus, what they hear from it is individual spirituality.

사람들은 교회 영성과 개인 영성으로 혼동합니다. 이 혼동은 그리스도인이라고 주장되는 이들에게 성행합니다. 그들은 개인적으로 믿는 이들로서 기관 교회에 출석하기 때문입니다. 그러나 기관 교회의 영성은 거룩하지 않습니다. 따라서 그들이 교회로부터 듣는 것은 개인 영성입니다.

Jesus told His disciples to call God the Father and taught them to pray to the heavenly Father. But when the Holy Spirit came, they were guided by Him to become children of God. As the children of God, they prayed by the guidance of the Holy Spirit to live together with God as the Father.

예수님은 제자들에게 하나님을 아버지라 부르라고 하셨고 또 그들을 하늘 아버지께 기도하라고 가르쳤습니다. 그러나 성령님이 오셨을 때, 그들은 그분에 의해 인도되어 하나님의 자녀가 되었습니다. 하나님의 자녀로서 그들은 성령님의 인도하심으로 아버지로서 하나님과 함께 살기 위해 기도했습니다.

The disciples of Jesus, or the believers of Him, call God the Father in accordance with His instruction. But they become children of God when they are guided by the Holy Spirit with His togetherness. That is, if they are not Spiritually guided, they cannot be children of God because God is not together with them.

예수님의 제자들, 혹은 그분을 믿는 이들은 예수님의 지시를 따라 하나님을 아버지라 부릅니다. 그러나 그들은 그분 함께로 성령님에 의해 인도될 때 하나님의 자녀가 됩니다. 즉 그들이 영적으로 인도되지 않으면, 하나님께서 그들과 함께하지 않으심으로, 하나님의 자녀일 수 없습니다.

Anyone can call God the Father. But only those who are guided by His Spirit can be His children, for they, without being guided Spiritually, cannot be together with God. In this respect, they are affirmed to be born Spiritually. His children who are born with His Spirit utter the Spiritual word.

누구나 하나님을 아버지라 부를 수 있습니다. 그러나 성령님에 의해 인도된 이들만이 그분 자녀가 될 수 있습니다. 영적으로 인도되지 않고 하나님과 함께할 수 없기 때문입니다. 이 점에서 그들은 영적으로 태어났다고 확언됩니다. 그분 영으로 태어난 그분 자녀는 영의 말을 발설합니다.

Children of God presupposes His togetherness, not His relationship. Relationships are set on the basis of individuality. But His togetherness is manifested with the guidance of His Spirit. The guidance of His Spirit is unveiled into the covenant life of togetherness, i.e., the church. Thus, it cannot be sustained as what is.

하나님의 자녀는 그분 함께를 전제합니다. 그분 관계가 아닙니다. 관계성은 개인성의 바탕으로 설정됩니다. 그러나 그분 함께는 그분 영의 인도하심으로 나타나집니다. 그분 영의 인도하심은 함께하는 언약의 삶, 곧 교회로 보입니다. 따라서 그것은 있는 것으로 지속될 수 없습니다.

Therefore, children of God are inseparable from their church. That is, their life is church life. It is appropriate to tell the church with children of God rather than congregations, for the term, "congregations," connotes the gathering of individuals in an institute. The church has been the institute of congregations.

그러므로 하나님의 자녀는 그들 교회로부터 분리되지 않습니다. 즉 그들의 삶은 교회 삶입니다. 교회를 회중으로보다 하나님의 자녀로 말하는 것이 적절합니다. "회중"이라는 용어는 기관에 개인들의 모임을 함축하기 때문입니다. 교회는 회중의 기관이어 왔습니다.

If togetherness is not presupposed in the church, it easily becomes an institution of gathering of individuals. That is, if it is concerned with individuals rather than children of God, it is already an institution. Then, they become congregations of an institutional church. Congregations and institutional churches are characterized and identified as what are.

함께가 교회에서 전제되지 않으면, 교회는 쉬이 개인들의 모임 기관이 됩니다. 즉 교회가 하나님의 자녀보다 개인들을 관심하게 되면, 이미 기관입니다. 그러면 그들은 기관 교회의 회중이 됩니다. 회중과 기관 교회는 있는 것으로 특징지어지고 또 식별됩니다.

Therefore, the church preaching should be announced to children of God rather than individuals. Then, it should be Spiritual, since children of God are only guided Spiritually. If it becomes non-Spiritual, it merely promotes individual virtue. This means that it becomes the gathering of virtuous individuals.

그러므로 교회 설교는 개인에게 보다 하나님의 자녀에게 전언되어야 합니다. 그러면 그것은 영적이어야 합니다. 하나님의 자녀는 영적으로만 인도되기 때문입니다. 교회가 영적이 아니면 개인의 덕만 증진합니다. 이것은 교회기 덕 있는 개인들의 모임이 되는 깃을 뜻합니다.

The Holy Spirit guides to togetherness with God. That is, the basic church preaching should be directed to His togetherness, not to individual virtue. His togetherness can be preached meaningfully and seriously only Spiritually. Therefore, the church preaching should be directed to togetherness rather than betterness.

성령님은 하나님과 함께로 인도하십니다. 즉 기본적 교회 설교는 그분 함께를 향해야 합니다. 개인의 덕을 향하지 않아야 합니다. 그분 함께는 영적으로만 의미 있게 그리고 진정으로 설교될 수 있습니다. 그러므로 교회 설교는 나음보다 함께로 향해져야 됩니다.

When preaching is focused on God's togetherness, it is heard by His children. With His togetherness, His children are Spiritually awakened. The word addressed to them cannot be plain, for they are only Spiritually guided. Therefore, only the gospel is preached, for it tells of God's togetherness with His Son, Jesus.

설교가 하나님 함께에 초점이 맞추어질 때, 그분 자녀에게 들려집니다. 그분 함께로 그분 자녀는 영적으로 깨어나게 됩니다. 그들에게 전달되는 말은 평이할 수 없습니다. 그들은 단지 영적으로 인도되기 때문입니다. 그러므로 복음만이 설교됩니다. 복음은 그분 아들, 예수님과 더불어 하나님 함께를 말하기 때문입니다.

With God's togetherness, Spiritual preaching can be delivered. And with Spiritual preaching, His children are awakened, for they are Spiritually responded. That is, they are His children with His togetherness. Therefore, if Spiritual preaching is not delivered in the church, its members become congregations rather than children of God.

하나님의 함께로 영적 설교는 전달될 수 있습니다. 그리고 영적 설교로 그분 자녀는 깨어납니다. 그들은 영적으로 반응되기 때문입니다. 즉 그들은 그분 함께로 그분 자녀입니다. 그러므로 영적 설교가 교회에서 전달되지 않으면, 교회 일원들은 하나님의 자녀보다 회중이 됩니다.

집중(Focus)

하나님의 자녀는 언약의 관점에서 하나님의 백성입니다. 예수님을 따름은 성령님에 의해 인도되기 때문에, 예수님을 따르는 제자들은 하나님의 자녀입니다. 그리고 그들은 하나님과 함께하는 언약의 관점에서 하나님의 백성입니다. 하나님의 자녀는 구약에서 볼 수 없었던 하나님이 함께하시는 백성으로 세상에 이루어집니다. 예수님과 성령님이 오심으로 세상에 드러납니다.

Children of God are His people from the perspective of the covenant. Since the following of Jesus is guided by the Holy Spirit, the disciples who follow Him are children of God. And they are God's children from the perspective of the covenant of being together with God. His children are fulfilled as His people who could not be seen in the OT in the world. They are unveiled as Jesus and the Holy Spirit come to the world.

예수님과 성령님이 오심으로 하나님은 언약의 아버지시고 예수님의 제자들은 언약의 자녀입니다. 그들은 더 이상 율법을 지키는 삶을 살지 않고 성령님의 인도하심으로 예수님을 따르는 삶을 삽니다. 예수님을 따름으로 하나님과 함께하는 삶을 삽니다. 예수님을 따르면서 세상에 속한 삶을 살 수 없습니다. 세상에서 예수님을 따름은 구별되는 것을 뜻합니다.

As Jesus and the Holy Spirit come, God is the covenant Father, and the disciples of Jesus are the covenant children. They do not live the life of keeping the law any more but live the life of following Jesus under the guidance of the Holy Spirit. They, following Him, live the life of being together with God. They, following Him, cannot live a worldly life. The following of Him in the world means to be separated.

하나님의 자녀는 교회로 이루어지는 삶을 삽니다. 하나님의 자녀는 개인일 수 없습니다. 개인은 독자성을 보이지만 성령님에 의해 인도되는 하나님의 자녀는 독자성을 보일 수 없습니다. 교회로 이루어지는 삶을 보입니다. 그러므로 교회는 세상에서 구별되게 보입니다. 즉 하나님의 자녀로 이루어지는 교회는 세상에 속한 종교적 기관일 수 없습니다.

God's children live the life of being fulfilled in the church. His children cannot be individuals. Individuals show their identity, but His children who are guided by the Holy Spirit cannot show their identity. They show the life of being fulfilled into the church. Therefore, the church is seen separately in the world. That is, the church fulfilled by His children cannot be an religious institution that belongs to the world.

14.4

Spiritual Guidance(영적 인도)

The disciples of Jesus were those who followed Him. Since He went to the cross, they should also go to the cross in order to follow Him. But they ran away. Here, we are in need of a careful assessment for their run away. Since He was led by the will of God to the cross, they should be also guided to it somehow.

예수님의 제자들은 그분을 따른 이들이었습니다. 그분이 십자가로 가셨기 때문에, 그들도 또한 그분을 따르기 위해서는 십자가로 가야했습니다. 그러나 그들은 도망갔습니다. 여기서 우리는 그들의 도망에 대해 조심스러운 평가를 내려야 합니다. 그분이 하나님의 뜻에 따라 십자가로 이끌렸음으로, 그들 또한 어떻든 그곳으로 인도되어야 했습니다.

Jesus went to the cross not with His own will but with God's will. Then, His disciples could go to the cross not with their own will but with God's will. It is misleading to denounce them because of their lack of will to follow Him to the cross. It is not a willful activity to go to the cross.

예수님은 자신의 뜻이 아니라 하나님의 뜻으로 십자가로 가셨습니다. 그러면 그분 제자들도 그들 뜻이 아닌 하나님의 뜻으로 십자가로 갈 수 있었습니다. 그분을 따라 십자가로 가는 의지의 결핍 때문에 그들을 비난하는 것은 잘못 가는 것입니다. 십자가로 가는 것은 의지적인 활동이 아닙니다.

Since Jesus went to the cross in accordance with God's will, the following of Him cannot be fulfilled with one's own will. Therefore, His discipleship cannot be fulfilled in the realm of human faculty. The cross means the limit of human faculty. Phasing differently, its narrative cannot be in the boundary of human faculty.

예수님이 하나님의 뜻을 따라 십자가로 가셨음으로, 그분을 따름은 자신의 의지로 이루어질 수 없습니다. 그러므로 그분 제자 됨은 인간의 능력의 영역에서 이루어질 수 없습니다. 십자가는 인간의 능력의 한계를 뜻합니다. 달리 말하면, 그 서사는 인간 능력의 경계 내에 있을 수 없습니다.

The discipleship of Jesus should entail God's will too, for His path was in accordance with God's will. This implies that in order to be His disciple one should be guided to be in accord with God's will. The cross in terms of God's will opens up the new realm of guidance. That is, guidance of His will rather than His power is envisaged.

예수님의 제자도는 하나님의 뜻을 또한 내포해야 합니다. 그분 길이 하나님의 뜻을 따랐기 때문입니다. 이것은 그분 제자가 되기 위해서는 하나님의 뜻에 부합되게 인도되어야 합니다. 하나님의 뜻에 의한 십자가는 인도의 새로운 영역을 엽니다. 즉 그분 힘보다 그분 뜻의 인도가 예견됩니다.

The discipleship of Jesus, therefore, is a guided life that is not to be realized wishfully or willfully. It is not to be pursued religiously. The cross is so concrete and cruel that it is not to be elucidated by any religious insight. Bluntly speaking, it does not give any religious significance.

그러므로 예수님의 제자도는 원함이나 의지로 실현되지 않는 인도된 삶입니다. 그것은 종교적으로 추구되지 않습니다. 십자가는 구체적이고 잔인함으로 어떤 종교적인 성찰로도 밝혀질 수 없습니다. 직설적으로 말하면, 그것은 어떤 종교적 의미도 주지 않습니다.

The meaning of the cross can be narrated with God's will. This is the gist of the gospel. Since God's will is linked to the cross, it cannot be a religious notion either. Then, it is what is to be disclosed with His togetherness. Because of it, His togetherness can be narrated with the cross.

십자가의 뜻은 하나님의 뜻으로 서사될 수 있습니다. 이것이 복음의 핵심입니다. 하나님의 뜻이 십자가와 연계되었기 때문에, 십자가는 또한 종교적 통념일 수 없습니다. 그러면 그것은 그분 함께로 드러나게 될 것입니다. 그 때문에 그분 함께는 십자가로 서사될 수 있습니다.

The guidance in accordance with God's will is fulfilled by His own Spirit, for only His Spirit knows His will. Therefore, the guidance of the discipleship of Jesus is fulfilled by God's Spirit. His disciples are not religious but Spiritual, since they have to be guided to the cross.

하나님의 뜻에 따른 인도는 그분 영으로 이루어집니다. 그분 영만이 그분 뜻을 알기 때문입니다. 그러므로 예수님 제자도의 인도는 하나님의 영에 의해 이루어집니다. 그분 제자들은 종교적이 아니라 영적입니다. 그들은 십자가로 인도되어야 하기 때문입니다.

God's will is unveiled in His word which is given for the fulfillment. His word is guided for its fulfillment with His will. Therefore, it is supposed to have a guided meaning. That is, it has no factual meaning. Its fulfillment cannot be described factually. This implies that the fulfillment of His will cannot be identified with factuality.

하나님의 뜻은 이루어짐을 위해 주어진 그분 말씀에 보입니다. 그분 말씀은 그분 뜻으로 이루어짐을 위해 인도됩니다. 그러므로 그것은 인도된 뜻을 가져야 합니다. 즉 그것은 사실적인 뜻을 갖지 않습니다. 그것의 이루어짐은 사실성으로 서술될 수 없습니다. 이것은 그분 뜻의 이루어짐은 사실성으로 식별될 수 없는 것을 시사합니다.

This feature is well seen in the gospel. The affirmation that it is the word of God comes out of the ground that it has the sense of the fulfillment of guidance. It narrates the life of Jesus not as facts but as fulfillment, for it narrates the life of Jesus in accordance with God's will. In this respect, the cross is the fulfillment of the life of Jesus.

이 양상은 복음에서 잘 보입니다. 복음이 하나님의 말씀이라는 확언은 복음이 인도의 이루어짐의 뜻을 갖는다는 근거에서 나옵니다. 복음은 예수님의 삶을 사실로서 아닌 이루어짐으로서 서사합니다. 하나님의 뜻을 따라 예수님의 삶을 서사하기 때문입니다. 이 점에서 십자가는 예수님의 삶의 이루어짐입니다.

The word given for the fulfillment has guided meaning. The word of God that is given for the fulfillment is guided by His Spirit for the fulfillment. This is the guideline of the reading of the gospel as the word of God. The readers of the gospel are guided to be the disciples of Jesus. It is not written for individual understanding.

이루어짐으로 주어진 말은 인도된 뜻을 갖습니다. 이루어짐으로 주어진 하나님의 말씀은 이루어짐을 위해 그분 영에 의해 인도됩니다. 이것이 복음을 하나님의 말씀으로 읽는 지침입니다. 복음의 독자는 예수님의 제지가 되도록 인도됩니다. 복음은 개인의 이해를 위해 써지지 않습니다.

The discipleship of Jesus is narrated in the gospel for the fulfillment of it as the word of God. That is, His disciples should be observed from the perspective of the gospel. It is meaningless to think of them who were factually together with Him in the world. That is, they do not have any factual relationship with Him.

예수님의 제자도는 하나님의 말씀으로서 복음의 이루어짐을 위해 복음에 서사되었습니다. 즉 그분 제자들은 복음의 관점으로 주시되어야 합니다. 세상에서 사실적으로 그분과 함께하는 제자들을 생각하는 것은 무의미합니다. 즉 그들은 그분과 어떤 사실적 관계성도 갖지 않습니다.

The gospel narrates that the disciples should be guided by the Holy Spirit. And it emphasizes that they, otherwise, cannot but desert Jesus whom they wanted to follow. Conclusively, it asserts that the following of Him cannot be realized with human intention and zeal. That is, the following of Him cannot be realized within the limit of human faculty.

복음은 제자들이 성령님에 인도되어야 함을 서사합니다. 그리고 복음은 그렇지 않으면 그들이 원해서 따른 예수님을 버릴 수밖에 없다고 강조합니다. 결론적으로, 복음은 그분을 따름은 인간의 의도나 열성으로 실현될 수 없다는 것을 단언합니다. 즉 그분을 따름은 인간 능력의 한계 내에서 실현될 수 없습니다.

The activities of the disciples in Acts are well contrasted to their negative description in the gospels. When they are guided by the Holy Spirit, they become the true followers of Jesus to proclaim the gospel to the world. They become His disciples not with their own intention but with the guidance of the Holy Spirit.

사도행전에서 제자들의 활동은 복음서에서 나오는 부정적 서술과 잘 대조됩니다. 그들은 성령님에 의해 인도될 때 복음을 세상에 선포하는 예수님을 진정으로 따르는 이들이 됩니다. 그들은 자신들의 의도가 아닌 성령님의 인도하심으로 그분 제자가 됩니다.

Since Jesus lived in the world for the fulfillment of God's will, the following of Jesus should be in accordance with God's will. The disciples of Jesus could not have seen Him in accordance with God's will until they were guided by the Holy Spirit. Therefore, they deserted Him when He was crucified.

예수님은 하나님의 뜻의 이루어짐을 위해 세상에 사셨음으로, 예수님을 따름은 하나님의 뜻에 부합되어야 됩니다. 예수님의 제자들은 성령님에 의해 인도되기 전까지 하나님의 뜻에 따라 예수님을 볼 수 없었습니다. 그러므로 그분이 십자가에 못 박혔을 때 그들은 그분을 버렸습니다.

The gospel was narrated by the disciples of Jesus. With the guidance of the Holy Spirit, they could narrate Him in accordance with God's will. Accordingly, they could witness Him in accordance with God's will. They became acquainted with the Spiritual word of guidance.

복음은 예수님의 제자들에 의해 서사되었습니다. 성령님의 인도하심으로 그들은 하나님의 뜻에 따라 그분을 사사할 수 있었습니다. 따라서 그들은 하나님의 뜻을 따라 그분을 증거할 수 있었습니다. 그들은 인도의 영적 말에 친밀하게 되었습니다.

With the guidance of the Holy Spirit, they could confess that Jesus was Christ, the Son of the living God. Therefore, their proclamation of the gospel for the mission was centered on the very confession. In this way, they could express the Spiritual word of guidance. The gospel is the Spiritually guided word.

성령님의 인도하심으로 그들은 예수님이 그리스도요 살아계신 하나님의 아들이라고 고백할 수 있었습니다. 그러므로 그들의 선교를 위한 복음의 선포는 그 고백에 중심을 둡니다. 이렇게 해서 그들은 인도의 영적 말을 표현할 수 있었습니다. 복음은 영적으로 인도된 말입니다.

The word, "Christ," entails the fulfillment of God's will as well as the guidance of the Holy Spirit. Therefore, when Jesus is confessed as the Christ, His fulfillment of God's will becomes witnessed with the guidance of the Holy Spirit. Fulfillment and guidance are integrated themes of the gospel.

"그리스도"라는 말은 성령님의 인도하심과 더불어 하나님 뜻의 이루어짐을 내포합니다. 그러므로 예수님이 그리스도로 고백될 때, 하나님의 뜻을 그분의 이루심은 성령님의 인도하심으로 증거됩니다. 이루어짐과 인도는 복음의 통합된 주제입니다.

The word, "Christ," has the Spiritually guided meaning. It has no factual meaning. Therefore, it cannot be judged to be true or false that Jesus is the Christ. Only those who are guided by the Holy Spirit confess that He is the Christ. They do not live factual lives but live Spiritually guided lives.

"그리스도"라는 말은 영적으로 인도된 뜻을 지닙니다. 그것은 사실적인 뜻을 갖지 않습니다. 그러므로 예수님이 그리스도시라는 것은 맞는지 틀리는지 판단될 수 없습니다. 성령님에 의해 인도된 이들만이 그분이 그리스도시라고 고백합니다. 그들은 사실적인 삶을 살지 않고 영적으로 인도된 삶을 삽니다.

The meaning of people's confession that Jesus is Christ is unfolded with the confessors' life under the guidance of the Holy Spirit who has led them to the confession. Therefore, those who become Christians with the confession that He is Christ cherish their life with the Spiritually guided meaning.

예수님이 그리스도시라는 사람들의 고백의 뜻은 고백자들로 고백에 이끄신 성령님의 인도하심 하에 그들의 삶으로 펼쳐집니다. 그러므로 그분이 그리스도시라는 고백으로 그리스도인들이 된 이들은 영적으로 인도된 뜻으로 그들의 삶을 누립니다.

Therefore, Christians have to be concerned with the Spiritually guided meaning. The guidance of the Holy Spirit unfolds its guided meaning. Therefore, they have to be aware of their guided life with guided meaning. In this way, they have not fallen into the factual life. That is, if they are not Spiritually guided, they inevitably fall into the conditionality of the world.

그러므로 그리스도인들은 영적으로 인도된 뜻에 관심을 가져야 합니다. 성령님의 인도하심은 인도된 뜻을 펼칩니다. 그러므로 그들은 인도된 뜻으로 인도된 삶을 알아야 합니다. 이렇게 해서 그들은 사실의 삶에 타락되지 않습니다. 즉 그들이 영적으로 인도되지 않으면, 그들은 어쩔 수 없이 세상 조건성으로 타락됩니다.

Spiritual guidance has its direction, since the Holy Spirit guides in accordance with the will of God that was fulfilled in the life of Jesus. Therefore, its direction has to be carefully assessed so as to be in accord with the will of God. In this respect, the reading of the gospel is inevitable in order to assess the direction of the guidance.

영적 인도는 그 방향을 갖습니다. 성령님이 예수님의 삶으로 이루어진 하나님의 뜻에 따라 인도하시기 때문입니다. 그러므로 그 방향은 하나님의 뜻에 부합되도록 조심스럽게 헤아려져야 합니다. 이 점에서 복음을 읽음은 인도의 방향을 헤아리기 위해 피할 수 없습니다.

Man's propensity of mind and will are also directed. But their direction is purposive. He strives to reach his goal that is set as a specific state of the world including himself. If someone else guides his striving, it is helpful for him. In this case, a helpful guidance is given by worldly wisdom.

사람의 마음 성향과 의지도 또한 지향됩니다. 그러나 그것들의 지향은 목적적입니다. 그는 자신을 포함한 세상의 구체적 상태로 설정된 자신의 목표에 이르기 위해 노력합니다. 만약 다른 사람이 그의 노력을 인도하면, 그에게 도움이 됩니다. 이 경우 도움이 되는 인도는 세상의 지혜로 주어집니다.

However, Spiritual guidance is not a help. Help is given for the achievement of man's goal. It is absurd to think that the Holy Spirit guides someone to achieve his goal. He guides in accordance with the will of God, not in accordance with the will of man. If the direction of the guidance is in the world, it is nothing but a help.

그렇지만 영적 인도는 도움이 아닙니다. 도움은 사람의 목적을 성취하기 위해 주어집니다. 성령님이 어떤 이를 자신의 목적을 성취하도록 인도한다고 생각하는 것은 불합리합니다. 그분은 하나님의 뜻에 따라 인도하시지 사람의 뜻에 따라 인도하지 않으십니다. 만약 인도의 방향이 세상에 있다면, 도움에 지나지 않습니다.

The life that is directed in accordance with the will of man and the life that is directed in accordance with the will of God are different. The former is a willfully guided one, but the latter is a Spiritually guided one. For this reason, His will should not be understood as the extrapolation of his will.

사람의 뜻에 따라 지향된 삶과 하나님의 뜻에 따라 지향된 삶은 다릅니다. 전자는 의지적으로 인도된 것이지만, 후자는 영적으로 인도된 것입니다. 이 때문에 그분 뜻은 사람 뜻의 외삽으로 이해되지 말아야 합니다.

This difference should be reflected in the reading of the gospel. The life of Jesus in it is narrated not with a willful guidance but the Spiritual guidance. Therefore, those who read it with the Spiritual guidance live a Spiritually guided life which is fulfilled by God's will. In this way, the discipleship of Jesus can be clarified.

이 다름은 복음을 읽는데 반영되어야 합니다. 복음에서 예수님의 삶은 의지적 인도가 아닌 영적 인도로 서사됩니다. 그러므로 영적으로 복음을 읽는 이들은 하나님의 뜻에 따라 이루어진 영적으로 인도된 삶을 삽니다. 이렇게 해서 예수님의 제자도는 분명해질 수 있습니다.

The church, i.e., the Christian life in the world, therefore, should be Spiritually guided life. It should proclaim a Spiritually guided message. That's why it should proclaim the gospel only, for only the gospel has Spiritually guided meaning in it, since it is narrated as the fulfillment of God's will.

그러므로 교회, 곧 세상에서 그리스도인의 삶은 영적으로 인도된 삶이어야 합니다. 영적으로 인도된 메시지를 선포해야 합니다. 그 때문에 복음만 선포해야 합니다. 단지 복음만이 영적으로 인도된 뜻을 그 안에 지닙니다. 복음은 하나님의 뜻의 이루어짐으로 서사되기 때문입니다.

But the church becomes institutionalized. Thus, it is no more a Spiritually guided life, since it is fixed as an institution. What is proclaimed by it as an institution is dogma that is doctrinally formulated. The gospel without Spiritual guidance comes to be taught as doctrines. The doctrines of the institutional church keep it into the tradition, but they cannot unfold it into the covenant life of togetherness.

그러나 교회는 기관화되었습니다. 따라서 그것은, 기관으로 고정되었기 때문에, 더 이상 영적으로 인도된 삶이 아닙니다. 기관으로서 교회에 의해 선포되는 것은 교리로 작성된 교의입니다. 영적 인도 없는 복음은 교리로 가르쳐집니다. 기관 교회의 교리는 복음을 전통으로 유지합니다. 그러나 교리는 함께하는 언약의 삶으로 복음을 펼칠 수 없습니다.

There can be no Spiritual institution. Therefore, when the church becomes institutionalized, it becomes a religious institution. Then, it shows no more togetherness. In it people are individually gathered. Each individual has his own understanding with what he hears from it. Thus, it is nothing but the gathering of individuals who have their own understanding.

영적 기관은 있을 수 없습니다. 그러므로 교회가 기관화될 때, 종교 기관이 됩니다. 그러면 교회는 더 이상 함께를 보이지 않습니다. 그 안에 사람들은 개인적으로 모입니다. 각 개인은 교회로부터 듣는 것을 자신들의 이해로 지닙니다. 따라서 교회는 자신들의 이해를 지닌 개인들의 모임에 지나지 않습니다.

Without Spiritual guidance the covenant life of togetherness is not to be fulfilled. Thus, the institutionalized church is no more covenant church. It is not grounded on God's togetherness any more. It only claims its own institutionalized tradition. And it uses the Bible as the canonized text.

영적 인도 없이 함께하는 언약의 삶은 이루어질 수 없습니다. 따라서 기관화된 교회는 더 이상 언약의 교회가 아닙니다. 더 이상 하나님의 함께에 근거되지 않습니다. 그것은 단지 자체의 기관화된 전통만 주장합니다. 그리고 성경을 경전화 된 원문으로 사용합니다.

"Institution" means an organization in the world. Thus, what the church can teach as an institution is a kind of human understanding. Under this trend, its teaching becomes religious. And people, without Spiritual guidance, are merely engaged in cultural life. And, thus, the church becomes a religious institution in cultural life.

"기관"은 세상에서 조직을 뜻합니다. 따라서 기관으로 교회가 가르칠 수 있는 것은 일종의 인간의 이해입니다. 이 경향으로 교회의 가르침은 종교적이 됩니다. 그리고 사람들은 영적 인도 없이 단지 문화적인 삶에 종사합니다. 따라서 교회는 문화적인 삶에서 종교적 기관이 됩니다.

집중(Focus)

예수님을 따름이 의지적일 수 없음은 복음서에 등장하는 예수님의 제자들에 의해 잘 보입니다. 그들은 십자가를 지신 예수님을 의지적으로 버렸지만, 성령님의 인도하심으로 예수님을 따라 십자가로 갑니다. 그렇기에 예수님의 따름은 성령님에 의해 인도된 따름입니다. 즉 예수님의 따름은 율법과 같은 세상의 조건으로 규정될 수 없습니다.

It is well seen by Jesus' disciples in the gospel that the following of Him cannot be willful. Although they willfully deserted Him on the cross, they go to the cross in accordance with Him under the guidance of the Holy Spirit. For this reason, the following of Him is the following of being guided by the Holy Spirit. That is, the following of Him cannot be regulated by the condition of the world like the law.

하나님과 함께는 하나님의 영에 의해 인도됨으로 드러납니다. 그리고 복음은 하나님과 함께하시는 예수님을 서사합니다. 그러므로 예수님을 따름은 예수님의 하나님과 함께로 따름입니다. 우리는 예수님을 따름으로 하나님과 함께합니다. 따라서 예수님을 따름은 성령님에 의해 인도되어야 합니다. 비록 예수님은 세상에 사셨지만, 예수님의 삶은 영적으로 따라집니다.

Togetherness with God is unveiled by the guidance of His Spirit. And the gospel narrates Jesus who is together with God. Therefore, the following of Him is the following into His being together with God. We, following Him, are together with God. Thus, the following of Him should be guided by the Holy Spirit. Even though He lived in the world, His life is followed Spiritually.

구약의 율법은 개인의 의지로 지켜집니다. 거기엔 인도된 내용이 없습니다. 따라서 하나님과 함께가 온전히 드러나지 않습니다. 사람이 율법을 지킴은 자기 자신을 지키려는 것입니다. 자신을 자기 의로 올리려는 것입니다. 율법을 지킴은 자신을 보이지 하나님과 함께를 보이지 못합니다. 하나님은 이룸으로 함께하시기 때문에, 우리는 인도됨으로 그분과 함께합니다.

The law of the OT is kept by individual will. There is no content of guidance in it. Thus, togetherness with God is not disclosed wholly. One's keeping of the law is to keep himself. It is to elevate oneself by self-righteousness. Thus, his keeping the law only shows himself, not togetherness with God. Since God is together with His fulfillment, we are together with Him by being guided.

14.5

Spiritual Healing(영적 고침)

Healing is generally considered as returning to a normal healthy state from an abnormal ill state. People usually live in a normal healthy state, and they happen to be in an abnormal ill state. Thus, those who happen to be in an abnormal ill state have to be healed in order to return to a normal healthy state.

고침은 일반적으로 비정상적 병든 상태에서 정상적 건강한 상태로 돌아가는 것으로 고려됩니다. 사람들은 보통 정상적 건강한 한 상태에서 삽니다. 그리고 그들은 비정상적 병든 상태에 공교롭게 있게 됩니다. 따라서 공교롭게 비정상적 병든 상태에 있는 이들은 정상적 건강한 상태로 돌아가기 위해 고쳐져야 합니다.

In this respect, healing is accidental since being in an abnormal ill state is accidental. People think of abnormal ill states in the background of normal healthy states. Thus, as long as they live in a normal healthy state, they do not have to be concerned with healing. Healing is not a part of normal healthy life.

이 점에서 고침은 우연적입니다. 비정상적 병든 상태에 있음이 우연적이기 때문입니다. 사람들은 정상적 건강한 상태를 배경으로 비정상적 병든 상태를 생각합니다. 따라서 그들이 정상적 건강한 상태에서 사는 한, 그들은 고침에 관심을 가지지 않아도 됩니다. 고침은 정상적 건강한 삶의 부분이 아닙니다.

However, in the covenant setting, healing is not accidental but essential. People, even if they live in a normal healthy state, have fallen. That is, even if they claim that they are natural or existential, they have fallen from the perspective of the Bible. They should be reconciled and, thus, healed.

그렇지만 언약의 설정에서 고침은 우연적이 아니라 본질적입니다. 사람들은 정상적 건강한 상태에 있다고 하더라도 타락되었습니다. 즉 그들이 자연적이나 실존적이라고 주장하더라도, 성경의 관점에서 타락되었습니다. 그들은 화해되고, 따라서 고쳐져야 합니다.

The fallen life has to be reconciled and, thus, healed so as to be together with God. That is, on the background of His togetherness, it is subjected to be healed. It has to be healed through His reconciliation. In this respect, healing is the basic stance of seeing worldly life from the perspective of the Bible.

타락된 삶은 화해되어야 하고, 따라서 하나님과 함께하도록 고쳐져야 합니다. 즉 그분 함께의 배경에서 타락된 삶은 고침을 받아야 합니다. 그것은 그분 화해를 통해 고쳐져야 합니다. 이 점에서 고침은 성경의 관점으로부터 세상의 삶을 보는 기본 입장입니다.

This implies that healing is the basic Biblical perspective. That is, people, seen from the Biblical perspective, are basically healed.

In this respect, the Biblical perspective is different from the philosophical or religious perspective that is based on the normality of worldly life.

이것은 고침이 성경의 기본적 관점임을 시사합니다. 즉 성경의 관점에서 사람들은 기본적으로 고쳐져야 합니다. 이 점에서 성경의 관점은 세상 삶의 정상성을 기본으로 한 철학이나 종교적 관점과 다릅니다.

Philosophy and religion searches for ideality or enlightenment of normal people. That is, philosophers and religious people are normal individuals who are striving for reaching ideality or enlightenment. Therefore, healing is not a philosophical or religious concern at all, for philosophical or religious concern comes out man's natural propensity.

철학이나 종교는 정상적 사람들의 이상이나 깨달음을 추구합니다. 즉 철학자들이나 종교인들은 이상이나 깨달음에 이르려고 노력하는 정상적 개인들입니다. 그러므로 고침은 전혀 철학적이나 종교적인 관심이 아닙니다. 철학적이나 종교적인 관심은 사람의 자연적 성향으로부터 나오기 때문입니다.

Philosophers and religious people maintain the view that life has no problem as long as it has clear knowledge or is enlightened. They simplify human suffering as human ignorance. And they insist that human freedom means freedom from ignorance. They do not admit that man has basically fallen.

철학자들이나 종교인들은 삶은 분명한 앎을 지니거나 깨달음에 이르면 문제가 없다는 견해를 유지합니다. 그들은 인간의 고난을 인간의 무지로 단순화합니다. 그리고 그들은 인간의 자유는 무지로부터 자유라고 주장합니다. 그들은 사람이 기본적으로 타락되었다는 것을 인정하지 않습니다.

If man has fallen, he primarily has to be reconciled to God so as to be healed. That's why a great portion of Jesus' ministry is endowed with His healing of the disabled. And His teaching of the kingdom of God is associated with His Healing. That is, His healing is the sign of the fulfillment of the kingdom of God.

사람이 타락되었으면, 고쳐지도록 하나님께 화해되어야 합니다. 그 때문에 예수님 사역이 많은 부분이 병자에 대한 그분 고침에 부여되었습니다. 그리고 하나님 나라에 대한 그분 가르침은 그분 고침과 연관됩니다. 즉 그분 고침은 하나님 나라의 이루어짐의 표적입니다.

Jesus' healing is reconciliatory healing. It is well contrasted to the conditional healing of a physician. His healing is not an outcome of the exercising of His power. Thus, it should not be observed as a miraculous event in the world but be seen as the sign of God's reconciliatory togetherness.

예수님의 고침은 화해의 고침입니다. 그것은 의사의 조건적 고침과 잘 대조됩니다. 그분의 고침은 그분 힘의 행사로부터 나온 결과가 아닙니다. 따라서 그것은 세상에 기적적 사건으로 주시되지 않고 하나님께서 화해로 함께하시는 표적으로 보아져야 합니다.

In this respect, Jesus' healing is covenantal. His overall story. i.e., the gospel, is affirmed as the new covenant. And He is narrated as the fulfillment of God's new covenant. Or He is narrated in the gospel of the new covenant as the concrete fulfillment of God's new covenant of promise.

이 점에서 예수님의 고침은 언약적입니다. 그분의 전반적 이야기, 곧 복음은 새 언약으로 확언됩니다. 그리고 그분은 하나님의 새 언약의 이루어짐으로 서사됩니다. 혹은 그분은 하나님 약속의 새 언약의 구체적 이루어짐으로 새 언약의 복음에 서사됩니다.

Healing is constitutive in the covenant life. That is, it has to be healed in order to be together with God. Therefore, it should not be considered in terms of wholeness or originality but be considered in togetherness. It is not the returning to wholeness or originality but the fulfillment of togetherness.

고침은 언약의 삶에 구성적입니다. 즉 언약의 삶은 하나님과 함께하도록 고쳐져야 합니다, 그러므로 고침은 온전함이나 원형으로 여겨지지 않고 함께로 여겨져야 합니다. 온전함이나 원형으로 돌아감이 아닌 함께로 이루어짐입니다.

Healing is fulfilled in the covenant life as reconciliation and, thus, togetherness is fulfilled in it. Since it is newly fulfilled, it is new. In the covenant life, no healed wholesome state is presumed. It is shown in its fulfillment. Healing, reconciliation, and togetherness are integrated in their fulfillment.

고침은 언약의 삶에서 화해로 이루어집니다. 따라서 함께는 고침에 이루어집니다. 고침은 새로이 이루어짐으로 새로움입니다. 언약의 삶에서 고쳐진 온전한 상태가 추정되지 않습니다. 고침은 고침의 이루어짐으로 보입니다. 고침, 화해, 그리고 함께는 그 이루어짐에 통합됩니다.

In the fallen world, the covenant life is fulfilled with God's togetherness. Therefore, there is no way to identify it as such. It is narrated with its fulfillment. In accordance with its fulfillment, healing, reconciliation, and togetherness are narrated. Or it is fulfilled in healing, reconciliation, and togetherness.

타락된 세상에서 언약의 삶은 하나님의 함께로 이루어집니다. 그러므로 언약의 삶을 그 자체로 식별할 길이 없습니다. 그것은 그 이루어짐으로 서사됩니다. 그것의 이루어짐을 따라 언약, 화해, 그리고 함께가 서사됩니다. 혹은 그것은 고침, 화해, 그리고 함께에 이루어집니다.

Therefore, the covenant life cannot be thought of in the world apart from being healed. That is, it is not a natural life but a healed life. Thus, it cannot be described as an identifiable state. Although it is visible because of its togetherness of being healed, it cannot be identified. Although healing is visible, it is not identifiable.

그러므로 언약의 삶은 고쳐짐으로부터 떠나 세상에서 생각될 수 없습니다. 즉 그것은 자연적 삶이 아닌 고쳐진 삶입니다. 따라서 식별될 수 있는 상태로 서술될 수 없습니다. 그것은 고쳐진 함께 때문에 보이긴 하지만, 식별될 수 없습니다. 고침은 보이지만 식별되지 않습니다.

The outcome of Jesus' healing is direct, but its significance is not direct. That's why His healing is narrated as a sign. He teaches the kingdom of God in parables to the multitudes, since it is not directly visible to them. Thus, His healing is the sign of the coming kingdom of God.

예수님의 고침의 결과는 직접적입니다. 그러나 그 의미는 직접적이지 않습니다. 그 때문에 그분 고침은 표적으로 서사됩니다. 그분은 하나님 나라를 군중들에게 비유로 가르치십니다. 그것이 직접적으로 그들에게 보이지 않기 때문입니다. 따라서 그분 고침은 임하는 하나님 나라의 표적입니다.

Jesus' healing occurs in the world. The multitudes can see it. But they cannot apprehend it. They see it simply as a miracle, since they cannot see the coming kingdom of God. Even though they cannot live in the kingdom of God, its healing impact overflows to them because it does not make a clear-cut boundary.

예수님의 고침은 세상에 일어납니다. 군중은 그것을 볼 수 있습니다. 그러나 그들은 그것을 파악하지 못합니다. 그것을 단지 기적으로 봅니다. 임하는 하나님의 나라를 볼 수 없기 때문입니다. 그들은 하나님 나라에 살 수 없지만, 그 고침 영향은, 그것이 명백한 경계를 만들지 않기 때문에, 그들에게 넘쳐 흘러갑니다.

Jesus' healing is not causal but Spiritual, for the kingdom of God is Spiritual. Although it occurs in the world so that it may be seen by the multitudes, it is not causally precipitated. For this reason, they cannot apprehend it. Because they cannot explain His healing, they exclaim it as a miracle.

예수님의 고침은 인과적이 아닌 영적입니다. 하나님 나라가 영적이기 때문입니다. 예수님의 고침은 세상에 일어나서 군중에 의해 보일 수 있지만, 인과적으로 야기되지 않습니다. 이 때문에 그들은 그것을 파악할 수 없습니다. 그들은 그분 고침을 설명할 수 없기 때문에 기적이라고 소리칩니다.

Jesus' healing is an instance of Spiritual healing of God's togetherness. Therefore, the fulfillment of Spiritual healing has to be taken into consideration. That is, a new perspective of healing, that is different from the perspective of the causal methodical healing, has to be taken into consideration.

예수님의 고침은 하나님 함께의 영적 고침의 사례입니다. 그러므로 영적 고침의 이루어짐이 고려되어야 합니다. 즉 인과적 방법에 의한 고침의 관점과는 다른 고침의 새로운 관점이 고려되어야 합니다.

Basically, the Holy Spirit guides into God's togetherness because He is God's Spirit. That is, the Holy Spirit heals with His guidance into God's togetherness. Therefore, Spiritual healing is Spiritual guidance into God's togetherness. As long as Spirituality is concerned, it is narrated with its guidance.

기본적으로 성령님은 하나님의 영이심으로 하나님의 함께로 인도하십니다. 즉 성령님은 하나님 함께로 향한 그분 인도로 고치십니다. 그러므로 영적 고침은 하나님 함께를 향한 영적 인도입니다. 영성이 고려되는 한, 그것은 자체의 인도로 서사됩니다.

Spiritual healing is not identified by a changed state, because God's togetherness is not a fixed state. It is Spiritually guided life into God's togetherness. Therefore, healing has to be perceived as

Spiritual guidance rather than physical change. This is the Biblical perspective of healing.

영적 고침은 변화된 상태로 식별되지 않습니다. 하나님 함께가 고정된 상태가 아니기 때문입니다. 영적 고침은 하나님 함께에 영적으로 인도된 삶입니다. 그러므로 고침은 육체적 변화보다 영적 인도로 지각되어야 합니다. 이것이 고침의 성경적 관점입니다.

Spiritually guided healing has to be seriously taken into consideration when healing of life matters. It cannot be like the healing of the individual body. Since life is not to be fixed, its healing is not to be fixed, either. The encouragement of individual virtues does not warrant healing of life even though it may lead to betterness of life.

영적으로 인도된 고침은 삶의 고침이 문제될 때 심각하게 고려되어야 합니다. 그것은 개인의 몸의 고침과 같을 수 없습니다. 삶은 고정될 수 없음으로, 그것의 고침도 고정되지 않습니다. 개인의 덕을 장려하는 것은 삶의 나음으로 이끌지 모르지만, 삶의 고침을 보장하지 못합니다.

Healing of life should not be confused with the betterment of life. Individuals live for betterment of life, but they do not live for the healing of life. Even though betterness is their goal, healing is not their goal. That is, what they can strive for is their betterness, not their healing.

삶의 고침은 삶의 나음으로 혼동되지 말아야 합니다. 개인은 삶의 나음을 위해 삽니다. 그러나 그들은 삶의 고침을 위해 살지 않습니다. 나음은 그들의 목표이더라도 고침은 그들의 목표가 될 수 없습니다. 즉 그들이 노력할 수 있는 것은 그들의 나음입니다. 그들의 고침이 아닙니다.

Individual healing is methodical and, thus, conditional. A physician or surgeon's treatment of patients is for their physical or mental conditional change. His treatment is directed to their better physical or mental condition. Therefore, his healing is for their conditional betterness. In this case, healing is reduced to betterness.

개인의 고침은 방법적입니다. 따라서 조건적입니다. 내과 의사나 수술 의사의 환자 치료는 그들의 육체적 혹은 정신적 조건 변화를 위합니다. 그의 치료는 그들의 나은 육체적 혹은 정신적 조건을 향합니다. 그러므로 그의 고침은 그들의 조건적 나음입니다. 이 경우 고침은 나음으로 환원됩니다.

Conditional healing is reduced to conditional betterness. Therefore, the practiced healing is trained for a conditional betterness as seen in the education of medical schools. Betterness is basically a wisdom insight, and wisdom is expressed into knowledge as seen in philosophy. Therefore, healing is practiced in terms of knowledge.

조건적 고침은 조건적 나음으로 환원됩니다. 그러므로 실행되는 고침은 의과 대학의 교육에서 보이듯이 조건적 나음을 위해 훈련됩니다. 나음은 기본적으로 지혜의 통찰입니다. 그리고 지혜는 철학에서 보이듯이 지식으로 상설됩니다. 그러므로 고침은 지식으로 실행됩니다.

But the Bible shows that healing is fulfilled in the preaching of the gospel. The gospel is different from wisdom, for the cross of Jesus which is the core of the gospel is excluded from wisdom. The cross of Jesus stands as the healing of life, not as a betterment of life. It is radically excluded from the conditionality of the world.

그러나 성경은 고침이 복음을 설교함으로 이루어지는 것을 보입니다. 복음은 지혜와 다릅니다. 복음의 핵심인 예수님의 십자가는 지혜로부터 제거됩니다. 예수님의 십자가는 삶의 고침으로 섭니다. 삶의 나음으로가 아닙니다. 그것은 세상 조건성으로부터 철저하게 제외됩니다.

The gospel solely unveils the healing of life. Jesus' being excluded from the world means that the narrative of Him is not to be integrated into the worldly life. That is, the gospel cannot be wisdom for the betterment of life. Instead, it is preached for the healing of life. Jesus through whom God's reconciliation is revealed is the Healer of life.

복음은 오로지 삶의 고침을 보입니다. 예수님의 세상으로부터 제거됨은 그분 서사는 세상의 삶에 통합되지 않는 것을 뜻합니다. 즉 복음은 삶의 나음을 위한 지혜일 수 없습니다. 그보다 그것은 삶의 고침을 위해 설교됩니다. 하나님의 화해가 계시된 예수님은 삶의 치료자십니다.

The church, preaching the gospel, stands in the world for healing of life. As long as it preaches the gospel, it heals life because the gospel heals life. This feature is well seen in the early church. The apostles' mission of preaching the gospel is accompanied with the fulfillment of the church and healing of life.

교회는 복음을 설교하면서 삶의 고침으로 세상에 섭니다. 교회가 복음을 설교하는 한, 복음이 삶을 고치기 때문에, 삶을 고칩니다. 이 양상은 초대 교회에서 잘 보입니다. 복음을 설교하는 사도들의 사역은 교회의 이루어짐과 삶의 고침을 동반합니다.

But as the church is institutionalized, it preaches the doctrine of the gospel rather than the gospel. The doctrine of the gospel is philosophical understanding of the gospel. Therefore, it becomes a kind of wisdom because philosophy is wisdom. Thus, it does not show healing. As healing cannot be reduced to betterness, the gospel cannot be reduced to wisdom.

그러나 교회가 기관화됨으로 복음보다 복음의 교리를 설교합니다. 복음의 교리는 복음의 철학적 이해입니다. 그러므로 그것은, 철학이 지혜임으로, 일종의 지혜가 됩니다. 따라서 그것은 고침을 보이지 않습니다. 고침이 나음으로 환원될 수 없듯이, 복음도 지혜로 환원될 수 없습니다.

The traditional church has lost the healing mission of preaching the gospel. It has been concerned with doctrinal rather than Spiritual preaching. The doctrinal preaching is for a betterment of life, but the Spiritual preaching for healing of life. Knowledge, morality, or religion is just for a betterment of life. Only the gospel is for the healing of life.

전통적 교회는 복음을 설교하는 고침의 사역을 잃었습니다. 그것은 영적 설교보다 교리적 설교에 관심을 두어왔습니다. 교리적 설교는 삶

의 나음을 위합니다. 그러나 영적 설교는 삶의 고침을 위합니다. 앎, 도
덕, 혹은 종교는 바로 삶의 나음을 위합니다. 복음만이 삶의 고침을 위
합니다.

In covenant life, economic problems are not solved but healed.
In worldly life, an economic problem is solved under the economic
causal relationship. But in the covenant life, it is healed with the
Spiritual guidance of God's togetherness. That is, every problem
that the covenant life is faced with in the world is healed with the
Spiritual guidance of His togetherness. In this respect, healing is
inherent in the covenant life.

언약의 삶에서 경제적 문제는 해결되지 않고 고쳐집니다. 세상 삶에
서 경제 문제는 경제적 인과 관계에서 해결됩니다. 그러나 언약의 삶에
서 그것은 하나님 함께의 영적 인도로 고쳐집니다. 즉 세상에서 언약의
삶이 직면하게 되는 모든 문제는 그분 함께의 영적 인도로 고쳐집니다.
이 점에서 고침은 언약의 삶에 내재됩니다.

집중(Focus)

언약에서 고침은 우연적이 아니라 원래적입니다. 즉 언약의 삶은 언제나 고쳐지게 됩니다. 하나님과 함께하는 언약의 삶은 하나님의 함께로 이루어집니다. 하나님 함께의 이루어짐은 고침입니다. 하나님과 함께하는 삶은 그냥 지속되지 않습니다. 하나님의 함께가 지속적일 수 없기 때문입니다. 하나님의 함께는 율법에 의해 고정되지 않습니다.

Healing in the covenant is not accidental but original. That is, the covenant life is always to be healed. The covenant life of being together with God is fulfilled with His togetherness. The fulfillment of His togetherness is healing. The life of being together with Him is not simply sustained, for His togetherness is not sustainable. His togetherness is not to be fixed by the law.

자연적 삶에서 고침은 정상적이 아닌 경우에 적용됩니다. 정상적으로 살던 사람이 아픈 경우 고쳐질 수 있습니다. 정상적 건강한 상태를 배경으로 비정상적 아픔에 대한 고침이 고려됩니다. 따라서 언제나 건강하게 지내면 고침을 생각하지 않습니다. 자연적 삶에는 기본적으로 정상적 지속이 전제됩니다. 그리고 고침은 우연적 필요입니다.

In natural life, healing is applied to abnormal cases. When a normal man becomes sick, he can be healed. In the background of a normal healthy state, healing of abnormal pain is considered. Thus, as long as one is healthy, he does not think of healing. In normal life, normal sustenance is basically presupposed. And healing is an accidental need.

하나님이 함께하시는 언약의 삶은 이루어지지 지속되지 않습니다. 그러므로 그것은 사람들이 율법을 지키듯이 무얼 지속적으로 함으로 유지되지 않습니다. 지속적으로 유지하려는 사람들의 성향을 하나님께서 고치심으로 함께하십니다. 그분과 함께하는 그분 백성의 지속의 성향은 그분의 영에 의해 인도됨으로 고쳐집니다. 그분과 영적인 함께로 고쳐집니다.

The covenant life of being together with God is not sustained but fulfilled. Therefore, it is not sustained by people's doing of something continuously like their keeping of the law. God, healing their tendency to sustain continuously, is together with them. The tendency of sustenance of His people of being together with Him is healed by being guided by the His Spirit. It is healed with the Spiritual togetherness with Him.

14.6

Spiritual Discernment(영적 분별)

Paul's Epistle to the Romans is regarded as Spiritual writing. But it is vague merely to say that his epistles are Spiritual writings. In general, a spiritual writing is considered as a writing whose subject is spirit, although it is expounded rationally. As political writing is about politics, spiritual writing is about spirit.

바울의 로마서는 영적 글로 여겨집니다. 그러나 그의 편지가 영적 글이라고만 하는 것은 모호합니다. 일반적으로 영적 글은 합리적으로 해설된다고 하더라도, 그 주제가 영인 글로 여겨집니다. 정치적 글이 정치에 대하여 듯, 영적 글은 영에 대하여서 입니다.

But Paul's Epistle to the Romans is not about the Spirit, although it is unfolded Spiritually. It is Spiritually guided writing. Its content is what is Spiritually discerned. What is guided Spiritually is also discerned Spiritually. Therefore, his affirmation and explication in it are what is Spiritually discerned.

그러나 바울의 로마서는 영적으로 펼쳐지지만 영에 대해서가 아닙니다. 그것은 영적으로 인도된 글입니다. 그 내용은 영적으로 분별된 것입니다. 영적으로 인도된 것은 또한 영적으로 분별됩니다. 그러므로 로마서에서 그의 확언과 상설은 영적으로 분별됩니다.

The whole of Paul's writings in the NT are Spiritually guided and discerned. What is guided by the Holy Spirit is written with discernment that is given by Him, for what is guided by Him cannot be judged by man's understanding. His guidance involves His discernment into words. That is, what is Spiritually guided has to be Spiritually discerned.

신약에서 바울의 전반적 글은 영적으로 인도되고 분별됩니다. 성령님에 의해 인도된 것은 그분에 의해 주어진 분별로 써집니다. 그분에 의해 인도된 것은 사람의 이해로 판단될 수 없기 때문입니다. 그분 인도는 말로 표현되는 그분 분별을 수반합니다. 즉 영적으로 인도된 것은 영적으로 분별되어야 합니다.

Therefore, Paul's writings in the NT should be read with Spiritual discernment, for they are Spiritual words written with Spiritual discernment. Otherwise, they come to be read by judgmental understanding as seen in the traditional church doctrines. But Spiritual discernment cannot be replaced by judgmental understanding.

그러므로 신약에서 바울의 글은 영적 분별로 읽어져야 합니다. 영적 분별로 쓰인 영적 말이기 때문입니다. 그렇지 않다면 그것은 전통적인 교회 교리에서 보이듯 판단하는 이해로 읽혀지게 됩니다. 그러나 영적 분별은 판단의 이해로 대체될 수 없습니다.

It is a tragic outcome that Paul's writing became the basis of the traditional church doctrines. Paul did not develop his writing judgmentally, even though he had grown up in the Jewish tradition of the law. Since he was encountered with the risen Jesus, his missionary activities accompanied with his writings had been guided and discerned by the Holy Spirit.

바울의 글이 전통적 교회 교리의 기반이 된 것은 비극적 결과입니다. 바울은 유대인의 율법 전통에서 자랐지만, 그는 그의 글을 판단적으로 전개하지 않았습니다. 그는 부활하신 예수님과 조우되었음으로, 그의 글이 동반된 선교적인 활동은 성령님에 의해 인도되고 분별되었습니다.

What is guided Spiritually is discerned Spiritually. Spiritual guidance and Spiritual discernment go together. Spiritual discernment is different from reasonable judgment. Therefore, what is discerned Spiritually should not be reduced to the content of reasonable judgment. But the traditional church doctrines are the outcome of this reduction.

영적으로 인도된 것은 영적으로 분별됩니다. 영적 인도와 영적 분별은 같이 갑니다. 영적 분별은 합리적 판단과 다릅니다. 그러므로 영적으로 분별된 것은 합리적 판단의 내용으로 환원되지 말아야 합니다. 그러나 전통적 교회 교리는 이 환원의 소산입니다.

Man's judgment is a faculty of applying categories in order to understand the phenomena of the world. But Spiritual discernment is a gift of the Holy Spirit for the clarification of the disclosure of God's togetherness. The disclosure of His togetherness is only discerned Spiritually.

사람의 판단은 세상 현상을 이해하기 위해 범주를 적용하는 능력입니다. 그러나 영적 분별은 하나님 함께의 드러남을 분명하게 하기 위한 성령님의 은사입니다. 그분 함께의 드러남은 영적으로만 분별됩니다.

God's togetherness is Spiritually discerned. His togetherness cannot be judged. If His togetherness is judged, the outcome is legalistic as seen in the OT. The Jerusalem temple which was built as His dwelling place has only symbolic meaning since it was regulated as His dwelling place by the law.

하나님의 함께는 영적으로 분별됩니다. 그분 함께는 판단될 수 없습니다. 그분 함께가 판단되면, 그 소산은 구약에서 보이듯 율법적입니다. 그분이 거하는 곳으로 세워진 예루살렘 성전은 그분이 거하는 곳으로 율법에 의해 규정되었기 때문에 상징적 뜻만 지닙니다.

If God's togetherness is not Spiritually discerned, His togetherness is conditionally claimed. The Israelites in the OT were told that, if they were to keep the law, His togetherness would be with them. However, His togetherness cannot be affirmed or denied by the conditional judgment.

하나님 함께가 영적으로 분별되지 않으면, 그분 함께는 조건적으로 주장됩니다. 구약의 이스라엘 백성은, 그들이 율법을 지켜지게 되면, 그분 함께가 그들과 함께할 것으로 말해졌습니다. 그렇지만 그분 함께는 조건적 판단으로 확언되거나 부정될 수 없습니다.

In the OT, God's togetherness was regarded as what can be affirmed or denied in terms of worldly criteria like the law. But the

Israelites, after the fall of their nations, could not but admit that His togetherness was not to be confined into the conditional criteria. That is, His togetherness could not be confirmed in terms of any conditional criteria.

구약에서 하나님 함께는 율법과 같이 세상 기준으로 확언이나 부정될 수 있는 것으로 고려되었습니다. 그러나 이스라엘 백성은 그들 나라의 몰락 후 그분 함께는 조건적인 기준에 제한되지 않는 것을 인정할 수밖에 없었습니다. 즉 그분 함께는 어떤 조건적 기준으로도 확인될 수 없었습니다.

The gospel is written with the Spiritual discernment, for it narrates Jesus with God's togetherness. Therefore, His togetherness can be Spiritually discerned if Jesus is narrated with the guidance of the Holy Spirit. For this reason, His togetherness has to be Spiritually discerned when the narrative of Jesus, i.e., the gospel, is read.

복음은 예수님을 하나님 함께로 서사하기 때문에 영적 분별로 써졌습니다. 그러므로 그분 함께는, 예수님이 성령님의 인도하심으로 서사되면, 영적으로 분별될 수 있습니다. 이 때문에 예수님의 서사, 곧 복음이 읽어질 때. 그분 함께는 영적으로 분별되어야 합니다.

If God's togetherness is affirmed with any conditional association, such conditions will be emphasized and prevailing. The Israelites in the OT had such a conditional perspective of His togetherness. That's why they insisted that they were His people, their temple was His house, and their land was His land.

만약 하나님 함께가 조건적 제휴와 더불어 확언되면, 그런 조건은 강조되고 성행할 것입니다. 구약에서 이스라엘 백성은 그분 함께에 대해 그런 조건적 관점을 가졌습니다. 그 때문에 그들은 그분 백성이고, 그들 성전은 그분 집이고, 또 그들 땅은 그분 땅이라고 그들은 단언했습니다.

But Jesus' cross means the preclusion from the condition of the world. It involves the rejection of any conditional involvement in the world. Then, God's togetherness with Jesus on the cross is also precluded from any conditional involvement in the world. His togetherness cannot be confirmed in terms of any conditional output.

그러나 예수님의 십자가는 세상 조건으로부터 배제를 뜻합니다. 그것은 세상에 어떤 조건적 개입에 대해서도 거부를 초래합니다. 그러면 십자가상의 예수님과 하나님의 함께는 또한 세상에 어떤 조건적 개입으로부터 제거됩니다. 그분 함께는 어떤 조건적 소산으로 확인될 수 없습니다.

God's togetherness with Jesus on the cross cannot be affirmed or denied by any worldly assessment. Therefore, His togetherness with Jesus on the cross is only discerned with the guidance of the Holy Spirit. The way to the cross with His togetherness is not judged conditionally but discerned Spiritually.

십자가상 예수님과 하나님의 함께는 어떤 세상 평가에 의해서도 확언되거나 부정될 수 없습니다. 그러므로 십자가상 예수님과 그분 함께는 단지 성령님의 인도하심으로 분별됩니다. 그분 함께로 십자가로 향한 길은 조건적으로 판단되지 않고 영적으로 분별됩니다.

The explication of the cross with God's togetherness departs from the intertwined narratives of the motivations of the participants to it. It is Spiritually discerned, being eluded from the conditionality of the world. The crux of the Spiritual discernment is seen in the narrative of Jesus to the cross.

하나님 함께로 십자가의 상설은 그 참여자들의 동기의 얽힌 서사로부터 떠납니다. 그것은 세상 조건성으로부터 피해져 영적으로 분별됩니다. 영적 분별의 핵심은 십자가로 향한 예수님의 서사에서 보입니다.

In the world Jesus' death on the cross is told consequentially. But it can be the starting point to talk with God's togetherness. That's why Jesus explicitly told the new covenant with the cup in order to allude it to the death on the cross. Then, the new covenant is alluded to be Spiritually discerned.

세상에서 십자가상 예수님의 죽음은 결과적으로 말해집니다. 그러나 그것은 하나님의 함께로 말하는 출발점일 수 있습니다. 그 때문에 예수님은 잔을 십자가상 죽음을 암시하기 위해 새 언약을 잔으로 분명히 말씀하셨습니다. 그러면 새 언약은 영적으로 분별되게 암시됩니다.

The covenant is the beginning and the ground for the talking of God's togetherness. Jesus' mentioning of the new covenant with the cup is to lead His disciples to think of His death with God's togetherness. His remark becomes what is to be discerned by the guidance of the Holy Spirit.

언약은 하나님 함께를 말하는 시작이고 근거입니다. 잔으로 예수님의 새 언약에 대한 언급은 그분 제자들로 그분 죽음을 하나님 함께로 생각하게 이끕니다. 그분의 언급은 성령님의 인도하심에 의해 분별되어야 될 것입니다.

God's togetherness in terms of the cross of Jesus is only discerned by the guidance of the Holy Spirit. No worldly condition can support Jesus' remark that His death is for the new covenant of God's togetherness. This means that His remark of the new covenant is for the fulfillment of the covenant life of God's togetherness with the Spiritual discernment.

예수님의 십자가로 하나님 함께는 단지 성령님의 인도하심에 의해 분별됩니다. 세상의 어떤 조건도 그분 죽음이 하나님 함께의 새 언약을 위함이라는 예수님의 언급을 지지할 수 없습니다. 이것은 새 언약에 대한 그분 언급은 영적 분별로 하나님 함께의 언약의 삶의 이루어짐을 위한다는 것을 뜻합니다.

Any claim of God's togetherness with conditional blessing is personal. Since individuals want their conditions to become better, they regard the betterness of their life conditions as His blessing. And they think of His blessing as His togetherness. If His togetherness is thought of as His blessing, it is not unfolded into togetherness.

조건적 축복으로 하나님 함께에 대한 어떤 주장이든 개인적입니다. 개인들은 그들 조건이 나아지기를 바라기 때문에, 그들 삶의 나아짐을 그분 축복으로 여깁니다. 그리고 그들은 그분 축복을 그분 함께로 생각합니다. 그분 함께가 그분 축복으로 생각되면, 함께로 펼쳐지지 않습니다.

Nevertheless, God's togetherness with the cross can only be discerned Spiritually so that His togetherness may be unfolded into the life of togetherness, i.e., the church. That's why Jesus mentioned His death with the new covenant of God's togetherness. That is, His death is a covenant death.

그렇지만 십자가로 하나님 함께는 단지 영적으로 분별될 수 있어서 그분 함께는 함께의 삶, 곧 교회로 펼쳐집니다. 그 때문에 예수님은 하나님 함께의 새 언약으로 그분 죽음을 언급하셨습니다. 즉 그분의 죽음은 언약의 죽음입니다.

When God's togetherness is Spiritually discerned with the cross, the new covenant is disclosed with the Spiritual discernment. That is, the Spiritual discernment tells of the new covenant life that will be unfolded with His togetherness. Therefore, the gospel message is a Spiritually discerned message.

하나님의 함께가 십자가로 영적으로 분별될 때, 새 언약은 영적 분별로 드러납니다. 즉 영적 분별은 그분 함께로 펼쳐지는 새 언약의 삶에 대해 말합니다. 그러므로 복음의 메시지는 영적으로 분별된 메시지입니다.

Conclusively speaking, if God's togetherness is revealed on the cross of Jesus, His togetherness can only be Spiritually discerned. Then, the new covenant with Jesus' death is Spiritual covenant, since its content is God's togetherness that is Spiritually discerned. His cross is only discerned Spiritually, not physically.

결론적으로 말하면 하나님 함께가 예수님의 십자가에 계시되면, 그분 함께는 영적으로만 분별됩니다. 그러면 예수님의 죽음으로 새 언약은 영적 언약입니다. 그 내용이 영적으로 분별된 하나님의 함께이기 때문입니다. 그분의 십자가는 영적으로만 분별됩니다. 육체적으로 분별되지 않습니다.

Therefore, Jesus' explicit mentioning of "the new covenant" in the last supper should not be overlooked. He wants His disciples to live the new covenant life after His death, taking bread and the cup in the remembrance of Him. He wants them to live the life of togetherness with God's togetherness.

그러므로 만찬에서 예수님의 "새 언약"에 대한 명시적 언급은 간과되지 말아야 합니다. 그분은 그분 제자들이 그분 죽음 후 그분의 기억 가운데 빵과 잔을 취하면서 새 언약의 삶을 살길 원하십니다. 그분은 그들이 하나님의 함께로 함께의 삶을 살길 원하십니다.

Then, we cannot think of God's togetherness with individualized blessings. In terms of individualized blessings people cannot live together, for His blessing with His togetherness is given on the covenant life of togetherness. Therefore, the covenant blessing has to be Spiritually discerned.

그러면 우리는 하나님 함께를 개인화된 축복으로 생각할 수 없습니다. 개인화된 축복으로 사람들은 함께 살 수 없습니다. 그분 함께로 그분 축복은 함께하는 언약의 삶에 주어집니다. 그러므로 언약의 축복은 영적으로 분별되어야 합니다.

From the perspective of the covenant the Spiritual discernment is crucial, for God's togetherness is only Spiritually discerned. The covenant of His togetherness is only proclaimed with the Spiritual discernment. Because of the Spiritual discernment, holiness is to be clarified, for the discernment is led by the Holy Spirit.

언약의 관점에서 영적 분별은 결정적입니다. 하나님 함께는 영적으로만 분별되기 때문입니다. 그분 함께의 언약은 단지 영적 분별로 선포됩니다. 영적 분별 때문에 거룩함은 분명하게 될 수 있습니다. 분별은 성령님에 의해 인도되기 때문입니다.

Besides individualized blessing, personal experience of spiritual matter is shunned from the covenant life. People claim that their unusual or spiritual experiences are Spiritual experiences. They think that their primary response to the gift of the Holy Spirit comes from their own experience.

개인화된 축복 외에도 영적 일의 개인적 체험은 언약의 삶으로부터 피해집니다. 사람들은 그들의 생소하거나 영적 체험을 성령의 체험으로 주장합니다. 그들은 성령님의 은사에 대한 일차적 반응이 그들 자신의 체험으로부터 온다고 생각합니다.

It is true that people receive the gift of the Holy Spirit in their own experience. But experience alone does not tell that their experience is due to the Holy Spirit. There should be the accompanied discernment of the Holy Spirit with their experience. The gift of the Holy Spirit is discerned by the Holy Spirit.

사람들이 성령님의 은사를 그들 체험으로 받는 것은 맞습니다. 그러나 체험만은 그들 체험이 성령님에 의한 것인지 말해주지 않습니다. 그들 체험과 동반된 성령님의 분별이 있어야 합니다. 성령님의 은사는 성령님의 의해 분별됩니다.

The Holy Spirit is holy. He is separated from other spirits in the world. Therefore, any remark on Him should contain the discernment of Him from other spirits in the world. That is, any remark of Him should be accompanied with His discernment. There are gifts of the Holy Spirit, but there is no experience of the Holy Spirit.

성령님은 거룩하십니다. 그분은 세상에 있는 다른 영들과는 구별됩니다. 그러므로 그분에 대한 어떤 언급도 세상에 있는 다른 영들로부터 그분에 대한 분별을 포함해야 합니다. 즉 그분에 대한 어떤 언급이든 그분의 분별을 수반해야 합니다. 성령님의 은사는 있지만, 성령님의 체험은 없습니다.

For spiritual matters, its experience is primarily mentioned, for spirit is not visible to the public. But experience is personal. Therefore, there is no way to come out of personal experience of togetherness. Spirit that is accompanied with experience alone without discernment is not the Holy Spirit.

영적인 일에 대해선, 그 체험이 일차적으로 언급됩니다. 영이 공중에게 보이지 않기 때문입니다. 그러나 체험은 개인적입니다. 그러므로 개인의 체험으로부터 함께로 나올 길은 없습니다. 분별이 없이 체험만 동반된 영은 성령님이 아닙니다.

Holiness cannot be experienced. But it can only be discerned. Because of holiness, the Bible is not to be approached experientially. The covenant is not experiential quality. Togetherness is not an experiential outcome either. Since holiness and discernment are inseparable, they should be remembered together.

거룩함은 체험될 수 없습니다. 그러나 그것은 단지 분별됩니다. 거룩함 때문에, 성경은 체험적으로 접근되지 않습니다. 언약은 체험적 성질이 아닙니다. 함께 또한 체험적 소산이 아닙니다. 거룩함과 분별은 분리될 수 없기 때문에, 그 둘은 함께 기억되어야 합니다.

The narrative of Jesus' healing as a sign is Spiritual discernment, for it implies God's togetherness with His healing. Conclusively speaking, the whole gospel is narrated with the Spiritual discernment, for it begins with Jesus' togetherness with God. God's togetherness is the beginning and the end of the Spiritual discernment.

예수님의 고침을 표적으로 서사하는 것은 영적 분별입니다. 그것은 하나님의 함께를 그분 고침으로 시사하기 때문입니다. 결론적으로 말하면, 전반적 복음은 영적 분별로 서사됩니다. 복음은 예수님의 하나님과 함께로 시작하기 때문입니다. 하나님의 함께는 영적 분별의 시작이고 마침입니다.

집중(Focus)

세상의 종류는 범주로 판단됩니다. 그러나 거룩함은 영적으로 분별됩니다. 하나님의 영, 곧 성령님이 임하심으로 거룩함이 온전히 분별되게 됩니다. 성령님이 임하기 전 구약에서 거룩함은 율법으로 규정되었습니다. 성민, 성지, 혹은 성전은 규정된 의미를 지닙니다. 율법으로 규정된 것은 세상 조건이니, 세상에 처한 조건의 변화를 따라 그 거룩함은 상실되게 됩니다.

The worldly kind is judged by the category. But holiness is Spiritually separated. As God's Spirit, i.e., the Holy Spirit, comes, holiness is wholly to be separated. In the OT before the coming of the Holy Spirit, holiness is regulated in the law. Holy people, holy land, or holy temple has its regulated sense. Since what is regulated by the law is the condition of the world, its holiness becomes lost in accordance with the change of its condition in the world.

거룩함은 거룩한 영, 성령님에 의해 분별됩니다. 복음의 거룩함은 영적으로 분별됩니다. 신약에 담긴 사도들의 편지도 성령님에 의해 분별된 거룩함을 보입니다. 성경은 성령님에 의해 분별되게 될 때, 하나님의 말씀으로 거룩하게 여겨집니다. 즉 성경의 거룩함은 영적 분별로 보여져야합니다. 영적으로 분별되지 않는 한 복음이든 성경이든 거룩함으로 읽어질 수 없습니다.

Holiness is separated by the holy Spirit, i.e., the Holy Spirit, The holiness of the gospel is Spiritually separated. The apostles' letters in the NT also unveils holiness separated by the Holy Spirit. The

Bible, when it is separated by the Holy Spirit, is considered to be holy as God's word. That is, its holiness has to be seen with Spiritual discernment. The gospel or the Bible, as long as it is not Spiritually discerned, cannot be read with its holiness.

영적으로 분별되지 못하면 성경은 이해되는 내용으로 바뀌집니다. 이해는 기본적으로 범주로 분류하는 능력입니다. 그러면 성경은 세상에 분류되는 내용으로 이히되게 됩니다. 따라서 성경이 이해되면 그 거룩함은 보아질 수 없습니다. 이해하는 것은 결국 세상을 사는 내용입니다. 그러므로 성경을 이해함은 세상을 살려는 것입니다.

The Bible, if it is not Spiritually discerned, is changed to the content of understanding. Understanding is basically the faculty of the classification by categories. Then, it is understood in terms of the content that is classified in the world. That is, if it is understood, its holiness is not to be seen. What is understood is, eventually, the content of living in the world. Therefore, the understanding of it is to live in the world.

14.7

Spiritual Exhortation(영적 권면)

In Paul's letters, his theological explications are accompanied with his exhortations. His theological undertaking is guided and discerned by the Holy Spirit. His whole theology is expounded with the guidance and discernment of the Holy Spirit. And his exhortation is included in it.

바울의 편지에 그의 신학적 해설은 권면을 수반합니다. 그의 신학적 시도는 성령님에 의해 인도되고 분별됩니다. 그의 전반적 신학은 성령님의 인도와 분별로 상술됩니다. 그리고 그의 권면은 거기에 내포됩니다.

The accompaniment of exhortations seems to be 'practical' applications of Paul's theological outcome. But his theological outcome is not a theory seen in sciences but Spiritual discernment which is accompanied with his exhortation. His exhortation, in this case, is also Spiritual.

권면의 동반은 바울의 신학적 소산의 '실제적' 적용 같습니다. 그러나 그의 신학적 소산은 과학에서 보이는 이론이 아닌 그의 권면이 동반된 영적 분별입니다. 그의 권면은 이 경우 또한 영적입니다.

Exhortation is Spiritual partaking. It is not a mere instruction or direction, Paul's Spiritual discernment is guided by the Holy Spirit. And he wants the guidance of the Holy Spirit to be reached to the Christians who receive his letters that are written in Spiritual discernment. Thus, in his letters, Spiritual discernment is followed by Spiritual exhortation.

권면은 영적 참여입니다. 그것은 단지 교훈이나 지침이 아닙니다. 바울의 영적 분별은 성령님에 의해 인도됩니다. 그리고 성령님의 인도하심이 영적 분별로 쓰인 그의 편지를 받는 그리스도인들에게 이르게 되길 원합니다. 따라서 그의 편지에는 영적 권면이 영적 분별을 따라옵니다.

Spiritual exhortations are seen in the overall apostles' writings. Their writings are, in a sense, compared to Jesus' teachings. His teachings to His disciples have to be transmitted to the early Christians through their writings. And His exhortations accompanied with His teachings are also succeeded by their exhortations.

영적 권면은 전반적 사도들의 글에 보입니다. 그들의 글은 어느 의미에서 예수님의 가르침에 비추어집니다. 제자들을 향한 그분의 가르침은 그들의 글을 통해 초대 그리스도인들에게 전달되어야 했습니다. 그리고 그분의 가르침에 동반된 그분 권면은 또한 그들 권면으로 이어집니다.

But the disciples who heard Jesus' teachings could not receive it properly. After the coming of the Advocate, the Holy Spirit, they were reminded of His teachings by the Holy Spirit [John 14:26]. Then, they could transmit His teachings with the guidance of the Holy Spirit to the early Christians.

그러나 예수님의 가르침을 들은 제자들은 그것을 적절하게 받아들일 수 없었습니다. 보혜사, 성령님이 오신 후에, 그들은 그분의 가르침을 성령님에 의해 기억되게 되었습니다요 14:26. 그러면 그들은 그분 가르침을 성령님의 인도하심으로 초대 그리스도인들에게 전할 수 있었습니다.

The Spiritual discernment is grounded on this affirmation: "Every spirit that confesses that Jesus Christ has come in the flesh is of God" 1 John 4:2. The teaching of Jesus as Christ should be Spiritually discerned. That is, the teaching of Jesus becomes the teaching of Jesus as Christ, when it is Spiritually discerned. And what is Spiritually discerned is Spiritually transmitted.

영적 분별은 이 확언에 근거 됩니다: "예수 그리스도께서 육체로 오신 것을 시인하는 영마다 하나님께 속한 것이요요일 4:2." 그리스도로 예수님의 가르침은 영적으로 분별되어야 합니다. 즉 예수님의 가르침은, 영적으로 분별될 때, 그리스도로서 예수님의 가르침이 됩니다. 그리고 영적으로 분별된 것은 영적으로 전해집니다.

The Spiritual exhortation is the apostles' recitation of Jesus as Christ under the guidance of the Holy Spirit. His teaching becomes the apostles' exhortation through the discernment of the Holy Spirit. The Spiritual exhortation comes out with the Spiritual discernment of Jesus as Christ.

영적 권면은 성령님의 인도하심으로 예수님을 그리스도라고 하는 사도들의 암송입니다. 그분 가르침은 성령님의 분별하심을 통해 사도들의 권면이 됩니다. 영적 권면은 예수님을 그리스도라고 하는 영적 분별로부터 옵니다.

The Spiritual exhortation is based on the life of Jesus as Christ. Wisdom is given to ordinary people for their life in the world. But the Christians are those who live in the kingdom of God that is reigned by Jesus as Christ. They are Spiritually exhorted to live in it with His teaching that is given to His disciples.

영적 권면은 그리스도로서 예수님의 삶에 근거합니다. 지혜는 보통 사람들에게 세상에서 그들의 삶을 위해 주어집니다. 그러나 그리스도인들은 그리스도이신 예수님에 의해 다스려지는 하나님 나라에서 사는 이들입니다. 그들은 제자들에게 주어진 그분 가르침으로 그 안에서 살도록 영적으로 권면됩니다.

The life of the kingdom of God is separated from the life of the kingdom of the world. It cannot be taught with the wisdom that is taught for the life of the kingdom of the world. The teaching of the kingdom of God has to be what is Spiritually discerned, since it is reigned by Jesus as Christ.

하나님 나라의 삶은 세상 나라의 삶으로부터 구별됩니다. 그것은 세상 나라의 삶을 위해 가르쳐지는 지혜로 가르쳐질 수 없습니다. 하나님 나라의 가르침은 영적으로 분별되는 것이어야 합니다. 그것은 그리스도로서 예수님에 의해 다스려지기 때문입니다.

In the gospels, Jesus teaches the kingdom of God with parables, for it cannot be reached as the extension of the kingdom of the world. To the multitudes who live in the kingdom of the world, He gives the glimpse of the kingdom of God with parables. Those who hear them will come out of the multitudes to follow Him.

복음서에서 예수님은 하나님 나라를 비유로 가르치십니다. 왜냐하면 세상 나라의 연장으로 이르게 될 수 없기 때문입니다. 세상 나라를 사는 군중들에게 그분은 하나님 나라의 일별을 비유로 들려주십니다. 그것을 들은 이들은 군중으로부터 나와 그분을 따릅니다.

The life of the kingdom of God cannot be directly teachable in the kingdom of the world. But it can be guided and discerned by the Holy Spirit. Therefore, the apostles, under the guidance of the Holy Spirit, give exhortation for the life of the kingdom of God that Jesus taught with parables.

하나님 나라의 삶은 세상 나라에서 직접적으로 가르쳐질 수 없습니다. 그러나 그것은 성령님에 의해 인도되고 분별됩니다. 그러므로 사도들은 성령님의 인도하심으로 예수님이 비유로 가르치신 하나님의 나라의 삶에 대해 권면합니다.

The kingdom of God became fulfilled concretely in the world as the church when the Holy Spirit came. Thus, the apostles gave exhortations to the church. The life of the church was nourished by their exhortations. In this respect, Jesus' teaching of the kingdom of God became the apostles' exhortation of the church.

하나님 나라는 성령님이 오셨을 때, 세상에서 교회로 구체적으로 이루어지게 되었습니다. 따라서 사도들은 교회를 향해 권면했습니다. 교회의 삶은 그들 권면에 의해 육성되었습니다. 이 점에서 하나님 나라에 대한 예수님의 가르침은 교회에 대한 사도들의 권면이 되었습니다.

In the Epistle to Romans, Paul begins with his exhortation, saying "I beseech you therefore, brethren, by the mercies of God, that you present your bodies a living sacrifice, holy, acceptable to God, which is your reasonable service. And do not be conformed to this world, but be transformed by the renewing of your mind, that you may prove what is that good and acceptable and perfect will of God" Rom. 12:1-2.

로마서에서 바울은 그의 권면을 이렇게 말하며 시작합니다: "그러므로 형제들아 내가 하나님의 모든 자비하심으로 너희를 권하노니 너희 몸을 하나님이 기뻐하시는 거룩한 산 제물로 드리라 이는 너희가 드릴 영적 예배니라 너희는 이 세대를 본받지 말고 오직 마음을 새롭게 함으로 변화를 받아 하나님의 선하시고 기뻐하시고 온전하신 뜻이 무엇인지 분별하도록 하라롬 12:1-2."

The Spiritual life is exhorted Spiritually. There cannot be any rule or regulation for it, for it is only guided by the Holy Spirit. If man's effort is involved in it, it becomes physical life, not Spiritual life. And it cannot be directed by the law either. There is nothing to be practiced willfully in the Spiritual life.

영적 삶은 영적으로 권면됩니다. 그것에 대한 어떤 규칙이나 규정이 있을 수 없습니다. 그것은 단지 성령님에 의해 인도되기 때문입니다. 사람의 노력이 그것에 개입되게 되면, 그것은 육체적 삶이 됩니다. 영적 삶이 아닙니다. 그리고 그것은 율법에 의해 지시되지 않습니다. 영적 삶에서 의지적으로 실행될 것은 없습니다.

Spiritual exhortation is not to be seen in the ordinary life, for the ordinary life is not Spiritual. Only those who are guided by the Holy Spirit can give Spiritual exhortation so as for the church to be fulfilled, for it has to be given toward the direction of the Spiritual guidance. That is, it is not given to individuals but to the church.

영적 권면은 보통 삶에 보이지 않습니다. 보통 삶은 영적이 아니기 때문입니다. 성령님에 의해 인도된 이들만이 교회가 이루어지도록 영적 권면을 줄 수 있습니다. 왜냐하면 그것은 영적 인도의 방향으로 주어져야 하기 때문입니다. 즉 그것은 개인들에게 주어지지 않고 교회에 주어집니다.

The early church could be fulfilled by the early apostles, including Paul, under the guidance of the Holy Spirit. Therefore, their writings contained rich exhortations. And their mission was accompanied with their exhortation as Jesus' mission was accompanied with His teaching of the kingdom of God.

초대 교회는 성령님의 인도하심으로 바울을 포함한 초대 사도들에 의해 이루어질 수 있었습니다. 그러므로 그들 글은 풍성한 권면을 담았습니다. 그리고 그들 선교는, 예수님의 선교가 하나님 나라에 대한 그분 가르침을 수반하듯이, 그들 권면을 수반하였습니다.

Without the guidance of the Holy Spirit, Spiritual exhortation cannot be seen. When the church becomes institutionalized, its teaching does not show Spiritual exhortation. As it is fixed as an institution, its teaching is also formulated into judgmental doctrines. Then, it becomes the gathering of individuals who understand its doctrines.

성령님의 인도 없이 영적 권면은 보일 수 없습니다. 교회가 기관화되면 교회 가르침은 영적 권면을 보이지 않습니다. 그것이 기관으로 고정됨에 따라, 그 가르침도 판단하는 교리로 작성되게 됩니다. 그러면 그것은 그 가르침을 이해하는 개인들의 모임이 됩니다.

The fulfillment of the church can be seen with the Spiritual exhortation. But the sustenance of it can be continued by the doctrinal teaching. Church doctrine is a rigid form of understanding. The rigidity of doctrines fits for the sustenance of the institutionalized church.

교회의 이루어짐은 영적 권면으로 보아질 수 있습니다. 그러나 교회의 존속은 교리의 가르침에 의해 지속될 수 있습니다. 교회 교리는 이해의 굳은 형태입니다. 교리의 굳음은 기관화된 교회 존속에 맞습니다.

Spiritual exhortation is discerned, but doctrinal teaching judged. Spiritual exhortation should be discerned from any spiritual remark that denies the confession that Jesus Christ has come in the flesh. But doctrinal teaching makes judgment that any teaching that goes against the traditional church orthodox is heresy.

영적 권면은 분별됩니다. 그러나 교리적 가르침은 판단됩니다. 영적 권면은 예수 그리스도께서 육체로 오셨다는 고백을 부인하는 어떤 영적 언급으로부터도 분별되어야 합니다. 그러나 교리적 가르침은 전통적 교회 정통에 반하는 어떤 가르침도 이단이라고 판단합니다.

Although the Apostle's Creed concisely formulated the main points of the apostles' exhortations, it is not an exhortation but a creed, as titled. Therefore, it works as the judgmental criterion of the orthodox faith of the church. It is an institutional announcement of the institutional church.

사도 신경은 사도들의 권면의 주된 점을 간결하게 작성하였지만, 표제로 되었듯이 권면이 아닌 신경입니다. 그러므로 그것은 교회의 정통 신앙에 대한 판단의 기준으로 일합니다. 기관 교회의 기관적 공표입니다.

Spiritual exhortation is for the covenant togetherness. The Spiritual confession that Jesus is Christ comes out with God's togetherness. "Christ" is the title in the kingdom of God. And it was attributed to Him, since He was so obedient on the cross that God was together with Him.

영적 권면은 언약의 함께를 위합니다. 예수님이 그리스도시라는 영적 고백은 하나님의 함께로부터 옵니다. "그리스도"는 하나님 나라의 직함입니다. 그리고 그분에게 부여됩니다. 그분은 십자가로 순종하셨음으로 하나님이 그분과 함께하셨기 때문입니다.

Spiritual guidance and discernment come out of God's togetherness, for He sends His Spirit for His togetherness. Therefore, Spiritual exhortation is directed to His togetherness. Togetherness is only exhorted Spiritually. It is not a matter of decision on the basis of judgment.

영적 인도와 분별은 하나님의 함께로부터 옵니다. 그분이 그분 영을 그분 함께로 보내시기 때문입니다. 그러므로 영적 권면은 그분 함께로 지향됩니다. 함께는 단지 영적으로 권면됩니다. 그것은 판단에 근거한 결정의 문제가 아닙니다.

Doctrinal judgment always sets a boundary. The criterion of judgment is, in a sense, a boundary line. Therefore, judgment does not work for togetherness. The perspective of togetherness precludes any judgmental sense, for it has no sense of boundary. The traditional church doctrine has been used for making judgment against heresy.

교리적 판단은 항상 경계를 설정합니다. 판단의 기준은 어느 의미에서 경계선입니다. 그러므로 판단은 함께로 일하지 않습니다. 함께의 관점은 어떤 판단의 의미도 금합니다. 그것은 경계의 의미를 갖지 않기 때문입니다. 전통적 교회 교리는 이단에 대하여 판단하기 위해 사용되었습니다.

Although the kingdom of God is different from the kingdom of the world, it does not set a boundary in the world. Since it is not competitive with the kingdoms of the world, it does not show any demarcation in the world. It is visible for its togetherness in the world of individuals.

하나님 나라는 세상 나라와 다르지만, 세상에서 경계를 설정하지 않습니다. 그것은 세상 나라와 경쟁적이 아님으로, 세상에서 어떤 구분도 보이지 않습니다. 그것은 개인들의 세상에서 그 함께에 대해 보입니다.

Therefore, any judgment is not to be applied to the kingdom of

God. The announcement of the kingdom of God is only accompanied with exhortatory remarks, for God's togetherness cannot be talked about judgmentally. Therefore, the traditional church doctrines are not fit for the life of the kingdom of God.

그러므로 어떤 판단도 하나님 나라에 적용될 수 없습니다. 하나님 나라의 선언은 단지 권면하는 언급을 동반합니다. 하나님의 함께는 판단적으로 말해질 수 없기 때문입니다. 그러므로 전통적 교회 교리는 하나님 나라의 삶에 맞지 않습니다.

People who live in the kingdom of the world may modify their kingdom in accordance with their will. But they cannot live in the kingdom of God with their preference. The life in it is not within their own possibility. They cannot confess willfully that Jesus is the Christ of the kingdom of God.

세상 나라에 사는 사람들은 그들 의지에 따라 그들 나라를 개조할 수 있습니다. 그러나 그들은 그들 선택으로 하나님 나라에 살 수 없습니다. 하나님 나라로 사는 삶은 그들 자신의 가능성 안에 있지 않습니다. 그들은 예수님이 하나님 나라의 그리스도라고 의지적으로 고백할 수 없습니다.

Spiritual exhortation should not be reduced to a merit-invoking persuasion. The life of the kingdom of God should not be reduced to a good life in the kingdom of the world. The life of the kingdom of God is only Spiritually guided, discerned, and exhorted. It is not the outcome of virtuous individuals.

영적 권면은 장점을 불러오는 설득으로 환원되지 말아야 합니다. 하나님 나라의 삶은 세상 나라의 좋은 삶으로 환원되지 말아야 합니다. 하나님 나라의 삶은 영적으로만 인도되고, 분별되고, 그리고 권면됩니다. 그것은 고결한 개인들의 소산이 아닙니다.

God's togetherness cannot be affirmed with a conditional betterness in the world. If so, His togetherness becomes mentioned apart from the kingdom of God. However, His togetherness apart from His kingdom is an outcome of men's wish. That's why they are accustomed to speak of His blessing. But they do not think of His blessing in His kingdom.

하나님의 함께는 세상에서 조건적 나음으로 확언될 수 없습니다. 그렇다면 그분 함께는 하나님의 나라를 떠나 언급되게 됩니다. 그렇지만 그분 나라를 떠나 그분 함께는 사람들의 원함의 소산입니다. 그 때문에 그들은 그분 축복을 말하는데 익숙해졌습니다. 그러나 그들은 그분 나라에서 그분 축복을 생각하지 않습니다.

God' togetherness is only Spiritually uttered. But people want to understand the Spiritual utterance with their own ordinary words. Because of this tendency, His togetherness is easily misunderstood as being accompanied with conditional blessing. As long as His blessing is concerned with the betterness in the world, it is not related with His kingdom or His togetherness.

하나님의 함께는 영적으로만 발설됩니다. 그러나 사람들은 영적 발설을 그들 자신의 보통 말로 이해하기를 원합니다. 이 경향 때문에 그분 함께는 쉬이 조건적 축복과 동반되는 것으로 잘못 이해됩니다. 그분 축복이 세상의 나음으로 관심되는 한, 그분 나라나 그분 함께와 연관되지 않습니다.

The Spiritual utterance of God's togetherness should be heard as Spiritual exhortation. The hearing of the Spiritual utterance as Spiritual exhortation is led to have the sense of nearness or closeness of His togetherness, for His togetherness consists in His guidance. Togetherness is always guided.

하나님의 함께에 대한 영적 발설은 영적 권면으로 들어져야 합니다. 영적 발설을 영적 권면으로 들음은 그분 함께의 접근이나 가까움의 의미를 갖도록 이끌려집니다. 그분 함께는 그분 인도에 있기 때문입니다. 함께는 언제나 인도됩니다.

집중(Focus)

하나님께서 예수님을 세상에 보내심으로 새 언약의 삶을 이루십니다. 그것은 율법에 의한 옛 언약의 삶과 다릅니다. 옛 언약의 삶의 지침은 율법의 문자로 명시됩니다. 그러나 하나님은 예수님을 세상에 보내셔서 예수님의 삶을 새 언약의 삶으로 보이십니다. 예수님의 삶은 복음에 영적 분별로 서사되기 때문에 영적으로 분별된 시각으로 보아집니다.

God, sending Jesus to the world, fulfills the new covenant life. It is different from the old covenant life due to the law. The guideline of the old covenant life is specified by the letters of the law. But God, sending Jesus to the world, shows His life as the new covenant life. Since His life is narrated with Spiritual discernment in the gospel. it is seen from the perspective of Spiritual discernment.

영적으로 분별된 복음은 영적으로 권면됩니다. 복음으로 서사된 예수님의 삶은 율법과 같은 규정된 내용으로 적용될 수 없습니다. 복음이 영적으로 분별되니 예수님의 따름은 영적으로 분별됩니다. 개인의 판단과 의지로 보일 수 없습니다. 따라서 예수님의 삶을 따른 삶은 영적으로 분별되고 권면됩니다. 율법이나 지혜로 들려질 수 없습니다.

The gospel that is Spiritually discerned is Spiritually exhorted. Jesus' life that is narrated as the gospel is not to be applied as regulated content like the law. Since the gospel is Spiritually discerned, the following of Him is Spiritually discerned. It cannot be shown with individual judgment and will. Thus, the life in accordance with His life is Spiritually discerned and exhorted. It cannot be heard as the law or wisdom.

하나님의 자녀는 예수님의 삶을 닮은 삶을 삽니다. 예수님이 하나님의 아들이기 때문입니다. 예수님의 삶을 닮은 삶으로 하나님과 함께합니다. 예수님의 삶은 율법에 의해 세상에서 명시될 수 없습니다. 그렇기에 예수님은 율법을 지키는 삶을 살지 않으셨습니다. 따라서 예수님의 삶을 닮은 삶도 율법에 의해 명시될 수 없습니다. 영적으로 분별되니 영적으로 권면될 뿐입니다.

God's children live the life of the likeness of His life, for He is the Son of God. They are together with God as they live the life of the likeness of His life. His life cannot be specified in the world by the law. For this reason, He did not live the life of keeping the law. Thus, the life of the likeness of His life cannot be specified by the law. Since it is Spiritually discerned, it is only Spiritually exhorted.

14.8

Spiritual Forgiveness(영적 용서)

The cross of Jesus was a historical event. But it was an unusual tragic event that resulted from men's judgments. Therefore, the way to go about it could be explained by a historical sequence of events that were precipitated by men's motivations and wills. Even in the gospel, the way to it is relatively well specified.

예수님의 십자가는 역사적 사건이었습니다. 그러나 그것은 사람들의 판단으로 초래된 특이한 비극적 사건이었습니다. 그러므로 십자가로 가는 길은 사람들의 동기와 의지로 야기된 일련의 역사적 사건으로 설명될 수 있었습니다. 복음서에서도 십자가로 가는 길은 상대적으로 잘 열거되었습니다.

Since the cross was a historical event, it becomes an explanatory object. Its consequences can be studied from the historical perspective. And its impact is also historically observed. Since it was set up in the world, it is inevitably observed from the worldly perspective. Everyone who saw it questions why it happened.

십자가는 역사적 사건이었음으로 설명의 대상이 됩니다. 그 결과는 역사적 관점에서 연구될 수 있습니다. 그리고 그 영향도 또한 역사적으로 주목됩니다. 십자가는 세상에 세워졌음으로 세상의 관점으로 주목될 수밖에 없습니다. 그것을 본 사람은 누구나 왜 그것이 일어났는지 질문합니다.

But in the Bible the cross of Jesus is narrated not in terms of men's wills but in terms of God's will. Therefore, it is the main theme of the Christian faith. The Christians primarily affirm that Jesus was crucified in accordance with His will. Men's wills are causally linked, but God's will is predestined to be fulfilled.

성경에서 예수님의 십자가는 사람의 뜻이 아닌 하나님의 뜻으로 서사됩니다. 그러므로 그것은 그리스도교 믿음의 주된 주제입니다. 그리스도인들은 예수님이 하나님의 뜻으로 십자가에 못 박히셨다고 일차적으로 확언합니다. 사람들의 뜻은 인과로 연결되지만, 하나님의 뜻은 이루어지도록 예정됩니다.

But it is not easy to narrate the cross that was a concrete event in the world in terms of God's will. There is no human faculty to infer from it to His will, for His will is not inferential but predestined. His will is told only by His Spirit, and, thus, the fulfillment of His will is narrated Spiritually.

그러나 세상에서 구체적 사건인 십자가를 하나님의 뜻으로 서사하는 것은 쉽지 않습니다. 십자가로부터 하나님의 뜻을 추론하는 인간의 능력은 없습니다. 왜냐하면 그분 뜻은 추론되지 않고 예정되기 때문입니다. 그분의 뜻은 그분 영으로만 말해집니다. 따라서 그분 뜻의 이루어짐은 영적으로 서사됩니다.

Therefore, the narrative of the cross of Jesus in terms of God's will is inevitably Spiritual. The famous Paul's redemptive exposition of the cross is Spiritual. In the exposition he introduces His forgiveness. Thus, he wants to tell His forgiveness through the cross of Jesus. This is the gist of his exposition of redemption.

그러므로 하나님의 뜻으로 예수님의 십자가에 대한 서사는 어쩔 수 없이 영적입니다. 유명한 바울의 십자가에 대한 구속 전개는 영적입니다. 그 전개에서 그는 그분의 용서를 도입합니다. 따라서 그는 예수님의 십자가로 그분의 용서를 말하려고 합니다. 이것이 그의 구속 전개의 핵심입니다.

God's forgiveness is Spiritual. Paul announces Spiritual forgiveness with the cross of Jesus. Since the cross is the frame of physical punishment, forgiveness cannot be directly told in terms of it. Nevertheless, with it God's forgiveness is affirmed to be unfolded Spiritually. It is paradoxical in the respect that it is narrated in terms of human punishment as well as God's forgiveness.

하나님의 용서는 영적입니다. 바울은 예수님의 십자가로 영적 용서를 선언합니다. 십자가는 육신의 형틀이기 때문에, 용서는 십자가로 직접적으로 말해질 수 없습니다. 그렇지만 십자가로 하나님의 용서가 영적으로 펼쳐짐이 확언됩니다. 십자가는 인간의 처벌과 더불어 하나님의 용서로 서사된다는 점에서 역설적입니다.

The cross is the end of physicality. There is nothing to be talked about except burial. But it is the Spiritual opening toward God's forgiveness. Those who go through it with the faith in Jesus are

Spiritually redeemed with His forgiveness. It is redemptive from the Spiritual perspective,

십자가는 육체성의 끝입니다. 장례 외에 더 이상 십자가에 대해 말해질 것이 없습니다. 그러나 하나님의 용서를 향한 영적 열림입니다. 예수님을 믿는 믿음으로 십자가를 통해 가는 이들은 그분 용서로 영적으로 속량됩니다. 십자가는 영적 관점에서 속량적입니다.

Spiritual forgiveness in terms of the cross is the guidance toward forgiveness beyond conditionality. Phrasing differently, Spiritual forgiveness is the guidance toward the realm of togetherness with God. His togetherness has the side of forgiveness. He is together with His people with forgiveness.

십자가에 의한 영적 용서는 조건성을 넘은 용서로 인도입니다. 달리 말하면, 영적 용서는 하나님과 함께하는 영역으로 인도입니다. 그분 함께는 용서의 측면이 있습니다. 그분은 용서로 그분 백성과 함께하십니다.

The cross is the end of conditionality. God's togetherness cannot be fulfilled conditionally. Since God is Spirit, His people are to-gether with Him Spiritually. Therefore, His togetherness cannot be claimed with conditional blessings. His togetherness with the cross should not be confused with His blessing with conditionality.

십자가는 조건성의 끝입니다. 하나님의 함께는 조건적으로 이루어질 수 없습니다. 하나님은 영이심으로, 그분 백성은 영적으로 그분과 함께합니다. 그러므로 그분 함께는 조건적인 축복으로 주장될 수 없습니다. 십자가로 그분의 함께는 조건성으로 그분 축복과 혼동되지 말아야 합니다.

Thus, the cross is the end of conditionality and the beginning of Spirituality. Because it is Spiritual, it is not to be treated as a symbol. A symbol comes out of the individual mind and, thus, remains in it. Nevertheless, Spirituality guides it. The Spirituality of the cross guides it to be redeemed.

따라서 십자가는 조건성의 마침이요 영성의 시작입니다. 영적이기 때문에 상징으로 다루어지지 않습니다. 상징은 개인의 마음에서 나오고, 따라서 거기에 머뭅니다. 그렇지만 영성은 개인의 마음을 인도합니다. 십자가의 영성은 개인의 마음을 인도해서 구속되게 힙니다.

The meaning of the cross is unfolded as Spiritual forgiveness in the covenant life. As the cross is preached, the church, i.e., the new covenant life, is guided with Spiritual forgiveness. Phrasing differently, the new covenant life with the cross is unfolded into Spiritual forgiveness.

십자가의 뜻은 언약의 삶에서 영적 용서로 펼쳐집니다. 십자가가 설교됨으로, 교회, 곧 새 언약의 삶이 영적 용서로 인도됩니다. 달리 말하면, 십자가로 새 언약의 삶은 영적 용서로 펼쳐집니다.

The cross is God's forgiving event fulfilled in the world. It is concrete in the world. Thus, His forgiveness is concretely fulfilled in the world. And His togetherness is also concretely fulfilled in the world. Therefore, the concreteness of His togetherness can be affirmed with the concreteness of the cross.

십자가는 세상에 이루어진 하나님 용서의 사건입니다. 십자가는 세상에서 구체적입니다. 따라서 그분의 용서는 세상에서 구체적으로 이루어집니다. 그리고 그분 함께 또한 세상에서 구체적으로 이루어집니다. 그러므로 그분 함께의 구체성은 십자가의 구체성으로 확언될 수 있습니다.

Since God's togetherness is concretized with the cross of Jesus, the covenant life of His togetherness, i.e., the church, is concretely fulfilled with the cross that is narrated with Spiritual forgiveness. Therefore, the cross was the fulfillment of His word, i.e., His will in Jesus' obedience.

하나님의 함께는 예수님의 십자가로 구체화되기 때문에, 그분 함께의 언약의 삶, 곧 교회는 영적 용서로 서사된 십자가와 더불어 구체적으로 이루어집니다. 그러므로 십자가는 예수님의 순종 가운데 그분 말씀, 곧 그분의 뜻의 이루어짐이었습니다.

God's forgiveness is expressed with sin. And sin is due to the disobedience of His word. The disobedience of His word results from the indulgence to the conditionality of the world, as seen in the narrative of the fall. Therefore, sin means the fall into the conditionality of the world.

하나님의 용서는 죄와 더불어 표현됩니다. 그리고 죄는 그분 말씀에 불순종에 의합니다. 그분 말씀에 대한 불순종은 타락의 서사에서 보이듯, 세상 조건성에 몰입된 결과입니다. 그러므로 죄는 세상 조건성으로 타락을 뜻합니다.

God's forgiving togetherness can be told with the cross. He is not together with those who are sinless, because He forgives. He is together with His people, not because they are righteous. Not man's righteousness but His forgiveness leads to the covenant life of togetherness.

하나님의 용서하시는 함께는 십자가로 말해질 수 있습니다. 그분은 용서하시기 때문에, 죄 없는 이들과 함께하지 않으십니다. 그분은 그분 백성과 함께하십니다. 그들이 의롭기 때문이 아닙니다. 사람의 의가 아닌 그분의 용서가 함께하는 언약의 삶을 인도합니다.

Those who keep the law are regarded as righteous. They think that they are together with God with their righteousness that is achieved by their effort of keeping the law. If His togetherness is told in terms of the law, it cannot but be admitted that any one, with self-achieved righteousness with the law, will be together with Him.

율법을 지키는 이들은 의롭다고 여겨집니다. 그들은 율법을 지키는 그들 노력에 의한 성취된 의로 하나님과 함께한다고 생각합니다. 그분 함께가 율법으로 말해지면, 누구나, 율법으로 자기 성취된 의로, 그분과 함께할 것이라고 인정될 수밖에 없습니다.

However, the narrative of Jesus in terms of the cross leads to seeing God's togetherness with His forgiveness. The cross vivifies sin rather than righteousness. Therefore, if His togetherness is affirmed with the cross, His togetherness includes forgiveness of sin. The cross is the ground of the affirmation that His togetherness is fulfilled with His forgiveness.

　그렇지만 십자가에 의한 예수님의 서사는 하나님 용서로 그분 함께 를 보게 이끕니다. 십자가는 의보다 죄를 선명하게 합니다. 그러므로 그분 함께가 십자가로 확언되면, 그분 함께는 죄의 용서를 포함합니다. 십자가는 그분 함께가 그분 용서로 이루어지는 것이라는 확언의 근거 입니다.

Sin is the departure from the word of God to be subjected to the conditionality of the world. The conditionality of the world is immediate and temptational. Therefore, man easily goes along with it in order to be satisfied with it. In this way, he is conditionalized. The conditional selfhood is sinful.

　죄는 하나님의 말씀을 떠나 세상 조건성에 종속됨입니다. 세상 조건 성은 직접적이고 유혹적입니다. 그러므로 사람은 쉬이 조건으로 만족 하기 위해 조건을 따라갑니다. 이렇게 해서 그는 조건화됩니다. 조건적 자아는 죄 됩니다.

Under this trend, people become subjected to the flow of the conditionality of the world. Their natural or cultural life is expressed with their accommodation of it. But it is narrated as the fallen life in the Bible since it is the departure from the word of God. In the conditional life, the word of God is not to be fulfilled because it is subjected to conditionality.

　이 경향으로 사람들은 세상 조건성의 흐름에 종속됩니다. 그들의 자 연적 혹은 문화적 삶은 세상 조건성에 대한 그들의 적응으로 표현됩니 다. 그러나 그 삶은 하나님의 말씀으로부터 떠남이기 때문에 성경에서 타락된 삶으로 서사됩니다. 조건적 삶에서, 하나님의 말씀은 조건성에 종속됨으로 그것은 이루어질 수 없습니다.

The conditionality of the world consists of what is in the world. Therefore, it is characteristically ontological. The ontological life is fallen life from the Biblical perspective, since it is subjected to follow in accordance with what is in the world. Individuality that is identified ontologically is characterized in terms of conditionality.

세상 조건성은 세상에 있는 것으로 구성됩니다. 그러므로 특징적으로 존재론적입니다. 존재론적 삶은 성경의 관점으로 볼 때 타락된 삶입니다. 세상에 있는 것을 따르는 것에 종속되기 때문입니다. 존재론직으로 식별되는 개인성은 조건성으로 특징지어집니다.

However, life in accordance with God's word is covenantal. Since His word is what is to be fulfilled, the life in accordance with His word is to be fulfilled in the obedience of it. That is, the life of His togetherness with His word is what is to be fulfilled. In the fulfillment of His word, conditionality of the world is overcome.

그렇지만 하나님의 말씀을 따르는 삶은 언약적입니다. 그분 말씀은 이루어질 것임으로, 그분 말씀을 따르는 삶은 그분 말씀에 순종으로 이루어질 수 있습니다. 즉 그분 말씀으로 그분 함께의 삶은 이루어질 것입니다. 그분 말씀의 이루어짐에서 세상 조건성은 극복됩니다.

God's forgiveness for His togetherness is given to the life of the conditionality of the world in order for it to be the life of His word. Phrasing differently, His forgiveness for His togetherness is given to the ontological life in order for it to be redeemed as the covenant life. His forgiveness, therefore, is not given for the allowance or sustenance of the status quo.

하나님 함께를 위한 그분 용서는 세상 조건성의 삶이 그분 말씀의 삶이 되도록 세상 조건성의 삶에 주어집니다. 달리 말하면, 그분 함께를 위한 그분 용서는 존재론적 삶이 언약의 삶으로 구속되도록 존재론적 삶에 주어집니다. 그분 용서는, 그러므로, 현 상태의 허용이나 지속으로 주어지지 않습니다.

As people know the conditionality of the world, they accommodate or modify it for their life. Nevertheless, they are subjected to it whatever or however they do. In this way, their life is departed from the word of God. If their life is not fulfilled with the word of God, it is being conditionalized.

사람들은 세상 조건성을 알면서, 그들의 삶을 위해 그것을 적용하거나 개조합니다. 그렇지만 그들은 그들이 무엇을 혹은 어떻게 하든 거기에 종속됩니다. 이렇게 해서 그들 삶은 하나님의 말씀을 떠나게 됩니다. 그들 삶이 하나님의 말씀으로 이루어지지 않으면, 조건화됩니다.

God's forgiveness in terms of the cross is directed to the life of the conditionality of the world. His forgiveness is given to redeem it from the conditionality to be the life of His word. That is, His forgiveness is directed to the determined life of the conditionality for the fulfilled life of His togetherness.

십자가로 하나님 용서는 세상 조건성의 삶을 향합니다. 그분 용서는 조건성의 삶이 조건성으로 부터 말씀의 삶으로 구속되도록 주어집니다. 즉 그분 용서는 그분 함께의 이루어진 삶을 위해 조건성의 결정된 삶에 향합니다.

This is the meaning of Spiritual forgiveness with the cross of Jesus. Spiritual forgiveness leads to God's word from the conditionality of the world. Specifically, Spiritual forgiveness leads to the cross of His word from the cross of the conditionality of the world. This is the significance of the affirmation that His forgiveness is fulfilled on the cross.

이것이 예수님의 십자가로 영적 용서의 뜻입니다. 영적 용서는 세상의 조건성으로 부터 하나님 말씀에 이끕니다. 구체적으로 영적 용서는 세상의 조건성의 십자가로부터 그분 말씀의 십자가로 이끕니다. 이것이 그분 용서가 십자가상 이루어진다고 확언하는 뜻입니다.

Spiritual forgiveness with the cross is narrated in the covenant life rather than in the worldly life, for it is for God's togetherness. With the narrative of the cross of covenant life, i.e., the church, is unfolded. But in worldly life, it is only explained. The worldly life goes along with its explanation.

십자가로 영적 함께는 세상의 삶에서보다 언약의 삶에서 서사됩니다. 십자가는 하나님 함께를 위하기 때문입니다. 십자가 서사로 언약의 삶, 곧 교회가 펼쳐집니다. 그러나 세상 삶에서 십자가는 단지 설명됩니다. 세상의 삶은 십자가의 설명을 따라갑니다.

The cross seen from the perspective of God's togetherness is narrated with Spiritual forgiveness. This is the basic covenant statement of Spiritual forgiveness. The covenant life is fulfilled and unfolded in the world with Spiritual forgiveness. This implies that, if the cross is not told Spiritually, it merely remains as a symbol. Then, no covenant life of togetherness can be unfolded with it.

하나님 함께의 관점으로 보인 십자가는 영적 용서로 서사됩니다. 이 것은 영적 용서의 기본 언약의 진술입니다. 언약의 삶은 영적 용서로 세상에 이루어지고 펼쳐집니다. 이것은 십자가가 영적으로 말해지지 않으면, 단지 상징으로 남는다는 것을 시사합니다. 그러면 함께하는 언 약의 삶은 십자가로 펼쳐질 수 없습니다.

The covenant life of God's togetherness is expanded with Spiritual forgiveness from the cross as the center. The cross, so to speak, is the center of the covenant life, since Spiritual forgiveness springs out of it. Because of this reason, it is the center of the Christian mission with Spiritual forgiveness.

하나님 함께의 언약의 삶은 십자가를 중심으로 영적 용서로 확장됩 니다. 십자가는 말하자면 언약의 삶의 중심입니다. 영적 용서가 십자가 로부터 솟아나기 때문입니다. 이 때문에 십자가는 영적 용서로 그리스 도교 선교의 중심입니다.

That's why Jesus explicitly mentioned in the last supper with the cup, "Drink from it, all of you. For this is My blood of the new covenant, which is shed for many for the remission of sins" ^{Matt.} ^{26:28}. Forgiveness of sins consists in the new covenant with the cross. Togetherness is fulfilled with forgiveness of sins.

이 때문에 예수님은 만찬에서 잔으로 명백하게 언급했습니다: "이것은 죄 사함을 얻게 하려고 많은 사람을 위하여 흘리는 바 나의 피 곧 언약의 피니라^{마 26:28}." 죄의 용서는 십자가로 새 언약을 구성합니다. 함께는 죄의 용서로 이루어집니다.

Jesus explicitly indicates that the new covenant and forgiveness of sins are associated with the cross. These are the basic themes through which it is to be narrated. With its narrative in Spiritual forgiveness, the new covenant life of God's togetherness is unfolded. That is, at the juncture of the cross, Jesus' whole story becomes the new covenant.

예수님은 새 언약과 죄의 용서는 십자가와 연관됨을 명시적으로 가리킵니다. 이것들은 십자가가 서사될 기본 주제들입니다. 영적 용서 가운데 십자가의 서사로 하나님 함께의 새 언약의 삶이 펼쳐집니다. 즉 십자가의 분기점에서 전반적 예수님의 이야기는 새 언약이 됩니다.

집중(Focus)

하나님의 용서는 사람의 죄를 전제하지 않고 하나님의 함께를 전제합니다. 하나님은 그분이 함께하려고 용서하십니다. 하나님은 영이시니 하나님의 함께는 영적이고, 따라서 그분의 용서도 영적입니다. 이 경우 영적으로 용서되는 죄는 율법에 의해 규정된 죄가 아닙니다. 규정된 율법을 어기거나 지키는 것은 개인의 의지적 결정입니다.

God's forgiveness does not presuppose man's sin but presupposes His togetherness. God forgives in order for Him to be together. Since He is Spirit, His togetherness is Spiritual, and, thus, His forgiveness is also Spiritual. In this case, forgiven sin that is forgiven Spiritually is not sin that is regulated by the law. It is an individual willful decision to keep or break the regulated law.

사람의 죄는 하나님과 함께하지 못하고 세상에 속한 것을 뜻합니다. 세상에 속한 상태가 어떻게 바꾸어지든 죄는 그대로입니다. 하나님과 함께로 나아오지 않는 한 죄를 벗어날 수 없습니다. 그러므로 죄의 용서는 하나님의 함께의 결과입니다. 하나님께서 용서하심으로 죄가 사해집니다. 하나님과 함께함으로 더 이상 세상에 속해 살지 않기 때문입니다.

Man's sin means that he, failing to be together with God, belongs to the world. it remains as sin however his state in the world changed. As long as he does not come to His togetherness, he cannot be taken away from sin. Therefore, the forgiveness of sin is the outcome of being together with Him. Sin is forgiven as He forgives it, for he no longer lives in the world because he lives with Him.

　율법은 용서를 내포할 수 없습니다. 율법을 지키지 않음엔 처벌만 있지 용서는 있을 수 없습니다. 따라서 율법으로는 율법을 지킴으로 하나님과 함께가 주장될 뿐입니다. 그러나 하나님께서 율법을 지키는 사람과 함께할지는 문제입니다. 하나님이 율법을 지키며 스스로 의롭다고 하는 이들과 함께하신다는 주장은 확정될 수 없습니다. 하나님은 그분 용서로 함께하십니다.

The law cannot entail forgiveness. For non-keeping of the law, there is only punishment, and there cannot be forgiveness. Thus, for the law, togetherness with God through the keeping of it is only claimed. But it is a problem whether He is together with those who keep the law. It cannot be confirmed to claim that He is together with those who are self-righteous in keeping the law. He, with His forgiveness, is to be together.

14.9

Spiritual Comfort(영적 위로)

Comfort that is dealt in the Bible is not individualistic. When an individual is suffering or afflicted, he is in need of being comforted. Thus, someone else comforts him somehow. In this case, comfort is being conscious of what is lacking so that it may be filled. That is, it is given by someone else.

성경에서 다루어지는 위로는 개인적이 아닙니다. 개인이 고난 받거나 어려움 당할 때, 그는 위로됨이 필요합니다. 따라서 다른 이가 그를 어떻든 위로합니다. 이 경우 위로는 결여된 것이어서 채워져야 될 것으로 의식됩니다. 즉 위로는 다른 이에 의해 주어집니다.

But in the Bible, comfort is treated as what is together with. Thus, "God of all comfort" [2 Cor. 1:3], and "the comfort of the Holy Spirit" [Acts 9:31] are notable. And Jesus gives blessing to His disciples: "Blessed are those who mourn, for they shall be comforted" [Matt. 5:4]. He comes as a blessing that flows into those who mourn so as to be comforted.

그러나 성경에서 위로는 함께하는 것으로 다루어집니다. 따라서 "모든 위로의 하나님[고후 1:3]"과 "성령의 위로[행 9:31]"가 주목될 만 합니다. 그리고 예수님은 제자들을 축복하십니다: "애통하는 자는 복이 있나니 그들이 위로를 받을 것임이요 마 5:4." 예수님은 위로되어질 애통하는 이들에게 흘러들어가는 축복으로 오십니다.

The Biblical life, i.e., the covenant life, has comfort in it. The covenant life begins with God's togetherness. His togetherness sprouts into comfort to His people who mourn. Thus, His people live with His consolation. His people who are together with Him are comforted with His togetherness.

성경의 삶, 곧 언약의 삶은 그 안에 위로를 갖습니다. 언약의 삶은 하나님 함께로 시작합니다. 그분 함께는 신음하는 그분 백성에게 위로로 싹틉니다. 따라서 그분 백성은 그분 위안으로 삽니다. 그분과 함께하는 그분 백성은 그분 함께로 위로됩니다.

As long as God's people live in the world, they are faced with affliction and, thus, mourn. But since they live with His togetherness, they are comforted. That is, His comfort is inherent in their covenant life. The covenant life is inherently comforted. Or it is a life of comfort. Its comfort overcomes its affliction in the world.

하나님의 백성이 세상을 사는 한, 어려움을 겪게 되고 따라서 신음합니다. 그러나 그들은 그분의 함께로 살기 때문에, 위로됩니다. 즉 그분 위로는 그들 언약의 삶에 내재됩니다. 언약의 삶은 내재적으로 위로됩니다. 혹은 그것은 위로의 삶입니다. 그것의 위로는 세상에서 그것의 어려움을 극복합니다.

The covenant people live with God's comfort. This is the basic statement of comfort in the Bible. If the covenant is seen from the perspective of His togetherness rather than Himself, His comfort is consequential. Comfort is inherent in togetherness. Or comfort is fulfilled with togetherness.

언약의 백성은 하나님의 위로로 삽니다. 이것은 성경에서 위로에 대한 기본 진술입니다. 언약이 그분 자신보다 그분 함께의 관점으로 보아지면, 그분 위로는 결과적입니다. 위로는 함께에 내재됩니다. 혹은 위로는 함께로 이루어집니다.

The early Christians were grown in the environment of persecution and affliction, for they believed that Jesus was crucified. But Spiritual comfort was with them; thus, they could overcome the adversaries they were faced with so as to live the church life together. Since they were comforted, they did not react to their adversaries.

초대 그리스도인들은 박해와 고난의 환경 가운데 자랐습니다. 그들은 십자가에 못 박힌 예수님을 믿었기 때문이었습니다. 그러나 영적 위로가 그들과 함께했습니다. 따라서 그들은 교회의 삶을 함께 살기 위해 그들이 직면한 적대자들을 극복할 수 있었습니다. 그들은 위로받았기 때문에 적대자들에게 반항하지 않았습니다.

The early Christians' writings in the NT came out in the period of their persecution. Even if they were persecuted, they witnessed their comfort without reacting with anger. Therefore, their writings entail Spiritual comfort which is led for togetherness in depth - comfort not in the realm of person but of togetherness.

신약에서 초대 그리스도인들의 글은 그들 박해의 기간에 나왔습니다. 그들은 박해받았지만, 분노로 반응하지 않고 그들 위로를 증거했습니다. 그러므로 그들 글은 깊이에서 함께로 이끌어지는 영적 위로, 개인의 영역이 아닌 함께의 영역에서 위로, 를 포함합니다.

Christianity sprouted on the ground of adversaries. But it did not show any reproach against them. Rather, it was embracive toward them, for it entailed comfort in it. With comfort it was led for togetherness. And because of comfort, it reached adversaries to overcome conflict.

그리스도교는 적대자들의 근거에서 싹텄습니다. 그러나 그것은 어떤 비난도 그들에게 보이지 않았습니다. 그보다 그들을 향해 포옹적이었습니다. 그것은 내면에 위로를 포함하였기 때문입니다. 위로로 함께로 이끌어졌습니다. 위로 때문에 갈등을 극복하기 위해 적대자들에게 나아가졌습니다.

Comfort is a notion of life. It is not a religious awakening. One may be religiously awakened to be peaceful, but he cannot be reached for comfort. Comfort is not what is to be achieved in the form of self-realization like virtue. It is not a self-contained state. It is emitted for togetherness.

위로는 삶의 통념입니다. 그것은 종교적 깨우침이 아닙니다. 사람은 종교적으로 깨우쳐 평화로울지 모릅니다. 그러나 위로에 이르게 될 수 없습니다. 위로는 덕과 같이 자기실현의 형태로 성취될 수 있는 것이 아닙니다. 자기 견제된 상태가 아닙니다. 함께를 위해 방출됩니다.

Comfort can only be told in togetherness. Even though one comforts others, or he is comforted by others, they are being comforted in togetherness. But it is not mutual. Even though it is in need of the comforter, the comforter is together with the comforted. For this reason, it becomes a basic covenant notion.

위로는 단지 함께로 말해질 수 있습니다. 사람이 다른 사람을 위로하거나, 혹은 다른 사람들에 의해 위로되지만, 그들은 함께로 위로됩니다. 그러나 위로는 상호적이지 않습니다. 위로는 위로자가 필요하지만, 위로자는 위로받는 이들과 함께합니다. 이 때문에 위로는 언약의 기본 통념이 됩니다.

The gospel was written with Spiritual comfort. Because of Spiritual comfort, human antagonism was subdued and overcome. And it became missionary. Even if the early apostles were persecuted and afflicted, they were eager for their mission for preaching the gospel because they were comforted with the gospel that they preached.

복음은 영적 위로로 써졌습니다. 영적 위로 때문에 인간의 적대감은 억제되었고 극복되었습니다. 그리고 그것은 선교적이 되었습니다. 초대 사도들이 박해받고 고난 받았지만, 그들은 복음을 설교하는 그들 선교에 열심이었습니다. 왜냐하면 그들이 설교한 복음으로 위로받았기 때문입니다.

Paul's missionary life was grounded on Spiritual comfort. His life was a sequence of afflictions. But he had ceaselessly engaged in the missionary journey. The circumstances that he faced could be seen in this remark: "Who shall separate us from the love of Christ? Shall tribulation, or distress, or persecution, or famine, or nakedness, or peril, or sword?" Rom. 8:35 ,

바울의 선교적 삶은 영적 위로에 근거되었습니다. 그의 삶은 고난의 연속이었습니다. 그러나 그는 쉼 없이 선교의 여정에 종사되었습니다. 그가 직면된 상황은 이 언급에서 볼 수 있었습니다: "누가 우리를 그리스도의 사랑에서 끊으리요 환난이나 곤고나 박해나 기근이나 적신이나 위험이나 칼이랴롬 8:35?"

But Paul firmly said: "Yet in all these things we are more than conquerors through Him who loved us" Rom. 8:37 . Because of the love of Christ, he was comforted to overcome the adversaries that he was faced with. His overcoming was not due to his own courage but due to being comforted.

그러나 바울은 단호하게 말했습니다: "그러나 이 모든 일에 우리를 사랑하시는 이로 말미암아 우리가 넉넉히 이기느니라롬 8:37." 그리스도의 사랑 때문에, 그는 그가 직면된 적대자들을 극복하도록 위로되었습니다. 그의 극복은 자신의 용기 때문이 아니라 위로되었기 때문이었습니다.

Love under afflictions is received as comfort. That is, like love, comfort is the ground of the Christian life and mission, for the Christian life and mission is for the fulfillment of God's will in the hostile environment cultivated by man's will. God's will prevails over man's will with its own comfort.

고난 가운데 사랑은 위로로 받아집니다. 즉 사랑과 같이 위로는 그리

스도인의 삶과 선교의 근거입니다. 왜냐하면 그리스도인의 삶과 선교
는 사람의 뜻에 의해 배양된 적대적 환경에 하나님의 뜻의 이루어짐을
위하기 때문입니다. 하나님의 뜻은 자체의 위로로 사람의 뜻 위로 우세
합니다.

In the conditional life, affliction comes conditionally. Thus, comfort is also needed conditionally. For this reason, people want comfort when they are afflicted. They think that they do not need comfort as long as they are not afflicted. They only think of conditional affliction and comfort.

조건적 삶에서 고난은 조건적으로 옵니다. 따라서 위로도 또한 조건
적으로 필요합니다. 이 때문에 사람들은 고난 받을 때 위로를 원합니
다. 그들은 고난을 받지 않는 한 위로가 필요하지 않다고 생각합니다.
그들은 단지 조건적 고난과 위로를 생각합니다.

But in the Christian life, comfort is initiation and guidance. The suffering of Jesus on the cross was not accidental. It was guided in accordance with God's will. That is, He was guided to the cross with God's togetherness. His affliction was not due to the conditionality of the world but due to the fulfillment of God's will.

그러나 그리스도인의 삶에서 위로는 개시이고 인도입니다. 십자가
상 예수님의 고난은 우연적이 아니었습니다. 그것은 하나님의 뜻을 따
른 인도였습니다. 즉 그분은 하나님 함께로 십자가로 인도되었습니다.
그분 고통은 세상 조건성에 의해지 않고 하나님 뜻의 이루어짐에 의해
서였습니다.

Jesus' journey to the cross was accompanied with God's comfort, for it was the way to the fulfillment of God's will. Therefore, Jesus' suffering was inherent in His life together with God; thus, God's comfort was also inherent in His life. Jesus came to the world of affliction with God's comfort.

십자가로 향한 예수님의 여정은 하나님 위로를 수반합니다. 그것은 하나님의 뜻의 이루어짐을 향한 길이었기 때문입니다. 그러므로 예수님의 고난은 하나님과 함께하는 그분 삶에 내재되었습니다. 따라서 하나님의 위로도 또한 그분 삶에 내재되었습니다. 예수님은 고통의 세상에 하나님의 위로로 오셨습니다.

Christians who are together with the suffering Jesus on the cross are born with God's comfort. Since they follow Jesus in the world in accordance with God's will, they are not subjected to the worldly life. Therefore, they are subjected to suffering with God's comfort. They are subjected to comforted suffering.

십자가상에서 고난 받는 예수님과 함께하는 그리스도인들은 하나님의 위로로 태어납니다. 그들은 세상에서 하나님의 뜻을 따라 예수님을 따르기 때문에, 세상 삶에 종속되지 않습니다. 그러므로 그들은 하나님의 위로로 고난에 종속됩니다. 그들은 위로된 고난에 종속됩니다.

It is a mistake to think that, if Christians live freely in the world, they are not in need of comfort. Even the free world is ruled by man's will, not by God's will. Therefore, as long as they live in the free world in accordance with God's will, they live with God's comfort. That is, His will is fulfilled with His comfort.

그리스도인들이 세상에서 자유롭게 살면 위로가 필요 없다고 생각하는 것은 잘못입니다. 자유로운 세상도 사람의 뜻에 의해 다스려집니다. 하나님의 뜻에 의해서가 아닙니다. 그러므로 그들이 자유로운 세상에서 하나님의 뜻을 따라 사는 한, 하나님의 위로로 삽니다. 즉 그분 뜻은 그분 위로로 이루어집니다.

God's will is accompanied with His comfort, since the world is fallen with man's will. With His comfort, Christians overcome afflictions they are faced with in order for God's will to be fulfilled in the world that is ruled by man's will. The comfort accompanied with His will cannot be conditional.

하나님의 뜻은 그분 위로와 동반합니다. 세상이 사람의 뜻으로 타락되었기 때문입니다. 그분 위로로 그리스도인들은 사람의 뜻으로 다스려지는 세상에서 하나님의 뜻이 이루어지기 위해서 그들이 직면한 고통을 극복합니다. 그분 뜻이 동반된 위로는 조건적일 수 없습니다.

The initiation of God's togetherness has the aspect of comfort in the fallen world. In the fallen world people live individually for their success. Success is individualized self-realization. In the success-oriented individual life, the life of togetherness is inevitably afflicted. In this case, affliction is, of course, mostly conditional.

하나님 함께의 개시는 타락된 세상에서 위로의 관점을 갖습니다. 타락된 세상에서 사람들은 자신들의 성공을 위해 개인적으로 삽니다. 성공은 개인화된 자기실현입니다. 성공 지향적 개인의 삶에서 함께의 삶은 어쩔 수 없이 고통 받습니다. 이 경우 고통은 물론 대부분 조건적입니다.

The covenant life of togetherness is fulfilled with God's comfort. With His comfort, the covenant people overcome the temptation of success in the world. As long as success is pursued, individuation is inevitable. The overcoming of the temptation of success is not due to personal courage but due to comfort for togetherness.

함께하는 언약의 삶은 하나님의 위로로 이루어집니다. 그분 위로로 언약의 백성은 세상에서 성공의 유혹을 극복합니다. 성공이 추구되는 한 개인화는 피할 수 없습니다. 성공의 유혹에 대한 극복은 개인적 용기에 의하지 않고 함께를 위한 위로에 의합니다.

It is a very un-Christian remark that one becomes successful with the blessing of God. The God mentioned in this remark cannot be the covenant God, for the life that is oriented toward individual success is not a covenant life of togetherness because success is an exclusive notion.

사람이 하나님의 축복으로 성공하게 된다고 하는 것은 비 그리스도적 언급입니다. 이 소견에 언급된 하나님은 언약의 하나님일 수 없습니다. 왜냐하면 성공은 배타적 통념이기 때문에, 개인의 성공을 지향한 삶은 함께하는 언약의 삶이 아니기 때문입니다.

The early Christians had to be suffered and afflicted since they lived together as the church. If they lived as scattered individuals as other people did, they did not have to be suffering or afflicted. But they had to live together as the church since they confessed that Jesus was Christ.

초대 그리스도인들은 교회로 함께 살았기 때문에, 고난 받고 역경 가운데 있어야 했습니다. 그들이 다른 사람들이 한 것처럼 흩어진 개인들로 살았다면, 고난 받거나 역경에 처하지 않아도 되었습니다. 그러나 그들은 예수님이 그리스도시라고 고백하였기 때문에 교회로 함께 살아야 했습니다.

The following of Jesus as Christ is to live with the covenant life of togetherness. God's togetherness unfolds into the covenant life. And His will becomes fulfilled in the covenant life of togetherness. The fulfillment of His will subdues the disposition of man's will for success.

예수님을 그리스도로 따름은 함께하는 언약의 삶을 사는 것입니다. 하나님 함께는 언약의 삶으로 펼쳐집니다. 그리고 그분 뜻은 함께하는 언약의 삶으로 이루어집니다. 그분 뜻의 이루어짐은 성공을 향한 사람 뜻의 성향을 억제합니다.

The covenant life of togetherness, i.e., the church, cannot be going along with the individual life of the world. Therefore, it is missionary, but it has to be afflicted. Nevertheless, its mission overcomes its afflictions with Spiritual comfort. Spiritual comfort subdues affliction. Its mission is not for life free from affliction but for togetherness among affliction.

함께하는 언약의 삶, 곧 교회는 세상의 개인적 삶과 같이 갈 수 없습니다. 그러므로 그것은 선교적이지만 역경 가운데 있어야 합니다. 그렇지만 그 선교는 영적 위로로 역경을 극복합니다. 영적 위로가 역경을 억제합니다. 그 선교는 역경이 없는 삶이 아니라 역경 가운데 함께함입니다.

Spiritual comfort is the basis of the church, for it is the fulfill-
ment of God's togetherness in the midst of the individual life in the
world. With Spiritual comfort God's children live together in it. Its
life is unfolded in the direction of Spiritual comfort, i.e., in the di-
rection of mission. That is, the Christian mission is directed to the
affliction of the world with Spiritual comfort.

영적 위로는 교회의 바탕입니다. 그것은 세상에서 개인의 삶 가운데
하나님 함께의 이루어짐이기 때문입니다. 영적 위로로 하나님의 자녀
는 교회에서 함께 삽니다. 교회의 삶은 영적 위로의 방향, 곧 선교의 방
향으로 펼쳐집니다. 즉 그리스도교 선교는 영적 위로로 세상 역경에 향
해집니다.

Spiritual comfort is so directed that the church may be unfolded
with the fulfillment of God's will. It, in order not to be settled in
the world, should be guided for the fulfillment of His will with
Spiritual comfort. It is directed for the fulfillment of His will, on
the one hand, and it is overcome from affliction with His comfort,
on the other hand.

영적 위로는 교회가 하나님의 뜻의 이루어짐으로 펼쳐지도록 향해
집니다. 교회는, 세상에서 안주되지 않기 위해, 영적 위로로 그분 뜻의
이루어짐으로 인도되어야 합니다. 교회는 한편 그분 뜻의 이루어짐을
향합니다. 그리고 다른 한편 그분 위로로 역경으로부터 극복됩니다.

Therefore, comfort, for Christians, should be primarily conceived
not with afflictions of the world but with God's togetherness. Thus,
it should be recognized as a covenantal outlook. For this reason, it

is not conditional but Spiritual. Christians are led not to the conditional betterness but to the Spiritual comfort.

그러므로 그리스도인들에게 위로는 일차적으로 세상 고통이 아닌 하나님 함께로 생각되어야 합니다. 따라서 언약의 견지로 인식되어야 합니다. 이 때문에 위로는 조건적이 아닌 영적입니다. 그리스도인들은 조건적 나음이 아닌 영적 위로로 이끌어집니다.

Christians are not conditionally but Spiritually comforted. With Spiritual comfort, they overcome the temptation of conditional success and become obedient to God's will. Whatever they do, it is the fulfillment of His will in obedience with His comfort. His togetherness is disclosed as His comfort in affliction.

그리스도인들은 조건적이 아닌 영적으로 위로됩니다. 영적 위로로 그들은 조건적 성공의 유혹을 극복하고 또 하나님의 뜻에 순종하게 됩니다. 그들이 무엇을 하든, 그분 위로로 순종 가운데 그분 뜻의 이루어짐입니다. 그분의 함께는 역경 가운데 그분 위로의 드러남입니다.

집중(Focus)

하나님의 함께는 고난이나 슬픔에 처한 사람에게 위로입니다. 고난이나 슬픔은 단지 세상에서 나쁜 조건에 처한 것을 뜻하지 않습니다. 나쁜 조건에 의해 압도됨으로 인한 극단적인 고립을 뜻합니다. 고립된 단절은 소외와 절망을 불러옵니다. 그러므로 그런 고립된 개인들에게 좋은 조건의 가능성에 대해서 말하거나 모든 것을 잊도록 이끄는 것은 위로가 되지 않습니다.

God's togetherness comes as a comfort to those who are under suffering or sorrow. Suffering or sorrow does not mean merely to be under bad conditions. It means a severe isolation because of being overwhelmed by bad conditions. Isolated severance brings in alienation and despair. Therefore, it cannot be comforting to such isolated individuals to tell them about a possible better condition or to lead them to forget everything.

고난이나 슬픔에 처한 개인들에 대한 위로는 함께로 옵니다. 함께는 하나님의 함께로 솟아납니다. 따라서 하나님의 함께에서 위로가 솟아납니다. 사람의 친절이나 도움에 의한 위로는 제한적입니다. 그것은 조건적으로 표현되기 때문에 그들로 조건에서 벗어나게 할 수 없습니다. 하나님께서 함께하지 않으시면 사람의 조건적 도움은 위로가 되지 못합니다.

Comfort to individuals who are under suffering or sorrow comes with togetherness. Togetherness springs out from God's togetherness. Thus, comfort springs out from His togetherness. Man's kindness or help for comfort is limited. Since it is expressed conditionally, it cannot let them get out of conditions. If He is not together with, man's conditional help cannot be comfort.

위로는 함께로 옵니다. 사람들은 기껏 서로 관계를 맺을 뿐 함께하지 못합니다. 따라서 다른 이들을 위로할 수 없습니다. 위로가 없는 세상에 예수님은 위로로 오십니다. 하나님의 함께로 세상에 오셨기 때문입니다. 예수님으로 보는 위로는 영적입니다. 하나님의 함께는 영적이기 때문입니다. 우리는 영적으로 조건적 갇힘에서 벗어나 함께하게 됩니다.

Comfort comes with togetherness. People at most make relationships with each other, but they cannot be together. Thus, they cannot comfort others. In the midst of the world where there is no comfort, Jesus comes as comfort because He comes with God's togetherness. Comfort seen through Him is Spiritual, for God's togetherness is Spiritual. Spiritually, we, being relieved from conditional confinement, come to be together.

14.10

Spiritual Lowliness(영적 낮아짐)

The narrative of Jesus, i.e., the gospel, flows into lowliness toward the cross. Especially in the Gospel of John this flow is vivid. The incarnated Jesus fulfills His mission of incarnation on the cross. He is narrated into the way of descending rather than of ascending. In the gospels, He of lowliness and humility is confessed as Christ.

예수님의 서사, 곧 복음은 십자가를 향하는 낮아짐으로 흘러갑니다. 특히 요한복음에서 이 흐름은 선명합니다. 성육신된 예수님은 그분 성육신된 임무를 십자가상에서 이루십니다. 그분은 높아짐보다 낮아짐의 길로 서사됩니다. 복음서에서 낮아짐과 겸손의 그분이 그리스도로 고백됩니다.

Jesus' lowliness is tersely expressed in the following hymn of the early Christians:

Let the same mind be in you that was in Christ Jesus, who, though he was in the form of God, did not regard equality with God as something to be exploited, but emptied himself, taking the form of a slave, being born in human likeness. And being found in human form, he humbled himself and became obedient to the point of death— even death on a cross. Therefore God also highly exalted him and gave him the name that is above every name, so that at the name of Jesus every knee should bend, in heaven and on earth and under the earth, and every tongue should confess that Jesus Christ is Lord, to the glory of God the Father Phil. 2:5-11 .

예수님의 낮아짐은 다음과 같은 초대 그리스도인들의 찬양에서 간결하게 표현됩니다.

> *너희 안에 이 마음을 품으라 곧 그리스도 예수의 마음이니 그는 근본 하나님의 본체시나 하나님과 동등됨을 취할 것으로 여기지 아니하시고 오히려 자기를 비워 종의 형체를 가지사 사람들과 같이 되셨고 사람의 모양으로 나타나사 자기를 낮추시고 죽기까지 복종하셨으니 곧 십자가에 죽으심이라 이러므로 하나님이 그를 지극히 높여 모든 이름 위에 뛰어난 이름을 주사 하늘에 있는 자들과 땅에 있는 자들과 땅 아래에 있는 자들로 모든 무릎을 예수의 이름에 꿇게 하시고 모든 입으로 예수 그리스도를 주라 시인하여 하나님 아버지께 영광을 돌리게 하셨느니라* 빌 2:5-11 .

Being contrasted to the gospel, the biographical narrative of a man is generated onto his self-elevation. At any rate, a successful life is worth being narrated. A life story that attracts people's eyes is documented with the visibility of success like the visibility of a high mountain. In this case, visibility is physical.

복음과 대조되어 사람의 전기적 서사는 자신의 고양으로 전개됩니다. 어떻든 성공적 삶이 서사될만한 가치가 있습니다. 사람들의 눈을 끄는 삶의 이야기는 높은 산의 보임과 같이 성공의 보임으로 기록됩니다. 이 경우 보임은 물리적입니다.

Man's desire is disposed to self-elevation. In this case, self-elevation needs not to be comparative objectively. Self-elevation is motivated by self-satisfaction. One feels satisfaction when he accomplishes what he desires with his own willful effort. Whatever he wills, his will is disposed to self-satisfaction.

사람의 욕망은 자기고양의 경향이 있습니다. 이 경우 자기고양은 객관적으로 비교될 필요는 없습니다. 자기고양은 자기만족에 의해 유발됩니다. 사람은 자신의 의지적인 노력으로 원하는 것을 이룰 때 만족을 느낍니다. 무엇을 그가 뜻하든, 그의 뜻은 자기만족으로 기웁니다.

Self-satisfaction is driven to the goal that cannot be reached, or it is like filling up a bottomless container with water. It is not to be achieved. It only brings indulgence in it. The way to self-satisfaction is not a process of realization but a stage of sinking into the swamp of indulgence.

자기만족은 이를 수 없는 목표로 몰아집니다. 혹은 그것은 밑바닥 없는 용기에 물을 채우는 것 같습니다. 그것은 성취될 수 없습니다. 그것은 자체에 몰입되게 합니다. 자기만족의 길은 실현의 과정이 아닌 몰입의 늪에 빠져드는 단계입니다.

Self-elevation is the outcome of indulgence into self-satisfaction.

It needs not to be spatially imagined. It comes out from the inside of man. Even the one who loses in the competition is driven to self-elevation in order to secure his own self-identity. The way to seek self-identity is basically self-elevation.

자기고양은 자기만족을 향한 몰입의 소산입니다. 그것은 공간적으로 상상될 필요가 없습니다. 사람의 내면으로부터 나옵니다. 경쟁에서 진 사람도 자기 정체성을 확신하기 위해 자기고양으로 몰아집니다. 자기 정체성을 찾는 길은 기본적으로 자기고양입니다.

Self-elevation, regardless of winning or losing in the real competition, is motivated by self-satisfaction. It is a cultural product of man's indulgence into satisfaction which brings out the competitive culture. The culture is self-elevatory because people are indulged in self-satisfaction.

자기고양은, 실제 경쟁에서 이기거나 지거나 상관없이, 자기만족에 의해 유발됩니다. 그것은 경쟁적 문화를 가져오는 만족을 향한 사람 몰입의 문화적 소산입니다. 사람들이 자기만족으로 몰입됨으로 문화는 자기고양적입니다.

Contrary to people who are indulged in self-elevation motivated by self-satisfaction, Jesus came to the world in lowliness, emptying Himself. In the midst of people who are busy satisfying themselves, Jesus came, emptying Himself. In the midst of satisfaction His emptiness becomes visible.

자기만족으로 유발된 자기고양으로 몰입된 사람들에 반하여 예수님은 자신을 비우면서 낮아짐으로 세상에 오셨습니다. 자신들의 만족에 바쁜 사람들 가운데 예수님은 자신을 비우면서 오셨습니다. 만족 가운데 그분 비움은 보이게 됩니다.

Jesus' lowliness in terms of emptying Himself is the point of the telling of His cross. The visibility of the cross is His lowliness of emptying Himself. This is a quite different perspective of the cross which is originally set for crime and punishment. Christians are supposed to see the cross of being emptied from the cross of being punished.

자신의 비움에 의한 예수님의 낮아짐은 그분 십자가를 말하는 점입니다. 십자가의 보임은 자신을 비운 그분의 낮아짐입니다. 이것은 죄와 처벌로 원래 세워진 십자가와는 전혀 다른 관점입니다. 그리스도인들은 처벌된 십자가로부터 비워진 십자가를 보게 되어야 합니다.

Because of the cross of Jesus, lowliness and emptiness come to be seen in the midst of loftiness and satisfaction. Loftiness and satisfaction are pursued as individuals; but, lowliness and emptiness are not concerned as individual matters. Individuality is not characterized by lowliness or emptiness.

예수님의 십자가 때문에 낮아짐과 비움은 높아짐과 만족 가운데 보이게 됩니다. 높아짐과 만족은 개인으로 추구됩니다. 그러나 낮아짐과 비움은 개인적 일로 여겨지지 않습니다. 개인성은 낮아짐과 비움으로 특징지어지지 않습니다.

How can the cross of Jesus be seen as the lowliness of emptying Himself rather than as a punishment of a loser in the life of loftiness and satisfaction? How can such a perspective of the cross be risen? Why is the shift of perspective pivotal for the narrative of Him as the gospel?

어떻게 예수님의 십자가는 높아짐과 만족의 삶에서 패자에 대한 처벌로 보다 자신을 비우는 낮아짐으로 보일 수 있습니까? 어떻게 십자가에 대한 그런 관점이 일어날 수 있겠습니까? 왜 관점의 전이가 복음으로서 그분 서사에 추축입니까?

If Jesus was crucified in the lowliness of emptying Himself, He was not crucified as an individual. An individual could be crucified as a loser who pursued his loftiness and satisfaction. Then, Jesus had to be observed from the non-individualistic perspective or non-historical perspective.

예수님이 자신을 비우는 낮아짐으로 십자가에 못 박혔으면, 개인으로 십자가에 못 박히지 않으셨습니다. 개인은 높아짐과 만족을 추구하던 패자로 십자가에 못 박일 수 있었습니다. 그러면 예수님은 비개인적이나 비역사적 관점으로부터 주시되어야합니다.

The cross of Jesus has to be observed from the perspective of the covenant. Lowliness and emptiness are significant in the context of the covenant togetherness. The covenant togetherness cannot be fulfilled in loftiness and satisfaction which are characteristics of individuality.

예수님의 십자가는 언약의 관점에서 바라보아져야 합니다. 낮아짐과 비움은 언약의 함께의 맥락에서 의미 있습니다. 언약의 함께는 개인성의 특징인 높아짐과 만족으로 이루어질 수 없습니다.

Since loftiness and satisfaction came from individualistic disposition, they inevitably appeared in the individualized life. The Israelites observed the law individually, since it had to be practiced individually. Consequently, their life was oriented toward loftiness and satisfaction. In this respect, their life was a kind of worldly life.

높아짐과 만족은 개인화된 성향으로 왔기 때문에, 개인적 삶에 어쩔 수 없이 나타났습니다. 이스라엘 백성은 율법을 개인적으로 지켰습니다. 율법은 개인적으로 이행되어야 했기 때문입니다. 따라서 그들 삶은 높아짐과 만족으로 지향되었습니다. 이 점에서 그들 삶은 일종의 세상 삶이었습니다.

The Jews crucified Jesus individually in accordance with the law, since it was applied individually. They made the judgment that He did not observe the Sabbath because He healed the disabled on the Sabbath. Therefore, from the perspective of the law, He was a law-breaking individual.

유대인들은 율법을 따라 예수님을 개인적으로 십자가에 못 박았습니다. 율법이 개인적으로 적용되었기 때문입니다. 그들은 그분이 안식일에 병자를 고치셨기 때문에 안식을 지키지 않았다고 판단했습니다. 그러므로 율법의 관점에서 그분은 율법을 깨뜨리는 개인이었습니다.

In this respect, there has to be a shift of perspective in order for Jesus to be seen non-individually. Even though He was crucified, He was not crucified as an individual who broke the law but crucified for the fulfillment of the covenant togetherness with God.

Therefore, the perspective of the cross was crucial for reading the narrative of Him as the gospel.

이 점에서 예수님이 비개인적으로 보이기 위해 관점의 전이가 있어야 합니다. 그분은 십자가에 못 박혔지만, 율법을 깨뜨린 개인으로 십자가에 못 박히지 않고 하나님과 언약의 함께의 이루어짐을 위해 십자가에 못 박혔습니다. 그러므로 십자가의 관점은 예수님의 서사를 복음으로 읽는데 결정적입니다.

As far as the observation of the law is concerned, the individualistic perspective is overwhelming. Then, the covenant togetherness becomes overlooked. The Jews in the days of Jesus had this shortcoming. It became visible through the crucifixion of Jesus. That is, they could not go along with Him.

율법의 지킴이 고려되는 한, 개인적 관점이 압도적입니다. 그러면 언약의 함께는 간과되게 됩니다. 예수님 시대 유대인들은 이 결점을 지녔습니다. 그것은 예수님의 십자가에 못 박힘을 통해 보이게 되었습니다. 즉 그들은 그분과 같이 갈 수 없었습니다.

The phrasing of the death of Jesus as His lowliness of emptying Himself is the sign of the shifting of the perspective to the covenant togetherness with God. Then, it is conclusive that the covenant perspective of togetherness with God is different from the Jewish perspective of the law.

예수님의 죽음을 자신을 비우는 낮아짐으로 표현함은 하나님과 언약의 함께로 관점이 전이된 표적입니다. 그러면 하나님과 함께하는 언약의 관점은 유대인들의 율법의 관점과 다르다는 것이 결론 내려집니다.

This is why Jesus mentioned the new covenant in terms of the cup at the last supper. Because the cross was the exclusion of Him from the old covenant with the law, the new covenant perspective had to be secured with it. And, thus, from the perspective of the new covenant, the shortcoming of the old covenant with the law could be observed.

이 때문에 예수님은 만찬에서 잔으로 새 언약을 언급하셨습니다. 십자가는 율법과 더불어 옛 언약으로부터 그분의 제외였기 때문에, 새 언약의 관점은 십자가로 확보되어야 했습니다. 따라서 새 언약의 관점에서 율법과 더불어 옛 언약의 결점이 주목될 수 있었습니다.

Jesus' teaching of the fulfillment of the law to the disciples is the sign of the standing on the ground of the covenant. The individual observation of the law is not grounded on the covenant but grounded on the world. The Jews, even if they alleged to live a covenant life, practically lived in the world.

제자들에게 율법의 이루어짐에 대한 예수님의 가르침은 언약의 근거에 선 표적입니다. 율법의 개인적 지킴은 언약에 근거하지 않고 세상에 근거합니다. 유대인들은 언약의 삶을 산다고 주장했지만 실제적으로 세상에서 살았습니다.

The cross on which Jesus' lowliness of emptying Himself is visible is grounded on the covenant togetherness with God. In the covenant life of togetherness with God, His death on the cross can be narrated as His lowliness of emptying Himself. If the cross is considered as a punishment, no significance can be attributed to it.

예수님의 자기를 비우는 낮아짐이 보이는 십자가는 하나님과 언약의 함께에 근거합니다. 하나님과 함께하는 언약의 삶에서 십자가상 그분 죽음은 자기를 비우는 그분의 낮아짐으로 서사될 수 있습니다. 십자가가 형벌로 고려되면, 어떤 의미도 거기에 부여될 수 없습니다.

Therefore, Jesus' death on the cross is not the outcome of the loss in the world but the fulfillment of the togetherness with God. Because He was lowly, emptying Himself, God's togetherness was fulfilled with Him. Therefore, His lowliness of emptying Himself is the sign of God's togetherness with Him.

그러므로 십자가상 예수님의 죽음은 세상에서 패함의 소산이 아닌 하나님과 함께의 이루어짐입니다. 그분은 자신을 비움으로, 낮아짐으로, 하나님의 함께는 그분과 이루어졌습니다. 그러므로 그분의 자신을 비우는 낮아짐은 그분과 하나님의 함께의 표적입니다.

In this way, the cross of Jesus became the gate to the entrance to the covenant life of togetherness with God. Because of the cross, the covenant life of togetherness with God became clear. The significance of the death of Jesus on the cross became rich and profound covenantally.

이렇게 해서 예수님의 십자가는 하나님과 함께하는 언약의 삶에 들어가는 문이 되었습니다. 십자가 때문에 하나님과 함께하는 언약의 삶이 분명하게 되었습니다. 십자가상의 예수님의 죽음에 대한 의미는 언약적으로 부유하고 심원하게 되었습니다.

The phrasing of Jesus' death on the cross as the lowliness of emptying Himself comes out of the secured covenant perspective of togetherness with God. The previously cited hymn of Philippians 2:5-11 is covenantally phrased, since it is narrated from the perspective of God's togetherness.

십자가상 예수님의 죽음을 자신을 비우는 낮아짐으로 표현은 확보된 하나님과 함께하는 언약의 관점에서 옵니다. 이전에 인용된 빌립보서 2:5-11에 나오는 찬양은 언약적으로 표현되었습니다. 하나님의 함께의 관점으로 서사되었기 때문입니다.

Lowliness or emptiness is covenantally significant. It cannot be individual virtue or excellence. But it is the sign of God's togetherness. The covenant life of togetherness with God is fulfilled and unfolded with lowliness and emptiness alongside of the way to the cross. Lowliness or emptiness on the cross cannot be an individual expression. It is only a sign of togetherness.

낮아짐이나 비움은 언약적으로 의미 있습니다. 그것은 개인적 덕이나 우수함일 수 없습니다. 그러나 그것은 하나님 함께의 표적입니다. 하나님과 함께하는 언약의 삶은 십자가로 가는 길을 따라 낮아짐과 비움으로 이루어지고 펼쳐집니다. 십자가상 낮아짐이나 비움은 개인의 표현일 수 없습니다. 그것은 단지 함께의 표적입니다.

Togetherness is told with lowliness and emptiness which is vividly shown by Jesus' death on the cross. But any lowliness or emptiness apart from the cross is individualistic. The new covenant, at any rate, is secured with togetherness. But the old covenant that is given to Abraham and his descendants is limited and bound by the law.

함께는 십자가상 예수님의 죽음에 의해 선명하게 보인 낮아짐과 비움으로 말해집니다. 그러나 십자가를 떠난 어떤 낮아짐이나 비움도 개인적입니다. 새 언약은 어떻든 함께로 확보됩니다. 그러나 아브라함과 그 후손에게 주어진 옛 언약은 율법에 의해 한정되고 제한됩니다.

Jesus' remark of the new covenant with His blood which is shed on the cross for the remission of sins ^{Matt. 26:28} is to unbound the boundary set by the law. It only keeps its abiders, excluding its breakers as sinners. But He dies on the cross not as the law-breaker but as the law-fulfiller. He fulfills the law as the covenant word of God.

죄 사함을 얻게 하려고 십자가상에서 흘려진 예수님의 피로 그분이 새 언약을 언급한 것은^{마 26:28} 율법에 의해 설정된 경계를 풀기 위함입니다. 율법은, 그것을 깨뜨리는 이들을 죄인으로 제외하면서, 그에 거하는 이들만 지킵니다. 그러나 그분은 범법자가 아닌 율법을 이루는 분으로 십자가상에서 죽습니다. 그분은 율법을 하나님의 언약의 말씀으로 이루십니다.

Therefore, Jesus' blood for the remission of sins removes the boundary which was set by the law in order to exclude sinners. In this respect, His death on the cross was to renew to the covenant togetherness with God. Even if He was punished by the law, He was covenantally together with God.

그러므로 죄 사함을 위한 예수님의 피는 죄인들을 제외하기 위하여 율법에 의해 세워진 경계를 제거합니다. 이 점에서 십자가상에서 그분 죽음은 하나님과 언약의 함께를 새롭게 하기 위해서였습니다. 그분은 율법으로 처벌되었더라도, 언약적으로 하나님과 함께하셨습니다.

As a consequence, the covenant togetherness with God is secured even outside of the boundary of the law. As Jesus who is covenant-ally together with God is excluded from the law, God's covenant togetherness becomes reached even to those who are outside of the law.

결과적으로 하나님과 언약의 함께는 율법의 경계 밖에서도 보장됩니다. 하나님과 언약적으로 함께하시는 예수님께서 율법에 의해 제외됨으로, 하나님의 언약의 함께는 율법 바깥에 있는 이들에게도 미치게 됩니다.

Therefore, the hymn of Jesus' lowliness of emptying Himself on the cross exhibits the covenant significance. From the perspective of the covenant, the law with the cross is included in His narrative as the gospel. In this way, the law comes to be observed from the perspective of the gospel, even though He was crucified from the perspective of the law.

그러므로 십자가상에서 예수님의 자신을 비우는 낮아짐에 대한 찬양은 언약의 의미를 보입니다. 언약의 관점에서 십자가와 더불어 율법은 복음으로 그분 서사에 포함됩니다. 이렇게 해서, 그분이 율법의 관점에서 십자가에 못 박히셨다 하더라도, 율법은 복음의 관점에서 주시되게 됩니다.

집중(Focus)

개인으로 낮아짐은 비천함이나 겸손으로 보입니다. 외부 조건으로 낮아짐은 비천함이고 마음으로 낮아짐은 겸손입니다. 그러나 예수님의 낮아짐은 비천함도 겸손도 아닙니다. 자기 비움입니다. 비천함이나 겸손은 어떻든 자기 보임입니다. 그러나 궁극적으로 낮아짐은 자기 비움입니다. 자기 비움은 해탈이 아닌 자기 죽음을 뜻합니다. 해탈은 자기 완성의 뜻입니다.

Lowliness is individually seen as humbleness and modesty. Lowliness due to external conditions is humbleness, and lowliness due to mind modesty. But Jesus' lowliness is not humbleness nor modesty. It is self-emptiness. Humbleness or modesty is, at any rate, self-exposing. But the ultimate lowliness is self-emptiness. Self-emptiness means not emancipation but self-death. Emancipation has the meaning of self-consummation.

하나님의 함께는 자기 비움을 수반합니다. 자기를 보임은 자기 변화이거나 관계를 맺음입니다. 함께로 인도되지 않습니다. 그러나 예수님의 십자가는 자기 죽음으로 보이는 자기 비움입니다. 자기 보임으로 십자가로 갈 수 없습니다. 예수님의 십자가는 하나님의 뜻을 따른 자기 죽임입니다. 그러므로 예수님의 십자가로 하나님께서 함께하시려는 하나님의 뜻이 이루어집니다.

God's togetherness is accompanied with self-emptiness. Self-exposing is self-change or making relationships. It is not led to togetherness, But Jesus' crossing is self-emptiness shown by self-death. One cannot go to the cross with self-exposure. His cross is self-killing in accordance with God's will. Therefore, through His cross, God's will for His being together is fulfilled.

자기 비움의 낮아짐은 영적으로 인도됩니다. 그것은 자기 의지의 실현일 수 없습니다. 하나님의 뜻에 따라 영적으로 인도됨입니다. 자기 의지에 의한 자기 비움은 있을 수 없습니다. 자기 의지는 자신을 채우지 비우지 않습니다. 따라서 자기 비움의 낮아짐은 영적으로 인도된 하나님의 함께를 보입니다. 이것이 예수님의 십자가로 하나님과 함께하는 뜻입니다.

Lowliness of self-emptiness is Spiritually guided. It cannot be a realization of self-will. It is being Spiritually guided in accordance with God's will. There cannot be self-emptiness by self-will. Self-will fills self, but it does not empty self. Thus, lowliness of self-emptiness shows God's togetherness guided by the Holy Spirit. This is the meaning of Jesus' being together with God through the cross.

Part 15

The Church Services

(교회 봉사)

15.1

Worship(예배)

In the Bible worship was begun as the expression of the fallen man to be together with God. But it was not merely reflected by the man's side of the presentation. Since it came out of the covenant rather than a religious setting, it was narrated from the perspective of God's side of reception.

성경에서 예배는 타락된 사람이 하나님과 함께하려는 표현으로 시작되었습니다. 그러나 그것은 사람의 측면에서 드림에 의한 것으로만 반영되지 않습니다. 그것은 종교적이기 보다 언약의 설정에서 나왔음으로, 하나님께서 받으시는 측면 관점에서 서사되었습니다.

In the Biblical narrative of the first offering, both Cain and Abel brought their offering to God. But He only respected Abel's. He explicitly showed His preference, i.e., His togetherness, in accordance with His own will. This means that the primary emphasis of offering was laid on His side of reception rather than man's side of presentation.

첫 예물드림에 대한 성경의 서사에서 가인과 아벨 둘 다 하나님께 예물을 가져왔습니다. 그러나 그분은 아벨의 것만 받으셨습니다. 그분은 그분 자신의 뜻을 따라 그분 선호, 즉 그분 함께를 명시적으로 보이셨습니다. 이것은 예물의 일차적 강조점은 사람의 드림의 측면보다 하나님의 받음의 측면에 있다는 것을 뜻합니다.

In the later ordinance of sacrifices, the specific regulations were attributed alongside the various sacrifices that were required for the assigned purposes. The specifications represent the acceptability to God. That is, the specifications of the various sacrifices seen in Leviticus denote the acceptability to Him.

이 후 제사에 대한 규례에서, 구체적 규정이 배정된 목적을 위해 요구된 다양한 제사를 따라 부여되었습니다. 구체적 내역은 하나님께 받아짐을 표시합니다. 즉 레위기에서 보는 다양한 제사의 내역은 그분에게 받아짐을 나타냅니다.

In worship men's prepared ritual is visible. Therefore, worship is mainly concerned with their presentation. Under this trend, worship is considered as what men present to their believing God. All religious worship consists of the men's presentation side only. That is, it is ritualistic. Their presentation to Him is expressed ritualistically.

예배에서 사람들의 준비된 예식이 보입니다. 그러므로 예배는 주로 그들의 드림에 관심을 둡니다. 이 경향으로 예배는 사람들이 자신들이 믿는 하나님께 드리는 것으로 여겨집니다. 모든 종교적 예배는 사람들의 드림의 측면으로만 구성됩니다. 즉 그것은 예식적입니다. 그들의 그분에게 드림은 예식적으로 표현됩니다.

But Biblical worship is different from religious worship. The priority of Biblical worship is God's acceptance. Therefore, His people should present to Him what He accepts. His acceptance is specified prior to men's preparation or performance of ritual. That is, His word is given for acceptable worship.

그러나 성경의 예배는 종교적 예배와 다릅니다. 성경 예배의 우선성은 하나님의 받으심입니다. 그러므로 그분 백성은 그분이 받으시는 것을 드려야합니다. 그분의 받으심은 사람들의 예식의 준비나 실행 이전에 명시됩니다. 즉 그분 말씀이 받아들여지는 예배를 위해 주어집니다.

It is a mistake to think that God selects His preference among what men present. The Bible tells oppositely: men should present to Him what He prefers. This is the basic feature of the covenant worship. It is initiated with His togetherness. Thus, it is instructed with His word. The instruction with His word is not expressed as ritual but fulfilled in obedience.

하나님께서 사람들이 드리는 것 가운데 고르신다고 생각하는 것은 잘못입니다. 성경은 반대로 말합니다: 사람들은 그분이 선호하시는 것을 드려야만 합니다. 이것이 언약 예배의 기본 양상입니다. 그것은 그분 함께로 개시됩니다. 따라서 그것은 그분 말씀으로 지시됩니다. 그분 말씀으로 지시는 예식으로 표현되지 않고 순종 가운데 이루어집니다.

The instruction of the covenant worship is seen in these exhortation passages:

God is Spirit, and those who worship Him must worship in spirit and truth John 4:24.

I beseech you therefore, brethren, by the mercies of God, that you present your bodies a living sacrifice, holy, acceptable to God, which is your reasonable service Rom. 12:1.

언약 예배의 지시는 이들 문구에서 봅니다:

하나님은 영이시니 예배하는 자가 영과 진리로 예배할지니라 요 4:24.

그러므로 형제들아 내가 하나님의 모든 자비하심으로 너희를 권하노니 너희 몸을 하나님이 기뻐하시는 거룩한 산 제물로 드리라 이는 너희가 드릴 영적 예배니라 롬 12:1.

The covenant worship should be presented to God with what is acceptable to Him. This is the incessant remark on worship in the Bible. Worship is not what men wish to do but what God wills them to do. What He wills them to do is fulfilled with His people covenantally. That is, His togetherness with His people is fulfilled with worship.

언약 예배는 하나님께 받아질 것으로 그분에게 드려져야합니다. 이 것은 성경에서 예배에 대한 끊임없는 언급입니다. 예배는 사람들이 하고 싶어 하는 것이 아니라 하나님께서 그들로 하기를 뜻하시는 것입니다. 그분이 그들로 하기를 뜻하시는 것은 언약적으로 그분 백성과 함께 이루어집니다. 즉 그분 백성과 그분의 함께는 예배로 이루어집니다.

Since worship is the fulfillment of God's covenant togetherness, the covenant life is unfolding with the worship which is acceptable to Him. Therefore, the consciousness of His togetherness rather than Himself becomes unveiled in the covenant worship. That is, it is not offered to the ontological God.

예배는 하나님의 언약의 함께의 이루어짐임으로, 언약의 삶은 그분에게 받아들여지는 예배로 펼쳐갑니다. 그러므로 그분보다 그분 함께에 대한 예식이 언약의 예배에 보이게 됩니다. 즉 그것은 존재론적 하나님께 드려지지 않습니다.

Even though worship is ritualistically arranged, it is not a mere ritual but the fulfillment of God's togetherness. As man's activity is shown with bodily motion, worship is also fulfilled with ritualistic arrangement which is assigned as what is acceptable to Him. The acceptability to Him means His togetherness.

예배가 예식적으로 마련되더라도, 단지 예식이 아닌 하나님 함께의 이루어짐입니다. 사람의 활동이 몸의 움직임으로 보이듯, 예배도 또한 그분에게 받아들여지는 것으로 배정된 예식적 배치로 이루어집니다. 그분에게 받아들여짐은 그분 함께를 뜻합니다.

Worship should be thought of in the covenant setting. In the religious setting, it can be regarded as a mere ritual, since men's expressiveness is all of its meaning. That is, men's religious propensity is expressed in the arrangement of ritual as worship. In this case, the ritual is not fulfilled but performed.

예배는 언약의 설정에서 생각되어야 합니다. 종교적 설정에서 그것은 단지 의식으로 고려될 수 있습니다. 사람들의 표현함이 그 모든 뜻이기 때문입니다. 즉 사람들의 종교적 성향이 예배로 마련된 예식에서 표현됩니다. 이 경우 예식은 이루어지지 않고 실행됩니다.

But in the covenant setting, God's acceptability is the priority of worship. Men's ritualistic expression is a mere accompaniment in accordance with the assignment. His acceptance means His togetherness. Therefore, worship is conceded as the unfolding of His togetherness.

그러나 언약의 설정에서 하나님의 받으심은 예배의 우선성입니다. 사람들의 예식적 표현은 단지 배정을 따른 동반입니다. 그분의 받으심은 그분 함께를 뜻합니다. 그러므로 예배는 그분 함께의 펼침으로 시인됩니다.

Worship is the most clear-cut expression of the covenant life of Christians. The church is mostly regarded as the place of worship. But if it is confined to the church as the building, it loses its covenantal meaning of togetherness, for it becomes a mere ritual of the gatherings in the building.

예배는 그리스도인들의 언약의 삶의 가장 명료한 표현입니다. 교회는 대부분 예배의 장소로 고려됩니다. 그러나 예배가 건물로서 교회에 제한되면, 함께하는 언약의 뜻을 잃습니다. 단지 건물에서 모임의 예식이 되기 때문입니다.

The covenant worship is grounded on and directed to God's togetherness. Therefore, it is unfolded with the fulfillment of the requirement for His togetherness rather than with men's religious propensity. Therefore, it is fulfilled and unfolded in obedience. With worship, the covenant life becomes an obedient life.

언약의 예배는 하나님의 함께에 근거하고 또한 향합니다. 그러므로 사람들의 종교적 성향보다 하나님 함께를 위한 요구의 이루어짐으로 펼쳐집니다. 그러므로 순종 가운데 이루어지고 펼쳐집니다. 예배로 언약의 삶은 순종의 삶이 됩니다.

In the covenant, the basis is God's requirement rather than men's propensity. That's why it is accompanied with commandments that are to be fulfilled. Therefore, the covenant worship is also a constituent of the fulfillment of the requirement for His togetherness. Thus, it is obedient worship.

언약에서 근거는 사람의 성향보다 하나님의 요구입니다. 그 때문에 언약은 이루어질 계명과 동반됩니다. 그러므로 언약의 예배는 또한 그분 함께를 위한 요구에 대한 이루어짐의 구성요인입니다. 따라서 그것은 순종의 예배입니다.

Here, we can make the clear-cut distinction of covenant worship from religious worship. The former is presented with the covenant word, but the latter with one's own mind. The former is presented in obedience, but the latter in inclination. The former is fulfilled, but the latter expressed.

여기서 우리는 종교적 예배로부터 언약 예배의 명백한 다름을 보일 수 있습니다. 전자는 언약의 말로 드려지지만 후자는 사람의 마음으로 드려집니다. 전자는 순종 가운데 드려지지만 후자는 성향으로 드려집니다. 전자는 이루어지지만 후자는 표현됩니다.

God's requirement for His togetherness should not be responded to because of fear. Fear is also the mind's propensity. Therefore, worship due to fearfulness is religious. Any response that comes out of fear is not obedience. And any response that comes out of the mind is religious. The mind is not covenantal but individualistic,

하나님 함께를 위한 그분의 요구는 두려움 때문에 반응되지 말아야 합니다. 두려움도 또한 사람의 성향입니다. 그러므로 두려움에 의한 예배는 종교적입니다. 두려움으로부터 오는 반응은 어떤 것이든 순종이 아닙니다. 그리고 마음으로부터 오는 반응은 어떤 것이든 종교적입니다. 마음은 언약적이지 않고 개인적입니다.

Any covenant requirement for God's togetherness is fulfilled in obedience. His togetherness is disclosed in obedience. Therefore, the covenant worship is obedient worship, and vice versa. In the covenant life, worship and obedience are inseparable, since it is the fulfillment of the covenant word.

하나님의 함께를 위한 어떤 언약의 요구든 순종 가운데 이루어집니다. 그분 함께는 순종 가운데 드러납니다. 그러므로 언약 예배는 순종의 예배이고, 또 거꾸로 이기도 합니다. 언약의 삶에서 예배와 순종은 분리될 수 없습니다. 언약의 삶은 언약의 말의 이루어짐이기 때문입니다.

Therefore, the covenant worship is not merely to be seen in the ritualistic setting. It is seen in the obedient life because it is instructed by the covenant word. With obedience the covenant worship is visible in daily life. The obedient life is worship life. In obedience the whole life becomes offered to God.

그러므로 언약 예배는 단지 예식적 설정에서 보아질 수 없습니다. 그것이 언약의 말로 지시되었음으로 언약의 삶에서 보아집니다. 순종으로 언약 예배는 일상적인 삶에서 보입니다. 순종의 삶은 예배 삶입니다. 순종 가운데 온 삶이 하나님께 드려지게 됩니다.

Covenant worship leads to obedient life, but religious worship leads to surpassing life. The cross of Jesus shows obedience rather than surpassing. Obedience is connoted with togetherness, but surpassing with detachment. Therefore, it is inevitable that the individualized life is religiously oriented.

언약 예배는 순종의 삶으로 인도합니다. 그러나 종교적 예배는 뛰어나는 삶으로 인도합니다. 예수님의 십자가는 뛰어남보다 순종을 보입니다. 순종은 함께로 함축됩니다. 그러나 뛰어남은 이탈로 함축됩니다. 그러므로 개인화된 삶이 종교적으로 지향되는 것을 피할 수 없습니다.

Obedience cannot be the propensity of the mind nor willfulness of it. Obedience does not come out of the mind. Since it is the requirement of God's togetherness, it is given with His togetherness. Or it is fulfilled with His togetherness. Therefore, only those who are with Him are obedient.

순종은 마음의 성향일 수도 마음의 의지일 수도 없습니다. 순종은 마음으로부터 나오지 않습니다. 순종은 하나님 함께의 요구이기 때문에 그분 함께로 주어집니다. 혹은 순종은 그분 함께로 이루어집니다. 그러므로 그분과 함께하는 이들만이 순종합니다.

Obedience is guided by the Holy Spirit; therefore, the obedient worship is guided by the Holy Spirit. Consequently, God's togetherness is unfolded in guidance rather than change. And togetherness is connoted with guidance rather than change. His togetherness is different from His power to cause change.

순종은 성령님에 의해 인도됩니다. 그러므로 순종의 예배는 성령님에 의해 인도됩니다. 따라서 하나님 함께는 변화보다 인도로 펼쳐집니다. 그리고 함께는 변화보다 인도로 함축됩니다. 그분 함께는 변화를 일으키는 그분의 힘과 다릅니다.

The covenant worship is Spiritually guided. It is Spiritual worship. Togetherness is guided, and it is Spiritually guided. That's why the mission of togetherness of the early apostles was Spiritually guided. Therefore, Spirituality is not what is to be mentioned but what is disclosed in the guidance.

언약 예배는 영적으로 인도됩니다. 영적 예배입니다. 함께는 인도됩니다. 그리고 영적으로 인도됩니다. 그 때문에 초대 사도들의 함께의 선교는 영적으로 인도되었습니다. 그러므로 영성은 언급될 것이 아니라 인도로 드러나는 것입니다.

God's togetherness with Jesus can only be narrated by the guidance of the Holy Spirit. This is well seen in the gospel. Therefore, the worship of His togetherness with Jesus is guided by the Holy Spirit. It is fulfilled in the preaching of the gospel which is integrated in worship. That is, it unfolds with the Spiritual preaching of the gospel.

예수님과 하나님의 함께는 성령님의 인도하심으로만 서사될 수 있습니다. 이것은 복음서에서 잘 보입니다. 그러므로 예수님과 그분 함께 의 예배는 성령님에 의해 인도됩니다. 그것은 예배에 통합된 복음의 설교로 이루어집니다. 즉 그것은 복음의 영적 설교로 펼쳐집니다.

In this respect, the sacrifice in the OT was problematic, because it was not fulfilled with God's togetherness. This is well seen in the Samuel's remark: "Has the Lord as great delight in burnt offerings and sacrifices, As in obeying the voice of the Lord? Behold, to obey is better than sacrifice, And to heed than the fat of rams" [1] Sam. 15:22.

이 점에서 구약의 제사는 문제였습니다. 하나님 함께로 이루지지 않았기 때문입니다. 이것은 사무엘의 언급에 잘 보입니다: "여호와께서 번제와 다른 제사를 그의 목소리를 청종하는 것을 좋아하심과 같이 좋아하시겠나이까 순종이 제사보다 낫고 듣는 것이 숫양의 기름보다 나으니삼상15:22"

People are easily indulged in their own initiation of worship. This tendency is natural for them who live in the world with their own desire and will. They think that worship is also expressed with their desire and will. Religiosity is also a kind of their natural propensity of mind. Therefore, they think that worship is an outcome of their mind.

사람들은 예배에 대한 자신들의 개시로 쉬이 몰입됩니다. 이 경향은 욕망과 의지로 세상을 사는 그들에게 자연스럽습니다. 그들은 예배도 또한 그들의 욕망과 의지로 표현된다고 생각합니다. 종교성은 또한 일종의 마음의 자연적 성향입니다. 그러므로 그들은 예배가 그들 마음의 소산이라고 생각합니다.

To the ordinary people, the worship initiated with God's togetherness is not easily thinkable. However, if worship is believed to be initiated with His togetherness, it is also accepted to be guided with His togetherness. Thus, it is initiated by and directed to His togetherness. In this way, His togetherness is to be conscious of.

보통 사람들에게 하나님의 함께로 개시된 예배는 쉬이 생각되지 않습니다. 그렇지만 예배가 그분 함께로 개시된다고 믿어지면, 또한 그분 함께로 인도된다고 받아들여집니다. 따라서 예배는 하나님의 함께에 의해 개시되고 하나님의 함께로 향합니다. 이렇게 해서 그분 함께가 의식되게 됩니다.

The worship that is initiated with God's togetherness is subsequently guided by His Spirit. Thus, the worship with His togetherness is a Spiritually guided one. Conclusively speaking, if worship is initiated, it is guided by the Holy Spirit. Otherwise, it is merely expressed by men's propensity.

하나님 함께로 개시된 예배는 이어서 성령님에 의해 인도됩니다. 따라서 그분 함께로 예배는 영적으로 인도된 것입니다. 결론적으로 말하면, 예배가 개시되면 성령님에 의해 인도됩니다. 그렇지 않으면 예배는 단지 사람들의 성향에 의해 표현됩니다.

In the Christian worship, God's togetherness is proclaimed with the preaching of the gospel. The gospel is the narrative of Jesus who was together with God by the Holy Spirit. Therefore, the

Christian worship with the preaching of the gospel is trinitarian worship. It is pivoted by the trinitarian togetherness.

그리스도교 예배에서 하나님 함께는 복음의 설교에서 선포됩니다. 복음은 하나님과 함께하신 예수님에 대해 성령님에 의한 서사입니다. 그러므로 복음을 설교하는 그리스도교 예배는 삼위일체의 예배입니다. 그것은 삼위일체 함께에 의해 추축됩니다.

Therefore, the Christian worship is not merely ritualistic. It is covenant worship of God's togetherness. That is, it is Spiritual rather than ritual. Christians, with Spiritual worship, live Spiritual life. They live together with God who is Spirit as His Children. That's why worship is centered in the Christian life.

그러므로 그리스도교 예배는 단지 예식적이 아닙니다. 하나님 함께의 언약 예배입니다. 즉 그것은 예식적이기 보다 영적입니다. 영적 예배로 그리스도인들은 영적 삶을 삽니다. 그들은 영이신 하나님과 그분 자녀로 함께 삽니다. 그 때문에 예배는 그리스도인의 삶에 중심이 됩니다.

집중(Focus)

언약 예배는 사람이 드리고 하나님께서 받으시는 양 측면을 지닙니다. 그러나 종교적 예배는 사람이 드리는 측면만 보입니다. 종교성이 사람의 마음에서 나오기 때문입니다. 그러나 언약 예배는 하나님의 받으시는 측면에서 시작됩니다. 그분이 받으시는 것을 사람이 드려야 합니다. 성경에 전개되는 제사나 예배의 규정은 이 점을 반영합니다.

The covenant worship entails both sides of man's offering and God's receiving. But the religious worship only shows the side of man's offering, for religiosity comes out of man's mind. But the covenant worship begins with the side of His reception. What He receives man should offer. The regulation of sacrifices or worship in the Bible reflects this point.

예배의 규정은 하나님이 받으시는 것을 사람이 드려야 하기 때문에 나옵니다. 예배가 사람이 마음에서 우러나는 것으로 드려지면, 어떤 규정도 필요하지 않습니다. 사람이 드리고 싶은 대로 드리면 됩니다. 그러나 하나님께서 받으시는 것을 의식되면 예배의 출발점이 달라집니다. 즉 언약 예배는 하나님으로부터 개시되지 사람의 마음에서 출발되지 않습니다.

The worship regulation comes out because man should offer what God receives. If worship is offered with what comes out of mind, it does not need any regulation. Man may offer whatever he wishes to do. But if what He receives is being conscious of, the starting point of worship is different. That is, the covenant worship is initiated by Him. It is not started from man's mind.

　언약 예배는 하나님에 의해 규정되거나 인도됩니다. 예수님께서 영과 참으로 예배하라고 하신 것도 하나님께서 받으시는 면을 강조합니다. 영과 참으로 드려지는 예배로 하나님께서 함께하시게 됩니다. 예배를 드리는 사람과 예배를 받으시는 하나님께서 예배로 함께하십니다. 이 점에서 언약 예배는 함께의 예배입니다. 함께의 예배로 함께의 삶이 이루어집니다.

The covenant worship is regulated or guided by God. Jesus' saying to worship in spirit and truth also emphasizes the side of God's reception. With worship offered in spirit and truth God is gotten together. Man of offering worship and God of receiving it are together in it. In this respect, the covenant worship is togetherness worship. With togetherness worship, togetherness life is fulfilled.

15.2

Preaching(설교)

Preaching is the proclamation of God's togetherness with Jesus under the guidance of the Holy Spirit. It is the narrative of Jesus outwardly, but it proclaims God's togetherness with Jesus inwardly. Therefore, it is the proclamation of God's togetherness in the world with the narrative of Jesus.

설교는 성령님의 인도하심으로 예수님과 하나님 함께의 선포입니다. 그것은 외면으로 예수님의 서사입니다. 그러나 내면으로 예수님과 하나님 함께를 선포 합니다 그러므로 그것은 예수님의 서사로 세상에 하나님 함께의 선포입니다.

When Jesus is told with God's togetherness, His story becomes proclamation. He is not told as someone who is in the world but the Son of God with whom God is together. Thus, His narrative becomes the proclamation of God's togetherness in the world. His narrative cannot be the description of the state of affairs in the world.

예수님이 하나님 함께로 말해질 때, 그분 이야기는 선포가 됩니다. 그분은 세상에 있는 어떤 분으로 말해지지 않고 하나님이 함께하시는 하나님의 아들로 말해집니다. 따라서 그분 서사는 세상에서 하나님 함께의 선포가 됩니다. 그분 서사는 세상에서 사태의 서술일 수 없습니다.

The preaching is delivered for the life that is unfolded with the proclamation of God's togetherness in the narrative of Jesus under the guidance of the Holy Spirit. Therefore, it is the Spiritual proclamation of the kingdom of God, for Jesus is Spiritually confessed as the Christ of the kingdom of God.

설교는 성령님의 인도하심으로 예수님의 서사에 하나님 함께의 선포로 펼쳐지는 삶을 위해 전해집니다. 그러므로 그것은 하나님 나라의 영적 선포입니다. 예수님은 하나님 나라의 그리스도라고 영적으로 고백되기 때문입니다.

Preaching is by no means the interpretation of the Bible. Interpretation is a kind of translation into understandable words. It is intended to help people to understand the Bible. And since understanding is linked to individual capability, the interpreters are concerned with the listeners.

설교는 결코 성경 해석이 아닙니다. 해석은 일종의 이해하는 말로 번역입니다. 그것은 사람들로 성경을 이해하도록 돕는 것으로 의도됩니다. 그리고 이해가 개인의 능력에 연계됨으로, 해석자들은 듣는 이들을 관심합니다.

Therefore, if the Bible is interpreted, the outcome is an individual response to the interpreted word for understanding. In this case, the notion of interpretation, understanding, and individuality are closely linked together. However, preaching is not for the enhancement of individual understanding.

그러므로 성경이 해석되면, 그 소산은 이해를 위해 해석 된 말에 대한 개인적 반응입니다. 이 경우 해석, 이해, 그리고 개인의 통념이 밀접하게 연계됩니다. 그렇지만 설교는 개인적 이해의 증진을 위하지 않습니다.

The gospel narrates Jesus of the kingdom of God. Therefore, it is the narrative of the proclamation of Him as the Christ in the kingdom of God. He cannot be stated as the Christ in the kingdom of the world but can be proclaimed as the Christ of the kingdom of God. That is, the kingdom of God is the proclaimed kingdom by Jesus as the Christ.

복음은 하나님 나라의 예수님을 서사합니다. 그러므로 그것은 그분을 하나님 나라의 그리스도로 선포하는 서사입니다. 그분은 세상 나라의 그리스도로 진술될 수 없고 하나님 나라의 그리스도로 선포될 수 있습니다. 즉 하나님의 나라는 그리스도로서 예수님에 의해 선포된 나라입니다.

The preaching of Jesus as Christ is basically a proclamation, for He is the Christ of the kingdom of God that is to be proclaimed. That is, the telling of Him as a historical figure is not a preaching, but the telling of Him as the Christ of the kingdom of God is a preaching. Thus, the preaching is what is proclaimed by Jesus as the Christ of the kingdom of God.

예수님을 그리스도로 설교는 기본적으로 선포입니다. 그분은 선포되어야 하는 하나님 나라의 그리스도시기 때문입니다. 즉 그분을 역사적인 인물로 말함은 설교가 아닙니다. 그러나 그분을 하나님 나라의 그리스도로 말함은 설교입니다. 따라서 설교는 하나님 나라의 그리스도로서 예수님에 의해 선포된 것입니다.

The preaching of the church is Jesus' ruling in the proclaimed kingdom of God. Thus, it is delivered for the life of the kingdom of God. It is not delivered as a better life or for a better life in the kingdom of the world. Therefore, the church should be the church of the kingdom of God.

교회의 설교는 선포된 하나님 나라에서 예수님의 다스림입니다. 따라서 그것은 하나님 나라의 삶을 위해 전해집니다. 그것은 세상 나라에서 나은 삶으로서 혹은 나은 삶을 위해 전해지지 않습니다. 그러므로 교회는 하나님 나라의 교회여야 합니다.

The preaching of the church is accompanied with the proclamation of the kingdom of God. Therefore, it should be prepared with respect to the proclamation of the kingdom of God. And it should be delivered for the life of the kingdom of God. In this way, the life of the kingdom of God is fulfilled into the church.

교회의 설교는 하나님 나라의 선포를 수반합니다. 그러므로 그것은 하나님 나라의 선포의 관점에서 준비되어야 합니다. 그리고 그것은 하나님 나라를 위해 전해져야 합니다. 이렇게 해서 하나님 나라의 삶이 교회로 이루어집니다.

The gospel is the Spiritual narrative of Jesus as Christ. Therefore, the preaching of it is accompanied with the proclamation of the kingdom of God that is Spiritually ruled by Him as Christ. The kingdom of God is Spiritual, since the gospel is Spiritual. Therefore, the preaching of the gospel is a Spiritual proclamation.

복음은 그리스도로서 예수님의 영적 서사입니다. 그러므로 복음의 설교는 그리스도로서 그분에 의해 영적으로 다스려지는 하나님 나라의 선포를 동반합니다. 하나님의 나라는 영적입니다. 복음이 영적이기 때문입니다. 그러므로 복음의 설교는 영적 선포입니다.

The preaching of the gospel is the ongoing proclamation of God's togetherness with Jesus. Thus, it does not teach but proclaims the gospel. For the life of the kingdom of God, it should be proclaimed. If it is taught, it is for personal enhancement for a better life in the world. Jesus teaches what He proclaims. Therefore, His teaching should be distinguished from ordinary teaching.

복음의 설교는 예수님과 하나님 함께의 진행하는 선포입니다. 따라서 그것은 복음을 가르치지 않고 선포합니다. 하나님 나라의 삶을 위해 그것은 선포되어야 합니다. 만약 그것이 가르쳐지면, 세상에서 나은 삶을 위한 개인의 고양을 위합니다. 예수님은 그분이 선포하신 것을 가르치십니다. 그러므로 그분의 가르침은 보통 가르침과 구별되어야 합니다.

The preaching of the gospel is for newness. And the ongoing proclamation of the kingdom of God is the announcement of the new fulfillment of it. God's togetherness is not sustained but renewed. That's why it is always proclaimed. What is proclaimed is new. Newness cannot come from a change, since a change under-goes another change.

복음 설교는 새로움을 위합니다. 그리고 하나님 나라의 진행하는 선포는 그것의 새로운 이루어짐에 대한 선언입니다. 하나님의 함께는 지속되지 않고 새로워집니다. 그 때문에 항시 선포되어야 합니다. 선포된 것은 새롭습니다. 새로움은 변화로 올 수 없습니다. 변화는 또 다른 변화로 진행되기 때문입니다.

Therefore, the preaching with the proclamation of the kingdom of God is always new, not in the sense of change but in the sense of fulfillment. That is, the preaching with the proclamation of the kingdom of God is delivered for the coming kingdom of God. It is basically delivered for the fulfillment.

그러므로 하나님 나라의 선포로 설교는, 변화의 뜻이 아닌 이루어짐의 뜻에서, 항상 새롭습니다. 즉 하나님 나라의 선포로 설교는 임하는 하나님 나라를 위해 전해집니다. 그것은 기본적으로 이루어짐을 위해 전해집니다.

The preaching is proclaimed for newness. It is not taught for enlightenment. Thus, people who hear the gospel that is preached come not to be enlightened but renewed. It is delivered for the new life of the kingdom of God. That's why the kingdom of God is proclaimed as the coming kingdom of God.

설교는 새로움을 위해 선포됩니다. 깨달음을 위해 가르쳐지지 않습니다. 따라서 설교된 복음을 듣는 사람들은 깨닫게 되지 않고 새롭게 됩니다. 그것은 하나님 나라의 새로운 삶을 위해 전해집니다. 그 때문에 하나님 나라는 임하는 하나님 나라로 선포됩니다.

The preaching unfolds the Spirituality of the gospel. That is, the preaching of the gospel unveils its Spirituality that is involved in the new life of the kingdom of God. Therefore, the preaching itself should be Spiritual. It should be guided Spiritually. It is Spiritual in the sense that it unveils Spirituality of the gospel with the guidance of the Holy Spirit.

설교는 복음의 영성을 펼칩니다. 즉 복음의 설교는 하나님 나라의 새로운 삶을 초래하는 자체의 영성을 보입니다. 그러므로 설교 그 자체는 영적이어야 합니다. 영적으로 인도되어야 합니다. 그것은 성령님의 인도하심으로 복음의 영성을 보이는 점에서 영적입니다.

Since the gospel is Spiritually narrated, it should be Spiritually preached. It cannot be objectively identifiable as such, since it is not a historical narrative. Therefore, it is to be heard as the gospel when it is preached Spiritually, Then, it can also be read Spiritually. That is, when it is preached, it is heard as the gospel.

복음이 영적으로 서사되었기 때문에, 영적으로 설교되어야 합니다. 복음은 역사적인 서사가 아니기 때문에 객관적으로 어떤 것이라고 식별될 수 없습니다. 그러므로 복음은 영적으로 설교될 때, 복음으로 들려질 수 있습니다. 그러면 또한 영적으로 읽어질 수 있습니다. 즉 복음은 설교될 때, 복음으로 들려집니다.

The ordinary people cannot encounter the gospel Spiritually, for they only think of the historical Jesus while reading it. It is acquainted as the gospel only if it is preached Spiritually. Therefore, as they hear it with Spiritual preaching, they become acquainted with it Spiritually.

보통 사람들은 복음을 영적으로 접할 수 없습니다. 그들은 그것을 읽으면서 역사적 예수만 생각하기 때문입니다. 그것은 영적으로 설교될 때만 복음으로 알게 됩니다. 그러므로 그들이 그것을 영적 설교로 들음으로 영적으로 알아지게 됩니다.

Preaching leads the hearers to hear the gospel Spiritually. Hearing it, people are acquainted with the gospel Spiritually. They, being acquainted with the gospel, come to concede that it is narrated with the disclosure of God's togetherness rather than with what merely occurred in the world.

설교는 듣는 이들로 복음을 영적으로 듣도록 인도합니다. 그것을 들으면서 사람들은 복음을 영적으로 접하게 됩니다. 그들은, 복음에 접해짐으로, 복음이 단지 세상에 일어난 것으로보다 하나님 함께의 드러남으로 서사된 것을 인정하게 됩니다.

Since the gospel was written Spiritually, it should be told Spiritually. And the Spirit is God's Spirit who comes to the world; therefore, the Spiritual telling of the gospel becomes the proclamation of His togetherness. This is the basic stance of preaching. The telling about God Himself is not preaching, but the proclamation of His togetherness is preaching.

복음이 영적으로 써졌기 때문에 영적으로 말해져야 합니다. 그리고 영은 세상에 오신 하나님의 영이십니다. 그러므로 복음의 영적 말함은 그분 함께의 선포가 됩니다. 이것이 설교의 기본 입장입니다. 하나님 자신에 대해 말함은 설교가 아니지만 그분 함께의 선포는 설교입니다.

The gospel is preached as the fulfillment of God's togetherness with Jesus. Therefore, it can be preached only Spiritually. That is, His togetherness can be preached with the gospel by the guidance of the Holy Spirit. Therefore, if it is not preached Spiritually, it is veiled. This is why His togetherness with Jesus has to be preached always.

복음은 예수님과 하나님 함께의 이루어짐으로 설교됩니다. 그러므로 그것은 단지 영적으로 설교될 수 있습니다. 즉 그분 함께는 성령님의 인도하심으로 복음으로 설교될 수 있습니다. 그러므로 그분 함께는 영적으로 설교되지 않으면 가려지게 됩니다. 이것이 예수님과 그분 함께는 항시 설교되어야만 되는 이유입니다.

The preaching of the gospel comes out with God's togetherness, since it basically proclaims His togetherness with Jesus. Therefore, it is a covenant outcome. It does not tell of the status of being but announces the fulfillment of togetherness. Togetherness cannot be reached with change; thus, it is only proclaimed to be fulfilled in terms of the preaching of the gospel.

복음의 설교는 하나님 함께로 나옵니다. 그것은 기본적으로 예수님과 그분 함께를 선포하기 때문입니다. 그러므로 언약의 소산입니다. 그것은 존재의 상태를 말하지 않고 함께의 이루어짐을 선언합니다. 함께는 변화로 이르게 될 수 없습니다. 따라서 그것은 단지 복음의 설교로 이루어지도록 선포됩니다.

God's togetherness is not expressed as individualized feelings but proclaimed in the covenant life, i.e., the kingdom of God. That is, the gospel is not to be read as touching on personal feelings. It should be preached for the covenant life of the church. When it touches on personal feelings, it becomes religious.

하나님의 함께는 개인화된 느낌으로 표현되지 않고 언약의 삶, 곧 하나님의 나라로 선포됩니다. 즉 복음은 개인적 느낌에 접촉됨으로 읽어질 수 없습니다. 그것은 교회의 언약의 삶을 위해 설교되어야 합니다. 그것이 개인의 느낌으로 접촉될 때, 종교적이 됩니다.

God's togetherness is not personally experienced but covenantally fulfilled. Therefore, preaching is not addressed to personal response but addressed to covenant togetherness. With preaching, His togetherness is fulfilled into the covenant life of the togetherness of the church. That is, His togetherness is disclosed through the channel of the preaching of the church.

하나님 함께는 개인적으로 체험되지 않고 언약적으로 이루어집니다. 그러므로 설교는 개인의 반응으로 전해지지 않고 언약의 함께로 전해집니다. 설교로 그분 함께는 교회의 함께하는 언약의 삶으로 이루어집니다. 즉 그분 함께는 교회 설교의 경로를 통해 드러납니다.

The gospel is not narrated to inform Jesus in terms of what is in the world but narrated to Him with God's togetherness. It is, so to speak, narrated to proclaim His togetherness with Jesus. Therefore, the preaching has to deliver its proclamation of His togetherness with Jesus. In this respect, the preaching cannot be reduced to any linguistic activity.

복음은 예수님을 세상에 있는 것으로 알려주기 위해 서사되지 않고 하나님 함께로 서사됩니다. 그것은 말하자면 예수님과 그분 함께를 선포하기 위해 서사됩니다. 그러므로 설교는 예수님과 그분 함께의 선포를 전해야 합니다. 이 점에서 설교는 어떤 언어적 활동으로도 환원될 수 없습니다.

The preaching has no sense of continuity or sustainability. It is for renewal with the proclamation of God's togetherness. The gospel that can only be preached is the new covenant, in the sense of the covenant of newness. That is, the gospel is preached for the fulfillment of newness.

설교는 연속이나 지탱의 뜻이 없습니다. 그것은 하나님 함께의 선포로 새로워지기 위함입니다. 단지 설교될 수 있는 복음은 새로움의 언약이라는 의미로 새 언약입니다. 즉 복음은 새로움의 이루어짐을 위해 설교됩니다.

Continuity or sustainability is told in terms of what is in the world. But God's togetherness is not to be claimed with continuity or sustainability. It is unfolding in newness. That's why it has to be proclaimed and the gospel has to be preached. The preaching of the gospel has to entail the sense of newness.

지속이나 지탱은 세상에 있는 것으로 말해집니다. 그러나 하나님 함께는 지속이나 지탱으로 주장될 수 없습니다. 그것은 새로움으로 펼쳐갑니다. 그 때문에 하나님 함께는 선포되어야 하고 복음은 설교되어야 합니다. 복음의 설교는 새로움의 의미를 포함해야 합니다.

In the OT the Israelites thought of the continuity and sustainability of their covenant life with God. Their law reflected this tendency. The constituents of their covenant, i.e., the descendants of Abraham and the land of Canaan, were the basis of the continuity and sustainability of their covenant life.

구약에서 이스라엘 백성은 하나님과 함께하는 그들 언약의 삶의 지속과 지탱을 생각했습니다. 그들의 율법은 이 경향을 잘 반영했습니다. 그들 언약의 구성요인, 곧 아브라함의 후손과 가나안 땅은 그들 언약의 삶의 지속과 지탱의 근거였습니다.

But in the NT the early Christians did not matter with their continuity or sustainability. At any rate, they believed Jesus who was rejected by the Jews as Christ. And they were earnestly waiting for His second coming. They lived the life of waiting for the upcoming fulfillment of newness under oppression and persecution.

그러나 신약에서 초대 그리스도인들은 그들 지속이나 지탱으로 문제되지 않았습니다. 어떻든 그들은 유대인들에 의해 배척된 예수님을 그리스도로 믿었습니다. 그리고 그들은 그분 재림을 진정으로 기다렸습니다. 그들은 억압과 박해 가운데 다가올 새로움의 이루어짐을 기다리는 삶을 살았습니다.

The church preaching has to deal with the word of God and its fulfillment properly. It announces the fulfillment of the word of God in the Bible. Since the word is the primary subject to be dealt with, the announcement of its fulfillment is the main task of the preaching of the Bible.

교회 설교는 하나님의 말씀과 그 이루어짐을 적절히 다루어야 합니다. 그것은 성경에 있는 하나님의 말씀의 이루어짐을 선언합니다. 말씀이 다루어질 일차적 주제이기 때문에, 그 이루어짐의 선언은 성경 설교의 주된 임무입니다

Ontology deals with being, but covenant with the word of God. Beings are described and explained. But the word of God is preached for and with its fulfillment. Covenant theology, unlike the ontological theology, deals with the word of God. That's why its saying is basically preaching.

존재론은 존재를 다루지만 언약은 하나님의 말씀을 다룹니다. 존재는 서술되고 설명됩니다. 그러나 하나님의 말씀은 그 이루어짐을 위해 또 그 이루어짐으로 설교됩니다. 언약 신학은 존재론적 신학과 달리 하나님의 말씀을 다룹니다. 그 때문에 그것이 말하는 것은 기본적으로 설교입니다.

집중(Focus)

설교는 복음 선포로 유래됩니다. 복음 선포로 초대 교회가 이루어졌으니, 설교는 교회에서 나오지 않습니다. 그보다 그것은 교회로 이루어집니다. 율법이나 지혜는 가르쳐져서 깨닫게 되지만 복음은 가르쳐져서 이해되지 않습니다. 그것은 선포되기만 합니다. 복음은 예수님이 세상에 오셔서 보이신 삶의 서사입니다. 따라서 그것은 세상에 서술되지 않고 선포됩니다.

Preaching originated from the proclamation of the gospel. Since the early church was fulfilled with the proclamation of the gospel, preaching does not come from the church. Rather, it is fulfilled into the church. The law or wisdom is taught to be awakened, but the gospel is not taught to be understood. It is only proclaimed. The gospel is the narrative of the life that Jesus came to show in the world. Thus, it is not described but proclaimed in the world.

세상 나라는 그 안에서 율법이나 지혜로 어떻게 살아야 할지에 대해 가르쳐집니다. 그러나 하나님의 나라는 예수님이 오심으로 선포됩니다. 그리고 선포된 대로 이루어집니다. 예수님이 그리스도시라는 고백은 선포된 하나님 나라의 삶을 뜻합니다. 그러므로 하나님 나라는 세상 나라같이 가르쳐질 수 없습니다. 하나님 나라로 사는 삶은 설교의 선포로 이루어집니다.

The kingdom of the world is taught as to how to live in it by the law or wisdom. But the kingdom of God is proclaimed as Jesus comes to the world. And it is fulfilled as proclaimed. The confession that Jesus is Christ means the life of the kingdom of God that is proclaimed. Therefore, it cannot be taught like the kingdom of the world. The life of the kingdom of God is fulfilled with the proclamation of preaching.

예수님을 하나님의 나라의 그리스도라는 발설은 선포입니다. 따라서 설교로만 재현됩니다. 사람이 하나님 나라로 이루어지는 삶을 살지 않는 한 예수님을 그리스도라고 하는 것은 무의미합니다. 그리스도는 세상에 속한 뜻이 전혀 없습니다. 따라서 그리스도에 대한 어떤 언급도 선포된 것의 의미를 지닙니다. 즉 그리스도로 전개되거나 연계되는 것은 선포의 의미를 지닙니다.

The utterance that Jesus is Christ is a proclamation. Thus, it is recapitulated only with preaching. It is senseless for one to say that Jesus is Christ as long as he does not live the life that is fulfilled into the kingdom of God. Christ has no sense that He belongs to the world. Thus, any mention of Christ has the sense of what is proclaimed. That is, what is generated or associated with Christ has the sense of proclamation.

15.3

Prayer(기도)

Prayer is ordinarily considered as an inclination of mind. When an individual is situated in a critical moment, his mind is inclined to desire to come out of it. When such desire is seriously and attentively expressed, it is regarded as a prayer. In this respect, it is a kind of disposition of the mind.

기도는 보통 마음의 성향으로 여겨집니다. 개인이 위기의 순간에 처해질 때, 그의 마음은 거기서 벗어나려는 원함으로 기웁니다. 그런 원함이 심각하게 또 집중적으로 표현될 때, 기도로 여겨집니다. 이 점에서 기도는 일종의 마음 성향입니다.

Prayer with desire is grounded on the individual mind. And since the individual mind is subjected to the conditionality of the world, prayer with desire that comes out of the individual mind is also subjected to the conditionality of the world. The conditionality is the ground of individual prayer.

욕망으로 기도는 개인의 마음에 근거합니다. 그리고 개인의 마음은 세상 조건성에 종속되기 때문에, 개인의 마음에서 나오는 욕망으로 기도도 또한 세상 조건성에 종속됩니다. 조건성이 개인 기도의 근거입니다.

Therefore, most prayers that the ordinary people pray are, in a sense, cries that come out of the crises that they are faced with. For this reason, prayer is regarded as the natural response of the individual mind under the conditional situation. Therefore, it is the main theme of religion, for religion deals with the individual mind.

그러므로 보통 사람들이 기도하는 대부분 기도는 어느 의미에서 그들이 직면한 위기로부터 나오는 울부짖음입니다. 이 때문에 기도는 조건적 상황에서 개인 마음의 자연적 반응으로 고려됩니다. 그러므로 그것은 종교의 주된 주제입니다. 왜냐하면 종교는 개인의 마음을 다루기 때문입니다.

Nevertheless, the prayer that the Bible deals with is the covenant prayer that the covenant people pray to their covenant God. It is initiated with God's togetherness; therefore, it is prayed in accordance with His will. That is, the covenant prayer does not come out of the individual mind.

그렇지만 성경이 다루는 기도는 언약의 백성이 그들 언약의 하나님에게 기도하는 언약의 기도입니다. 그것은 하나님 함께로 개시됩니다. 그러므로 그분 뜻을 따라 기도됩니다. 즉 언약의 기도는 개인의 마음으로부터 나오지 않습니다.

The covenant is initiated with God's togetherness. Therefore, the covenant prayer is directed to the fulfillment of the covenant. In this regard, it is guided with His togetherness. It is expressed with His togetherness rather than the conditionality of the world. It is a constituent of the covenant life.

언약은 하나님 함께로 개시됩니다. 그러므로 언약의 기도는 언약의 이루어짐을 향합니다. 이 점에서 그것은 그분 함께로 인도됩니다. 그것은 세상의 조건성보다 그분 함께로 표현됩니다. 그것은 언약의 삶의 구성요인입니다.

God's covenant togetherness with His people is accompanied with His requirement for them to fulfill. People with their own volition or desire cannot live together with Him. Phrasing differently, as long as they have volition or desire under the subjection to the conditionality of the world, they cannot be together with Him.

하나님의 백성과 그분 언약의 함께는 그들이 이룰 그분의 요구를 동반합니다. 사람들은 자신들의 의지나 욕망으로 그분과 함께 살 수 없습니다. 달리 말하면, 그들이 세상 조건성에 종속되어 의지나 욕망을 갖는 한, 그들은 그분과 함께할 수 없습니다.

Therefore, the covenant prayer is initiated with God's togetherness; consequently, it is prayed in accordance with His will. But since men cannot pray with their own intention in accordance with His will, they cannot do in accordance with what He wills. As long as they have their own intention, what they do is the realization of their own will.

그러므로 언약의 기도는 하나님 함께로 개시됩니다. 따라서 그분 뜻을 따라 기도됩니다. 그러나 사람들은 자신들의 의도로 하나님이 뜻을 따라 기도할 수 없기 때문에, 그분이 뜻하시는 것을 따라 행할 수 없습니다. 그들이 자신들의 의도를 지니는 한, 그들이 하는 것은 자신들 의지의 실현입니다.

In the OT, the Israelites, keeping the law, wanted to live their covenant life with God. Even though the law was given by Him as the requirement for the covenant life, it was to be kept with their own wilful acts. Their willful acts were the outcome of the determination of their mind.

구약에서 아스라엘 백성은 율법을 지키면서 하나님과 함께 언약의 삶을 살기를 원했습니다. 율법이 언약의 삶을 위한 요구로서 그분에 의해 주어졌지만, 그것은 자신들의 의지적 활동으로 지켜져야 했습니다. 그들의 의지적 활동은 그들 마음의 결정 소산이었습니다.

In this case, the Israelites' keeping of the law could be pretentious before the eye of God, since they were only concerned with its written requirement. Then, even if they kept the law, they could not live together with God. The requirement for the togetherness with God is not to be fulfilled with the keeping of the law.

이 경우 이스라엘 백성의 율법의 지킴은 하나님의 눈앞에서는 가식적일 수 있었습니다. 그들은 그 쓰인 요구만 관심하였기 때문입니다. 그러면 그들이 율법을 지켰더라도, 하나님과 함께 살 수 없었습니다. 하나님과 함께하는 요구는 율법을 지키는 것으로 이루어질 수 없습니다.

This means that in terms of the law the covenant requirement for being together with God could not be fulfilled. That is, the Israelites could not wholly live the covenant life with the law. The covenant requirement could not be put in the law, or it was not a literal requirement. The requirement of togetherness cannot be given to individuals as a literally specified requirement.

이것은 율법으로 하나님과 함께하는 언약의 요구는 이루어질 수 없었다는 것을 뜻합니다. 즉 이스라엘 백성은 율법으로 언약의 삶을 온전히 살 수 없었습니다. 언약의 요구는 율법에 넣을 수 없었습니다. 혹은 그것은 문자적 요구가 아니었습니다. 함께의 요구는 문자적으로 명시된 요구로 개인들에게 주어질 수 없습니다.

The covenant requirement is what God wills for the covenant life. Therefore, it is what the covenant people pray for. The covenant prayer is collimated into it for the fulfillment of His will. In this way, the covenant life is unfolding as it is fulfilled in accordance with the covenant prayer.

언약의 요구는 언약의 삶을 위하여 하나님이 뜻하시는 것입니다. 그러므로 그것은 언약의 백성이 기도하는 것입니다. 언약의 기도는 그분 뜻의 이루어짐을 위해 자체에 집중됩니다. 이렇게 해서 언약의 삶은 언약의 기도를 따라 이루어짐으로 펼쳐갑니다.

The covenant requirement that God wills for His togetherness should be what the covenant people will for them to live together with Him. Therefore, first of all, it should be what they pray for. That is, for the covenant requirement, the primary response is the covenant prayer rather than willful practice.

하나님의 함께를 위해 그분이 뜻하시는 언약의 요구는 언약의 백성이 그분과 함께 살기 위해 뜻하는 것이어야 합니다. 그러므로 무엇보다 먼저 그것은 그들이 기도해야 할 것입니다. 즉 언약의 요구에 대해 일차적 반응은 의지적 실행이기보다 언약의 기도입니다.

In the covenant life, the prayer does not come from the individual mind voluntarily. Rather, it is fulfilled in the covenant life. Since people cannot live the covenant life voluntarily, it should, first of all, be what they pray for. The covenant people have to pray for how to pray as the covenant people.

언약의 삶에서 기도는 개인의 마음에서 자발적으로 나오지 않습니다. 그보다 언약의 삶에서 이루어집니다. 사람들이 언약의 삶을 자발적으로 살 수 없기 때문에, 언약의 삶은 무엇보다 먼저 그들이 기도하는 것이어야 합니다. 언약의 백성은 언약의 백성으로 어떻게 기도해야 할지를 기도해야 합니다.

In this respect, the covenant prayer is what is to be fulfilled. Since the covenant people have to live in accordance with God's will for togetherness, they should, first of all, pray in accordance with His will. Such prayer should be fulfilled for them, primarily. Unlike natural prayer, the covenant prayer is fulfilled with the covenant life.

이 점에서, 언약의 기도는 이루어질 것입니다. 언약의 백성은 함께를 위한 하나님의 뜻을 따라 살아야 하기 때문에, 무엇보다 먼저 그분 뜻을 따라 기도해야 합니다. 그런 기도는 일차적으로 그들을 위해 이루어져야 합니다. 자연적 기도와는 달리 언약의 기도는 언약의 삶과 더불어 이루어집니다.

The requirement of the covenant life for togetherness is not lawfulness but prayerfulness. In this case, however, since prayerfulness is not an innate quality, it should be fulfilled with God's togetherness. Lawfulness is embedded in the individual mind, but prayerfulness is initiated by His togetherness.

함께를 위한 언약의 삶의 요구는 적법성이 아닌 구도성입니다. 그렇지만, 이 경우, 구도성이 선천적인 성품이 아니기 때문에, 하나님 함께로 이루어져야 합니다. 적법성은 개인의 마음에 깔려있습니다. 그러나 구도성은 그분 함께에 의해 개시됩니다.

Jesus, while praying to God all the time, taught His disciples how to pray. But the teaching of how to pray is unusual in ordinary life, since prayer comes out of the individual mind personally. In this respect, His teaching of how to pray should be reviewed attentively. His teaching of how to pray leads to seeing what is to be fulfilled rather than what is to be wished.

예수님은, 항시 하나님께 기도하시면서, 어떻게 기도할 것을 제자들에게 가르치셨습니다. 그러나 어떻게 기도할지 가르치는 것은 보통 삶에서 생소합니다. 기도는 개인의 마음에서 개인적으로 나오기 때문입니다. 이 점에서, 어떻게 기도할까에 대한 그분 가르침은 주의 깊게 검토되어야 합니다. 어떻게 기도할까에 대한 그분 가르침은 바라질 것보다 이루어질 것을 보도록 이끕니다.

The prayer that Jesus taught, i.e., the Lord's Prayer, is the exemplar of the covenant prayer. He did not teach His disciples to keep the law but taught them to fulfill it. The fulfillment of it should be accompanied with praying for it. What is prayed for is basically expressed as what is to be fulfilled.

예수님이 가르치신 기도, 곧 주기도는 언약 기도의 표본입니다. 그분은 제자들에게 율법을 지키기를 가르치지 않으시고 그것을 이룰 것을 가르치셨습니다. 율법의 이루어짐은 그에 대한 기도가 수반되어야 합니다. 기도해야 될 것은 기본적으로 이루어질 것으로 표현됩니다.

Therefore, Jesus led the disciples to see the depth of the law as God's word. Then, He taught them how to pray for being together with God with the fulfillment of the law as His word. Without being accompanied with the covenant prayer, the law has fallen into legalism since it has no sense of fulfillment.

그러므로 예수님은 제자들을 하나님의 말씀으로서 율법의 깊이를 보도록 이끄셨습니다. 그러면서 그분은 하나님 말씀으로서 율법의 이루어짐으로 하나님과 함께하기 위해 어떻게 기도할지 가르치셨습니다. 언약 기도와 동반하지 않고서, 율법은 이루어짐의 의미가 없기 때문에 율법주의로 타락됩니다.

In this respect, Jesus' teaching of the Lord's Prayer is considered in the line of the fulfillment of the covenant prayer. His teaching of the Lord' Prayer is to show the exemplar of covenant prayer. Therefore, His disciples are supposed to hear it in prayer so as for it to be what they pray for.

이 점에서, 예수님의 주기도의 가르침은 언약 기도의 이루어짐의 선상에서 고려됩니다. 그분 주기도의 가르침은 언약 기도의 표본을 보이려는 것입니다. 그러므로 그분 제자들은 기도 가운데 주기도를 들어서 그것이 그들이 기도하는 것이 되어야 합니다.

The covenant prayer is the basis of the covenant life, for God's word for His togetherness should, first of all, be prayed for its fulfillment. In order for the covenant life to be led by His word, it should be what His people pray for. His word is fulfilled while it is prayed by His people.

언약 기도는 언약의 삶의 근거입니다. 하나님 함께를 위한 그분 말씀은 무엇보다 먼저 이루어짐을 위해 기도되어야 합니다. 언약의 삶이 그분 말씀으로 인도되기 위해, 그분 백성이 기도하는 것이어야 합니다. 그분 말씀은 그분 백성에 의해 기도되는 동안 이루어집니다.

As the Lord's Prayer is taught by Jesus, the covenant prayer is guided with God's togetherness. Therefore, the fulfillment of the covenant prayer is primary for the covenant life. Then, as the covenant prayer is guided, the covenant life is unfolded. The covenant life is unfolded with the fulfillment of the covenant prayer.

주기도가 예수님에 의해 가르쳐짐으로, 언약 기도는 하나님 함께로 인도됩니다. 그러므로 언약 기도의 이루어짐은 언약의 삶에 일차적입니다. 그러면 언약 기도가 인도됨에 따라, 언약의 삶이 펼쳐집니다. 언약의 삶은 언약 기도의 이루어짐으로 펼쳐집니다.

The guidance of the covenant prayer with God's togetherness is seen in the guidance of it by His Spirit. The prayer guided by the Holy Spirit is the covenant prayer. Reversely speaking, the covenant prayer is Spiritual prayer. His togetherness is primarily disclosed in the Spiritually guided covenant prayer.

하나님 함께로 언약 기도의 인도는 성령님에 의한 언약 기도의 인도로 보입니다. 성령님에 의해 인도되는 기도는 언약의 기도입니다. 거꾸로 말하면, 언약 기도는 영적 기도입니다. 그분 함께는 일차적으로 영적으로 인도된 언약 기도에서 드러납니다.

Paul gives a remark on the prayer guided by the Holy Spirit in this way: "For we do not know what we should pray for as we ought, but the Spirit Himself makes intercession for us with groanings which cannot be uttered. Now He who searches the hearts knows what the mind of the Spirit is, because He makes intercession for the saints according to the will of God" ^{Rom. 8:26-27}.

바울은 성령님에 의해 인도된 기도에 대한 언급을 이렇게 줍니다: "이와 같이 성령도 우리의 연약함을 도우시나니 우리는 마땅히 기도할 바를 알지 못하나 오직 성령이 말할 수 없는 탄식으로 우리를 위하여 친히 간구하시느니라 마음을 살피시는 이가 성령의 생각을 아시나니 이는 성령이 하나님의 뜻대로 성도를 위하여 간구하심이니라^{롬 8:26-27}."

A prayer that is guided by the Holy Spirit is prayer that is fulfilled, for itself is fulfilled by the guidance of the Holy Spirit. That is, it cannot be uttered without being guided by the Holy Spirit. The fulfillment of prayer, though being heard strangely, is the primary step into the Christian life. The Christian prayer is Spiritually guided.

성령님에 의해 인도된 기도는 이루어지는 기도입니다. 그 자체가 성령님의 인도하심으로 이루어지기 때문입니다. 즉 성령님에 의해 인도되지 않고 그것은 발설될 수 없습니다. 기도의 이루어짐은, 이상하게 들릴지 모르지만, 그리스도인의 삶에서 일차적 단계입니다. 그리스도인의 기도는 영적으로 인도됩니다.

The Christian prayer is fulfilled, since it is a part of the cove-
nantal life that is fulfilled with God's togetherness. Christians do
not pray with their own volition. They pray with the guidance of
the Holy Spirit; thus, they pray with His togetherness. Their being
Christians is shown with their fulfilled covenant prayer.

그리스도인의 기도는 이루어집니다. 하나님 함께로 이루어지는 언
약의 삶의 부분이기 때문입니다. 그리스도인들은 그들의 의지로 기도
하지 않습니다. 그들은 성령님의 인도하심으로 기도합니다. 따라서 그
들은 그분 함께로 기도합니다. 그들의 그리스도인들 됨은 그들의 이루
어진 언약 기도로 보입니다.

The Christian prayer is fulfilled with togetherness and for togeth-
erness. Because of this reason, it becomes the covenant prayer,
i.e., the church prayer. Since the Holy Spirit is not to be mentioned
apart from the church, the Christian Spiritual prayer is church
prayer. The church prayer is grounded on the church life.

그리스도인의 기도는 함께로 또 함께를 위해 이루어집니다. 이 때문
에 그것은 언약의 기도, 곧 교회 기도가 됩니다. 성령님은 교회를 떠나
언급될 수 없음으로, 그리스도인의 영적 기도는 교회 기도입니다. 교회
기도는 교회 삶에 근거합니다.

The Christian Spirit guides the covenant prayer of togetherness.
And, in this way, it guides church life. The church life cannot be
fulfilled without the fulfillment of the church prayer for togeth-

erness under the guidance of the Christian Spirit. The church life unfolds with the church prayer.

그리스도 영은 함께하는 언약 기도를 인도합니다. 그리고 이렇게 해서 그것은 교회 삶을 인도하십니다. 교회 삶은 그리스도 영의 인도하심으로 함께를 위한 교회 기도의 이루어짐이 없이 이루어질 수 없습니다. 교회 삶은 교회 기도로 펼쳐갑니다.

The volitional prayer that comes out of the individual mind is so directed to God's power that it would intervene into the conditionality of the world so that the conditional outcome might be achieved in accordance with it. The ordinary people are indulged in this volitional prayer. They are concerned with the realization of what they will do by His power.

개인의 마음에서 나오는 의욕적 기도는 하나님의 힘을 향해서 그것이 세상의 조건성에 개입됨으로 그에 따라 조건적 소산이 성취되게 하려는 것입니다. 보통 사람들은 의욕적 기도에 몰입됩니다. 그들은 그분 힘에 의한 그들이 하려는 것에 대한 실현을 관심합니다.

But the covenant prayer is fulfilled in accordance with God's will. The Christian prayer is directed to His will rather than His power. His will is primarily fulfilled in the prayer in accordance with it. Therefore, in the covenant prayer the covenant people are together with Him.

그러나 언약 기도는 하나님의 뜻에 따라 이루어집니다. 그리스도인의 기도는 그분 힘보다 그분의 뜻을 향해집니다. 그분 뜻은 그에 따른 기도 가운데 일차적으로 이루어집니다. 그러므로 언약 기도 가운데 언약의 백성은 그분과 함께합니다.

That's why Jesus primarily led His disciples to the prayer to God's togetherness from their observation of the law. It could be fulfilled when they observe it in their prayer with His togetherness. Jesus came to the world to show the priority of prayer with God's togetherness.

그 때문에 예수님은 그분 제자들을 율법의 지킴에서 하나님 함께를 향한 기도에 일차적으로 인도하셨습니다. 율법은 그분 함께로 그들 기도 가운데 지킬 때 이루어질 수 있었습니다. 예수님은 하나님 함께로 기도의 우선성을 보이기 위해 세상에 오셨습니다.

집중(Focus)

예수님은 늘 기도하실 뿐만 아니라 제자들에게 어떻게 기도할지 가르치십니다. 예수님은 제자들을 예수님을 따라 기도하도록 이끄십니다. 예수님을 따르는 제자들은 우선 그들 기도에서 예수님을 따라 해야 됩니다. 자기들 마음에서 나오는 것으로 기도하지 말아야합니다. 이 점에서 예수님은 우선 제자들에게 예수님을 따르는 기도가 이루어지게 하십니다.

Jesus not only always prays but also teaches His disciples how to pray. He leads them to pray in accordance with Him. The disciples who follow Him, first of all, have to follow Him in their prayer. They should not pray as what comes out of their mind. In this respect, He, first of all, lets the prayer of the following of Him be fulfilled to them.

종교적으로 바라는 기도는 개인의 마음에서 나옵니다. 그러나 하나님과 함께하는 언약 기도는 개인의 마음에서 나오지 않고 언약의 삶에서 나옵니다. 그러므로 우선 언약 기도가 이루어져야 합니다. 기도의 이루어짐이 기도하는 것보다 우선입니다. 예수님이 제자들에게 기도를 가르치신 뜻이 여기 있습니다. 예수님은 그들에게 하나님과 함께하는 기도를 가르치십니다.

Prayer for wishing something religious comes out of the individual mind. But covenant prayer of being together with God does not come from the individual mind but comes out from the covenant life. Therefore, the covenant prayer, first of all, has to be fulfilled.

The fulfillment of prayer is prior to praying. Here is the significance of Jesus' teaching of prayer to the disciples. He teaches them prayer for being together with God.

언약의 삶은 하나님의 함께로 이루어지기 때문에, 이루어짐에 대한 기도가 일차적입니다. 즉 세상의 어떤 이루어짐보다 기도의 이루어짐이 우선입니다. 우리는 이루어진 기도로 이루어질 것을 기도해야 합니다. 그러면 하나님과 함께하는 기도로 하나님 함께가 이루어질 것을 기도하게 됩니다. 언약의 기도는 언약의 삶의 구성요인입니다.

Since the covenant life is fulfilled with God's togetherness, prayer for fulfillment is primary. That is, fulfillment of prayer is prior to any fulfillment of the world. We, with fulfilled prayer, have to pray what is to be fulfilled. Then, we, with the prayer of being together with God, come to pray for the fulfillment of His togetherness. The covenant prayer is a constituent of the covenant life.

15.4

Praise(찬양)

People talk of God, but they praise His togetherness. Praising Him is different from talking about Him. They can talk about Him with their own understanding, but they do not praise Him with their own understanding. That is, the praise of Him does not come from the understanding of Him.

사람들은 하나님을 말하지만 그분 함께를 찬양합니다. 그분을 찬양하는 것은 그분을 말하는 것과 다릅니다. 그들은 그분을 그들 자신의 이해로 말할 수 있습니다. 그러나 그들은 그분을 그들 자신들의 이해로 찬양하지 않습니다. 즉 그분에 대한 찬양은 그분에 대한 이해로 나오지 않습니다.

Philosophers also claim the existence of God and project His nature with their reasoning, but they do not praise Him. The praising of Him does not come from His ontological status. His existence does not lead to Him being praised. He is not praised by His existence or being. That is, praising is not an ontological notion.

철학자들도 또한 하나님의 있음을 주장하고, 그분 속성을 그들 이성으로 투사합니다. 그러나 그들은 그분을 찬양하지 않습니다. 그분에 대한 찬양은 그분의 존재론적 신분으로부터 오지 않습니다. 그분의 있음은 찬양되는 그분으로 이끌지 않습니다. 그분은 그분의 있음이나 존재로 찬양되지 않습니다. 즉 찬양은 존재론적 통념이 아닙니다.

Praising of God arises because of His work that He has done for His people. He is praised by His people for His work. Therefore, in order for the praising of Him to be told meaningfully, His people and His work for them have to be specified. This specification is the phrase of His togetherness with them.

하나님에 대한 찬양은 그분 백성을 위해 그분이 하신 그분 일함 때문에 일어납니다. 그분은 그분 일함에 대해 그분 백성에 의해 찬양됩니다. 그러므로 그분에 대한 찬양이 의미 있게 말해지기 위해, 그분 백성과 그들을 위한 그분 일함이 명시되어야 합니다. 이 명시는 그들과 그분 함께에 대한 찬양입니다.

God's people are specified covenantally. However, if God is investigated ontologically, He can only claim to be related with ontological beings. Then, His specified work for a group of people who are called "God's people" is untenable. The ontological God is alleged to be related with individuals.

하나님의 백성은 언약적으로 명시됩니다. 그렇지만 하나님이 존재론적으로 탐구되면, 존재론적 존재와 관계되어 있다고만 주장될 수 있습니다. 그러면 "하나님의 백성"이라고 불리는 사람들의 그룹을 위한 그분의 명시된 일함은 지지될 수 없습니다. 존재론적 하나님은 개인들과 관계된다고 주장됩니다.

The praising of God comes from His people for His work for them. His people are the covenant people, and His work for them is the covenant work. Then, He is also the covenant God. Therefore, the praising of Him comes out of covenant life. The covenant people praise the covenant God.

하나님에 대한 찬양은 그분 백성을 위한 그분 일함에 대해 그들로부터 나옵니다. 그분 백성은 언약의 백성입니다. 그리고 그들을 위한 그분 일함은 언약의 일입니다. 그러면 그분은 또한 언약의 하나님이십니다. 그러므로 그분에 대한 찬양은 언약의 삶에서 나옵니다. 언약의 백성은 언약의 하나님을 찬양합니다.

Therefore, "praising" is a covenant term. The covenant God is praised by His people. The covenant God is talked about with His togetherness. Therefore, the praise of the covenant people to the covenant God is based on and directed to His togetherness with them. It is phrased into the covenant life story.

그러므로 "찬양"은 언약의 용어입니다. 언약의 하나님은 그분 백성에 의해 찬양됩니다. 언약의 하나님은 그분 함께로 말해집니다. 그러므로 언약의 백성의 언약의 하나님에 대한 찬양은 그들과 그분 함께에 근거하고 또 향합니다. 그것은 언약의 삶의 이야기로 표현됩니다.

The covenant people praise the covenant God for the covenant work in their covenant life. In this case, the covenant work is not His special favor to them but His fulfillment of their covenant life. A favor is discriminatory; thus, it may invoke thankfulness. But it does not bring out praise.

언약의 백성은 그들 언약의 삶에서 언약의 일에 대해 언약의 하나님을 찬양합니다. 이 경우 언약의 일은 그들에 대한 그분의 특별한 호의가 아닌 그들 언약을 삶에 대한 그분 이루심입니다. 호의는 차별적입니다. 따라서 감사를 불러일으킬 수 있습니다. 그러나 그것은 찬양을 불러오지 않습니다.

The covenant God is praised because of His covenant work, not because of His beneficiary work. And His covenant work is the work of His togetherness. The covenant God fundamentally and ultimately works for His togetherness, i.e., the covenant togetherness. Therefore, praise does not come from the individual mind.

언약의 하나님은 그분 언약의 일 때문에 찬양됩니다. 그분의 수혜적 일 때문이 아닙니다. 그리고 그분 언약의 일은 그분 함께의 일입니다. 언약의 하나님은 근본적으로 그리고 궁극적으로 그분 함께, 곧 언약의 함께를 위해 일하십니다. 그러므로 찬양은 개인의 마음에서 나오지 않습니다.

The praising of God, therefore, is fundamentally and ultimately directed to His togetherness. His people praise Him for His togetherness. Therefore, it is covenant praise. If praise does not come out of togetherness, it is no more than an individual feeling of thankfulness. Praising has the sense of togetherness.

하나님에 대한 찬양은 그러므로 근본적으로 또 궁극적으로 그분 함께를 향합니다. 그분 백성은 그분 함께에 대해 그분을 찬양합니다. 그러므로 그것은 언약의 찬양입니다. 찬양이 함께로부터 나오지 않으면, 개인적 감사의 느낌에 불과합니다. 찬양은 함께의 의미를 갖습니다.

The praising of God is one of the constituent parts of the covenant life, for it is expressed for the fulfillment of the covenant life of praising. Since togetherness is fulfilled because of His togetherness, the praising of Him comes out of togetherness and is expressed for togetherness.

하나님에 대한 찬양은 언약의 삶의 구성 부분 중 하나입니다. 찬양하는 언약의 삶의 이루어짐을 위해 표현되기 때문입니다. 함께가 그분 함께 때문에 이루어짐으로, 그분에 대한 찬양은 함께로부터 나오고 또 함께를 위해 표현됩니다.

The Israelites of the OT, praising God, celebrated their Exodus after crossing the Red Sea [Ex. 15:1-21]. Their psalms came out praising Him. Afterwards, their praising of Him became one of the constituent parts of their covenant life, or their covenant life was what was to praise Him.

구약의 이스라엘 백성은 홍해를 건넌 후 하나님을 찬양하면서 출애굽을 경축했습니다[출 15:1-21]. 그들의 시편은 그분을 찬양하면서 나왔습니다. 그 후 그분에 대한 그들 찬양은 그들 언약의 삶의 구성 부분 가운데 하나가 되었습니다. 혹은 그들 언약의 삶은 그분을 찬양하는 것이었습니다.

However, in the OT, the praising of God is ritualistic, since it was expressed on the communal ground, not on the togetherness ground. That is, it was ritualistically expressed for the community binding. For this reason, He might not be together with the ritualistic praising. The ritualization of praising means its departure from

His togetherness.

그렇지만 구약에서 하나님에 대한 찬양은 예식적입니다. 공동의 근거에서 표현되지 함께의 근거에서 표현되지 않기 때문입니다. 즉 그것은 공동체의 결속을 위해 예식적으로 표현되었습니다. 이 때문에 그분은 예식적 찬양과 함께하지 않을 수 있었습니다. 찬양의 예식화는 그분함께로부터 떠남을 뜻합니다.

In the praising of God, He who is praised should be together with the people who praise Him. Therefore, His togetherness should be praised. In this respect, the praising of Him, itself, should be fulfilled with His togetherness. It should come out of His togetherness, not come out of the mind of praisers.

하나님에 대한 찬양에서, 찬양되는 그분은 그분을 찬양하는 사람들과 함께해야 합니다. 그러므로 그분 함께가 찬양되어야 합니다. 이 점에서 그분에 대한 찬양 자체가 그분 함께로 이루어져야 합니다. 찬양은 그분 함께로부터 나와야지 찬양자들의 마음으로부터 나오지 말아야 합니다.

Therefore, in covenant life, the praising of God is fulfilled with His togetherness. And the fulfillment of praising rather than the expression of praising should be ascertained. The expression of praise apart from His togetherness is nothing other than what comes out of the individual mind.

그러므로 언약의 삶에서 하나님에 대한 찬양은 그분 함께로 이루어집니다. 그리고 찬양의 표현보다 찬양의 이루어짐이 확실시 되어야 합니다. 그분 함께를 떠난 찬양의 표현은 개인의 마음에서 나온 것일 뿐입니다.

Praising is not expressed but fulfilled. This is the gist of the Biblical praise. And since Biblical life is the fulfillment of God's word, it is praising life. But people consider the Bible as what is merely to be expressed. Thus, they believe that they live the Biblical life with their own expression.

찬양은 표현되지 않고 이루어집니다. 이것이 성경 찬양의 핵심입니다. 그리고 성경의 삶은 하나님 말씀의 이루어짐이기 때문에, 찬양하는 삶입니다. 그러나 사람들은 성경을 단지 표현되어져야 할 것으로 생각합니다. 따라서 그들은 성경의 삶을 자신들의 표현으로 산다고 믿습니다.

Since praising is fulfilled, it is also regarded as God's work which is to be praised. Therefore, praise is followed by another praise. In this way, it becomes a constituent of the covenant life. But the expression of praise is easily terminated if people do not feel like doing it.

찬양은 이루어지기 때문에, 또한 찬양되어지는 하나님의 일로 고려됩니다. 그러므로 찬양은 또 다른 찬양이 따라옵니다. 이렇게 해서 찬양은 언약의 삶의 구성요인이 됩니다. 그러나 찬양의 표현은 사람들이 하고 싶지 않으면 쉬이 끝나게 됩니다.

Praising via praising is the mode of the renewal of the everlasting covenant life. The covenant life is renewed in praising. Phrasing differently, praising is a renewal mode of the covenant, since it is fulfilled with His togetherness. His togetherness is reawakened with praise.

찬양에 의한 찬양은 영원한 언약의 삶을 새롭게 하는 양상입니다. 언약의 삶은 찬양 가운데 새롭게 됩니다. 달리 말하면, 찬양은 언약을 새롭게 하는 양상입니다. 그분 함께로 이루어지기 때문입니다. 그분 함께는 찬양으로 각성됩니다.

In praising, God's fulfillment of His word of promise is to be conscious of. The priority of His word is well assessed. Therefore, the praising of His work is accompanied with His word, since His work is the fulfillment of His word. His work and His word are inseparable. That is, His work is not beneficiary but fulfillment.

찬양에서 하나님의 약속의 말씀의 이루심이 의식되어집니다. 그분 말씀의 우선성은 잘 가늠됩니다. 그러므로 그분 일함에 대한 찬양은 그분 말씀과 동반합니다. 그분 일함은 그분 말씀의 이루어짐이기 때문입니다. 그분 일함과 그분 말씀은 분리될 수 없습니다. 즉 그분 일함은 수혜적이 아닌 이루어짐입니다.

The praising of God contains His word. Since His word is given with His togetherness, it is fulfilled with His togetherness. That is, the praising of Him is the disclosure of His togetherness. Basically, since He is together with His people, His people praise Him. Therefore, praising is basically covenant praising.

하나님에 대한 찬양은 그분 말씀을 담습니다. 그분 말씀은 그분 함께로 주어지기 때문에 그분 함께로 이루어집니다. 즉 그분에 대한 찬양은 그분 함께의 드러남입니다. 기본적으로 그분은 그분 백성과 함께하심으로, 그분 백성은 그분을 찬양합니다. 그러므로 찬양은 기본적으로 언약의 찬양입니다.

Therefore, in the praising of God, His work should be narrated with His word. Otherwise, it may be depicted as the conditional change in the world by His people. Then, the praise of Him may be focused on the conditional favorability of His work for themselves. But the conditional favors will pass away.

그러므로 하나님에 대한 찬양에서 그분 일함은 그분 말씀으로 서사되어야 합니다. 그렇지 않으면 그분 백성에 의하여 세상에서 조건적 변화로 묘사될 수 있습니다. 그러면 그분 찬양은 그들 자신을 위한 그분 일함의 조건적 호의성에 집중될 수 있습니다. 그러나 조건적 호의는 지나갈 것입니다.

Since God is Spirit, His togetherness is Spiritual. Therefore, the praise of Him is Spiritual. If it is not Spiritual, it is narrated with the conditionality of the world. Then, it can be tinged with the conditional favorability of the world. This implies that the praisers are still subject to the conditionality of the world.

하나님은 영이심으로 그분 함께는 영적입니다. 그러므로 그분에 대한 찬양도 영적입니다. 영적이 아니면, 세상 조건성으로 사사됩니다. 그러면 그것은 세상의 조건적 호의성으로 변질될 수 있습니다. 이것은 찬양자들이 여전히 세상 조건성에 종속되었다는 것을 시사합니다.

Therefore, Spiritual praising is regarded as covenant praising. God is together with His people when they praise Him Spiritually.

When they praise Him Spiritually, they praise Him for His togetherness. Otherwise, their praise comes out of their thankful mind that is subjected to conditionality.

그러므로 영적 찬양은 언약의 찬양으로 고려됩니다. 하나님은 그분 백성이 그분을 영적으로 찬양할 때 그들과 함께하십니다. 그들이 영적으로 그분을 찬양할 때, 그분을 그분 함께에 대해 찬양합니다. 그렇지 않으면 그들 찬양은 조건성에 종속된 그들의 감사하는 마음으로부터 나옵니다.

Apart from God's togetherness, Spiritual praise is not to be fulfilled. Therefore, the saying, "I praise God," should be uttered cautiously. It should be a guided utterance rather than an intentional one. Praising is by no means an emotional involvement which occurs in the individual mind.

하나님 함께를 떠나 영적 찬양은 이루어질 수 없습니다. 그러므로 "나는 하나님을 찬양한다"라고 말하는 것은 조심스럽게 발설되어야 합니다. 그것은 의도적 발언이 아닌 인도된 발언이어야 합니다. 찬양은 결코 개인의 마음에 일어나는 감정에 연루됨이 아닙니다.

Praising is guided by the Holy Spirit. The guidance of praise means the fulfillment of it. Therefore, praising is the Spiritual fulfillment. Spiritual praise makes it clear that praising is attributed to God's togetherness rather than His elevation. In togetherness with Him, He is praised.

찬양은 성령님에 의해 인도됩니다. 찬양의 인도됨은 그 이루어짐을 뜻합니다. 그러므로 찬양은 영적 이루어짐입니다. 영적 찬양은 찬양이 하나님의 높임보다 그분 함께에 부여되는 것을 분명하게 합니다. 그분과 함께에서 그분은 찬양됩니다.

God is praised for His togetherness. Man is praised for his conditional achievement. Thus, people tend to think that God is also praised for His greatness with conditional phrasings. This tendency results in only symbolic praise, since His greatness is extrapolated from man's greatness.

하나님은 그분 함께에 대해 찬양됩니다. 사람은 그의 조건적인 성취에 칭찬됩니다. 따라서 사람들은 하나님도 또한 조건적 말로 그분 위대함에 대해 찬양한다고 생각하는 경향이 있습니다. 이 경향은 단지 상징적 찬양만 야기합니다. 그분 위대함은 사람의 위대함으로부터 외삽됩니다.

When God's togetherness is praised with the guidance of the Holy Spirit, the fulfilled praising becomes the disclosure of His togetherness. Apart from His togetherness nothing can be praised truthfully, since nothing can be eternally praised except His togetherness. Praise is fulfilled with His togetherness for His togetherness.

하나님 함께가 성령님의 인도하심으로 찬양될 때, 이루어진 찬양은 그분 함께의 드러남이 됩니다. 그분 함께를 떠나 아무 것도 진실하게 찬양될 수 없습니다. 그분 함께 외에 아무 것도 영원히 찬양될 수 없습니다. 찬양은 그분 함께를 위해 그분 함께로 이루어집니다.

Jesus' signs are praised as God's togetherness. Further, with the narrative of Jesus with the guidance of the Holy Spirit, His to-getherness is praised. In this respect, the gospel can be read in the background of the praise of God. Since it is proclaimed, it has to be received in the awe and wonder of praise.

예수님의 표적은 하나님의 함께로서 찬양됩니다. 나아가 성령님의 인도하심에 의한 예수님의 서사로 그분 함께는 찬양됩니다. 이 점에서, 복음은 하나님에 대한 찬양의 배경에서 읽어질 수 있습니다. 그것은 선포되기 때문에, 찬양의 경외와 경이로 받아져야 합니다.

The Holy Spirit leads in accordance with God's togetherness. Therefore, the Spiritually guided phrasing becomes praise. Thus, praising Spirituality becomes visible. The praising Spirituality is unfolded into togetherness rather than elevation. The phrase of His elevation is the outcome of an emotional response.

성령님은 하나님 함께를 따라 인도하십니다. 그러므로 영적으로 인도된 찬양함이 찬양이 됩니다. 따라서 찬양으로 영성이 보이게 됩니다. 찬양하는 영성은 높임으로보다 함께로 펼쳐집니다. 그분 높임의 문구는 감성 반응의 소산입니다.

God's togetherness is disclosed in praise. Praising, in this case, is not an articulated expression. It is fulfilled. Therefore, it is not characterized by its expressive form but fulfilled with the involvement of the proclamation of His togetherness. Any expressive praise comes out of individual emotional involvement.

하나님 함께는 찬양으로 드러납니다. 이 경우 찬양은 정연된 표현이 아닙니다. 그것은 이루어집니다. 그러므로 그것은 표현적 형태로 특징지어지지 않고 그분 함께의 선포에 연류 되어 이루어집니다. 표현적 찬양은 개인의 감정 연류로 나옵니다.

The Spiritual narrative of God's togetherness is praise. This is the Spirituality of praise. If praise is not fulfilled into Spirituality, it is expressed symbolically in terms of the conditionality of the world. That's why the praises seen in the OT are symbolic in order to sustain the communal life.

하나님 함께의 영적 서사는 찬양입니다. 이것은 찬양의 영성입니다. 찬양이 영성으로 이루어지지 않으면, 세상 조건성에 의한 상징성으로 표현됩니다. 그 때문에 구약에서 보인 찬양은 공동의 삶을 유지하기 위해 상징적입니다.

집중(Focus)

찬양은 찬양 자체를 찬양해야 합니다. 하나님을 향한 찬양은 사람을 칭송하는 연장선에서 생각될 수 없습니다. 우리는 하나님께서 이루신 찬양으로 찬양합니다. 즉 하나님께서 찬양하는 이들을 이루시기 때문에 그들이 찬양하게 됩니다. 하나님께서 세우신 언약의 백성은 그들이 언약의 백성이 된 것을 찬양합니다. 이것이 찬양의 기본입니다.

Praise has to be praising itself. Praising directed to God cannot be thought of on the line of eulogizing man. We praise with the praise that is fulfilled by God. That is, since He fulfills those who praise, they come to praise. The covenant people whom He elects praise for their being the covenant people. This is the basis of praise.

언약의 백성은 언약의 하나님을 찬양합니다. 하나님과 함께하게 된 언약의 백성이 그들과 함께하시는 언약의 하나님을 찬양합니다. 즉 언약의 백성은 언약의 이루어짐에 대해 그들의 찬양을 기본적으로 드러냅니다. 그렇기에 언약의 삶은 찬양의 삶입니다. 이 찬양은 세상에서 비교되어 나오는 칭송과는 전혀 다릅니다. 하나님의 백성은 하나님의 함께를 찬양합니다.

The covenant people praise the covenant God. The covenant people who come together with Him praise the covenant God who is together with them. That is, the covenant people basically unveils their praise of the fulfillment of the covenant. For this reason, the covenant life is a praising life. This praise is quite different from the eulogy that comes in comparison in the world. His people praise His togetherness.

찬양은 영적입니다. 영이신 하나님의 함께가 영적이고, 하나님의 함께로 이루어진 언약이 영적이기 때문입니다. 따라서 하나님의 함께를 찬양하는 언약의 백성은 영적입니다. 이 경우 영적인 찬양은 영적으로 이루어집니다. 그러므로 개인의 마음에서 감동적으로 나오는 것은 언약의 찬양이 아닙니다. 찬양은 이루어짐으로 나오지 감동으로 나오지 않습니다.

Praise is Spiritual, for togetherness of God who is Spirit is Spiritual, and the covenant that is fulfilled with His togetherness is Spiritual. Thus, the covenant people who praise His togetherness are Spiritual. In this case, Spiritual praise is fulfilled Spiritually. Therefore, what comes from the individual mind emotionally is not covenant praise. Praise does not come with emotion but come with fulfillment.

15.5

Fellowship(친교)

Jesus' story is narrated on the basis of God's togetherness. Thus, it is not an individual story but a covenant story. And it is considered as the story of togetherness with God. If God is told in terms of the narrative of Jesus, He is told with His togetherness with Jesus. In this respect, Jesus' story becomes God's word.

예수님의 이야기는 하나님 함께의 바탕에서 서사됩니다. 따라서 그것은 개인의 이야기가 아닌 언약의 이야기입니다. 그리고 그것은 하나님과 함께하는 이야기로 여겨집니다. 만약 하나님이 예수님의 서사로 말해지면, 예수님과 그분 함께로 말해집니다. 이 점에서 예수님의 이야기는 하나님의 말씀이 됩니다.

If Jesus' story is read as God's story, it is God's togetherness story. Therefore, it is affirmed as the new covenant story. That is, the new covenant of Jesus' story, i.e., the gospel, is unfolded as God's togetherness story. In this way, the gospel is integrated in God's covenant.

만약 예수님의 이야기가 하나님의 이야기로 읽어지면, 하나님 함께의 이야기입니다. 그러므로 그것은 새 언약의 이야기로 확언됩니다. 즉 예수님 이야기의 새 언약, 곧 복음은 하나님 함께의 이야기로 펼쳐집니다. 이렇게 해서 복음은 하나님 언약에 통합됩니다.

In the OT, God's covenant apart from His togetherness was unveiled. The Israelites wanted to show His covenant in terms of their status as the covenant people. They affirmed that they were the covenant people, since they were descendants of Abraham who abided in the Mosaic law.

구약에서 하나님 함께를 떠나 하나님 언약이 보였습니다. 이스라엘 백성은 그분 언약을 언약의 백성으로서 그들 신분으로 보이길 원했습니다. 그들은 자신들이 언약의 백성이라고 확언했습니다. 그들은 모세의 율법에 머무는 아브라함의 후손이었기 때문입니다.

Since God made His covenant with Abraham and gave His law to Moses, the Israelites were confident that they would live as His covenant people as long as they would keep the Mosaic law. Therefore, their covenant status was characterized as legalistic blood-tie which was physically inherited.

하나님께서 아브라함과 언약을 맺으시고 또 모세에게 그분 율법을 주셨기 때문에, 이스라엘 백성은 그들이 모세의 율법을 지키는 한 그분 언약의 백성으로 살 것이라고 확신했습니다. 그러므로 그들의 언약 신분은 육체적으로 유전된 율법적 혈연으로 특징지어졌습니다.

But blood-tie reflects the conditionality of the world. And legalism demands the conditional outcome of the assigned activities. Therefore, the covenant status of the Israelites is pre-fixed with the conditionality of the world. The basic constituents of their covenant were their race and land.

그러나 혈연은 세상 조건성을 반영합니다. 그리고 율법주의는 부여된 활동의 조건적 소산을 요구합니다. 그러므로 이스라엘 백성의 언약의 신분은 세상 조건성으로 미리 고정되었습니다. 그들 언약의 기본 구성요인은 그들의 종족과 땅이었습니다.

If the covenant status of the covenant people is prefixed with the conditionality of the world, the covenant life inevitably becomes conditional in the world. Then, God's covenant may be overwhelmed by the conditionality of the world. This is well seen in the Israelites' life in the OT.

언약 백성의 언약 신분이 세상 조건성으로 미리 고정되면, 언약의 삶은 어쩔 수 없이 세상에서 조건적이 됩니다. 그러면 하나님의 언약은 세상의 조건성에 의해 압도될 수 있습니다. 이것은 구약에서 이스라엘 백성의 삶에서 잘 보입니다.

Therefore, the status of the covenant people cannot be prefixed with the conditionality of the world, since it should be unfolded with God's togetherness. Those with whom He is together are His covenant people. His togetherness is the ground of being the covenant people. Since the world is not their ground, they are not subjected to its conditionality.

그러므로 언약의 백성의 신분은 세상 조건성으로 미리 고정될 수 없습니다. 하나님의 함께로 펼쳐져야 되기 때문입니다. 그분이 함께하시는 이들은 언약의 백성입니다. 그분 함께가 언약의 백성이 되는 근거입니다. 세상이 그들의 근거가 아님으로, 그들은 그 조건성에 종속되지 않습니다.

If the covenant begins with God's togetherness, the covenant people are also unveiled with His togetherness apart from the conditionality of the world. This is the reason for the new covenant of Jesus' story. i.e., the gospel, replaces the old covenant of the law. That is, His togetherness replaces its conditionality as the ground of the covenant.

언약이 하나님 함께로 시작되면, 언약의 백성은 세상 조건성을 떠나 그분 함께로 또한 보입니다. 이것이 예수님의 이야기, 곧 복음의 새 언약이 율법의 옛 언약을 대치하는 이유입니다. 즉 그분 함께는 언약의 근거로서 세상 조건성을 대치합니다.

The coming of Jesus to the world should be seen from the perspective of God's togetherness. His togetherness was manifested with Jesus' coming to the world. Because of this, God's togetherness could be narrated with Jesus' story. In this way, the covenant perspective of Jesus' story is secured.

세상에 예수님의 오심은 하나님 함께의 관점으로부터 보아져야 합니다. 그분 함께는 세상에 예수님의 오심으로 나타나졌습니다. 이 때문에 하나님의 함께는 예수님의 이야기로 서사될 수 있었습니다. 이렇게 해서 예수님 이야기의 언약 관점이 확보됩니다.

With the story of Jesus, the covenant could be narrated with God's togetherness that was not seen in the old covenant. The old covenant was emphasized more on the covenant people, i.e., the Israelites, than God's togetherness. This tendency was consequential because they were subjected to the conditionality of the world.

예수님의 이야기로, 언약은 옛 언약에서 보이지 않는 하나님 함께로 서사될 수 있었습니다. 옛 언약은 하나님 함께보다 언약의 백성, 곧 이스라엘 백성에 대해 더 강조되었습니다. 그들이 세상 조건성에 종속되었기 때문에, 이 경향은 결과였습니다.

Jesus' teaching and commandment of love has to be read in the background of God's togetherness that is well expressed as His love in John 3:16. The belief in Jesus is His coming as God's love. Therefore, the believers in Him should keep His commandment of love. But they cannot keep it with their own quality of love.

예수님의 가르침과 사랑의 계명은 요한복음 3:16에 하나님의 사랑으로 잘 표현된 그분 함께의 배경에서 읽어져야 합니다. 예수님을 믿는 믿음은 하나님의 사랑으로 그분의 오심입니다. 그러므로 그분을 믿는 이들은 그분 사랑의 계명을 지켜야 합니다. 그러나 그들은 자신들의 사랑의 품성으로 그것을 지킬 수 없습니다.

Jesus gives His commandment of love to His disciples so as to love one another [John 13:34]. The commandment means that God's love is poured into the disciples so that they may love one another. It is not given to the individual disciples but given in their togetherness. That is, it is not given for the relationship of love but given for togetherness of love.

예수님은 제자들에게 서로 사랑하도록 그분 사랑의 계명을 주십니다요 13:34. 그 계명은 하나님의 사랑이 제자들에게 부어져서 그들이 서로 사랑하게 하기 위함입니다. 개인적 제자들에게 주어지지 않고 그들 함께로 주어집니다. 즉 사랑의 관계로 주어지지 않고 사랑의 함께로 주어집니다.

Since God is together with Jesus, the believers in Him are together with God so that they become together. In this case, the believers in Him become God's covenant people of togetherness. With Jesus, the new covenant people of togetherness with God come to be fulfilled.

하나님은 예수님과 함께하시기 때문에, 그분을 믿는 이들은 하나님과 함께해서 함께하게 됩니다. 이 경우 그분을 믿는 이들은 함께하는 하나님의 언약의 백성이 됩니다. 예수님으로 하나님과 함께하는 새 언약의 백성이 이루어지게 됩니다.

The new covenant people are well contrasted to the old covenant people, i.e., the Israelites who were legalistically blood-tied. The new covenant people are those who are together with God. believing in Jesus. In believing in Him, there is no conditional requirement except keeping His commandment of love.

새 언약의 백성은 옛 언약의 백성, 곧 율법적으로 혈연인 이스라엘 백성과 대조됩니다. 세 언약의 백성은 예수님을 믿음으로 하나님과 함께하는 이들입니다. 그분을 믿는 믿음에서, 사랑의 계명을 지는 것 외에 조건적 요구는 없습니다.

The commandment of love leads the believers in Jesus to the life of loving one another. That is, the new covenant people love one another. The new covenant life is loving life. Jesus' commandment of love is for the new covenant life of togetherness of His disciples. Therefore, it is the commandment of the covenant.

사랑의 계명은 예수님을 믿는 이들을 서로 사랑하는 삶으로 인도합니다. 즉 새 언약의 백성은 서로 사랑합니다. 새 언약의 삶은 사랑하는 삶입니다. 예수님의 사랑의 계명은 그분 제자들이 함께하는 새 언약의 삶을 위합니다. 그러므로 그것은 언약의 계명입니다.

Therefore, it should not be overlooked that Jesus' teaching of love carries the covenant theme. His teaching is not individualistic. He does not teach His disciples to have the quality of love individually. Instead, He teaches them to love one another in and for togetherness. His teaching of love is eventually fulfilled into the covenant love of togetherness.

그러므로 예수님의 사랑의 가르침은 언약의 주제를 지니는 것이 간과되지 말아야 합니다. 그분의 가르침은 개인적이지 않습니다. 그분은 그분 제자들이 개인적으로 사랑의 품성을 지니도록 가르치지 않습니다. 그보다 그분은 그들이 함께하는 가운데 또 함께를 위해 사랑하도록 가르치십니다. 그분 사랑의 가르침은 결국 함께하는 언약의 사랑으로 이루어집니다.

Jesus' commandment of love is given for the fulfillment of the covenant love for the covenant life. In this respect, the covenant people are people of love. And because they love one another, they become His disciples together with God. God's love is fulfilled to

His people who love one another through Jesus.

예수님의 사랑의 계명은 언약의 삶을 위한 언약의 사랑의 이루어짐으로 주어집니다. 이 점에서 언약의 백성은 사랑의 백성입니다. 그리고 그들은 서로 사랑하기 때문에 하나님과 함께하는 그분 제자들이 됩니다. 하나님의 사랑은 예수님을 통해 서로 사랑하는 그분 백성으로 이루어집니다.

The fellowship of the early church was the fulfillment of the commandment of love. Jesus' commandment of love became fulfilled as fruit of the Holy Spirit when the Holy Spirit came to the world. That is, it was fulfilled in Spiritual love as fellowship of the early church. Thus, the fellowship of the early church was the instance of the Spiritual fulfillment of Jesus' commandment of love.

초대 교회의 친교는 사랑의 계명의 이루어짐이었습니다. 예수님의 사랑의 계명은 성령님이 세상에 오셨을 때 성령님의 열매로 이루어지게 되었습니다. 즉 그것은 초대 교회의 친교로 영적 사랑으로 이루어졌습니다. 따라서 초대 교회의 친교는 예수님 사랑의 계명의 영적 이루어짐의 예시였습니다.

The fellowship of the early church was the new covenant life of togetherness. The fellowship was the fruit of the Spiritual love of togetherness. It was not a personal intimate relationship, for love was not expressed personally but fulfilled covenantally. God's love of sending His begotten Son to the world was for the election of His covenant people.

초대 교회의 친교는 함께하는 새 언약의 삶이었습니다. 친교는 함께하는 영적 사랑의 열매였습니다. 그것은 개인적 친밀한 관계가 아니었습니다. 사랑이 개인적으로 표현되지 않고 언약적으로 이루어졌기 때문이었습니다. 하나님의 독생자를 세상에 보내신 그분 사랑은 그분 언약의 백성의 택함을 위해서였습니다.

The life of fellowship in the early church overcame racial, sexual, or social conditionality, because it was Spiritual. And because the early church itself was Spiritually fulfilled, its fellowship was the embodiment of Spiritual love. In this way, it became visible with fellowship of Spiritual love.

초대 교회에서 친교의 삶은 영적이었기 때문에 인종적, 성적, 혹은 사회적 조건성을 극복하였습니다. 그리고 초대 교회 자체가 영적으로 이루어졌기 때문에, 그 친교는 영적 사랑의 체현이었습니다. 이렇게 해서 초대 교회는 영적 사랑의 친교로 보이게 되었습니다.

The Spiritual fellowship is the unfolding of the covenant life of the church. The preaching is the proclamation of the fellowship of the church, or in the kingdom of God, for the fellowship is fulfilled with God's togetherness. Therefore, it is by no means interpreted as an outcome of an individual relationship.

영적 친교는 교회의 언약 삶의 펼쳐짐입니다. 설교는 교회의, 혹은 하나님 나라에서 친교의 선포입니다. 친교가 하나님 함께로 이루어지기 때문입니다. 그러므로 친교는 결코 개인적 관계의 소산이라고 해석되지 않습니다.

The church fellowship is Spiritual. In the conditional world, fellowship cannot be fulfilled, for in it, people are subjected to conditions individually. Individuals under their own conditions are only related with others conditionally. In this way, they live a conditional life with a conditional relationship.

교회 친교는 영적입니다. 조건적 세상에서 친교는 이루어질 수 없습니다. 세상에서 사람들은 개인적으로 조건에 종속되기 때문입니다. 자신들의 조건 아래 개인들은 단지 다른 이들과 조건적으로 관계됩니다. 이렇게 해서 그들은 조건적 관계로 조건적 삶을 삽니다.

People who live in the world are subjected to the condition of the world. This is inevitable. Thus, they live conditionally bound lives. Even the Israelites' covenant life could not escape from the conditionality of the world. That is, worldly life is inevitably subject to its conditionality.

세상에 사는 사람들은 세상 조건에 종속됩니다. 이것은 어쩔 수 없습니다. 따라서 그들은 조건적으로 갇힌 삶을 삽니다. 이스라엘 백성의 언약의 삶도 세상 조건성으로부터 벗어날 수 없었습니다. 즉 세상 삶은 세상 조건성에 종속될 수밖에 없습니다.

But people who live with God's togetherness are not subjected to the condition of the world. for His togetherness is disclosed without being subjected to the condition of the world. They live a Spiritually guided life of His togetherness. That is, they live the life of fellowship of togetherness as His covenant people. The NT writings witness such life.

그러나 하나님 함께로 사는 사람들은 세상 조건에 종속되지 않습니다. 그분 함께가 세상 조건에 종속되지 않고 드러나기 때문입니다. 그들은 그분과 함께하는 영적으로 인도된 삶을 삽니다. 즉 그들은 그분 언약의 백성으로 함께하는 친교의 삶을 삽니다. 신약의 글은 그런 삶을 증거합니다.

The fellowship of the early church is Spiritually guided togetherness. It can not be described as an idealized state. Idealization is an imaginable extrapolation of removing the conditionality of the world. That is, it is only a product of human imagination into the transcendental realm.

초대 교회의 친교는 영적으로 인도된 함께입니다. 그것은 이상적 상태로 서술될 수 없습니다. 이상화는 세상 조건성을 제거하는 상상의 외삽입니다. 즉 그것은 단지 초월적 영역으로 향한 인간의 상상의 산물입니다.

Nevertheless, the fellowship of the early church was the Spiritual outcome. It was the disclosure of God's togetherness. With His togetherness, people became fellows or brothers of being together. They, losing their conditional identity, became His children with the guidance of His Spirit.

그렇지만 초대 교회 친교는 영적 소산이었습니다. 그것은 하나님 함께의 드러남이었습니다. 그분 함께로 사람들은 함께하는 동료나 형제가 되었습니다. 그들은 조건적 정체성을 잃고 그분 영의 인도하심으로 그분 자녀가 되었습니다.

The Spiritual fellowship is fulfilled apart from the conditionality of the world. Those who are under the fellowship become brothers and sisters being relieved from their natural blood-tie. In this way, they are called children of God. Unlike the descendants of Abraham, children of God have no conditionality.

영적 친교는 세상 조건성으로부터 떠나 이루어집니다. 친교하는 이들은 그들의 자연적 혈연으로부터 풀려져 형제와 자매가 됩니다. 이렇게 해서 그들은 하나님의 자녀로 불러집니다. 아브라함의 후손과는 달리 하나님의 자녀는 조건성을 갖지 않습니다.

The early Christians cherished their fellowship as children of God. They called themselves brothers and sisters. Therefore, children of God as brothers and sisters are noted with their Spirituality rather than physicality. That is, they were Spiritually children of God as brothers and sisters, calling God, "the Father."

초대 그리스도인들은 하나님의 자녀로 친교를 누렸습니다. 그들은 자신들을 형제자매로 불렀습니다. 그러므로 형제자매로서 하나님의 자녀는 육성보다 영성으로 주목됩니다. 즉 그들은 하나님을 "아버지"로 부르는 형제자매로서 영적으로 하나님의 자녀였습니다.

The early Christians called themselves not only as children of God as brothers and sisters but also as saints. They became Christians with the guidance of the Holy Spirit. Therefore, they were separated to be holy. Their fellowship was Spiritually separated to be holy. This means that the love that Jesus commanded was holy.

초대 그리스도인들은 자신들을 형제자매로서 하나님의 자녀로 불렀을 뿐만 아니라 성도로 불렀습니다. 그들은 성령님의 인도하심으로 그리스도인들이 되었습니다. 그러므로 거룩하게 구별되었습니다. 그들의 친교는 영적으로 거룩하게 구별되었습니다. 이것은 예수님이 명하신 사랑은 거룩하였다는 것을 뜻합니다.

Although the Christian fellowship does not set any conditional boundary, it sets Spiritual separateness. That is, it does not merely mean renouncement of the conditionality of the world but means the affirmation of Spirituality and holiness. The Christians are not conditionally confined, but they are Spiritually separated to be holy.

그리스도교 친교는 어떤 조건적 경계를 설정하지 않지만 영적 구별을 설정합니다. 즉 그것은 세상의 조건성의 포기만을 뜻하지 않고 영성과 거룩함의 확언을 뜻합니다. 그리스도인들은 조건적으로 한정되지 않지만, 영적으로 거룩하게 구별됩니다.

집중(Focus)

친교는 언약의 친교로 생각해야 됩니다. 옛 언약의 삶에서 새 언약의 삶으로 두드러짐은 친교로 보입니다. 옛 언약은 아브라함의 후손이라는 혈연으로 맺어집니다. 그러나 새 언약은 사랑의 함께로 이루어지는 친교로 보입니다. 예수님의 사랑의 계명으로 함께하는 이들은 언약의 친교로 삽니다. 그러므로 새 언약의 백성은 서로 사랑하는 하나님의 자녀입니다.

Fellowship has to be thought of as covenant fellowship. The distinctiveness of the new covenant life from the old covenant life is seen in fellowship. The old covenant is blood-tied among the descendants of Abraham. But the new covenant shows fellowship that is fulfilled into togetherness of love. Those who are to be together by Jesus' commandment of love live in the covenant fellowship. Therefore, the new covenant people are God's children who love one another.

여기서 사랑은 사랑이신 하나님으로부터 임하는 사랑입니다. 오신 예수님이 주신 사랑의 계명으로 이루어지는 사랑입니다. 개인의 감정에서 우러나는 사랑이 아닙니다. 개인의 감정은 개인의 마음의 성향입니다. 그런 사랑은 개인들 사이에 사랑의 관계를 맺어줄 수 있지만 사랑의 함께는 보이지 못합니다. 따라서 그것은 배타적으로 보이기 마련입니다.

Here, love is the love that comes from God who is love. It is the love that is fulfilled by the commandment of love that is given by

Jesus. It is not love that comes from individual emotion. Individual emotion is a disposition of the individual mind. Such love may make a relationship between individuals but cannot show togetherness of love. Thus, it is inevitably seen exclusively.

친교는 성령님의 열매로 맺어지는 사랑의 드러남입니다. 따라서 영적입니다. 즉 친교의 삶은 영적입니다. 영적 친교는 구약의 육적 언약에서 벗어남입니다. 영적 친교 아니고는 가정과 같은 혈연적 결속은 극복될 수 없습니다. 하나님과 함께하는 언약의 삶은 세상의 조건성에 갇힐 수 없습니다. 세상 사랑은 조건적입니다. 그러나 친교 사랑은 조건적 사랑을 극복합니다.

Fellowship is the unveiling of love as fruit of the Holy Spirit. Thus, it is Spiritual. That is, fellowship life is Spiritual. Spiritual fellowship is the departure from the physical covenant of the OT. Without Spiritual fellowship, the binding of blood-tie like family cannot be overcome. The covenantal life of being together with God cannot be confined in the conditionality of the world. Worldly love is conditional. But fellowship love overcomes conditional love.

15.6

Witness(증거)

The Bible is witnessed as the word of God. The word of God is what is to be witnessed. This is the basic statement in the Bible as the word of God. Nevertheless, there still arises questions: what is the word of God that is to be witnessed? And how is the word of God to be witnessed?

성경은 하나님의 말씀으로 증거됩니다. 하나님의 말씀은 증거될 것입니다. 이것은 하나님의 말씀으로 성경에서 기본 진술입니다. 그러나 여전히 문제가 생깁니다: 증거되는 하나님의 말씀은 무엇입니까? 어떻게 하나님의 말씀은 증거될 수 있습니까?

The word of Socrates is the word of the one who is Socrates. Likewise, the word of God is considered as the word of the One who is God, or the word that belongs to God. Then, in order to witness the word of God, He should be witnessed beforehand. That is, He is to be known beforehand.

소크라테스의 말은 소크라테스인 자의 말입니다. 그와 같이 하나님의 말씀은 하나님이신 분의 말씀, 혹은 하나님께 속한 말로 고려됩니다. 그러면 하나님의 말씀을 증거하기 위해 그분이 먼저 증거되어야 합니다. 즉 그분이 먼저 알아져야 됩니다.

But God cannot be known without His own revelation. Rephrasing this with witness terms, God cannot be witnessed without His own being witnessed. Reversely, He is witnessed with His own being witnessed. With His own being witnessed His togetherness is affirmed. Therefore, the first step of the witness of His word is the witness of His togetherness.

그러나 하나님은 그분 자신의 계시 없이 알아질 수 없습니다. 이것을 증거 용어로 말하면, 하나님은 그분 자신의 증거 됨이 없이 증거 될 수 없습니다. 거꾸로, 그분은 그분 자신의 증거 됨으로 증거 됩니다. 그분 자신의 증거 됨으로 그분 함께가 확언됩니다. 그러므로 그분 말씀에 대한 증거의 첫 단계는 그분 함께의 증거입니다.

Bluntly speaking, God tells His word with His togetherness. Therefore, the witness of God's togetherness is the primary step to the talk of the witness of His word. His togetherness has to be primarily witnessed and affirmed in any type of discourse of Him. That is, the discourse of Him is generated with the theme of His togetherness.

직설적으로 말하면, 하나님은 그분 말씀을 그분 함께로 들려주십니다. 그러므로 하나님 함께의 증거는 그분 말씀의 증거를 말하는 일차적 단계입니다. 그분 함께는 그분에 대한 어떤 형태의 담화에서든 일차적으로 증거되고 확언되어야 합니다. 즉 그분에 대한 담화는 그분 함께의 주제로 전개됩니다.

When God wills Himself to be together with His people, His togetherness is witnessed by them. And He is inferred from His togetherness. Therefore, the basis of the Bible as His word is the witness of His togetherness, or the Bible as His word is the word of the witness of His togetherness. He is thought of, but His togetherness is witnessed.

하나님께서 그분 백성과 함께하려고 뜻하실 때, 그분 함께는 그들에 의해 증거됩니다. 그리고 그분은 그분 함께로 유추됩니다. 그러므로 그분 말씀으로서 성경의 바탕은 그분 함께의 증거입니다. 혹은 하나님의 말씀으로서 성경은 그분 함께의 증거의 말입니다. 그분은 생각되지만 그분의 함께는 증거됩니다.

Because of this reason, the Bible is written as the covenant, for God's togetherness is properly narrated in the fulfillment of the covenant. The covenant is given as His word of His togetherness to His people. Therefore, the Bible is only witnessed as His word by His people. It is not given to everyone as a witness text.

이 때문에, 성경은 언약으로 써집니다. 하나님 함께는 언약의 이루어짐으로 적절하게 서사되기 때문입니다. 언약은 그분 함께에 대한 그분 말씀으로서 그분 백성에게 주어집니다. 그러므로 성경은 단지 그분 백성에 의해 하나님의 말씀으로 증거됩니다. 그것은 누구에게나 증거 원문으로 주어지지 않습니다.

God's togetherness is witnessed, not experienced. One does not witness what has happened inside of him. But experience is what has happened inside of oneself. Therefore, His togetherness should not be expressed as experience but be narrated as witness. It is untenable to confine His togetherness to individual experience.

하나님 함께는 증거됩니다. 체험되지 않습니다. 사람은 자신의 내면에 일어난 것을 증거하지 않습니다. 그러나 체험은 사람의 내면에 일어난 것입니다. 그러므로 그분 함께는 체험으로 표현되지 않고 증거로 서사됩니다. 그분 함께를 개인의 체험에 국한하는 것은 옹호될 수 없습니다.

Experience cannot be shared with others, but witnesses can. Therefore, experience cannot be expressed with the covenant word; but, witness can be narrated with the covenant word. When a witness is narrated with the covenant word, it is accepted as witness by the covenant people.

체험은 다른 이들과 나누어질 수 없습니다. 그러나 증거는 나누어질 수 있습니다. 그러므로 체험은 언약의 말로 표현될 수 없습니다. 그러나 증거는 언약의 말로 서사될 수 있습니다. 증거가 언약의 말로 서사될 때, 언약의 백성에 의해 증거로 받아들여집니다.

The witness of God's togetherness is covenantal. The Biblical witness is covenantal since the Bible is based on the witness of His togetherness by His people. Therefore, it is narrated with His togetherness. That's why it is called "the covenant book." And His word is the covenant word.

하나님 함께의 증거는 언약적입니다. 성경의 증거는 성경이 그분 백성에 의해 그분 함께의 증거에 근거함으로 언약적입니다. 그러므로 그것은 그분 함께로 서사됩니다. 그 때문에 그것은 "언약 책"으로 불러집니다. 그리고 그분 말씀은 언약이 말입니다.

The covenant entails witness, since it begins with the witness of God's togetherness. His people are those who witness His togetherness. With their witness of His togetherness, they become the witnessing people of being together with Him. The witness of His togetherness leads to their togetherness.

언약은 증거를 내포합니다. 하나님 함께의 증거로 시작하기 때문입니다. 그분 백성은 그분 함께를 증거하는 이들입니다. 그분 함께에 대한 그들의 증거로, 그들은 그분과 함께하는 증거하는 백성이 됩니다. 그분 함께에 대한 증거는 그들 함께로 이끕니다.

God's togetherness is covenantally witnessed. The witness of His togetherness consists of the frame of the covenant setting as the witness setting. The covenant word is the witnessed word, and the covenant people are the witness people of His togetherness. That is, the covenant and the witness of His togetherness are interchangeable.

하나님의 함께는 언약적으로 증거됩니다. 그분 함께의 증거는 증거 설정으로서 언약의 설정 체계를 구성합니다. 언약의 말은 증거된 말입니다. 그리고 언약의 백성은 그분 함께에 대한 증거 백성입니다. 즉 그분 함께의 언약과 증거는 교환될 수 있습니다.

But God is ontologically recapitulated. Since the traditional doctrine of Him is the ontological recapitulation of Him, it has no sense of witness. It is merely the recapitulation of the witnessed word. Therefore, it leads to ontological life rather than covenant life. The ontological life is, at any rate, subjected to the world, i.e., the conditionality of the world.

그러나 하나님은 존재론적으로 재현됩니다. 그분에 대한 전통적 교리는 그분에 대한 존재론적 재현이기 때문에 증거의 의미를 갖지 않습니다. 그것은 단지 증거된 말에 대한 재현입니다. 그러므로 그것은 언약의 삶보다 존재론적 삶으로 이끕니다. 존재론적 삶은 어떻든 세상, 즉 세상 조건성에 종속됩니다.

The covenant togetherness is unfolded with the witness of the disclosure of His togetherness. It cannot be the outcome of man's will which strengthens individuality. It springs out of His togetherness. But this remark is schematic, if the covenant togetherness is not linked with the witness of His togetherness.

언약의 함께는 그분 함께의 드러남의 증거로 펼쳐집니다. 그것은 개인성을 신장하는 사람의 뜻의 소산일 수 없습니다. 그것은 그분 함께로부터 솟아납니다. 그러나 이 말은 언약의 함께가 그분 함께의 증거와 연결되지 않으면 도식적입니다.

Therefore, the covenant togetherness is unfolded with the witness of God's togetherness. That is, what is to be witnessed is togetherness, or togetherness is what is to be witnessed. Thus, witness is the basis of the covenant life. The covenant is basically witnessed. That is, it is not what is to be achieved or realized.

그러므로 언약의 함께는 하나님 함께의 증거로 펼쳐집니다. 즉 증거될 것은 함께입니다. 혹은 함께가 증거될 것입니다. 따라서 증거는 언약의 삶의 기본이 됩니다. 언약은 기본적으로 증거됩니다. 즉 그것은 성취되거나 실현되는 것이 아닙니다.

The covenant is generated with the witnessed word, since the covenant togetherness is fulfilled with witness. Those who witness God's togetherness can give the witness word of His togetherness so as to live the life of the covenant togetherness. The covenant togetherness is fulfilled with the witness of His togetherness.

언약은 증거된 말로 전개됩니다. 언약의 함께가 증거로 이루어지기 때문입니다. 하나님의 함께를 증거하는 이들은 그분 함께의 증거의 말을 언약의 함께 삶을 살도록 줄 수 있습니다. 언약의 함께는 그분 함께의 증거로 이루어집니다.

The covenant witness is Spiritual, for God's togetherness is only Spiritually witnessed because He is Spirit. Therefore, those who witness His togetherness tell Spiritual words for their witness. And their Spiritual word leads them to their Spiritual life. That is, the covenant witness is told with Spiritual word, not with experiential word.

언약의 증거는 영적입니다. 하나님의 함께는 그분이 영이심으로 영적으로만 증거되기 때문입니다. 그러므로 그분 함께를 증거하는 이들은 그들 증거에 대해 영적 말을 합니다. 그리고 그들의 영적 말은 그들을 영적 삶으로 이끕니다. 즉 언약의 증거는 영적 말로 말해집니다. 체험의 말로 말해지지 않습니다.

However, the witness of God's togetherness in the OT was narrated apart from the Spirit. Thus, it was tainted with conditionality or legality. That's why the word of the old covenant consists of wisdom or the law which deals with conditionality or legality. Consequently, the old covenant life is conditional or legalistic.

그렇지만 구약에서 하나님 함께의 증거는 영을 떠나 서사되었습니다. 따라서 그것은 조건성과 적법성으로 변질되었습니다. 그 때문에 옛 언약의 말은 지혜나 적법성을 다루는 율법으로 구성됩니다. 따라서 옛 언약의 삶은 조건적이거나 율법적입니다.

The traditional theology recapitulates the Biblical word; therefore, it departs from the witness stance. The recapitulated word of the Bible loses the sense of togetherness, for it does not keep the Biblical witness stance. Therefore, it does not convey the covenantal meaning any more.

전통적 신학은 성경의 말을 재현합니다. 그러므로 그것은 증거의 입장을 떠납니다. 성경의 재현된 말은 함께의 의미를 잃습니다. 성경의 증거 입장을 지키지 않기 때문입니다. 그러므로 그것은 더 이상 언약의 뜻을 지니지 못합니다.

The traditional theologians have not witnessed the word of God. They have tried to understand the Bible. Therefore, they cannot have stayed in the covenant. Rather, they have interpreted the Bible like philosophers have done. Thus, they have only produced a kind of cultural language.

전통적 신학자들은 하나님의 말씀을 증거하지 않았습니다. 그들은 성경을 이해하려고 해왔습니다. 그러므로 그들은 언약에 머물 수 없었습니다. 그보다, 그들은 철학자들이 한 것처럼 성경을 해석해왔습니다. 따라서 그들은 단지 한 종류의 문화적 언어를 산출해 왔습니다.

Since the traditional theology recapitulates the Biblical word, it is no more Spiritual. If it recapitulates Spiritual witness into doctrines, it cannot deal with the covenant togetherness. Consequently, it leads individuals to have a fixed mind in accordance with its doctrines, since the recapitulated Biblical word is dogmatic.

전통적 신학이 성경의 말을 재현함으로 더 이상 영적이지 않습니다. 그것이 영적인 증거를 교리로 재현하면, 언약의 함께를 다룰 수 없습니다. 따라서 그것은 개인들을 교리에 따라 고정된 마음을 갖도록 이끕니다. 재현된 성경의 말은 교의적이기 때문입니다.

Spiritual word comes out of the Spiritual witness of God's togetherness. And Spiritual witness of God's togetherness enriches Spiritual word for the covenant togetherness. In this way, the covenant life is unfolded into Spiritual togetherness of the church. Thus, the church should proclaim Spiritual togetherness with Spiritual word.

영적인 말은 하나님 함께의 영적 증거로 나옵니다. 그리고 하나님 함께의 영적 증거는 언약의 함께를 위한 영적인 말을 풍성하게 합니다. 이렇게 해서 언약의 삶은 교회의 영적 함께로 펼쳐집니다. 따라서 교회는 영적 말로 영적 함께를 선포해야 합니다.

The gospel is the narrative of Jesus with God's togetherness.

With the coming of the Holy Spirit, He can be witnessed as being together with God. Apart from the guidance of the Holy Spirit, His togetherness with God cannot be confessed because He was crucified by the law. Although He is not together with God lawfully, He is together with God Spiritually.

복음은 하나님 함께로 예수님의 서사입니다. 성령님이 오심으로, 그 분은 하나님과 함께하심으로 증거될 수 있습니다. 성령님의 인도하심 을 떠나 하나님과 그분의 함께하심은 고백될 수 없습니다. 그분은 율법 에 의해 십자가에 못 박혔기 때문입니다. 그분은 율법적으로 하나님과 함께하지 않지만 영적으로 하나님과 함께하십니다.

Therefore, the gospel is the narrative of the Spiritual witness. As Jesus is witnessed in terms of God's togetherness with Him, such Spiritual words like the gospel and the epistles of the apostles become generated. With the Spiritual word, the Spiritual life of the church becomes unfolded.

그러므로 복음은 영적 증거의 서사입니다. 예수님이 그분과 하나님 의 함께로 증거되기 때문에, 복음과 사도들의 서간문과 같은 영적 말이 생성되게 됩니다. 영적 말로 교회의 영적 삶이 펼쳐지게 됩니다.

In this respect, the Christian talk of Jesus should be witnessed and, thus, Spiritual. Otherwise, He cannot be talked about with God's togetherness. Then, He is merely treated as a historical figure. Therefore, the witnessing of Him is presupposed in the telling of Him. The Spiritual witness of Him does not mean the physical encounter of Him.

이 점에서 예수님에 대한 그리스도인의 말은 증거되고, 따라서, 영적이어야 합니다. 그렇지 않으면 그분은 하나님 함께로 말해질 수 없습니다. 그러면 그분은 단지 역사적인 인물로 다루어집니다. 그러므로 그분의 증거는 그분을 말함에 전제됩니다. 그분에 대한 영적 증거는 그분을 육체적으로 만남을 뜻하지 않습니다.

The church preaching should be the Spiritual witnessing of Jesus. Nevertheless, it has been focused on the individual understanding of Him. In this trend, it has been delivered as the religious interpretation or doctrinal understanding of Him. And the church becomes a religious institution.

교회 설교는 예수님의 영적 증거이어야 합니다. 그렇지만 그것은 그분에 대한 개인적 이해에 초점이 맞춰져왔습니다. 이 경향으로 그것은 그분에 대한 종교적 해석이나 교리적 이해로 전해져왔습니다. 그리고 교회는 종교적 기관이 됩니다.

In this way, the religious or doctrinal language is prevailing in the church. The churchgoers read and understand the Bible in terms of the religious or doctrinal language that they have acquired in the church. Thus, they become individualized church members, and it becomes an institute of their assembly.

이렇게 해서, 종교적 혹은 교리적 언어가 교회에서 성행합니다. 교회에 다니는 이들은 교회에서 습득한 종교적 혹은 교리적 언어로 성경을 읽고 이해합니다. 따라서 그들은 개인화된 교회 일원들이 되고, 교회는 그들 집회의 기관이 됩니다.

However, the witness of Jesus with God's togetherness is Spiritual. Thus, it leads to Spirituality. Therefore, if He is witnessed in the church, the witness language of Him, that is, the Spiritual language, is prevailing in it. Then, it leads to Spiritual life. And it shows Spirituality as its separateness.

그렇지만 하나님 함께로 예수님의 증거는 영적입니다. 따라서 그것은 영성으로 이끕니다. 그러므로 그분이 교회에서 증거되면, 그분에 대한 증거 언어. 즉 영적 언어가 교회에서 성행합니다. 그러면 교회는 영적 삶으로 이끕니다. 그리고 영성을 그 구별됨으로 보입니다.

With the witness language of Jesus with God's togetherness, the church becomes the covenant church. That is, it is unfolded into the new covenant life of togetherness. It, as the new covenant life of togetherness, becomes the witnessing church which is seen in the early church.

하나님 함께로 예수님에 대한 증거 언어로 교회는 언약의 교회가 됩니다. 즉 교회는 함께하는 새 언약의 삶으로 펼쳐집니다. 함께하는 새 언약의 삶으로 교회는 초대 교회에서 보는 증거하는 교회가 됩니다.

The witnessing church is Spiritual, since it is unfolded with the Spiritual word of the witnessing of Jesus. Therefore, if it is not led Spiritually, it is not the church of the gospel because the gospel is Spiritually narrated. Only with its Spirituality, it becomes the covenant church. Thus, the church preaching without Spirituality cannot witness the gospel. Then, it only interprets the gospel.

증거하는 교회는 영적입니다. 예수님을 증거하는 영적 말로 펼쳐지기 때문입니다. 그러므로 교회가 영적으로 이끌어지지 않으면, 복음이 영적으로 서사되었기 때문에 복음의 교회가 아닙니다. 교회는 영성으로만 언약의 교회가 됩니다. 따라서 영성이 없는 교회 설교는 복음을 증거할 수 없습니다. 그러면 그것은 단지 복음을 해석합니다.

With the witnessing of Jesus, God's togetherness is witnessed. Even though God is talked about with understanding like theologians and philosophers, His togetherness is only witnessed. The Bible is His word when it is read with the witness of His togetherness. His word is disclosed only with His togetherness.

예수님에 대한 증거로 하나님 함께는 증거됩니다. 하나님이 신학자들이나 철학자들과 같이 이해로 말해지더라도, 그분 함께는 단지 증거됩니다. 성경은 그분 함께의 증거로 읽어질 때 그분 말씀입니다. 그분 말씀은 그분 함께로 드러납니다.

집중(Focus)

성경의 증거는 기본적으로 하나님의 함께에 대해 표현됩니다. 복음은 예수님의 증거로 서사됩니다. 즉 예수님은 역사적으로 서술되지만 하나님의 함께로 증거됩니다. 예수님을 하나님의 함께로 증거된 것이 복음입니다. 그러므로 복음의 설교는 증거된 내용으로 선포되어야 합니다. 그런 선포 자체도 또한 증거됩니다. 즉 복음의 설교는 증거의 재현입니다.

The Biblical witness is basically expressed to God's togetherness. The gospel is narrated as the witness of Jesus. That is, although He is described historically, He is witnessed with God's togetherness. It is the gospel that He is witnessed with God's togetherness. Therefore, the preaching of the gospel has to be proclaimed with the witness content. Such a proclamation, itself, is also witnessed. That is, the preaching of the gospel is the recapitulation of witness.

하나님 함께의 증거는 그분과 함께함으로 보입니다. 그분과 함께하는 언약의 백성이 그분 함께를 증거합니다. 성경은 그분 백성이 그분 함께를 증거한 내용입니다. 함께의 증거이지 있음의 증거가 아닙니다. 율법을 그분 말씀으로 지키는 데는 증거의 의미가 없습니다. 단지 율법에 명시된 문자적 내용으로 지켜지기 때문입니다.

The witness of God's togetherness is seen by being together with Him. The covenant people who are together with Him witness His togetherness. The Bible is the content of the witness of His togetherness by the covenant people. It is not a witness of what-is but witness of togetherness. There is no sense of witness in the keeping of the law as His word, for it is only kept in terms of the literal content specified in it.

하나님의 함께는 영적임으로 하나님의 함께를 증거하는 말은 영적입니다. 따라서 그 증거의 말이 영적임으로, 그것은 함께로 파급되고 교회로 이루어집니다. 초대 사도들로 이루어진 초대 교회는 영적 증거의 말로 재현될 수 있습니다. 그리고 증거의 말은 영적임으로 육적인 체험의 말과 구별됩니다. 즉 증거된 것은 개인적 체험으로 나눠질 수 없습니다.

Since God's togetherness is Spiritual, the word of witnessing His togetherness is Spiritual. Thus, since the witness word is Spiritual, it is extended with togetherness and fulfilled into the church. The early church fulfilled by the early apostles is to be recapitulated with the Spiritual witness word. And since the witness word is Spiritual, it is separated from the physical experience word. That is, what is witnessed cannot be shared in personal experience.

15.7

Mission(선교)

The Christian mission should be conceived with the peculiarity of the rise of early Christianity. But it should not be regarded as a kind of religious activity of propagation. Any religion is expansive, since religion is aimed to attract more people. But the Christian mission is not for expansion.

그리스도교 선교는 초대 그리스도교의 일어남의 독특함으로 고려되어야 합니다. 그러나 그것은 확장을 위한 종교적 활동의 한 종류로 여겨지지 말아야 합니다. 어떤 종교든 확장적입니다. 종교는 보다 많은 사람들을 끄는 것을 목적으로 합니다. 그러나 그리스도교 선교는 확장을 위하지 않습니다.

A religion is based on individual religiosity. Therefore, it is expansive to include more individuals within it. For this reason, any religion is engaged in the activity of its propagation. A religious awakening is destined to reach out to others so as to be shared with them. A religion is expansive for gathering individuals as a unit.

종교는 개인의 종교성에 기반을 둡니다. 그러므로 보다 많은 개인들을 포함하기 위해 확장적입니다. 이 때문에, 어떤 종교든 그 파급을 위한 활동에 종사합니다. 종교적 각성은 다른 이들과 나누기 위해 그들에게 닦아가야 합니다. 종교는 개인을 단위로 모으기 위해 확장적입니다.

However, the Christian mission should be separated from this religious propagation. It is not to attract more people into it. It has no sense of moreness. That is, it is not directed to many, for Christianity is not for many but for togetherness. It is devoted to togetherness. Togetherness rather than many is the juncture of the departure of Christianity from religion.

그렇지만 그리스도교 선교는 종교적 파급과 구별되어야 합니다. 그것은 더 많은 사람들을 끌려고 하지 않습니다. 그것은 더함의 의미를 지니지 않습니다. 즉 많음을 향하지 않습니다. 그리스도교는 많음을 위하지 않고 함께를 위하기 때문입니다. 함께로 헌신됩니다. 많음보다 함께가 그리스도교가 종교로부터 떠나는 분기점입니다.

The Christian mission is engaged for togetherness. It does not work for inclusiveness but works for togetherness. This is well seen in the apostles' activities with the rise of early Christianity. Therefore, the Christian mission should be derived from the apostolic mission. And it should not be conceived as a religious mission.

그리스도교 선교는 함께로 종사됩니다. 내포를 위해 일하지 않고 함께를 위해 일합니다. 이것은 초대 그리스도교가 일어나면서 보인 사도들의 활동에서 잘 보입니다. 그러므로 그리스도교 선교는 사도들의 선교로부터 도출되어야 합니다. 그리고 그것은 종교적 선교로 고려되지 말아야 합니다.

The apostolic mission is for togetherness, for it was guided by the Holy Spirit. That is, the apostles were engaged in the Spiritual mission, not a religious mission. They were engaged in their missionary works, telling the remembrance and witness of Jesus with the guidance of the Holy Spirit.

사도들의 선교는 함께를 위합니다. 성령님에 의해 인도되기 때문입니다. 즉 사도들은 영적 선교에 종사되었습니다. 종교적 선교가 아닙니다. 그들은 성령님의 인도하심으로 예수님에 대한 기억과 증거를 말하면서 선교의 일에 종사되었습니다.

The apostles' telling of Jesus who was crucified and resurrected with the guidance of the Holy Spirit was accompanied with the witness of God's togetherness. Since their mission was to witness God's togetherness with Jesus with the guidance of the Holy Spirit, it was for the covenant togetherness.

성령님의 인도하심으로 십자가에 못 박히시고 부활하신 예수님에 대한 사도들의 말함은 하나님 함께의 증거를 수반했습니다. 그들의 선교는 성령님의 인도하심으로 예수님과 하나님의 함께를 증거하는 것이었기 때문에, 언약의 함께를 위했습니다.

The apostolic mission was a covenant mission of togetherness. It was for the covenant life, not for a religious life. The apostles told their Spiritual witness of God's togetherness with Jesus and proclaimed the fulfillment of the new covenant life of togetherness. In this respect, their mission succeeded Jesus' mission of the proclamation of the kingdom of God.

사도들의 선교는 함께하는 언약의 선교였습니다. 언약의 삶을 위하지, 종교적 삶을 위하지 않았습니다. 사도들은 예수님과 하나님 함께의 영적 증거를 말했고 또 함께하는 새 언약의 삶의 이루어짐을 선포했습니다. 이 점에서 그들 선교는 하나님 나라의 선포에 대한 예수님의 선교를 이었습니다.

The covenant mission of togetherness was the tenet of the apostolic mission. It was new and eschatological, for it unfolded into the new life of the church. The church was the outcome of the covenant mission of togetherness. It was the togetherness of the covenant people.

함께하는 언약의 선교는 사도들 선교의 기조였습니다. 그것은 새롭고 또 종말적이었습니다. 왜냐하면 그것은 교회의 새로운 삶으로 전개되었기 때문입니다. 교회는 함께하는 언약 선교의 소산이었습니다. 언약의 백성의 함께함이었습니다.

The old covenant was not missionary. It was set for the descendants of Abraham. They became God's covenant people by their birth. And they were destined to live as the covenant people with their law. The birth with blood-tie and the law were exclusive. Therefore, the old covenant was an exclusive covenant.

옛 언약은 선교적이 아니었습니다. 아브라함의 후손들을 위해 설정되었습니다. 그들은 태어남으로 하나님의 언약의 백성이 되었습니다. 그리고 그들은 그들 율법으로 언약의 백성으로 살아야 했습니다. 혈연의 태어남과 율법은 배타적입니다. 그러므로 옛 언약은 배타적 언약이었습니다.

On the background of the old covenant, the apostles' activities should be perceived. Their activities were covenantal and missionary. Their missionary activities involved a new covenant life of togetherness, i.e., the church. That is, the new covenant people of the church were grown by the missionary activities of those who were regarded as the core of the new covenant people.

옛 언약의 배경에서 사도들의 활동이 지각되어야 합니다. 그들 활동은 언약적이고 선교적이었습니다. 그들의 선교적 활동은 함께하는 새 언약의 삶, 곧 교회에 내포됩니다. 즉 교회의 새 언약의 백성은 새 언약의 백성의 핵심으로 여겨지는 그들의 선교적 활동으로 자라졌습니다.

The mission for togetherness is a covenantal outcome, since the covenant is initiated with God's togetherness. The origin of togetherness is His togetherness. His togetherness is disclosed into the mission of the covenant life of togetherness. Thus, those who live with His togetherness become engaged in the mission for togetherness.

함께를 위한 선교는 언약의 소산입니다. 언약은 하나님의 함께로 개시되기 때문입니다. 함께의 근원은 그분 함께입니다. 그분 함께는 함께하는 언약의 삶의 선교로 드러납니다. 따라서 그분 함께로 사는 이들은 함께를 위한 선교에 종사하게 됩니다.

Here, togetherness is missionary, for it begins with God's togetherness. Therefore, it should not be considered as a generalized idea as seen in the claim that everyone should live together. Togetherness is missionary with His togetherness; therefore, it should be distinguished from individual association.

여기서 함께는 선교적입니다. 하나님 함께로 시작하기 때문입니다. 그러므로 그것은 모두 함께 살아야 한다고 하는 주장에서 보이는 일반적 아이디어로 여겨지지 말아야 합니다. 함께는 그분 함께로 선교적입니다. 그러므로 그것은 개인들의 연합과 차별되어야 합니다.

God's togetherness is only witnessed Spiritually. Therefore, the mission for togetherness is guided by the Holy Spirit. The guidance of the Holy Spirit is disclosed in the narrative of Jesus with God's togetherness. The Christian mission is given for togetherness, and it is fulfilled Spiritually.

하나님 함께는 단지 영적으로 증거됩니다. 그러므로 함께를 위한 선교는 성령님에 의해 인도됩니다. 성령님의 인도하심은 하나님 함께로 예수님의 서사에 드러납니다. 그리스도교 선교는 함께를 위해 주어지고 영적으로 이루어집니다.

The main theme of the mission is the Spiritual witness of God's togetherness with Jesus who was crucified and resurrected. The life of God's togetherness is shown with Jesus and witnessed by the Holy Spirit. Therefore, the proclamation of the gospel is the main theme of the Christian mission.

선교의 주된 주제는 십자가에 못 박히셨고 또 부활하신 예수님과 하나님 함께의 영적 증거입니다. 하나님 함께의 삶은 예수님으로 보이고 또 성령님에 의해 증거됩니다. 그러므로 복음의 선포는 그리스도교 선교의 주된 주제입니다.

God sent Jesus and the Holy Spirit to the world to show and tell the life of His togetherness. The coming of Jesus and the Holy Spirit is, in a sense, missionary. The life of His togetherness in the world is fulfilled with the Christian mission in the midst of the individualized worldly life. There cannot be individualized Christians; therefore, they are not religious people.

하나님은 예수님과 성령님을 그분 함께의 삶을 보이고 또 말하기 위해 세상에 보내셨습니다. 예수님과 성령님의 오심은 어느 의미에서 선교적입니다. 세상에서 그분 함께의 삶은 개인화된 세상의 삶 가운데 그리스도교 선교로 이루어집니다. 개인화된 그리스도인들은 있을 수 없습니다, 그러므로 그들은 종교적 사람들이 아닙니다.

Therefore, the Christian mission should not be considered as a special task assigned to Christians. The Christian life is missionary, since it is a life of togetherness in the world of individuation. It is missionary to live as a Christian as Jesus did. The Christian as the new covenant people are missionary.

그러므로 그리스도교 선교는 그리스도인들에게 특별하게 부여된 임무로 여겨지지 말아야 합니다. 그리스도인의 삶은 선교적입니다. 개인화의 세상에서 함께의 삶이기 때문입니다. 예수님이 그러신 것처럼 그리스도인으로 사는 것은 선교적입니다. 새 언약의 백성으로 그리스도인들은 선교적입니다.

The gospel, i.e., the story of Jesus, is a missionary word, for it is the only language of telling God's togetherness. And it is Spiritual, since God's togetherness is Spiritual. Therefore, the Christian mission with the gospel is Spiritual. In this respect, it is not contingent that the early church was Spiritual.

복음, 곧 예수님의 이야기는 선교의 말입니다. 하나님 함께를 말하는 유일한 언어이기 때문입니다. 그리고 그것은 영적입니다. 하나님 함께는 영적이기 때문입니다. 그러므로 복음으로 그리스도교 선교는 영적입니다. 이 점에서 초대 교회가 영적이었던 것은 우연이 아닙니다.

But, in this case, it is a mistake to claim that the gospel becomes the basis or criterion of the Christian mission. The gospel has no independent textual meaning like the law. It is associated with the mission. That is, it is a missionary word, since it is the word of togetherness. It is the outcome of the missionary activities of the early apostles.

그러나 이 경우 복음이 그리스도교 선교의 기본이나 기준이 된다고 주장하는 것은 잘못입니다. 복음은 율법과 같이 독립된 원문의 뜻을 갖지 않습니다. 그것은 선교와 연계됩니다. 즉 그것은 선교적 말입니다. 그것은 함께의 말이기 때문입니다. 그것은 초대 사도들의 선교 활동의 소산입니다.

In the mission, the gospel is unfolding with its full meaning, or the gospel unveils its full meaning in the mission. That is, the meaning of the gospel is not contained in its letters, since it is Spiritual. The Spiritual mission is accompanied with the Spiritual word, i.e., the gospel. That is, its Spiritual meaning is fully manifested in its mission.

선교에서 복음은 자체의 완전한 뜻으로 펼쳐갑니다. 혹은 복음은 자체의 완전한 뜻을 선교로 드러냅니다. 즉 복음의 뜻은, 영적이기 때문에, 자체의 문자에 담아지지 않습니다. 영적 선교는 영적 말, 곧 복음을 수반합니다. 즉 그 영적 뜻은 선교에서 완전히 나타나집니다.

The reading of the gospel is missionary, for it is the word of to-getherness. If it is admitted that God's togetherness in the world is missionary, it is also admitted that the Christian life is missionary. What is to be fulfilled is missionary in the midst of what is. This is the basic stance of the Christian mission.

복음의 읽음은 선교적입니다. 함께의 말이기 때문입니다. 세상에서 하나님 함께가 선교적이라는 것이 인정되면, 그리스도인의 삶이 또한 선교적이라는 것이 인정됩니다. 이루어지는 것은 있는 것 가운데 선교적입니다. 이것이 그리스도교 선교의 기본 입장입니다.

It is not proper to define the Christian mission doctrinally. Since God's togetherness cannot be defined, Christianity as togetherness cannot be defined. Therefore, its mission cannot be defined, either. A definition is given in terms of the description of what is the case. But the Christian mission is given for fulfillment, not for change.

그리스도교 선교를 교리적으로 정의하는 것은 적절하지 않습니다. 하나님 함께는 정의될 수 없기 때문에, 함께로 그리스도교는 정의될 수 없습니다. 그러므로 그 선교도 또한 정의될 수 없습니다. 정의는 경우인 것의 서술로 주어집니다. 그러나 그리스도교 선교는 이루어짐을 위해 주어집니다. 변화를 위해서가 아닙니다.

Definition has a clear cut boundary, but togetherness has no boundary. Therefore, such questions as "What is Christianity?" and "What is the Christian mission?" are improper. Such questions come from the ontological perspective. The Christian mission is not given as what is to be the case but given as what is to be fulfilled.

정의는 분명한 경계를 갖지만 함께는 경계를 갖지 않습니다. 그러므로 "그리스도교가 무엇이냐?" 혹은 "그리스도교 선교는 무엇이냐?" 같은 질문은 적절하지 않습니다. 그런 질문은 존재론적 관점으로부터 옵니다. 그리스도교 선교는 경우가 될 것으로 주어지지 않고 이루어질 것으로 주어집니다.

Togetherness cannot be confined or contained. It is always unfolding for the fulfillment. This unfolding for the fulfillment is disclosed as a mission. Mission is the outward manifestation of togetherness. Therefore, it is not purposed but guided, for togetherness is not a changeable state but disclosed as fulfillment.

함께는 국한되거나 억제되지 않습니다. 언제나 이루어짐으로 펼쳐 갑니다. 이 이루어짐으로 펼쳐 감은 선교로 드러납니다. 선교는 함께의 외부적 나타남입니다. 그러므로 목적되지 않고 인도됩니다. 함께는 변화하는 상태가 아닌 이루어짐으로 드러나기 때문입니다.

Mission is inherent in the covenant life of togetherness. In this respect, the life of the law is short of the covenant life of togetherness. God, as the lawgiver, is hardly perceived as the covenant God, since His togetherness cannot be unfolded in the law. His togetherness is disclosed in the fulfillment of togetherness.

선교는 함께하는 언약의 삶에 내재됩니다. 이 점에서 율법의 삶은 함께하는 언약의 삶에 미치지 못합니다. 입법자로서 하나님은 언약의 하나님으로 지각되지 않습니다. 그분 함께가 율법으로 펼쳐질 수 없기 때문입니다. 그분 함께는 함께의 이루어짐 가운데 드러납니다.

God, for His togetherness, is love rather than the lawgiver. There is no togetherness between the lawgiver and the law-abider. Therefore, the law-abiders cannot claim that they are together with God even if they abide in the law. This is the limitation that the Israelites in the OT show.

하나님은, 그분 함께를 위해, 입법자보다 사랑이십니다. 입법자와 준법자 사이에 함께는 없습니다. 그러므로 준법자들은 율법에 머물더라도 하나님과 함께한다고 주장할 수 없습니다. 이것이 구약의 이스라엘 백성이 보여주는 한계입니다.

The missionary togetherness is to be fulfilled; therefore, it cannot be consequently deduced. It is fulfilled as God's togetherness is unfolding. This is the distinctiveness of the covenant life. What God fulfills with His word is always new; therefore, it should be distinguished from what is to be the case.

선교적 함께는 이루어집니다. 그러므로 그것은 결과적으로 유추될 수 없습니다. 그것은 하나님 함께가 펼쳐감으로 이루어집니다. 이것은 언약의 삶의 독특함입니다. 하나님께서 그분 말씀으로 이루시는 것은 항상 새롭습니다. 그러므로 그것은 경우가 되는 것과 차별되어야 합니다.

On the other hand, the ontological life is consequentially deduced. As people know what is going on in the world, they can talk of what will happen and anticipate it. In this case, a mission is given as a special task to be achieved. It is a matter of possibility, even though it is difficult.

다른 한편 존재론적 삶은 결과적으로 유추됩니다. 사람들은 세상에 진행하는 것을 알면서, 일어날 것을 말할 수 있고 또 그것을 기대하게 됩니다. 이 경우 선교는 성취될 특별한 임무로 주어집니다. 그것은 어렵다고 하더라도 가능성의 문제입니다.

Unlike the ontological mission, the covenant mission is not a matter of possibility but a matter of fulfillment. It is not a goal-oriented mission. It is directed to fullness, since it is not a special assignment but the Spiritual guidance with the witness of God's togetherness. "Togetherness" is a missionary term.

존재론적 선교와는 달리, 언약의 선교는 가능성의 문제가 아닌 이루어짐의 문제입니다. 그것은 목표를 향한 선교가 아닙니다. 가득함을 향합니다. 그것은 특별한 지령이 아닌 하나님 함께의 증거로 영적 인도이기 때문입니다. "함께"는 선교적 용어입니다.

Covenant life is missionary in the midst of ontological life. The early apostles were missionaries since they lived a covenant life. Their Spiritual witness of the life of Jesus with God's togetherness became the new covenant. They proclaimed the gospel for the new covenant life.

언약의 삶은 존재론적 삶 가운데 선교적입니다. 초대 사도들은 언약의 삶을 살았기 때문에 선교사들이었습니다. 하나님 함께로 예수님의 삶에 대한 그들의 영적 증거는 새 언약이 되었습니다. 그들은 복음을 새 언약의 삶을 위해 선포했습니다.

Nevertheless, in the medieval period, the mission disappeared since no covenant life was visible. The church became an ontological state church that taught ontological doctrines. Therefore, there was only one worldly life that was directed to betterness rather than togetherness. Since betterness is comparative and competitive, it cannot be a missionary notion.

그렇지만 중세기에, 선교는 사라졌습니다. 언약의 삶이 보이지 않았기 때문입니다. 교회는 존재론적 교리를 가르치는 존재론적 국가 교회가 되었습니다. 그러므로 함께보다 나음을 향한 유일한 세상 삶만 있었습니다. 나음은 비교되고 경쟁적이기 때문에 선교적 통념일 수 없습니다.

집중(Focus)

그리스도교 선교는 언약적입니다. 하나님 함께의 파급으로 보입니다. 하나님 함께의 파급이기 때문에 모이는 개인들의 숫자로 가늠되지 않습니다. 개인들이 모임으로 사는 세상에 하나님과 함께로 사는 삶은 선교적으로 보입니다. 즉 세상 나라로 사는 삶 가운데 하나님 나라로 사는 삶은 선교적입니다. 그리스도교 선교는 확장으로 보이지 않고 드러남으로 보입니다.

The Christian mission is covenantal. It is seen as the extension of His togetherness. Since it is the extension of His togetherness, it is not estimated by the number of individuals. In the world where individuals live by means of gathering, the life of being together with God is seen as missionary. That is, the Christian mission is not seen as expansion but seen as unveiling.

교회의 수적 증가가 아닌 교회의 나타남이 선교적입니다. 개인들의 삶 가운데 교회의 삶은 선교적입니다. 즉 그리스도인들의 나타남이 선교이지 그리스도인들의 증가가 선교가 아닙니다. 선교는 양적으로 비교될 수 없습니다. 세상에서 조건적 비교는 세상에 새로이 드러나는 구별된 교회에 타당하지 않습니다. 구별된 교회는 세속적 삶 가운데 선교로 드러납니다.

Not the increase of the number of the church but unveiling of it is missionary. In the midst of the individual life, the church life is missionary. That is, not the increase of Christians but the unveiling of Christians is missionary. The mission cannot be compared quantitatively. The conditional comparison in the world is not relevant to the separated church that is unveiled in the world. The separated church is unveiled in the midst of secular life as a mission.

그리스도교 선교는 영적입니다. 육적 삶 가운데 영적 삶은 선교로 보입니다. 현존하는 육적 삶 가운데 또 다른 육적 삶의 출현은 대치를 보입니다. 구약에서 보는 이스라엘 백성의 가나안 땅의 삶이 그렇습니다. 같은 육적 조건을 서로 추구하는 한 충돌은 피해질 수 없습니다. 그러나 신약의 초대 교회의 삶은 영적임으로 육적 삶 가운데 선교로 보입니다.

The Christian mission is Spiritual. In the midst of the physical life, the Spiritual life is seen as a mission. In the existing physical life, the appearance of a different physical life shows a confrontation, so is the Israelites' life in the land of Canaan. As long as the same physical conditions are pursued mutually, conflict is inevitable. But since the early church life of the NT is Spiritual, it is seen as a mission in the physical life.

Part 16

The Fruit of the Holy Spirit

(성령님의 열매)

16.1

Love(사랑)

Jesus teaches His disciples to love their enemy and gives them the commandment of love to love one another. And Paul says that love is the fruit of the Holy Spirit. John, furthermore, proclaims that God is love. Therefore, it can be affirmed that love is the central theme of the Bible.

예수님은 제자들에게 원수를 사랑하게 가르치시고 서로 사랑하라는 사랑의 계명을 주십니다. 그리고 바울은 사랑이 성령님의 열매라고 합니다. 요한은 더 나아가 하나님은 사랑이시라고 선포합니다. 그러므로 사랑은 성경의 중심적 주제라고 확언될 수 있습니다.

Even the ordinary people who do not go to the church identify Christianity with love. But their identification of Christianity with love is problematic since their conception of love is anyhow tainted with love that is seen in ordinary life as a phenomenon or emotion. The Christian love is not a phenomenon or emotion.

교회에 가지 않는 보통 사람들도 그리스도교를 사랑과 동일시합니다. 그러나 그들의 그리스도교를 사랑으로 동일시함은 문제입니다, 그들 사랑의 개념은 어떻든 보통 삶에서 현상이나 감정으로 보이는 사랑으로 변질되기 때문입니다. 그리스도교 사랑은 현상이나 감정이 아닙니다.

Since love is so prevalent and effective in the ordinary life that it is well observed and perceived even though attachment or discrimination is accompanied with it. Thus, people become generous to the expression of love even if it is immoral and, even further, prodigal. Emotional love can be immoral, even prodigal.

사랑은 보통 삶에 만연하고 효과적이어서 애착이나 차별이 사랑과 동반하더라도 잘 주시되고 또 지각됩니다. 따라서 사람들은, 사랑이 부도덕적이고 나아가 방탕하더라도, 그 표현에 관대하게 됩니다. 감정적 사랑은 부도덕적이고 방탕할 수 있습니다.

Love, therefore, as the central theme of Christianity should be separated from ordinary love. The Christian love is holy, but ordinary love is profane. That is, the Christian love has to entail a sense of holiness. It cannot be mixed with the ordinary profaned love. The Christian love has to be considered with holiness.

그러므로 그리스도교의 중심 주제로서 사랑은 보통 사랑과 구별되어야 합니다. 그리스도교 사랑은 거룩하지만 보통 사랑은 세속적입니다. 즉 그리스도교 사랑은 거룩함의 의미를 내포해야 합니다. 보통 세속적 사랑과 혼합될 수 없습니다. 그리스도교 사랑은 거룩함과 같이 고려되어야 합니다.

If, for the Christian love, holiness is not presupposed, Christianity is secularized because it is identified with love. Therefore, the explication of love in terms of the Biblical remarks is the primary step for the proclamation of Christianity. Here, not the prevalence but the proclamation of Christianity has to be concerned with.

그리스도교 사랑에 대해 거룩함이 전제되지 않으면, 그리스도교는 사랑과 동일시하기 때문에 세속화됩니다. 그러므로 성경의 언급으로 사랑에 대한 상술은 그리스도교를 선포하는 일차적 단계입니다. 여기서 그리스도교의 성행이 아닌 선포가 관심되어야 합니다.

What is seen in the Bible is the word "love." It appears as the word of God, since the Bible is the word of God. That is, what is primarily encountered in the Bible is "love" rather than love. Love is encountered in daily life, but "love" in the Bible cannot be understood as love that is encountered in daily life.

성경에서 보이는 것은 "사랑"이라는 말입니다. 그것은 하나님의 말씀으로 나타납니다. 성경이 하나님의 말씀이기 때문입니다. 즉 성경에서 일차적으로 접하는 것은 사랑이 아니라 "사랑"입니다. 사랑은 일상적 삶에서 접하지만 성경에서 "사랑"은 일상적으로 접하는 사랑으로 이해될 수 없습니다.

The word in the Bible is the word of God that is to be fulfilled. That is, it is in the setting of word-fulfillment. So "love" appears in it in order to be fulfilled into love. It is ready to show the fulfilled love by God. In summary, what is encountered in the Bible is "love" as the word of God that is to be fulfilled into love.

성경에서 말은 이루어질 하나님의 말씀입니다. 즉 그것은 말-이루어짐의 설정에 있습니다. 그 가운데 "사랑"은 사랑으로 이루어지기 위해 나타납니다. 그것은 하나님에 의한 이루어진 사랑을 보이기 위해 준비되어 있습니다. 요약하면, 성경에서 접하는 것은 사랑으로 이루어질 하나님 말씀으로 "사랑"입니다.

Therefore, love in the Bible should not be understood in terms of criteria or quality. It should not be approached with the question, "What is love?" To the word appeared in the Bible the ontological question is inappropriate, for it appears in the Bible as what is to be fulfilled by God.

그러므로 성경에서 사랑은 기준이나 성품으로 이해되지 말아야 합니다. 그것은 "사랑이 무엇인가?" 같은 질문으로 접근되지 말아야 합니다. 성경에 나타나는 말에 대해 존재론적 질문은 적절하지 않습니다. 그것은 하나님에 의해 이루어질 것으로 성경에 나타나기 때문입니다.

Love in the Bible is what God fulfills. Therefore, Jesus teaches and commands it. And Paul says that it is what is borne as fruit of the Holy Spirit. It is not what is differentiated categorically among what is in the world but what is to be fulfilled newly in the world. That is, it cannot be a human quality.

성경에서 사랑은 하나님께서 이루실 것입니다. 그러므로 예수님은 그것을 가르치시고 명하십니다. 그리고 바울은 그것이 성령님의 열매로 맺어질 것이라 합니다. 그것은 세상에 있는 것 가운데 범주로 차별되는 것이 아닌 세상에 새롭게 이루어질 것입니다. 즉 그것은 인간의 품성일 수 없습니다.

Since love is so familiar in the world, people easily tend to think of the peculiarity of the love in the Bible. That's why they are trapped by the question, "What is Biblical love?" Then, they imagine the ideaityl or the loftiness of love. For the Biblical love, they think of its transcendence rather than holiness.

사랑이 세상에서 익히 알게 됨으로, 사람들은 성경에서 사랑의 독특함을 쉬이 생각하려고 듭니다. 그 때문에 그들은 "성경의 사랑은 무엇인가?" 하는 질문에 갇히게 됩니다. 그러면 그들은 사랑의 이상 혹은 고상을 상상합니다. 성경의 사랑에 대해 그들은 거룩함보다 초월을 생각합니다.

"Love" in the Bible is the word of God; thus, it is fulfilled into love. And John's affirmation that God is love comes with His togetherness. No one can claim anything on Him apart from His togetherness. His affirmation tells of the disclosure of love with His togetherness. Love springs out of His togetherness.

성경에서 "사랑"은 하나님의 말씀입니다. 따라서 그것은 사랑으로 이루어집니다. 그리고 하나님이 사랑이시라고 하는 요한의 확언은 그분 함께로 옵니다. 아무도 그분의 함께를 떠나 그분에 대해 어떤 것도 주장할 수 없습니다. 요한의 확언은 하나님 함께로 사랑의 드러남을 말합니다. 사랑은 그분 함께로부터 솟아납니다.

The affirmation that God is love means that His togetherness is love. Therefore, His togetherness unfolds into love. That is, the life of His togetherness is fulfilled into a life of love. The covenant life of His togetherness is life of love. Love is known with His togetherness, not vice versa.

하나님이 사랑이시라는 확언은 그분 함께가 사랑이라는 뜻입니다. 그러므로 그분 함께는 사랑으로 펼쳐집니다. 즉 그분 함께의 삶은 사랑의 삶으로 이루어집니다. 그분 함께의 언약의 삶은 사랑의 삶입니다. 사랑은 그분 함께로 알게 됩니다. 그러나 거꾸로는 아닙니다.

"God is love" implies that God-talk is love-talk. That is, it implies that love-talk is inseparable from God-talk. This implication is only tenable with His togetherness. Consequently, the covenant talk is love-talk. The affirmation that God is love is guided to covenant love. That is, His love is covenant love.

"하나님은 사랑이시다"는 하나님 담화가 사랑 담화라는 것을 시사합니다. 즉 그것은 사랑 담화는 하나님 담화와 분리될 수 없다는 것을 시사합니다. 이 시사는 그분 함께로만 지지됩니다. 따라서 언약 담화는 사랑 담화입니다. 하나님이 사랑이시라는 확언은 언약의 사랑으로 이끌어집니다. 즉 그분 사랑은 언약의 사랑입니다.

The traditional church doctrines have been misguided since they have been formulated under the supposition that the Biblical statements are ontological. However, since the Biblical statements are revealed with God's togetherness, they are covenantal. They are to fulfill the covenant life of togetherness.

전통적 교회 교리는, 성경의 진술이 존재론적이라는 전제 아래 구축되어왔기 때문에, 잘못 이끌어졌습니다. 그렇지만 성경의 진술은 하나님 함께로 계시되기 때문에 언약적입니다. 그것은 함께하는 언약의 삶을 이룹니다.

The statement that God is love does not mean that the ontological God has the quality of love nor does it mean that the ontological God is identified as love. Love in that statement is not a quality of His nature but the disclosure of His togetherness. He is only narrated with His togetherness; thus, love is also only narrated with His togetherness.

하나님이 사랑이시라는 진술은 존재론적 하나님이 사랑의 품성을 갖는다는 것을 뜻하지 않고, 또한 존재론적 하나님이 사랑으로 식별된다는 것을 뜻하지 않습니다. 그 진술에서 사랑은 그분 본성의 품성이 아니고 그분 함께의 드러남입니다. 그분은 단지 그분 함께로 서사됩니다. 따라서 사랑도 단지 그분 함께로 서사됩니다.

Jesus's teaching of love is directed to the covenant life of togetherness. It is not to promote individual qualities of love. The covenant love reaches up to the enemy, since God's togetherness with love is not to be restricted. Love should go along with His togetherness.

예수님의 사랑 가르침은 함께하는 언약의 삶을 향합니다. 그것은 개인적 사랑의 품성을 장려하려는 것이 아닙니다. 언약의 사랑은 원수에게도 미칩니다. 사랑으로 하나님 함께는 제한될 수 없기 때문입니다. 사랑은 그분 함께와 같이 가야합니다.

Jesus gives the commandment of love to His disciples who follow Him to live the covenant life of God's togetherness. Thus, He gives the covenant commandment of love to them. Love can be commanded in the covenant life for its fulfillment. His commandment is given in accordance with the disclosure of God's togetherness.

예수님은 그분을 따르는 제자들에게 하나님 함께의 언약의 삶을 살도록 사랑의 계명을 주십니다. 따라서 그분은 그들에게 사랑의 언약 계명을 주십니다. 사랑은 언약의 삶에서 그 이루어짐을 위해 명령될 수 있습니다. 그분의 계명은 하나님 함께의 드러남을 따라 주어집니다.

It is meaningless to give the commandment of love to the multitudes. Love is man's emotion; thus, it cannot be ordered. Of course, the commandment of the law can be given to them. Actually, they have to live with the commandment of the law. But the commandment of the law is easily received as the regulation of the law.

사랑의 계명을 군중에게 주는 것은 무의미합니다. 사랑은 사람의 감정입니다. 따라서 명령될 수 없습니다. 물론 율법의 계명은 그들에게 주어질 수 있습니다. 실제로 그들은 율법의 계명으로 살아야 했습니다. 그러나 율법의 계명은 쉬이 율법의 규정으로 받아들여집니다.

But Jesus gives the new covenant commandment of love to His disciples. They should live the covenant life of love rather than of the law. Love is given as the commandment since it is to be fulfilled with the commandment. Therefore, it is a mistake to think of how to keep it individually.

그러나 예수님은 제자들에게 사랑을 새 언약의 계명으로 주십니다. 그들은 율법보다 사랑의 언약의 삶을 살아야 했습니다. 사랑은 계명으로 이루어지기 때문에 계명으로 주어집니다. 그러므로 그것을 개인적으로 어떻게 지킬 것인지 생각하는 잘못입니다.

The covenant love is what is to be fulfilled; thus, it can be taught and commanded. In this case, its teaching and commandment are directed to the fulfillment of God's covenant. That is, love is taught and commanded for the covenant life of togetherness. The teaching and commandment of love are delivered for the life of togetherness.

언약의 사랑은 이루어질 것입니다. 따라서 가르쳐지고 또 명령됩니다. 이 경우 그 가르침과 계명은 하나님의 언약의 이루어짐을 향합니다. 즉 사랑은 함께하는 언약의 삶을 위해 가르쳐지고 명령됩니다. 사랑의 가르침과 계명은 함께의 삶을 위해 전해집니다.

The fruit of the Holy Spirit should be perceived in the setting of word-fulfillment. Since the Holy Spirit is the Spirit of God, He guides in accordance with the fulfillment of the word of God. Therefore, the fruit of the Holy Spirit is told for the fulfillment of the covenant life.

성령님의 열매는 말-이루어짐의 설정에서 지각되어야 합니다. 성령님은 하나님의 영이시기 때문에 하나님의 말씀의 이루어짐을 따라 인도하십니다. 그러므로 성령님의 열매는 언약의 삶의 이루어짐을 위해 말해집니다.

Love as the fruit of the Holy Spirit should be told in the covenant setting. Since the life of togetherness is fulfilled with God's togetherness that is disclosed with His Spirit, His Spirit is the Holy Spirit. Therefore, the Holy Spirit guides the covenant life, The Holy Spirit is the covenant Spirit.

성령님의 열매로서 사랑은 언약의 설정에서 말해져야 합니다. 함께의 삶이 하나님의 영으로 드러나는 그분 함께로 이루어지기 때문에, 그분 영은 성령님이십니다. 그러므로 성령님이 언약의 삶을 인도하십니다. 성령님은 언약의 영이십니다.

The fruit of the Holy Spirit is the fruit of covenant life. Paul specifically says of it with the church. He introduces it in his epistle to the Galatian church. The Christian lives in the church as the covenant life. The church is the covenant life of the Christians. In this respect, the commandment of love is meaningful in the church.

성령님의 열매는 언약의 삶의 열매입니다. 바울은 교회로 그에 대해 구체적으로 말합니다. 그는 갈라디아 교회에 보내는 편지에서 그것을 소개합니다. 그리스도인들은 언약의 삶으로 교회에서 삽니다. 교회는 그리스도인들의 언약의 삶입니다. 이 점에서 사랑의 계명은 교회에서 뜻이 있습니다.

Love as the fruit of the Holy Spirit is visible through the church rather than individuals, for the Holy Spirit guides to the fulfillment of the church. The Holy Spirit who is the covenant Spirit is the church Spirit. And the covenant love is church love. But the church is not a gathering of individuals who love.

성령님의 열매로 사랑은 개인들로 보다 교회로 보입니다. 성령님이 교회의 이루어짐으로 인도하시기 때문입니다. 언약의 영인 성령님은 교회 영입니다. 그리고 언약의 사랑은 교회 사랑입니다. 그러나 교회는 사랑하는 개인들의 모임이 아닙니다.

Church love is not easy to receive since love is conceived as an individual emotion. But love as the fruit of the Holy Spirit is Spiritual, not emotional. Therefore, it is not individualistic but churchly. Then, Spiritual love can be received as church love. It is fulfilled in church life. That is, the church bears love as fruit of the Holy Spirit.

교회 사랑은, 사랑이 개인의 감정으로 여겨지기 때문에, 받아들이기 쉽지 않습니다. 그러나 성령님의 열매로서 사랑은 영적입니다. 감정적이지 않습니다. 그러므로 그것은 개인적이 아닌 교회적입니다. 그러면 영적 사랑은 교회 사랑으로 받아들여질 수 있습니다. 그것은 교회 삶 가운데 이루어집니다. 즉 교회가 사랑을 성령님의 열매로 맺습니다.

Church love is disclosed into togetherness, but individual love is not. Love of the covenant outset is fulfilled into togetherness. In this case, love cannot be identified as quality. That is, there can be no proper description for church love. It only unfolds with church life. In this respect, the church cannot be defined.

교회 사랑은 함께로 드러나지만 개인의 사랑은 그렇지 않습니다. 언약의 시초 사랑은 함께로 이루어집니다. 이 경우 사랑은 품성과 동일시될 수 없습니다. 즉 교회 사랑에 대한 적절한 서술이 있을 수 없습니다. 그것은 단지 교회 삶으로 펼쳐갑니다. 이 점에서 교회는 정의될 수 없습니다.

The covenant word and ontological word are different. Any ontological question to the covenant word is senseless, for the covenant word is given for its fulfillment. There is no corresponding state affairs to the covenant word of which people may think or imagine, Covenant love is fulfilled with the covenant word, "love."

언약의 말과 존재론적 말은 다릅니다. 언약의 말에 대한 어떤 존재론적 질문도 무의미합니다. 언약의 말은 그 이루어짐을 위해 주어지기 때문입니다. 사람들이 생각하거나 상상할 수 있는 언약의 말에 상응하는 사태는 없습니다. 언약의 사랑은 언약의 말 "사랑"으로 이루어집니다.

Therefore, there is no corresponding state of affairs for church love, for the church is not a fixed state of affairs. If so, it becomes an ontological church. People have been misguided to think of the church as an ontological church of what there is. The institutional church is a kind of ontological church.

그러므로 교회 사랑에 대해 상응하는 사태가 없습니다. 교회가 고정된 사태가 아니기 때문입니다. 그렇다면, 그것은 존재론적 교회가 됩니다. 사람들은 교회에 대해 거기에 있는 것으로의 존재론적 교회로 생각하도록 잘못 이끌어졌습니다. 기관 교회는 존재론적 교회의 한 종류입니다.

In the ontological church, there is only individual love. It is almost like a container of individual love. But it, itself, does not show love. That is, even if the ontological church members show love, it does not show love since individual love is not Spiritual. The church, not individual, unveils Spiritual love.

존재론적 교회에서는 단지 개인의 사랑만 있습니다. 그것은 거의 개인 사랑의 용기와 같습니다. 그러나 그것은 자체로 사랑을 보이지 않습니다. 즉 존재론적 교회 일원들은 사랑을 보이더라도, 그것은 사랑을 보이지 않습니다. 개인의 사랑은 영적이 아니기 때문입니다. 개인이 아닌 교회가 영적 사랑을 드러냅니다.

The church loves since it bears love as the fruit of the Holy Spirit for togetherness. Love for togetherness, i.e., church love, is fulfilled as the fruit of the Holy Spirit. Therefore, the church and church love should be seen from the covenant outset for togetherness. The church as the covenant outset is unfolded with the fulfillment of its love.

교회는 사랑합니다. 그것은 함께를 위한 성령님의 열매로 사랑을 맺기 때문입니다. 함께을 위한 사랑, 곧 교회 사랑은 성령님의 열매로 이루어집니다. 그러므로 교회와 교회 사랑은 함께를 위한 언약의 시초로부터 보아져야 합니다. 언약의 시초로서 교회는 자체의 사랑 이루어짐으로 펼쳐집니다.

집중(Focus)

성령님이 교회를 이루는 영이시니 성령님의 열매로 맺어지는 사랑은 교회로 보입니다. 교회는 사랑으로 함께의 삶으로 이루어지고 또 함께로 세상에 미치어갑니다. 교회는 함께의 의미에서 사랑으로 말해집니다. 교회로 이루어지는 함께의 삶은 사랑의 삶입니다. 그러므로 교회로 사랑이 의식됩니다. 성령님은 교회로 역사하시는 교회의 영이십니다.

Since the Holy Spirit is the Spirit of fulfilling the church, love borne by the fruit of the Holy Spirit is seen with church. The church, with love, is fulfilled into a life of togetherness and reaches out to the world with togetherness. It is told as love in the sense of togetherness. Life of togetherness that is fulfilled into the church is a love life. Therefore, love is to be conscious with the church. The Holy Spirit is the church Spirit who works with it.

개인적으로 성령님의 열매를 생각하는 것은 잘못입니다. 개인이 성령님의 열매로 높은 사랑의 품성을 갖는다고 상상하는 것은 종교적인 성향입니다. 성령님의 열매는 개인의 높임을 위해 맺어지지 않습니다. 성령님은 교회의 영이지 개인의 영이 아닙니다. 따라서 개인 중심적 삶에서는 성령님의 사랑의 열매가 맺어지지 않습니다. 교회도 이루어지지 않습니다.

It is a mistake to think of the fruit of the Holy Spirit individually. it is a religious disposition to imagine that an individual gets a high quality of love with the fruit of the Holy Spirit. The fruit of the

Holy Spirit is not borne for individual elevation. The Holy Spirit is not an individual spirit but the church Spirit. Accordingly, in the self centered life, love of fruit of the Holy Spirit is not borne. The church is not fulfilled, either.

성령님의 열매로 사랑은 사랑의 이루어짐을 뜻합니다. 그것은 진작된 개인에 의해 보일 수 있는 사랑이 아닙니다. 교회가 이루어짐으로 드러나는 사랑입니다. 개인은 사랑의 계발에 관심을 가질 수 있지만 사랑의 이루어짐에 대한 의식은 없습니다. 이루어짐에 대한 의식이 없으면 하나님의 말씀을 접할 수 없습니다. 하나님의 말씀은 이루어지는 말씀이기 때문입니다.

Love as fruit of the Holy Spirit means the fulfillment of love. It is not love that can be shown by an elevated individual. It is love that is unveiled as the church is fulfilled. An individual may be concerned with the development of love; nevertheless, he has no consciousness of the fulfillment of love. If he is not conscious of fulfillment, he cannot encounter God's word because His word is the word of being fulfilled.

16.2

Joy(기쁨)

The apostle Paul expounds joy as fruit of the Holy Spirit ^{Gal. 5:22}. He is concerned with joy not as individual emotion but as what is borne in the life of being guided by the Holy Spirit. He launches not emotional but Spiritual joy for the life of the church. It is fulfilled in a joyful life with the guidance of the Holy Spirit.

사도 바울은 기쁨을 성령님의 열매로 상술합니다^{갈 5:22}. 그는 개인의 감정이 아닌 성령님에 의해 인도된 삶에 맺어진 것으로 기쁨에 관심을 보입니다. 그는 감정적 기쁨이 아닌 교회 삶을 위한 영적 기쁨을 착수합니다. 교회는 성령님의 인도하심으로 이루어지는 기쁜 삶입니다.

With joy, Paul portrays church life. Since the church was fulfilled with the people who confessed Jesus as the Christ with the guidance of the Holy Spirit, it became visible with the Spiritual gifts. Joy is the fruit of Spiritual gifts of the church. Thus, the church is joyful. This does not mean that its members are joyful individually in it.

기쁨으로 바울은 교회 삶을 묘사합니다. 교회가 성령님의 인도하심으로 예수님을 그리스도로 고백하는 사람들로 이루어졌기 때문에 영적 은사로 보이게 됩니다. 기쁨은 교회의 영적 은사의 열매입니다. 그러므로 교회는 기쁩니다. 이것은 교회 일원들이 개인적으로 그 안에서 기쁘다는 것을 뜻하지 않습니다.

More explicitly, Paul says: "the kingdom of God is not eating and drinking, but righteousness and peace and joy in the Holy Spirit" Rom. 14:17. That is, he says that the kingdom of God is joy in the Holy Spirit. The church as its concretely fulfilled life is joyous. This cannot be affirmed if joy comes from the individual mind.

보다 분명하게 바울은 말합니다: "하나님 나라는 먹는 것과 마시는 것이 아니요 오직 성령 안에 있는 의와 평강과 희락이라롬 14:17." 즉 그는 하나님의 나라는 성령님 안에서 기쁨이라고 합니다. 교회는 그것의 구체적으로 이루어진 삶으로서 기쁩니다. 기쁨이 개인의 마음으로부터 나오면, 이것은 확언될 수 없습니다.

The kingdom of God is the life of His togetherness. Thus, according to Paul, the life of His togetherness is joyful in the Holy Spirit, not in the mind. He envisages joy not in the mind realm but in the Spiritual realm. In the mind realm, individual qualities are visible, but in the Spiritual realm Spiritual 'qualities' are unfolded.

하나님의 나라는 그분 함께의 삶입니다. 따라서 바울에 의하면 그분 함께의 삶은 성령님 안에서 기쁨입니다. 마음에서 기쁨이 아닙니다. 그는 기쁨을 마음의 영역에서가 아닌 영적 영역에서 착상합니다. 마음의 영역에서 개인적 품성이 보이지만 영적 영역에서 영의 '품성'이 펼쳐집니다.

Joy in the Spiritual realm unfolds in the kingdom of God. But joy in the mind realm is visible in the kingdom of the world. Joy seen in the kingdom of the world comes from the satisfaction of eating and drinking. That is, joy comes from the individual mind. Joy of satisfaction is pleasure.

영적 영역에서 기쁨은 하나님 나라에서 펼쳐집니다. 그러나 마음의 영역에서 기쁨은 세상 나라에서 보입니다. 세상 나라에서 보이는 기쁨은 먹음과 마심의 만족으로부터 옵니다. 즉 기쁨은 개인의 마음으로부터 옵니다. 만족의 기쁨은 낙입니다.

Paul introduces joy in the Holy Spirit for the life of the kingdom of God. He announces it as the new life of joy. It is not a natural life but Spiritual life that is fulfilled with God's togetherness. He addresses the Spiritual fulfillment of it that was proclaimed by Jesus. The early church was the concretely fulfilled instance of it.

바울은 하나님 나라의 삶을 위해 성령님 안에서 기쁨을 소개합니다. 그는 그것을 기쁨의 새 삶으로 선언합니다. 하나님 나라는 자연적 삶이 아닌 하나님 함께로 이루어지는 영적 삶입니다. 그는 예수님에 의해 선포된 하나님 나라의 영적 이루어짐을 전합니다. 초대 교회는 하나님 나라가 구체적으로 이루어진 예시입니다.

In this case, joy is not to be questioned ontologically. The question like "What is joy?" or "How can we be joyful?" is not appropriate, since it is not a natural quality. It is not to be referred indicatively in nature nor attributed as inborn quality to anyone, for it is what is to be fulfilled.

이 경우 기쁨은 존재론적으로 질문되지 않습니다. "기쁨이 무엇인가?" 혹은 "우리가 어떻게 기쁠 수 있을까?" 같은 질문은 적절하지 않습니다. 기쁨은 자연적 성품이 아니기 때문입니다. 기쁨은 자연에서 직설법으로 지적되지 않고 누구에게나 타고난 성품으로 부여되지도 않습니다. 기쁨은 이루어지는 것이기 때문입니다.

Therefore, Paul says of joy with the Holy Spirit who came to the world as the Spirit of God. The Holy Spirit is separated from any natural spirit in the world. Thus, what is borne by the Holy Spirit is separated from what is produced in the world naturally. That is, Spiritual joy is separated from natural joy.

그러므로 바울은 하나님의 영으로 세상에 오신 성령님으로 기쁨에 대해 말합니다. 성령님은 세상에 있는 어떤 자연적 영과 구별됩니다. 따라서 성령님에 의해 맺어진 것은 세상에서 자연적으로 생산된 것과 구별됩니다. 즉 영적 기쁨은 자연적 기쁨과 구별됩니다.

Joy is constituted in the life of the kingdom of God that is reigned with His togetherness. Therefore, its life is joyful. And to those who live in it, Paul gives the exhortation: "Rejoice in the Lord always. Again I will say, rejoice!" Phil. 4:4. This is, in a sense, the commandment of joy.

기쁨은 하나님 함께로 다스려지는 그분 나라의 삶에 구성됩니다. 그러므로 그 삶은 기쁩니다. 그리고 거기에 사는 이들에게 바울은 권면합니다: "주 안에서 항상 기뻐하라 내가 다시 말하노니 기뻐하라빌 4:4." 이것은 어느 의미에서 기쁨의 계명입니다.

Exhortation is accompanied with proclamation. That is, for the proclaimed life, exhortation is always given. Since the kingdom of God is proclaimed, joy for the life in it is exhorted. In this case, the question like "What is the kingdom of God?" or "What is joy?" is senseless. What is proclaimed is fulfilled; thus, it cannot be identified as what is the case.

권면은 선포를 동반합니다. 즉 선포된 삶에 대해 권면이 항상 주어집니다. 하나님 나라가 선포됨으로, 그 안에서 사는 삶을 위한 기쁨이 권면됩니다. 이 경우 "하나님 나라가 무엇인가?" 혹은 "기쁨이 무엇인가" 하는 질문은 무의미합니다. 선포된 것은 이루어집니다. 따라서 그것은 경우인 것으로 식별될 수 없습니다.

People complain that their natural life in the world is so painful and sorrowful that there is no moment of joyfulness. Since their life under the natural conditions is subject to death, their life in the kingdom of the world is not always joyful. To them, Paul's exhortation is senseless.

사람들은 세상에서 그들의 자연적 삶이 너무나 고통스럽고 슬퍼서 기쁨의 순간이 없다고 불평합니다. 자연적 조건하에 있는 그들의 삶은 죽음에 종속되기 때문에, 세상 나라에서 그들의 삶은 항상 기쁘지는 않습니다. 그들에게 바울의 권면은 무의미합니다.

People cannot always be joyful in their natural life. But Paul affirms that life in the kingdom of God is joyful always. And he exhorts those who live in it to rejoice always in the Holy Spirit. Therefore, it can be affirmed that even those who are physically painful and sorrowful may be Spiritually joyful.

사람들은 자연적 삶에서 항상 기쁠 수 없습니다. 그러나 바울은 하나님 나라에서 삶은 항상 기쁘다고 확언합니다. 그리고 그는 거기에서 사는 이들은 성령님 안에서 항상 기뻐할 것을 권면합니다. 그러므로 육체적으로 고통스럽고 슬픈 이들조차도 영적으로 기뻐할 수 있다고 확언됩니다.

Joy is not a natural inclination but Spiritual unfolding. Spiritual life is joyfully unfolding. In this respect, Jesus' proclamation of the kingdom of God and Paul's exhortation of the life in it are completely different from the lawful life of the Israelites in the OT. The kingdom of God is proclaimed and exhorted since it is not to be fulfilled by the keeping of the law.

기쁨은 자연적 성향이 아닌 영적 펼침입니다. 영적 삶은 기쁨으로 펼쳐갑니다. 이 점에서 하나님의 나라에 대한 예수님의 선포와 그 안에서 사는 삶에 대한 바울의 권면은 구약에서 이스라엘 백성의 율법적 삶과 전혀 다릅니다. 하나님 나라는 율법을 지킴에 의해 이루어질 수 없음으로 선포되고 권면됩니다.

The lawful life of the Israelites in the OT is, at any rate, a natural life. The law regulates and controls the natural inclination, since it is kept by individual natural will. Therefore, it does not bring anything new in the natural life. The law, like wisdom, is subjected to the natural course of life.

구약에서 이스라엘 백성의 율법적 삶은 어떻든 자연적 삶입니다. 율법은 자연적 성향을 규정하고 통제합니다. 그것이 개인의 자연적 의지에 의해 지켜지기 때문입니다. 그러므로 그것은 자연적인 삶에서 새로운 어떤 것을 불러오지 않습니다. 지혜와 같이 율법은 자연적 경로의 삶에 종속됩니다.

But joy in the Holy Spirit is new, since the Holy Spirit is the Spirit of God who came to the world. Therefore, the fruit of the Holy Spirit is separated to be new. Although "joy" in "emotional joy" and "joy" in "Spiritual joy" are the same word, they are completely different in their meaning.

그러나 성령님 안에서 기쁨은 새롭습니다. 성령님은 세상에 오신 하나님의 영이시기 때문입니다. 그러므로 성령님의 열매는 새롭도록 구별됩니다. "감정적 기쁨"에서 "기쁨"이나 "영적 기쁨"에서 "기쁨"은 같은 말이지만, 의미상 전혀 다릅니다.

It is inevitable to use the words of the kingdom of the world for the kingdom of God, but their use is different. The words of the kingdom of the world are natural, but the words of the kingdom of God Spiritual. Therefore, the naturality and Spirituality of words should be contrasted in the reading of the gospel.

하나님 나라를 위해 세상 나라의 말을 쓸 수밖에 없습니다. 그러나 그 사용은 다릅니다. 전자의 말은 자연적입니다. 그러나 후자의 말은 영적입니다. 그러므로 말의 자연성과 영성은 복음을 읽는데 대조되어야 합니다.

Therefore, Jesus says: "unless one is born of water and the Spirit, he cannot enter the kingdom of God" John 3:5. He who is born of water and the Spirit is always joyful. He who can live in the king-dom of God with baptism is always joyful. He who lives in the church is joyful.

그러므로 예수님은 말씀하십니다: "사람이 물과 성령으로 나지 아니하면 하나님 나라에 들어갈 수 없느니라^{요 3:5}." 물과 영으로 난 사람은 항상 기쁩니다. 세례로 하나님 나라에 살 수 있는 사람은 항상 기쁩니다. 교회에서 사는 사람은 기쁩니다.

If people want to sustain their natural life, the law that regulates and controls their natural inclination is inevitable. However, since they can live only natural life with their natural inclination, they cannot think of any other way of life. That's why the overall natu-ral life consists of the law.

사람들이 자연적 삶을 유지하길 원하면, 자연적 성향을 규정하고 통제하는 율법을 피할 수 없습니다. 그렇지만 그들은 자연적 성향으로 자연적 삶만 살 수 있기 때문에, 다른 방식의 삶을 생각할 수 없습니다. 그 때문에 전반적 자연적 삶은 법으로 구성됩니다.

In the world there are various forms of natural life in accordance with people's various natural inclinations. They can be classified as the diversity of culture. Culture means the diversity of natural forms of life. Various cultures are compared and contrasted one to another in terms of the mode of the law-like regulation entailed in them.

세상에는 사람들의 다양한 자연적 성향에 따라 다양한 형태의 자연적 삶이 있습니다. 그것들은 다양한 문화로 분류될 수 있습니다. 문화는 삶의 자연적 형태의 다양함을 뜻합니다. 다양한 문화는 내포된 법과 같은 규정 양식에 따라 서로 비교되고 대조됩니다.

Since Spirituality is contrasted to naturality, it is also contrasted to culture. The kingdom of God is not a cultural life. When it is unfolding as the church, the church life should be distinguished from the cultural life. In this respect, the church should be distinguished from any religious organization.

영성은 자연성과 대조되기 때문에, 문화와도 대조됩니다. 하나님 나라는 문화적 삶이 아닙니다. 그것이 교회로 펼쳐갈 때, 교회 삶은 문화적 삶과 구별되어야 합니다. 이 점에서 교회는 어떤 종교적 단체와도 구별되어야 합니다.

Spiritual joy is guided into togetherness, for it is the fruit of the Spirit of God with His togetherness. His Spirit is unveiled in accordance with His togetherness. Therefore, the fruit of His Spirit is the fruit of His togetherness. Joy is the fruit of His togetherness. The covenant life of His togetherness is joyful.

영적 기쁨은 함께로 인도됩니다. 하나님 함께로 그분 영의 열매이기 때문입니다. 그분 영은 그분 함께를 따라 드러납니다. 그러므로 그분 영의 열매는 그분 함께의 열매입니다. 기쁨은 그분 함께의 열매입니다. 그분 함께의 언약의 삶은 기쁩니다.

Therefore, the fruit of the Holy Spirit is borne into togetherness. The life of fruit of the Holy Spirit is life of togetherness. That is, Spiritual life unfolds into togetherness. Spirituality is told with togetherness. Joy is embedded in and springs out of togetherness. Spiritual joy does not come out of the mind.

그러므로 성령님의 열매는 함께로 맺어집니다. 성령님 열매의 삶은 함께의 삶입니다. 즉 영적 삶은 함께로 펼쳐집니다. 영성은 함께로 말해집니다. 기쁨은 함께에 깔려있고 함께로부터 솟아납니다. 영적 기쁨은 마음으로부터 나오지 않습니다.

Since the church is the life of togetherness, it is joyful. Thus, its visibility is joyfulness. That's why Paul exhorts the Philippian church members to rejoice in the Lord always. Since the church is joyful with togetherness, its members are joyful. This does not mean that its members are individually joyful.

교회는 함께의 삶임으로 기쁩니다. 따라서 그 보임은 기뻐함입니다. 그 때문에 바울은 빌립보 교인들에게 주 안에서 항상 기뻐하라고 권면합니다. 교회가 함께로 기쁘기에, 그 일원들은 기쁩니다. 이것은 그 일원들이 개인적으로 기쁘다는 것을 뜻하지 않습니다.

Therefore, it is a mistake to think that a church is joyful because its members are joyful. If anyone looks for joy apart from the church, it is nothing but his own satisfaction. The church is joyful, but individuals enjoy only pleasure which comes from satisfaction. Joy of the church and joy of an individual are different.

그러므로 교회 일원들이 기쁘기 때문에 교회가 기쁘다고 생각하는 것은 잘못입니다. 누구든 교회를 떠나 기쁨을 찾는다면, 자신의 만족일 뿐입니다. 교회는 기쁩니다. 그러나 개인들은 단지 만족으로 오는 낙을 즐깁니다. 교회의 기쁨과 개인의 기쁨은 다릅니다.

Individuals cannot be approached to togetherness, since their willful effort is merely led to individualization. Therefore, togetherness should be given joyously in the church so that its members may cherish togetherness joyfully in it. Here, its members are not individuals. They are its Spiritual members.

개인들은 함께에 접근될 수 없습니다. 그들의 의지적 노력은 단지 개인화로 이끌어지기 때문입니다. 그러므로 함께가 교회에서 기쁘게 주어지게 되어 그 일원들이 그 안에서 기쁘게 함께를 누리게 되어야 합니다. 여기서 교회 일원들은 개인들이 아닙니다. 그들은 교회의 영적 일원들입니다.

The Spiritual church is fulfilled for the joy of togetherness. Therefore, if the church is not Spiritual, there can be no way to show the joy of togetherness. If it is not a Spiritual church, its members are individuals who show their own pleasure of satisfaction. Thus, a non-Spiritual church is driven by its members' satisfaction.

영적 교회는 함께의 기쁨을 위해 이루어집니다. 그러므로 교회가 영적이 아니면, 함께의 기쁨을 보일 길이 없습니다. 교회가 영적 교회가 아니면, 그 일원들은 만족의 낙을 보이는 개인들입니다. 따라서 비 영적인 교회는 일원들의 만족에 의해 돌진됩니다.

If the church is not Spiritual, it is not fulfilled in togetherness. Then, it becomes an institutional church. And its members are gathered in it with their own pleasure of satisfaction. The church message is directed to give its individual members some motivations to do in their daily life. In this case, motivations have to be given for their satisfaction.

교회가 영적이 아니면 함께로 이루어지지 않습니다. 그러면 기관 교회가 됩니다. 그리고 교회의 일원들은 자신들의 만족의 낙을 위해 거기에 모입니다. 교회 메시지는 개인적 일원들에게 그들의 일상 삶에서 하게 하는 동기를 주는 것을 향합니다. 이 경우 동기는 그들 만족을 위해 주어져야 합니다.

As long as there is no joy of togetherness in the church, it cannot show the covenant life. Its life is merely an extension of cultural life. Its message conveys cultural benefit or excellence. What can be gained by cultural benefit or excellence is pleasure or satisfaction. Then, it becomes a part of culture.

교회에 함께의 기쁨이 없는 한, 언약의 삶을 보일 수 없습니다. 그 삶은 단지 문화의 삶의 연장입니다. 교회의 메시지는 문화의 혜택이나 우수함을 전달합니다. 문화의 혜택이나 우수함에 의해 얻어질 수 있는 것은 낙이나 만족입니다. 그러면 교회는 문화의 일부가 됩니다.

Because of the joy of togetherness, the church members live together in the world of the indulgence of self-satisfaction. When the church is guided by the Holy Spirit, it is unfolding with joy of togetherness. Reversely speaking, if it is not unfolded with joy of togetherness, it becomes an institutionalized church.

함께의 기쁨 때문에, 교회 일원들은 자기만족의 몰입의 세상에서 함께 삽니다. 교회가 성령님에 의해 인도될 때, 함께의 기쁨으로 펼쳐갑니다. 거꾸로 말하면, 교회가 함께의 기쁨으로 펼쳐지지 않으면, 기관화된 교회가 됩니다.

In accordance with the guidance of the Holy Spirit, joy is borne to the way of togetherness. Then, people confess that they live the life of togetherness because it is joyful. That is, they live the covenant life of the church with joy of togetherness. They are the covenant people as children of God.

성령님의 인도하심을 따라, 기쁨은 함께의 길로 맺어집니다. 그러면 사람들은 함께의 삶이 기쁘기 때문에 함께의 삶을 산다고 고백합니다. 즉 그들은 함께의 기쁨으로 교회의 언약의 삶을 삽니다. 그들은 하나님의 자녀로 언약의 백성입니다.

집중(Focus)

성령님의 열매로서 기쁨은 교회로 맺어집니다. 만족에 의한 개인의 기쁨과 구별됩니다. 세상의 조건에 처한 개인이 언제나 만족할 수 없기 때문에 항상 기쁠 수 없습니다. 영적으로 맺어지는 기쁨은 조건적인 만족으로 보이는 기쁨 가운데 드러나 보입니다. 따라서 교회로 이루어지는 기쁨의 삶은 개인적으로 추구하는 만족의 삶 가운데 드러나 보입니다.

Joy as fruit of the Holy Spirit is borne with the church. It is separated from individual joy due to satisfaction. Since an individual under the condition of the world cannot always be satisfied, he is not always joyful. Joy borne Spiritually is unveiled in the midst of joy shown with conditional satisfaction. Thus, joyful life that is fulfilled with the church is unveiled in the midst of the satisfied life that is pursued individually.

교회는 기쁨의 삶임으로 함께로 파급됩니다. 사람들은 기쁨으로 함께합니다. 만족으로 함께 될 수 없습니다. 만족은 나누어질 수 없음으로 개체적입니다. 가진 것은 나누어지지만 만족은 나누어지지 않습니다. 그래서 세상에서 만족은 언제나 미흡합니다. 그렇지만 기쁨은 항시 넘칩니다. 교회는 넘치는 기쁨으로 함께 됩니다.

The church is extended in togetherness because it is a joyful life. People are together with joy. They cannot be together with satisfaction. Satisfaction is individualistic because it is not sharable. What is possessed can be shared, but satisfaction cannot be shared.

Thus, satisfaction in the world is always insufficient. Nevertheless, joy is always overflowing. The church has gotten together with overflowing joy.

영적 기쁨은 육적 만족에 대조되어 보입니다. 육적 만족으로 오는 것은 낙이지 기쁨이 아닙니다. 추구하는 낙의 극치에 이름도 기쁨일 없습니다. 그러므로 교회가 영적 기쁨을 열매 맺을 수 없으면 교인들은 각기 낙을 추구하게 됩니다. 개인이 수양으로 이르는 것은 낙이지 기쁨이 아닙니다. 영적인 기쁨은 교회로 솟아납니다.

Spiritual joy is contrasted to physical satisfaction. What comes from physical satisfaction is not joy but pleasure. The consummation of pursued pleasure cannot be joy. Therefore, if the church cannot bear Spiritual joy, churchgoers pursue pleasure independently. What is achieved by individual cultivation is not joy but pleasure. Spiritual joy springs with the church.

16.3

Peace(평화)

Peace that is dealt with here is peace in the kingdom of God. Therefore, it should not be confused with peace in the kingdom of the world. It cannot be dealt with as the extension of peace in the kingdom of the world since the kingdom of God is not the extension of the kingdom of the world.

여기서 다루어지는 평화는 하나님 나라에서 평화입니다. 그러므로 세상 나라에서 평화와 혼동되지 말아야 합니다. 그것은 세상 나라에서 평화의 연장선에서 다루어질 수 없습니다. 하나님 나라가 세상 나라의 연장이 아니기 때문입니다.

In the kingdom of the world, peace cannot but be set in terms of natural conditions. Even peacefulness in the mind is also conditioned by the situation that it is faced with. Mind cannot be independent of physical condition. Under the natural disaster like an earthquake, no one can feel peacefulness.

세상 나라에서 평화는 자연적 조건으로 설정될 수밖에 없습니다. 마음의 평화로움도 직면한 상황에 조건적입니다. 마음은 물리적인 조건으로부터 독립될 수 없습니다. 지진과 같은 자연 재난 가운데 아무도 평화로움을 느낄 수 없습니다.

Even if people pursue peacefulness of their mind with religious meditations, it can be only natural tranquility. Since the mind is conditioned by nature, its peacefulness, even if attained as a detached state from the external conditions, cannot be talked apart from nature.

사람들이 종교적 명상으로 마음의 평화로움을 추구하더라도, 그것은 단지 자연적 평온입니다. 마음이 자연에 조건적이기 때문에, 그 평화로움은, 외부 조건으로부터 초연한 상태로 얻어진다고 하더라도, 자연으로부터 떠나 말해질 수 없습니다.

Even if peace in human discourse cannot be dealt with apart from nature, it is by no means grounded on nature because nature is always changed and agitated. Therefore, it is hardly conceived as natural. Peace does not come like spring or blossom like a flower.

인간의 담화에서 평화가 자연으로부터 떠나 다루어질 수 없다고 하더라도, 평화는 결코 자연에 근거되지 않습니다. 자연은 항상 변화되고 요동되기 때문입니다. 그러므로 평화는 자연적이라고 여겨질 수 없습니다. 평화는 봄처럼 오거나 꽃처럼 피어나지 않습니다.

Peace is perplexing since, although it cannot be thought of apart from nature, it is not grounded on it. This is why it is described negatively as a non-conflict or non-warring state. That is, it is mentioned not as case but as not-case. It is mostly expressed as a wishful state.

평화는 자연을 떠나 생각될 수 없지만 자연에 근거하지 않기 때문에 당혹스럽습니다. 이 때문에 평화는 갈등이 없는 혹은 전쟁이 없는 상태로 부정적으로 말해집니다. 즉 평화는 경우로 아닌 경우가 아님으로 말해집니다. 대부분 바라는 상태로 표현됩니다.

People who live in nature think of peace naturally, but they cannot live peacefully because nature is not peaceful. This is the ambiguity of peace in natural life. Although it is mentioned frequently, it is not visible. Nevertheless, it is not what can be only imaginable.

자연에 사는 사람들은 평화를 자연적으로 생각합니다. 그러나 그들은 자연이 평화롭지 않기 때문에 평화롭게 살 수 없습니다. 이것이 자연적 삶에서 평화의 모호함입니다. 평화는 자주 언급되긴 하지만 보이지 않습니다. 그렇지만 평화는 단지 상상될 수 있는 것은 아닙니다.

The Bible introduces peace covenantally because it is the covenant book. Since it is narrated for the covenant life, the peace that it deals with is for the covenant life. That is, it asserts that the covenant life is peaceful. And it deals with peace as one of the main themes of the covenant.

성경은 언약의 책이기 때문에 평화를 언약적으로 도입합니다. 성경은 언약의 삶으로 서사되기 때문에, 성경이 다루는 평화는 언약의 삶을 위해서 입니다. 즉 성경은 언약의 삶이 평화롭다고 확언합니다. 그리고 평화를 언약의 주된 주제 가운데 하나로 다룹니다.

Because of this reason, the Israelites in the OT cried out for peace in their life, but their cry-out for peace is different from the ordinary people's cry-out for peace. The Israelites' cry-out came from their covenant life, but the ordinary people's cry-out came from their natural life.

이 때문에 구약의 이스라엘 백성은 평화를 그들 삶에서 부르짖었습니다. 그러나 그들의 평화를 향한 부르짖음은 보통 사람들의 평화에 대한 부르짖음과 다릅니다. 이스라엘 백성의 부르짖음은 언약의 삶에서 나왔지만, 일반 사람들의 부르짖음은 자연적 삶에서 나왔습니다.

The covenant life is peaceful since it is unfolded with God's togetherness. Peace unfolds with His togetherness. Therefore, the Israelites' cry-out for peace means their cry-out for His togetherness. This also implies that He was not together with them. The life of His togetherness is peaceful.

언약의 삶은 하나님의 함께로 펼쳐지기 때문에 평화롭습니다. 평화는 그분 함께로 펼쳐집니다. 그러므로 이스라엘 백성의 평화를 향한 부르짖음은 그분 함께를 향한 부르짖음을 뜻합니다. 이것은 또한 그분이 그들과 함께하지 않았음을 시사합니다. 그분 함께의 삶은 평화롭습니다.

In this respect, the absence of peace in the life of the Israelites implies that God was no more together with them. Therefore, in the covenant life, the ground of peace was clear. It came from His togetherness. When He was together with them, they were peaceful. But He was not together with them, they were afflicted.

이 점에서 이스라엘 백성의 삶에서 평화의 없음은 하나님께서 더 이상 그들과 함께하지 않았음을 시사합니다. 그러므로 언약의 삶에서 평화의 근거는 분명했습니다. 평화는 그분 함께로부터 왔습니다. 그분이 그들과 함께하셨을 때, 그들은 평화로웠습니다. 그러나 그분이 그들과 함께하지 않으셨을 때, 그들은 고난당했습니다.

Peace is not a natural state but the fulfillment of God's togetherness. It is covenantally fulfilled. Therefore, the Bible tells that peace is not what is to be sought from nature but what is to be fulfilled with His promised word. That is, it was promised by Him covenantally. "Peace" appears in the Bible as a promised word that is to be fulfilled.

평화는 자연적 상태가 아닌 하나님 함께의 이루어짐입니다. 언약적으로 이루어집니다. 그러므로 성경은 평화를 자연으로부터 찾아지는 것이 아닌 그분 약속으로 말씀으로 이루어질 것이라고 합니다. 즉 그것은 언약적으로 하나님에 의해 약속되었습니다. 성경에 나온 "평화"는 이루어질 약속의 말입니다.

Biblical peace is narrated not with nature but with togetherness. The Bible basically affirms that peace is not to be achieved as a natural state but to be fulfilled in the covenant togetherness. It is affirmed covenantally even though it is not plausible naturally. That is, it is not conjectured as an ideal state.

성경의 평화는 자연으로 아닌 함께로 서사됩니다. 성경은 기본적으로 평화는 자연적 상태로 성취되지 않고 언약의 함께로 이루어진다고 확언합니다. 그것은 자연적으로 그럴듯하지 않다고 하더라도 언약적으로 확언됩니다. 즉 그것은 이상적 상태로 추측되지 않습니다.

Peace in togetherness is one of the main covenant themes. Apart from the covenant togetherness, peace can only be told with individual tranquility. But individual tranquility is a self-indulgence. It cannot come out as a form of life. That is, there is no tranquil form of life. But peace is visible in the life of togetherness.

함께로 평화는 언약의 주된 주제 가운데 하나입니다. 언약의 함께를 떠나 평화는 단지 개인의 평정으로 말해질 수 있습니다. 그러나 개인의 평정은 자기 몰입입니다. 그것은 삶의 형태로 나올 수 없습니다. 즉 평정된 삶의 형태는 없습니다. 그러나 평화는 함께의 삶에 보입니다.

Peace should be fulfilled into life. If life is not peaceful, individual tranquility leads to isolation. Then, it is told as an individual inner state of mind which can only be pursued by religious meditation. But the life of tranquil individuals is not to be claimed as peaceful. Peacefulness of mind does not mean peacefulness of life.

평화는 삶에 이루어져야 합니다. 삶이 평화롭지 않으면 개인의 평정은 고립으로 이끕니다. 그러면 그것은 단지 종교적 명상으로 추구될 수 있는 개인의 내적 마음 상태로 말해집니다. 그러나 평정된 개인의 삶은 평화롭다고 주장되지 않습니다. 마음의 평화로움은 삶의 평화로움을 뜻하지 않습니다.

Tranquility and peace are different: the former is inward but the latter outward. There can be no tranquil life. There can be only a tranquil mind. There is no way to go from a tranquil mind to a peaceful life. That is, the lives of those who have tranquil minds may not be peaceful. This is the limitation of religious meditation.

평정과 평화는 다릅니다. 전자는 내적이지만, 후자는 외적입니다. 평정된 삶은 있을 수 없습니다. 평정된 마음만 있을 수 있습니다. 평정된 마음으로부터 평화로운 삶으로 가는 길은 없습니다. 즉 평정된 마음을 갖는 이들의 삶은 평화롭지 않을 수 있습니다. 이것이 종교적 명상의 한계입니다.

Although peace cannot be described in the kingdom of the world, it is fully narrated in the kingdom of God. The apostle Paul writes: "the kingdom of God is not eating and drinking, but righteousness and peace and joy in the Holy Spirit" Rom. 14:17." The basic Biblical perspective of peace is: the kingdom of God is peaceful.

평화는 세상 나라에서 서술될 수 없지만 하나님 나라에서는 온전히 서사됩니다. 사도 바울은 씁니다: "하나님 나라는 먹는 것과 마시는 것이 아니요 오직 성령 안에 있는 의와 평강과 희락이라롬 14:17." 기본적 성경의 관점에서 평화는 이렇습니다: 하나님 나라는 평화롭습니다.

Peace is borne as fruit of the Holy Spirit in the kingdom of God. The gospel narrates Spiritual peace in the kingdom of God. Therefore, it should not be confused with natural peace in the kingdom of the world. It should not be extrapolated into idealization. It is what has to be fulfilled in life.

평화는 하나님 나라에서 성령님의 열매로 맺어집니다. 복음은 하나님 나라에서 영적 평화를 서사합니다. 그러므로 그것은 세상 나라에서 자연적 평화로 혼동되지 말아야 합니다. 이상화로 외삽되지 말아야 합니다. 그것은 삶에서 이루어져야 할 것입니다.

Jesus' proclamation of the kingdom of God is for the new peaceful life with God's togetherness. It is completely new. It cannot be a modification of the kingdom of the world that the Jews in the day of Jesus were waiting for. The peaceful kingdom of the world is always waited for, but it cannot come.

하나님 나라에 대한 예수님의 선포는 하나님 함께로 새로운 평화로운 삶을 위합니다. 그것은 완전히 새롭습니다. 그것은 예수님 시대 유대인들이 기다린 세상 나라의 변형이 아닙니다. 평화로운 세상 나라는 항시 기다려졌습니다. 그러나 그것은 올 수 없습니다.

Life with God's togetherness is a peaceful life of togetherness. His reign with His togetherness unfolds with His Spirit. Peace is borne in accordance with the unfolding of His Spirit. It is Spiritually unfolded into the kingdom of God, for peace is Spiritually fulfilled in the life of togetherness.

하나님 함께로 삶은 함께하는 평화로운 삶입니다. 그분 함께로 그분 다스림은 그분 영으로 펼쳐집니다. 평화는 그분 영의 펼침을 따라 맺어집니다. 하나님 나라로 영적으로 펼쳐집니다. 평화는 함께의 삶으로 영적으로 이루어지기 때문입니다.

Peace is ambiguous in the kingdom of the world, because its natural condition cannot be clarified. But it is clearly stated in the kingdom of God. Since it is Spiritual, it is fulfilled in the Spiritual life of the kingdom of God. It is Spiritually unfolded into togetherness. The Spiritual unfolding into togetherness is senseless in natural life.

평화는, 그 자연적 조건이 명백해질 수 없기 때문에, 세상 나라에서 모호합니다. 그러나 평화는 하나님 나라에서 분명하게 진술됩니다. 그것은 영적이기 때문에 하나님 나라의 영적 삶에서 이루어집니다. 그것은 함께로 영적으로 펼쳐집니다. 함께로 영적 펼침은 자연적 삶에서 무의미합니다.

Peace is fulfilled for the life of togetherness. It is a mistake to think of peace as a kind of 'environment.' Even though people, individually, wish to live in a peaceful environment, there is no peaceful environment to keep them peaceful, since there is no peaceful nature to keep them peaceful.

평화는 함께의 삶을 위해 이루어집니다. 평화를 일종의 '환경'으로 생각하는 것은 잘못입니다. 사람들은 개인적으로 평화로운 환경에서 살기를 원하지만, 그들을 평화롭게 유지할 평화로운 환경은 없습니다. 그들을 평화롭게 유지할 평화로운 자연이 없기 때문입니다.

Peace is fulfilled in the midst of life. Therefore, when people live in the midst of life of the fulfillment of peace, they are peaceful. And since it is fulfilled in the covenant life, those who live the covenant life are peaceful. The covenant people are peaceful, for they are fulfilled with God's togetherness.

평화는 삶 가운데 이루어집니다. 그러므로 사람들은 평화가 이루어지는 삶 가운데 살 때, 그들은 평화롭습니다. 그리고 평화는 언약의 삶에서 이루어지기 때문에, 언약의 삶을 사는 사람들은 평화롭습니다. 언약의 백성은 평화롭습니다. 그들은 하나님 함께로 이루어지기 때문입니다.

Peace in the kingdom of God or peace in the Holy Spirit means peace in the covenant life. It is contrasted to peace in the kingdom of the world or peace in the natural course. Peace in the covenant life should not be confused with peace in ontological life. It is senseless to talk of peaceful beings or peaceful existence. There is no peaceful relationship.

하나님 나라에서 평화 혹은 성령님 안에서 평화는 언약의 삶에서 평화를 뜻합니다. 그것은 세상 나라에서 평화나 자연적 경로에서 평화와 대조됩니다. 언약의 삶에서 평화는 존재론적 삶에서 평화와 혼동되지 말아야 합니다. 평화로운 존재나 평화로운 있음을 말하는 것은 무의미합니다. 평화로운 관계성도 없습니다.

Since peace is covenantally fulfilled, Jesus blesses the peace-makers to be called sons of God ^{Matt. 5:9}. It is fulfilled with His togetherness, and those who are together with Him are His sons. The peacemakers are those with whom peace is fulfilled because He is together with them.

평화는 언약적으로 이루어지기 때문에, 예수님은 평화롭게 하는 자들을 하나님의 아들들로 불러진다고 축복하십니다^{마 5:9}. 그것은 그분 함께로 이루어집니다. 그리고 그분과 함께하는 이들은 그분의 아들들입니다. 평화롭게 하는 자들은, 그분이 그들과 함께하시기 때문에, 그들과 함께 평화가 이루어지는 이들입니다.

Therefore, Jesus' blessing can be read this way: since God is together with His sons, peace is so fulfilled with them that they may be seen as the peacemakers. It should not be overlooked that Jesus' blessing is covenantal since His sons are the covenant people. There is no ontological relationship between Him and His sons.

그러므로 예수님의 축복은 이렇게 읽을 수 있습니다: 하나님은 그분 아들들과 함께하시기 때문에, 평화가 그들과 더불어 이루어져서 그들은 평화롭게 하는 이들로 보일 수 있습니다. 그분 아들들은 언약의 백성임으로, 예수님의 축복은 언약적임이 간과되지 말아야 합니다. 그분과 그분 아들들 사이에 존재론적 관계성은 없습니다.

Here, the peacemakers are those who live together covenantally. Peace is fulfilled in togetherness. Those who live together are truly peacemakers. Since those who are together with God are together with other people covenantally, those who live as His sons with Him live with other people covenantally.

여기서 평화롭게 하는 자들은 언약적으로 함께 사는 이들입니다. 평화는 함께로 이루어집니다. 함께 사는 이들은 진정으로 평화롭게 하는 자들입니다. 하나님과 함께하는 이들은 언약적으로 다른 사람들과 함께하기 때문에, 그분 아들들로 그분과 함께 사는 이들은 언약적으로 다른 사람들과 함께 삽니다.

God's togetherness is disclosed into Spirituality of togetherness. Thus, peace is visible with the Spirituality of togetherness. For this reason, peace cannot be stated conditionally. Conditionality is associated with individuality, since an individual's condition is not to be sharable with others.

하나님 함께는 함께의 영성으로 드러납니다. 따라서 평화는 함께의 영성으로 보입니다. 이 때문에 평화는 조건적으로 진술될 수 없습니다. 조건성은 개인성과 연관됩니다. 개인의 조건은 다른 이들과 나누어질 수 없기 때문입니다.

Each individual has his own unique conditionality. Thus, he pursues better conditions for his own security and happiness. But he cannot be gotten together with others with his own conditions. There can be no conditionality of togetherness, even if they share their conditions. People are only gathered, sharing their conditions.

개개인은 자신의 독특한 조건성을 갖습니다. 따라서 그는 자신의 안전과 행복을 위해 나은 조건을 추구합니다. 그러나 그는 자신의 조건으로 다른 이들과 함께 될 수 없습니다. 그들이 그들의 조건을 나눈다고 하더라도, 함께의 조건은 있을 수 없습니다. 사람들은 그들의 조건을 나누면서 단지 모이게 됩니다.

Therefore, if anyone is conditionally oriented, he becomes individualized and thus, isolated so as not to be gotten together with others. Then, he cannot live peacefully. Any conditional life is not peaceful, since it is conditionally isolated. Peace has the sense of overcoming conditionality.

그러므로 누구든 조건적으로 지향되면, 그는 개인화되고, 따라서 고립되어 다른 이들과 함께하게 되지 않습니다. 그러면 그는 평화롭게 살 수 없습니다. 어떤 조건적인 삶도 평화롭지 않습니다. 그것은 조건적으로 고립되기 때문입니다. 평화는 조건성을 극복하는 의미를 갖습니다.

The church is fulfilled with those who Spiritually confess Jesus as the Christ of the kingdom of God. Therefore, it is visible not with its institutional structure but with those who live for the kingdom of God peacefully. That is, it is visible with its peacefulness, for it is the life of peacemakers.

교회는 예수님을 하나님 나라의 그리스도로 영적으로 고백하는 이들로 이루어집니다. 그러므로 그것은 기관적 구조로 아닌 하나님 나라에서 평화롭게 사는 이들로 보입니다. 즉 그것은 자체의 평화로움으로 보입니다. 그것은 평화롭게 하는 자들의 삶이기 때문입니다.

집중(Focus)

성경에서 평화는 있는 상태나 변화된 상태가 아닌 이루어질 것입니다. 성경은 어떤 상태가 평화라거나 혹은 어떻게 평화로운 상태가 올 것인가를 말하지 않습니다. 평화는 성령님의 열매로 맺어집니다. 이 이루어짐의 평화는 하나님의 언약의 삶에서만 보입니다. 언약의 하나님은 언약의 백성에게 평화를 약속하시고 그들을 위해 이루십니다. 즉 성경의 평화는 언약의 평화입니다.

In the Bible peace is not an existing or changed state but what is to be fulfilled. The Bible does not tell about what kind of state is peace or how a peaceful state comes. Peace is borne as fruit of the Holy Spirit. This peace of fulfillment is only unveiled in the covenant life. The covenant God promises peace to the covenant people and fulfills it for them. That is, peace in the Bible is covenant peace.

평화는 세상 나라가 아닌 하나님 나라로 말해집니다. 예수님이 세상에서 선포하신 하나님 나라는 평화의 나라입니다. 예수님은 세상에 오셔서 평화를 이루는 삶을 사셨습니다. 즉 예수님은 간접적으로 세상 나라는 평화로울 수 없다는 것을 보이십니다. 세상에 하나님의 나라가 임함으로 평화가 이루어집니다. 평화는 조건으로 명시될 수 없습니다.

Peace is not told in the kingdom of the world but told in the kingdom of God. The kingdom of God that is proclaimed by Jesus is the kingdom of peace. He came to the world to live the life of fulfilling peace. That is, He indirectly shows that the kingdom of the world cannot be peaceful. Peace is fulfilled in the world as the kingdom of God comes to it. Peace cannot be specified with conditions.

교회는 세상에서 평화가 솟아나는 원천입니다. 교회로 영적 평화가 세상에 파급됩니다. 예수님이 세상에서 보이신 것이 그렇습니다. 예수님의 십자가는 분쟁 가운데 평화를 보입니다. 따라서 십자가는 세상에 평화가 솟아나는 원천이 됩니다. 십자가를 매단 교회는 평화의 원천임을 보입니다. 교회로 성령님의 평화의 열매가 맺어지기 때문입니다.

The church is the fountain of peace in the world. Through it, Spiritual peace is extended in the world and so is what Jesus showed in the world. His cross shows peace in the midst of conflict. Thus, the cross becomes the fountain of peace in the world. The church with the cross shows as the fountain of peace, for peace of fruit of the Holy Spirit is borne with the church.

16.4

Longsuffering(오랜 고난)

Longsuffering as a fruit of the Holy Spirit implies that life with God's togetherness is unfolding with longsuffering because His togetherness is unfolding along the guidance of His Spirit, i.e., the Holy Spirit. Therefore, those with whom He is together bear long-suffering as fruit of His Spirit.

성령님의 열매로 오랜 고난은 하나님 함께가 그분의 영, 곧 성령님의 인도하심을 따라 펼쳐가기 때문에 그분 함께로 사는 삶은 오랜 고난으로 펼쳐가는 것을 시사합니다. 그러므로 하나님이 함께하시는 이들은 오랜 고난을 성령님의 열매로 맺습니다.

The term "longsuffering" originated from the idiom "slow to anger" seen in the phrase, "The LORD is gracious and full of compassion, Slow to anger and great in mercy" Ps. 145:8." Here, "slow to anger" is not an interactive mode of expression toward an object but the mode of His togetherness to His people.

"오랜 고난"이라는 용어는 "여호와는 은혜로우시며 긍휼이 많으시며 노하기를 더디 하시며 인자하심이 크시도다시편 145:8"라는 구절에서 보이듯이 "노하기를 더디 함"이라는 관용구로부터 유래합니다. 여기서

"노하기를 더디 함"은 대상을 향한 표현의 상호 작용 양식이 아닌 그분 백성을 향한 그분 함께의 양식입니다.

In Pentateuch, the expression, "the anger of the LORD was greatly aroused," appears often. God bursts out His anger to Moses and the Israelites directly. On this background, He is praised as the God who is slow to anger. He does not show an impatient reaction to His elected people.

모세 오경에서 "주님의 진노가 심히 크다"는 표현이 자주 나옵니다. 하나님은 모세와 이스라엘 백성에게 직접적으로 진노를 폭발하십니다. 이 배경에서 그분은 노하기를 더디 하시는 하나님으로 찬양됩니다. 하나님은 그분의 택하신 백성에게 참지 않는 반응을 보이지 않으십니다.

God's people who are together with God live in the world. They should be 'slow to anger' to the world, even if it is against them. They are in it with longsuffering. They do not react like the ordinary people who live in the world. They, so to speak, stay in the world with longsuffering. It is not what they have temporarily like patience.

하나님과 함께하는 그분 백성은 세상에서 삽니다. 그들은 세상이 그들에게 적대할지라도 '화를 더디 내어야' 합니다. 그들은 오랜 고난으로 세상 안에 있습니다. 그들은 세상에 사는 보통 사람들과 같이 반응하지 않습니다. 그들은 말하자면 오랜 고난으로 세상에 머뭅니다. 그것은 그들이 인내와 같이 일시적으로 지니는 것이 아닙니다.

Longsuffering is the non-interactive feature of God's people with whom God is together in the world. It is not a quality of individual virtue like patience. It is borne as fruit of His Spirit because He is together with. Therefore, it is Spiritual 'quality' that springs out non-interactively.

오랜 고난은 세상에서 하나님이 함께하시는 그분 백성의 비 상호작용 양상입니다. 그것은 인내와 같이 개인이 지닌 덕의 품성이 아닙니다. 그것은 하나님이 함께하시기 때문에 맺어지는 그분 영의 열매입니다. 그러므로 그것은 비 상호작용으로 솟아나는 영적 '품성'입니다.

It is generally believed that God's togetherness is accompanied with His conditional blessing to His people. In the OT, it is greatly emphasized that the keeping of the law is accompanied with blessing, and the breaking of it with curse. The lawfulness is the demarcation of blessing and cursing.

하나님의 함께는 그분 백성에 대한 조건적 축복을 수반한다고 일반적으로 믿어집니다. 구약에서 율법을 지킴은 축복을, 또 율법을 깨뜨림은 저주를 수반한다고 대단히 강조됩니다. 적법성은 축복과 저주의 구분입니다.

Conditionality goes together with individuality. The conditional blessing is confined to individuals or a group of individuals. The Israelites believed that they were blessed people with God's covenant with Abraham. Thus, they wanted to be distinctive from other people in the world.

조건성은 개인성과 같이 갑니다. 조건적 축복은 개인들이나 개인들의 그룹에 제한됩니다. 이스라엘 백성은 아브라함과 맺은 하나님의 언약으로 그들은 축복된 백성이라고 믿었습니다. 따라서 그들은 다른 백성으로부터 독특해지길 원했습니다.

But there are some problems in connecting God's togetherness with conditional blessing in the world. Conditional blessing is so individualized that it may go against togetherness. As long as individuals are conditionally confined with blessing, they cannot be together with others. That is, blessing isolates them conditionally from others.

그러나 하나님 함께를 세상에서 조건적 축복과 연결하는 데는 좀 문제가 있습니다. 조건적 축복은 개인화되어서 함께에 반할 수 있습니다. 개인들이 축복으로 조건적으로 한정되는 한, 그들은 다른 이들과 함께할 수 없습니다. 즉 축복은 그들로 다른 이들로부터 조건적으로 격리시킵니다.

Conditional blessing results in conditional distinctiveness that is shown with conditional exclusiveness. This directly opposes togetherness. For this reason, God's covenant people cannot be together with conditional blessing. That is, they are not conditionally blessed people.

조건적 축복은 조건적 제외로 보이는 조건적 독특함을 야기합니다. 이것은 직접적으로 함께에 반합니다. 이 때문에 하나님 언약의 백성은 조건적 축복으로 함께하게 될 수 없습니다. 즉 그들은 조건적으로 축복된 백성이 아닙니다.

The basic problem of the old covenant lies in this matter. The old covenant does not convey togetherness. The Israelites have lived with the law. It merely binds them as a race, but it cannot be fulfilled in the covenant life of their togetherness with others as well as their own togetherness.

옛 언약의 기본 문제는 이 일에 있습니다. 옛 언약은 함께를 지니지 않습니다. 이스라엘 백성은 율법으로 살았습니다. 율법은 단지 그들을 한 종족으로 묶습니다. 그러나 율법은 그들 자신들의 함께와 더불어 다른 이들과 함께하는 언약의 삶에 이루어질 수 없습니다.

God's togetherness is, rather, longsuffering in the world. This is well seen in the cross of Jesus, which can hardly be seen as a conditional blessing. It is a forced expulsion from the world. But blessing is specified by conditional position in the world. That is, a conditional blessing is cherished with a conditional position in the world.

하나님의 함께는, 그보다, 세상에서 오랜 고난입니다. 이것은 조건적 축복으로 보일 수 없는 예수님의 십자가에서 잘 보입니다. 그것은 강제적으로 세상에서 제거됨입니다. 그러나 축복은 세상에서 조건적 자리로 명시됩니다. 즉 조건적 축복은 세상에서 조건적 자리로 누려집니다.

Nevertheless, on the cross of Jesus God's togetherness is affirmed. Therefore, if His togetherness is disclosed on the cross of Jesus, it is hardly as claimed as a conditional blessing. Rather, it is exhibited as non-interactive longsuffering. Since it is longsuffering in the world, the followers of Jesus have to bear longsuffering in the world.

그렇지만 예수님의 십자가에서 하나님 함께는 확언됩니다. 그러므로 그분 함께가 예수님의 십자가상에 드러나면, 십자가는 조건적 축복이라고 주장되지 못합니다. 그보다 비 상호작용적 오랜 고난으로 보아집니다. 그것은 세상에서 오랜 고난이기 때문에, 그것을 향한 예수님을 따르는 이들은 세상에서 오랜 고난을 견뎌야 합니다.

The Jewish law punished Jesus to death on the cross. And, in the meantime, it claimed that the keepers of it as the word of God would be prosperous with His blessing. It clearly differentiated the death of Jesus from the blessed life with the word of God. At any rate, the cross is longsuffering rather than a blessing in the world.

유대인의 율법은 예수님을 십자가상에서 죽음에 벌했습니다. 그리고 한편 율법은 그것을 하나님의 말씀으로 지키는 이들은 그분 축복으로 번성되리라고 주장했습니다. 그것은 예수님의 죽음을 하나님 말씀을 따른 축복된 삶으로부터 분명히 구별했습니다. 어떻든 십자가는 세상에서 축복이기보다 오랜 고난입니다.

However, if God's togetherness is with the death of Jesus, His togetherness was not with the alleged blessing of the law-abiding life. Then, the conditional blessing of the world does not warrant His togetherness. His togetherness in terms of the law is directly opposite to His togetherness in terms of the cross.

그렇지만 하나님 함께가 예수님의 죽음과 함께하면, 그분 함께는 율법에 머무는 삶의 주장된 축복과 함께하지 않았습니다. 그러면 세상의 조건적 축복은 그분 함께를 보증하지 않습니다. 율법에 의한 그분의 함께는 십자가에 의한 그분의 함께와 직접적으로 상반됩니다.

Actually, the alleged conditional blessing goes against God's to-getherness, since it leads to the confinement of the identity of the blessed. As long as they are conscious of themselves as the bless-ed, they are not concerned with togetherness. They understand His togetherness as His favor.

실제로, 주장된 조건적 축복은 하나님 함께에 반합니다. 그것은 축복된 자들의 독자성에 대한 제한으로 이끌기 때문입니다. 그들이 축복된 자들로 자신들을 의식하는 한, 그들은 함께에 관심을 두지 않습니다. 그들은 그분 함께를 그분 호의로 이해합니다.

Some people insist that, if they are not blessed, there is no reason to believe in God. But this kind of insistence is based on the as-sumption that they believe with their own purpose and will. Such belief is not Biblical nor covenantal. Thus, it cannot be belief in Him in spite of its claim, for His blessing cannot be the presuppo-sition of belief in Him.

어떤 사람들은, 그들이 축복받지 않으면, 하나님을 믿을 이유가 없다고 주장합니다. 그러나 이 종류의 주장은 그들이 그들 목적과 의지로 믿는다는 가정에 근거됩니다. 그런 믿음은 성경적이지도 언약적이지도 않습니다. 따라서 그것은 그 주장에도 불구하고 하나님을 믿는 믿음일 수 없습니다. 그분의 축복은 그분을 믿는 믿음의 전제일 수 없기 때문입니다.

The Biblical belief begins with God's togetherness. Those with whom God is together have belief in God. The belief in Him is initiated by Him with His togetherness. Therefore, belief in Him is the unfolding of His togetherness. This is the basic feature of the covenant belief. His togetherness rather than His blessing is the ground of belief in Him.

성경의 믿음은 하나님 함께로 시작합니다. 하나님이 함께하시는 이들은 하나님을 믿는 믿음을 갖습니다. 그분을 믿는 믿음은 그분 함께로 그분에 의해 개시됩니다. 그러므로 그분을 믿는 믿음은 그분 함께의 펼침입니다. 이것은 언약 믿음의 기본 양상입니다. 그분 축복보다 그분 함께가 그분을 믿는 믿음의 근거입니다.

The believers with whom God is together live in accordance with His togetherness. Therefore, they bear the fruit of His Spirit. And their life is unfolding with the Spiritual fruit of longsuffering in the midst of people who are not together with Him. That is, their life is longsuffering rather than being blessed.

하나님이 함께하시는 믿는 이들은 그분 함께를 따라 삽니다. 그러므로 그들은 그분 영의 열매를 맺습니다. 그리고 그들의 삶은 그분과 함께하지 않는 사람들 가운데 오랜 고난의 영적 열매로 펼쳐갑니다. 즉 그들의 삶은 축복되기보다 오랜 고난입니다.

The believers with whom God is together are afflicted in the world because they are together with Him. As seen in the cross of Jesus, His togetherness unfolds in affliction. But the affliction from the world should not be confused as longsuffering of the fruit of the Holy Spirit. Affliction comes from the world, but longsuffering is borne as fruit of the Spirit.

하나님이 함께하시는 믿는 이들은, 그분과 함께하기 때문에, 세상에서 고난을 받습니다. 예수님의 십자가에 보이듯이 그분 함께는 고난 가운데 펼칩니다. 그러나 세상으로부터 고난은 성령님의 열매로서 오랜 고난으로 혼동되지 말아야 합니다. 고난은 세상으로부터 오지만 오랜 고난은 영의 열매로 맺어집니다.

The affliction of the people of God's togetherness from the world is reactionary; thus, it is temporal. But the longsuffering of them is 'essential', for it is a Spiritual fruit. Regardless of the state of the world, they live in the world with the Spiritual fruit of longsuffering. Spirituality unfolds into longsuffering in the midst of physicality.

하나님 함께의 백성이 세상으로부터 받는 고난은 반동적입니다. 따라서 그것은 일시적입니다. 그러나 그들의 오랜 고난은 '본질적'입니다. 영적 열매이기 때문입니다. 세상 상태에 불구하고, 그들은 오랜 고난의 영적 열매로 세상에서 삽니다. 영성은 물리성 가운데 오랜 고난으로 펼칩니다.

Jesus' teaching was directed to His disciples who followed Him. Since God was together with Him, God was also together with them because they were the followers of Him. He was prosecuted and afflicted, so were they. Thus, they, in a sense, followed the way of persecution and affliction.

예수님의 가르침은 그분을 따르는 제자들에게 향해졌습니다. 하나님께서 그분과 함께하심으로, 하나님은, 그들이 그분을 따랐기 때문에,

그들과도 또한 함께하셨습니다. 그분은 박해받았고 또 고난 받았습니다. 그들도 그러했습니다. 따라서 그들은 어느 의미에서 박해와 고통의 길을 따랐습니다.

For this, Jesus taught the disciples in this way:

But I say to you, love your enemies, bless those who curse you, do good to those who hate you, and pray for those who spitefully use you and persecute you, that you may be sons of your Father in heaven; for He makes His sun rise on the evil and on the good, and sends rain on the just and on the unjust Matt. 5:44-45.

이에 대해 예수님은 제자들을 이렇게 가르치셨습니다:

*나는 너희에게 이르노니 너희 원수를 사랑하며 너희를 박해하는 자를 위하여 기도하라 이같이 한즉 하늘에 계신 너희 아버지의 아들이 되리니 이는 하나님이 그 해를 악인과 선인에게 비추시며 비를 의로운 자와 불의한 자에게 내려주심이라*마 5:44-45.

This is not a teaching of personal virtue but the proclamation of the appearance of sons of God. They, even under persecution and affliction, show togetherness because with them God is together. They are to live together with their enemies. Their togetherness is shown in longsuffering.

이것은 개인의 덕의 가르침이 아닌 하나님 아들들의 나타남의 선포입니다. 그들은, 박해와 고난 아래에서도, 하나님께서 그들과 함께하시기 때문에 함께를 보입니다. 그들은 그들의 적과 함께 살아야 합니다. 그들의 함께는 오랜 고난으로 보입니다.

Jesus, who came to the world as the Son of God, announced the life of sons of God with God's togetherness. The disciples of Jesus were to live the life of togetherness with Him. They were called to live the life of togetherness of longsuffering. The unfolding of togetherness in the world is longsuffering, since the world exists individually.

하나님의 아들로 세상에 오신 예수님은 하나님 함께로 하나님의 아들들의 삶을 선언하셨습니다. 예수님의 제자들은 그분과 함께하는 삶을 살아야 했습니다. 그들은 오랜 고난의 함께의 삶을 살도록 불러졌습니다. 세상에서 함께의 펼침은 오랜 고난입니다. 세상은 개체적으로 있기 때문입니다.

Therefore, the disciples were called to live suffering of togetherness rather than the blessing of conditionality. Jesus' blessing for them was for their suffering. They had to suffer because they were called to live together with Jesus and, thus, with God. The unconditionality in the midst of conditionality is shown in longsuffering.

그러므로 제자들은 조건성의 축복보다 함께의 고난으로 살도록 불러졌습니다. 그들에 대한 예수님의 축복은 그들의 고난을 위한 것입니다. 그들은 예수님과 함께, 따라서 하나님과 함께 살도록 불러졌기 때문에, 고난을 받아야 했습니다. 조건성 가운데 무조건성은 오랜 고난으로 보입니다.

Longsuffering is not a temporary step for a conditional reward like patience. It is the fruit of the Holy Spirit. That is, it is the fulfillment of God's togetherness. That's why Jesus told His disciples:

"If anyone desires to come after Me, let him deny himself, and take up his cross, and follow Me" Matt. 16:24.

오랜 고난은 인내와 같이 조건적 보상을 향한 일시적 단계가 아닙니다. 그것은 성령님의 열매입니다. 즉 그것은 하나님 함께의 이루어짐입니다. 그 때문에 예수님은 제자들에게 말씀하셨습니다: "누구든지 나를 따라오려거든 자기를 부인하고 자기 십자가를 지고 나를 따를 것이니라마 16:24."

For those who live together with God, suffering is essential, since they live with the Spiritual fruit of longsuffering. Longsuffering is not what comes from the fallen natural world where people live with their natural propensity of desire. Rather, it is what is borne in the fallen world as Spiritual fruit.

하나님과 함께 사는 이들에게 고난은 본질적입니다. 그들은 오랜 고난의 영적 열매로 살기 때문입니다. 오랜 고난은 사람들이 그들 욕망의 자연적 성향으로 사는 타락된 자연적 세상으로부터 오는 것이 아닙니다. 그보다 타락된 세상에서 영적 열매로 맺어지는 것입니다.

In the midst of the life of individualization, the life of togetherness cannot but exhibit suffering, since togetherness which is not in accordance with the natural course involves in longsuffering as fruit of the Spirit. Longsuffering is what is fulfilled rather than what is caused. Therefore, it has meaning, but it is not explained.

개인화의 삶 가운데 함께의 삶은 고난을 보일 수밖에 없습니다. 자연적 과정을 따르지 않는 함께가 영의 열매로 오랜 고난을 수반하기 때문입니다. 오랜 고난은 야기된 것이기 보다 이루어진 것입니다. 그러므로 그것은 뜻을 갖지만 설명되지 않습니다.

God's togetherness is fulfilled in the world with suffering rather than blessing. Blessing is in accordance with the natural course. Therefore, it is significantly told with God's creation rather than His togetherness, for blessing is accounted in terms of what is created. That is, it is conditionally counted.

하나님의 함께는 축복보다 고난으로 세상에 이루어집니다. 축복은 자연 과정을 따릅니다. 그러므로 그것은 하나님 함께보다 그분 창조로 의미 있게 말해집니다. 축복은 창조된 것으로 기술되기 때문입니다. 즉 그것은 조건적으로 고려됩니다.

However, God's togetherness is narrated with the cross of Jesus. Since it is not a natural course of event, it is affirmed as the fulfillment of His togetherness. Therefore, it is conclusive that suffering originates from His togetherness. His togetherness unfolds with longsuffering in His created world that has fallen.

그렇지만 하나님 함께는 예수님의 십자가로 서사됩니다. 십자가가 사건의 자연적 과정이 아니기 때문에, 그분 함께의 이루어짐으로 확언됩니다. 그러므로 고난은 그분 함께로부터 유래된다는 것이 결론적입니다. 그분 함께는 타락된 그분의 창조된 세상에 오랜 고난으로 펼칩니다.

집중(Focus)

그리스도인들은 대체로 고난을 의식하며 삽니다. 그러나 그들은 그들이 겪는 고난이 일시적이라고 여깁니다. 참고 견디면 지나간다고 믿습니다. 그렇지만 오랜 고난은 그들이 생각하듯이 일시적이 아닙니다. 오랜 고난은 그리스도인들은 고난 가운데 산다는 것을 뜻합니다. 이 점에서 오랜 고난은 그리스도교의 '본질적'인 내용 가운데 하나입니다.

Christians mostly live, being conscious of suffering. But they think that the suffering they are faced with is temporary. They believe that it will be passed away if they endure with patience. Nevertheless, longsuffering is not as temporary as they think. Longsuffering means that Christians live in the midst of suffering. In this respect, it is one of the 'essential' contents of Christianity.

그리스도인들은 세상에 속하지 않고 예수님을 따라 하나님과 함께 살려합니다. 따라서 고난을 피할 수 없습니다. 세상에 속하지 않음으로 고난을 겪습니다. 예수님의 십자가는 세상에 속할 수 없음을 보입니다. 세상에 속하지 않음은 세상에서 고난입니다. 그러나 세상에 속하지 않음은 세상에 이루어집니다. 그리스도인들은 당함의 고난이 아닌 이루어짐의 고난을 겪습니다.

Christians do not belong to the world so that they may live together with God in accordance with Jesus. Thus, they cannot avoid suffering. They are faced with it because they do not belong to the world. The cross of Jesus shows the inability of belonging to the world. Non-belonging to the world is suffering in the world. However, non-belonging to the world is fulfilled in the world. In this respect, Christians are faced with not suffering of imposition but suffering of fulfillment.

성령님의 열매로 오랜 고난은 고난의 이루어짐의 측면에서 부각됩니다. 오랜 고난은 피하고 싶지만 어쩔 수 없이 겪는 것이 아닙니다. 사람이 단지 고난을 피하고 싶으면 세상에 속할 수 있습니다. 그러나 세상에 속하지 않는 것은 영적으로 인도되기 때문입니다. 영적 인도는 오랜 고난의 열매를 맺습니다. 교회는 세상에서 오랜 고난을 보입니다.

Longsuffering as fruit of the Holy Spirit is highlighted from the side of fulfillment. It is not what is faced with inevitably even though it is wished to be avoided. If one simply wishes to avoid suffering, he may belong to the world. But he does not belong to the world because he is led Spiritually. Spiritual guidance bears the fruit of longsuffering. The church shows longsuffering in the world.

16.5

Kindness(친절)

Kindness as fruit of the Holy Spirit is different from kindness that comes from the individual heart to help others. People generally think that kindness is expressed to help others for their life in the world. But kindness as fruit of the Holy Spirit is borne for the life of togetherness with God.

성령님의 열매로 친절은 다른 사람들을 도와주는 개인의 마음에서 나오는 친절과 다릅니다. 사람들은 일반적으로 친절이 다른 사람들을 세상에서 살도록 도와주는 것으로 표현된다고 생각합니다. 그러나 성령님의 열매로 친절은 하나님과 함께하는 삶을 위해 맺어집니다.

Individually, kindness is expressed in terms of material, physical, or mental help for others. Therefore, people are mostly aware of kindness with the medium of outward help. But the awareness of the inward kindness in terms of the outward help is problematic, for help can be expressed without being accompanied with kindness.

개인적으로 친절은 다른 사람을 위한 물질적, 육체적, 혹은 정신적 도움으로 표현됩니다. 그러므로 사람들은 대개 외적 도움의 매개로 친절을 의식합니다. 그러나 외적 도움으로 내적 친절을 의식하는 것은 문제입니다. 도움은 친절을 수반되지 않고 표현될 수 있기 때문입니다.

The medium of help is outwardly expressed, but kindness is inwardly felt because it comes out of the individual heart. Therefore, there can be a discrepancy between the outward help and the inward kindness. It is possible to show the outward help without inward kindness. People can deceive or pretend their help as their expression of kindness, although they show it for other purposes than kindness. In this case, help is used for the purpose of other intentions.

도움의 매개는 외적으로 표현됩니다. 그러나 친절은 개인의 마음에서 나오는 것임으로 내적으로 느낍니다. 그러므로 외적 도움과 내적 친절 사이에 어긋남이 있을 수 있습니다. 내적 친절 없이 외적 도움을 보이는 것이 가능합니다. 사람들은 친절보다 다른 목적으로 도움을 보이지만, 그들 도움을 친절의 표현으로 속이거나 가장할 수 있습니다. 이 경우 도움은 다른 의도의 목적으로 사용됩니다.

This is a hypocritical matter. If the outward help is shown by any other intention than kindness, it becomes hypocritical. In this case, it becomes a means to achieve other intended goals rather than an instance of togetherness with kindness. The discrepancy between the outward help and the inward kindness brings out the most acute disruption of togetherness.

이것은 위선적 문제입니다. 외적 도움이 친절보다 다른 의도로 보이면, 위선적이 됩니다. 이 경우 도움은 친절로 함께하는 사례보다 다른 의도된 목적을 달성하려는 수단이 됩니다. 외적 도움과 내적 친절의 어긋남은 함께의 가장 심각한 붕괴를 가져옵니다.

Kindness is not personal merit or virtue. It does not mean generosity or tolerance. It is directly expressed to others and felt by others. Therefore, it is expressed for togetherness. It is a kind of medium of togetherness. It is the primary reach-out to others. And it is expressed by the concern with others.

친절은 개인의 장점이나 덕이 아닙니다. 관대함이나 관용을 뜻하지 않습니다. 다른 이들에게 직접적으로 표현되고 느껴집니다. 그러므로 함께를 위해 표현됩니다. 일종의 함께의 매개입니다. 다른 이들을 향한 일차적인 접촉입니다. 그리고 다른 이들에 대한 관심으로 표현됩니다.

Jesus criticizes hypocrisy of charitable deeds severely ^{Matt. 6:1-4}. If charitable deeds are not expressed with charitable concern, they are expressed with personal gain. Then, they become destructive to the life of togetherness, for they are means of individualization rather than a medium of togetherness.

예수님은 자선적 행위에 대한 위선을 중하게 공격하십니다^{마 6:1-4}. 자선적 행위가 자선적 관심으로 표현되지 않으면 개인적 이득으로 표현됩니다. 그러면 그것은 함께의 삶에 대해 파괴적이 됩니다. 그것은 함께의 매개이기 보다 개인화의 수단이기 때문입니다.

Jesus sharply criticized hypocrisy because it would undermine the covenant life. The Jews, in His days, were supposed to live the covenant life. Thus, they were encouraged to do charitable deeds for their covenant life. But they practiced them hypocritically. Thus, they did not live the covenant life from their heart.

예수님은 위선이 언약의 삶을 훼손하기 때문에 예리하게 비판하셨습니다. 예수님 시대 유대인들은 언약의 삶을 살아야 했습니다. 따라서 그들은 언약의 삶을 위해 자선적 행위를 하도록 장려되었습니다. 그러나 그들은 위선적으로 자선적 행위를 이행했습니다. 따라서 그들은 언약의 삶을 그들 마음으로부터 살지 않았습니다.

At any rate, the help shown by kindness or charitable deeds are directed to what are in need of in the world. It is nothing but for the life of the world. Since life in the world is conditionally sustained, conditional help is always needed. Thus, conditional kindness is accompanied with conditional help.

어떻든 친절이나 자선적 행위로 보이는 도움은 세상에 필요한 것을 향합니다. 그것은 세상의 삶을 위할 뿐입니다. 세상에서 삶은 조건적으로 유지되기 때문에, 조건적 도움은 언제나 필요합니다. 따라서 조건적 친절은 조건적 도움을 수반합니다.

Kindness is aroused when someone is under the situation of conditional help. It is expressed directly to him. Such conditional help which is the outcome of the inward kindness forms an instance of outward joint life. The joint life of the helpers and the helped is the outcome of kindness.

친절은 어떤 이가 조건적 도움의 상황에 있을 때 일어납니다. 그것은 직접적으로 그에게 향합니다. 내적 친절의 소산으로서 그런 조건적 도움은 외적으로 접합된 삶의 사례를 형성합니다. 도움을 주는 이들과 도움을 받는 이들의 접합된 삶은 친절의 소산입니다.

In daily life, kindness is an opening of the seeing and meeting of others in the world. It is expressed together as individuals. That is, kindness expressed into help is a disposition of living together individually in the world. In this case, it comes out of the individual mind. Thus, it is a contact point of mind and mind.

일상적 삶에서 친절은 세상에서 다른 이들을 보고 만나는 열림입니다. 친절은 개인들로서 함께로 표현됩니다. 즉 도움으로 표현되는 친절은 세상에서 개인적으로 함께 사는 성향입니다. 이 경우 친절은 개인의 마음에서 나옵니다. 따라서 친절은 마음과 마음의 접촉점입니다.

However, the gospel deals with the kindness of living together with God. In this case, kindness of togetherness rather than kindness of help is concerned with. Then, His kindness is the starting point. But His kindness should not be considered as a disposition of His nature. It is the disclosure of His togetherness.

그렇지만 복음은 하나님과 함께 사는 친절을 다룹니다. 이 경우 도움의 친절보다 함께의 친절이 관심됩니다. 그러면 그분 친절이 출발점입니다. 그러나 그분 친절은 그분 본성의 성향으로 여기지지 말아야 합니다. 그분 친절은 그분 함께의 드러남입니다.

The apostle Paul writes in the Romans: "do you despise the riches of His kindness and forbearance and patience? Do you not realize that God's kindness is meant to lead you to repentance?" Rom. 2:4. Here, His kindness is meant to lead us to repentance of being together with Him.

사도 바울은 로마서에서 씁니다: "네가 하나님의 인자하심이 너를 인도하여 회개하게 하심을 알지 못하여 그의 인자하심과 용납하심과 길이 참으심이 풍성함을 멸시하느냐롬 2:4." 여기서 그분 친절은 그분과 함께하는 회개로 우리를 인도하는 것을 뜻합니다.

Phrasing differently, Paul relates God's kindness to salvation through repentance. He affirms that it is meant to lead people to salvation through repentance. That is, His kindness is not for a better life with blessing in the world but for a repentant life with His togetherness. His kindness is disclosed for His togetherness.

달리 표현하면, 바울은 하나님의 친절을 회개를 통한 구원으로 연결시킵니다. 그는 하나님의 친절은 사람들로 회개를 통한 구원으로 이끄는 것을 뜻해진다고 확언합니다. 즉 그분 친절은 세상에서 축복으로 나은 삶을 위하지 않고 그분 함께로 회개의 삶을 위합니다. 그분 친절은 그분의 함께를 위해 드러납니다.

God's kindness is contrasted to man's kindness. Man's kindness is expressed into help to live in the world; but, God's kindness is meant to lead to salvation to live together with Him. Therefore, His kindness is not to be directly linked to help. That is, His kindness cannot be extrapolated from man's kindness.

하나님의 친절은 사람의 친절과 대조됩니다. 사람의 친절은 세상에 사는 도움으로 표현됩니다. 그러나 하나님의 친절은 그분과 함께 살도록 구원으로 인도하는 것을 뜻합니다. 그러므로 그분 친절은 직접적으로 도움에 연관될 수 없습니다. 즉 그분 친절은 사람의 친절로부터 외삽될 수 없습니다.

Of course, salvational kindness is also accompanied with help. But help, in this case, is different from help for living in the world. It is to lead to salvation of togetherness with God. Therefore, this kind of help is to be called "prayer." Player, in this case, is not merely expressed verbally.

물론 구원의 친절은 또한 도움을 동반합니다. 그러나 이 경우 도움은 세상에서 살기 위한 도움과는 다릅니다. 그것은 하나님과 함께하는 구원으로 인도하려는 것입니다. 그러므로 이 종류의 도움은 "기도"로 불러집니다. 이 경우 기도는 단지 말로 표현되지 않습니다.

Kindness of help is expressed in order to live in the world; but, kindness of salvation is shown in order to lead to the life of togetherness with God. Anyone who lives in the world with a kind heart may show kindness of help, but only those who are together with God can show kindness of salvation.

도움의 친절은 세상에 살기 위해 표현됩니다. 그러나 구원의 친절은 하나님과 함께의 삶으로 인도하기 위해 보입니다. 친절한 마음으로 세상을 사는 이는 누구나 도움의 친절을 보일 수 있습니다. 그러나 하나님과 함께하는 이들만이 구원의 친절을 보일 수 있습니다.

Salvational kindness is to be conscious not in accordance with need but in accordance with grace. Since need becomes a reason, it leads to a system of explanation. But since grace cannot be a reason, it is not in need of a system of explanation. For this reason, worldly life is in need of explanation, but church life is not.

구원의 친절은 필요에 따라서 아닌 은혜에 따라서 의식됩니다. 필요는 이유가 되기 때문에 설명 체계로 이끕니다. 그러나 은혜는 이유일 수 없기 때문에 성명 체계를 필요로 하지 않습니다. 이 때문에 세상의 삶은 설명이 필요하지만 교회 삶은 설명이 필요하지 않습니다.

Therefore, Christians do not remain in the kindness of help. They have to have the perspective of kindness of togetherness, for they are those who live together with God although they are in the world. Not for the worldly life but for togetherness life the Christian kindness is shown.

그러므로 그리스도인들은 도움의 친절에 머물지 않습니다. 그들은 함께의 친절의 관점을 가져야 합니다. 그들은 세상에 있지만 하나님과 함께 사는 이들이기 때문입니다. 세상의 삶을 위해서 아닌 함께하는 삶을 위해서 그리스도인의 친절이 보입니다.

Only those who live together with God can show kindness of togetherness. That is, only those who live the covenant life can show covenant kindness. They show their kindness to lead people to live the covenant life. The Christian kindness is covenant kindness for the covenant life.

하나님과 함께 사는 이들만이 함께의 친절을 보일 수 있습니다. 즉 언약의 삶을 사는 이들만이 언약의 친절을 보일 수 있습니다. 그들은 그들의 친절을 사람들로 언약의 삶을 살도록 인도하기 위해 보입니다. 그리스도인의 친절은 언약의 삶을 위한 언약의 친절입니다.

People who live in the world, individually, show existential kindness toward others for their existence. With existential kindness existent individuals meet one another. What they express with their existential kindness is existential concern. Their existential kindness is exhibited in the sharing of their existential concern.

세상에 개인적으로 사는 사람들은 그들 실존을 위해 다른 이들을 향해 실존적 친절을 보입니다. 실존적 친절로 실존하는 개인들은 서로 만납니다. 그들의 실존적 친절로 표현하는 것은 실존적 관심입니다. 그들의 실존적 친절은 그들의 실존적 관심을 나누는데 표시됩니다.

However, those who are together with God show covenant kindness for the covenant life of togetherness. They, in a sense, show their kindness to existential individuals in order for them to be led to the covenant life of togetherness. Christians show this covenant kindness in their covenant life.

그렇지만 하나님과 함께하는 이들은 함께하는 언약의 삶을 위한 언약의 친절을 보입니다. 그들은 어느 의미에서 그들의 친절을 실존적 개인들에게 보여서, 그들로 함께하는 언약의 삶으로 이끌어지게 합니다. 그리스도인들은 이 언약의 친절을 그들의 언약의 삶에서 보입니다.

Kindness is embedded in togetherness. It is a disposition of togetherness. Therefore, it is to be seen as an instance of the fulfillment of togetherness. In the covenant life it should be perceived as an instance of togetherness, for it is unveiled for togetherness. Kindness with togetherness cannot be hypocritical.

친절은 함께에 깔려 있습니다. 그것은 함께의 성향입니다. 그러므로 그것은 함께의 이루어짐에 대한 사례로 보일 수 있습니다. 언약의 삶에서 그것은 함께하는 사례로 지각되어야 합니다. 그것은 함께로 드러나기 때문입니다. 함께로 친절은 위선적일 수 없습니다.

In dealing with togetherness, individual or mutual perspective is precluded. Therefore, moral or religious insight is not permissible. It is mistaken to think that moral or religious people enhance the life of togetherness, for the life of togetherness is not a changed state but disclosed in fulfillment.

함께를 다루는데 개인적 혹은 상호적 관점은 제외됩니다. 그러므로 도덕적이나 종교적 통찰은 허용되지 않습니다. 도덕적이나 종교적 사람들이 함께의 삶을 고양한다고 생각하는 것은 잘못입니다. 함께의 삶은 변화된 상태가 아닌 이루어짐으로 드러나기 때문입니다.

Kindness in the covenant life of togetherness originates from God's togetherness, not from man's heart. It is not an earthly quality. It is disposed of by His togetherness; therefore, it is Spiritual. Since it is Spiritual, it cannot be a personal merit of virtue. That is, Spiritual kindness is not seen in the personal life.

함께하는 언약의 삶에서 친절은 하나님의 함께로부터 유래됩니다. 사람의 마음으로부터 유래되지 않습니다. 그것은 세상 성품이 아닙니다. 그것은 그분 함께에 의해 배치됩니다. 그러므로 그것은 영적입니다. 그것이 영적이기 때문에, 개인의 장점이나 덕일 수 없습니다. 즉 영적 친절은 개인적 삶에서 보이지 않습니다.

When Spiritual kindness is seen in the covenant life of togetherness, it may be accompanied with material or physical help. But this accompaniment is accidental. Therefore, it should not be regarded as conditional. That is, Spiritual kindness may be accompanied with material help not conditionally but accidentally.

영적 친절이 함께하는 언약의 삶에서 보일 때, 물질적이나 육체적 도움이 수반될 수 있습니다. 그러나 이 수반은 우연적입니다. 그러므로 그것은 조건적으로 여겨지지 말아야 합니다. 즉 영적 친절은 조건적이 아니라 우연적으로 물질적 도움을 수반할 수 있습니다.

Spiritual kindness is not conditional. It is borne as fruit of the Holy Spirit. But it is disclosed into the concrete life of togetherness. Therefore, even though what is shown with kindness is specific and direct, it comes out Spiritually because it works for togetherness. What is Spiritual is shown with the dress of what is specific and direct.

영적 친절은 조건적이지 않습니다. 그것은 성령님의 열매로 맺어집니다. 그러나 그것은 함께하는 구체적인 삶으로 드러납니다. 그러므로 친절로 보인 것이 구체적이고 직접적이라고 하더라도, 그것은 함께로 일하기 때문에 영적으로 나옵니다. 영적인 것은 구체적이고 직접적인 것의 옷을 입고 보입니다.

The life of togetherness is Spiritual, but it is concrete. Symbolism or generalization is not allowed in it. Symbolism or generalization arises in the individual consciousness. Therefore, it is only expressed in the life of the gathering of individuals. But togetherness does not mean the gathering of individuals.

함께의 삶은 영적이지만 구체적입니다. 상징성이나 일반화는 거기에 허용되지 않습니다. 상징성이나 일반화는 개인적 의식에서 일어납니다. 그러므로 그것은 개인들의 모임의 삶에서 표현됩니다. 그러나 함께는 개인들의 모임을 뜻하지 않습니다.

In the covenant life, the covenant people are together with Spiritual kindness. In this case, Spiritual kindness is not what they perform; rather, they are guided with it. They are Spiritual because they are guided with the Holy Spirit and kind with the fruit of the Holy Spirit. Therefore, the covenant life of the covenant people is kind.

언약의 삶에서 언약의 백성은 영적 친절로 함께합니다. 이 경우 영적 친절은 그들이 실행하는 것이 아닙니다. 그보다 그들은 그것에 의해 인도됩니다. 그들은 성령님에 의해 인도되기 때문에 영적이고 성령님의 열매로 친절합니다. 그러므로 언약의 백성의 언약의 삶이 친절합니다.

As the Holy Spirit is the Spirit of togetherness, Spiritual kindness is also kindness of togetherness. That is, Spiritual kindness is borne as fruit of the Holy Spirit for the life of togetherness. Without it, no covenant life of togetherness is unfolded. Individual kindness comes from the individual mind, but Spiritual kindness comes from the covenant life.

성령님은 함께의 영이기 때문에, 영적 친절은 또한 함께의 친절입니다. 즉 영적 친절은 함께하는 삶을 위해 성령님의 열매로 맺어집니다. 그것 없이 함께하는 언약의 삶은 펼쳐지지 않습니다. 개인의 친절은 개인의 마음으로부터 나옵니다. 그러나 영적 친절은 언약의 삶으로부터 나옵니다.

Without Spiritual kindness, life inevitably becomes bound with the law. But the law is rigid and does not allow kindness in it. This kind of legalistic rigid life is seen by the Israelites in the OT. Spiritual kindness is well contrasted to legalistic rigidity. This is the contrast between the new and the old covenant life.

영적 친절이 없이 삶은 어쩔 수 없이 율법에 의해 묶이게 됩니다. 그러나 율법은 견고하고 그 안에 친절을 허용하지 않습니다. 이 종류의 율법적 견고한 삶은 구약의 이스라엘 백성들에 의해 보입니다. 영적 친절은 율법적 견고성에 잘 대조됩니다. 이것은 새 언약과 옛 언약의 삶 사이의 대조입니다.

On this background, Jesus' kindness is seen in these phrases:
Come to Me, all you who labor and are heavy laden, and I will give you rest. Take My yoke upon you and learn from Me, for I am gentle and lowly in heart, and you will find rest for your souls. For My yoke is easy and My burden is light ^{Matt. 11:28-30} *(In the last sentence, "easy" is the translation of "χρηστός" which is translated into "kind".)*

이 배경에서 예수님의 친절은 이 구절에서 보입니다:
수고하고 무거운 짐 진 자들아 다 내게로 오라 내가 너희를 쉬게 하리라 나는 마음이 온유하고 겸손하니 나의 멍에를 메고 내게 배우라 그리하면 너희 마음이 쉼을 얻으리니 이는 내 멍에는 쉽고 내 짐은 가벼움이라 ^{마 11:28-30} *(마지막 문장에서 "쉽다"는 "친절하다"로 번역되는 "χρηστός"의 번역입니다.)*

집중(Focus)

친절은 도움의 매개로 보이기 때문에 쉽게 인식되지만 문제도 초래합니다. 세상 조건에 처해 사는 사람들은 조건적 도움을 친절로 곧 잘 받아들입니다. 그러나 도움과 친절은 동일하지 않습니다. 친절을 가장한 위선적 도움이 자주 보이기 때문입니다. 친절은 어떻든 사람 사이의 만남을 위함이지만, 위선적 도움은 오히려 만남을 차단합니다.

Since kindness is seen in terms of the medium of help, it is easily recognized but brings out problems. People who live under the condition of the world easily accept conditional help as kindness. But help and kindness are not identical, for hypocritical help disguised as kindness is frequently observed. Kindness is anyhow for the meeting of people one to another, but hypocritical help precludes their meeting instead.

도움을 매개로한 친절이 아닌 이루어짐의 친절을 생각해야 합니다. 도움은 어떻든 도와주는 이와 도움을 받는 이의 개체적 관계를 뚜렷이 보입니다. 그러나 이루어짐의 친절은 친절에 조건적 혜택이 동반되지 않기 때문에 함께로 보입니다. 이 경우 친절을 베푸는 이와 친절을 받는 이의 구별이 없습니다. 둘 다 이루어지는 친절에 감싸지게 됩니다.

Not kindness mediated by help but kindness of fulfillment has to be thought of. Help, anyhow, clearly shows the independent relationship between the helper and the helped. But kindness of fulfillment is seen as togetherness because conditional favor is not accompanied with it. In this case, there is no distinction between the helper and the helped. Both of them are embraced with the kindness of fulfillment.

하나님 함께로 보이는 친절은 이루어짐의 친절입니다. 성령님의 열매로 친절 또한 이루어짐의 친절입니다. 이 이루어짐의 친절은 교회로 보입니다. 교회 교인들은 교회로 이루어지는 친절에 감싸지게 됩니다. 그들은 친절한 교회의 교인들입니다. 그들이 친절해서 교회가 친절하게 되는 것이 아닙니다. 교회로 이루어지는 친절을 그들이 누립니다.

Kindness with God's togetherness is kindness of fulfillment. Kindness as fruit of the Holy Spirit is also kindness of fulfillment. This kindness of fulfillment is seen with the church. The church members are embraced by kindness fulfilled into the church. They are the members of the kind church. It is not the case that the church becomes kind because they are kind. They cherish kindness that is fulfilled into the church.

16.6

Goodness(선)

From the Biblical perspective, goodness is basically stated in this way: what is fulfilled with God's togetherness is good. In this case, goodness is visible. What is fulfilled with His togetherness is revealed or disclosed into goodness. Goodness is not assessed but accessed. Then, "good" is a hymning and praising word.

성경의 관점에서 선은 기본적으로 이렇게 진술됩니다: 하나님의 함께로 이루어지는 것은 선합니다. 이 경우 선은 보입니다. 그분 함께로 이루어진 것은 선으로 계시되거나 드러납니다. 선은 평가되지 않고 접근됩니다. 그러면 "선"은 찬송이나 찬양의 말입니다.

In the creation narrative, what was created by God was good when He saw it. Since what was created by Him was affirmed as good by Him, it was told as the originality of goodness. That is, the creation account gives the perspective of the originality of goodness of creation. Or it affirms that goodness is grounded on creation.

창조 서사에서 하나님에 의해 창조된 것은 그분이 보실 때 좋았습니다. 그분에 의해 창조된 것은 그분에 의해 좋음으로 확언되었기 때문에, 선의 원래성으로 말해집니다. 즉 창조 기술은 창조 선의 원래성의 관점을 줍니다. 혹은 그것은 선이 창조에 근거된 것을 확언합니다.

The Bible tells that what is created is good. But to say that what is created is good does not mean that what is seen is good. What is seen is simply what is in the world. It is either good or bad. In the world, there are a lot of things that come from the fallen man. Therefore, the discrepancy between what is created and what is has to be conceived.

성경은 창조된 것은 좋다고 합니다. 그러나 창조된 것이 좋다고 말하는 것은 보이는 것이 좋다는 것을 뜻하지 않습니다. 보이는 것은 단지 세상에 있는 것입니다. 그것은 좋거나 나쁘거나 합니다. 세상에는 타락된 사람으로부터 온 것들이 많습니다. 그러므로 창조된 것과 있는 것의 차이가 의식되어야 합니다.

After the fall, the Bible tells, men came to have knowledge of good and evil. Therefore, men always have to tell the good from the evil in the fallen world. For this reason, in daily life goodness is assessed ideally or judgmentally in order for it to be separated from the mixture of good and evil.

성경은 타락 이후에 사람은 선과 악에 대한 지식을 갖게 되었다고 합니다. 그러므로 사람은 항시 타락된 세상에서 악한 것으로부터 선한 것을 분별해야 합니다. 이 때문에 일상적 삶에서 선은 선과 악의 혼합으로부터 구별하기 위해 이상적으로 혹은 판단으로 가늠되었습니다.

People, for what they encounter in daily life, think of whether it is good or bad. The assessment of good or bad is accompanied with any encountering thing or event. Therefore, the knowing of a thing or event is accompanied with the judging whether it is good or bad. In the life that man pursues, knowing something and judging whether it is good or bad go together.

사람들은, 일상적 삶에서 접하는 것에 대해, 좋은지 나쁜지 생각합니다. 좋음과 나쁨의 평가는 접하는 어떤 물건이나 사건에도 수반됩니다. 그러므로 사물이나 사건의 앎은 그것이 좋은지 나쁜지 판단함을 동반합니다. 사람이 추구하는 삶에서, 어떤 것을 앎과 그것이 좋은지 혹은 나쁜지 판단함이 같이 갑니다.

The judgmental sense of good or bad is a derived consciousness from what is in the world, because people have to assess its impact on their own life. In the midst of the mixture of good and bad, the criterion of goodness is questioned. And the question of the criterion of goodness leads to the idea of goodness.

좋음과 나쁨에 대한 판단적 감각은 세상에 있는 것으로부터 유도된 의식입니다. 사람들은 그들 삶에 주는 그 영향을 평가해야 되기 때문입니다. 좋음과 나쁨의 혼합 가운데 좋음에 대한 기준이 문제됩니다. 좋음에 대한 기준의 질문은 좋음의 아이디어로 이끕니다.

In this way, from the judgmental sense of good and bad, the transcendental idea of goodness comes to be pursued. But the transcendental idea of goodness is too abstracted to be applied to concrete instances of life that appear as the mixture of good and bad. Contrasted to God's created goodness, the transcendental idea of goodness is man's thinking of goodness.

이렇게 해서 선과 악의 판단적 감각으로부터 선의 초월적 아이디어가 추구되게 됩니다. 그러나 선의 초월적 아이디어는 선과 악이 혼합되어 나타나는 삶의 구체적 사례에 적용하기는 너무 추상적입니다. 하나님의 창조된 선에 대조되어 선의 초월적 아이디어는 선에 대한 사람의 생각입니다.

The philosophical distinction of the phenomenal and transcendental realm is so drastic that there is no way to apply the transcendental idea to the phenomenal life. Even if one has the transcendental idea of goodness, he cannot apply it in his practical life because the transcendental idea is only in thought.

현상적 영역과 초월적 영역의 철학적 구별은 너무 철저해서 초월적 아이디어를 현상적 삶에 적용할 길이 없습니다. 사람이 선에 대한 초월적 아이디어를 갖더라도, 그의 실제적 삶에 그것을 적용할 수 없습니다. 초월적 아이디어는 사고에만 있기 때문입니다.

Therefore, for goodness, merely having its idea is not helpful. Everyone, in a sense, acts in accordance with his own sense of goodness, since it is his own justification for his own action. He may engage in two different activities for his own interests. But they can be controversial in the public realm because of the conflict of interests.

그러므로 선에 대해 단지 아이디어를 갖는 것은 도움이 되지 않습니다. 모든 사람은 어느 의미에서 선에 대한 자신의 감각을 따라 행동합니다. 선은 자신의 행위를 위한 자신의 정당함이기 때문입니다. 그는 자신의 이익을 위해 두 개의 다른 활동에 종사할 수 있습니다. 그러나 그 둘은 이익의 충돌 때문에 공중의 영역에서 논쟁이 될 수 있습니다.

Therefore, it is not proper to raise a question like "What is goodness?" Man is overwhelmed by what is and what is happening. He is not selective for his own goodness. Or he cannot realize his own goodness. He is subjected to the natural course regardless of his assessment of whether it is good or bad.

그러므로 "선이 무엇입니까?"와 같은 질문을 제기하는 것은 적절하지 않습니다. 사람은 있는 것과 일어나는 것에 압도됩니다. 그는 자신의 선에 대해 선택하지 못합니다. 혹은 그는 자신의 선을 실현할 수 없습니다. 그는 자연적 과정에, 그것이 좋거나 혹은 나쁘다는 자신의 평가에 불구하고, 종속됩니다.

But the account of creation and the fall in the Bible is not compared to the demarcation of the transcendence and phenomena in philosophy. Creation is God's fulfillment of His word, and the fall characterizes man's disposition. Creation becomes fallen as His fulfillment of His word is obstructed by man's disposition.

그러나 성경에서 창조와 타락의 기술은 철학에서 초월과 현상의 구별에 비교되지 않습니다. 창조는 하나님의 말씀에 대한 그분 이루심이고, 타락은 사람의 성향을 특징짓습니다. 창조는 그분 말씀에 대한 그분 이루심이 사람의 성향에 의해 훼손됨에 따라 타락됩니다.

In creation only goodness is told, since it is done by God. But in the fall the mixture of good and bad is told, as man's propensity appears in the created world. Therefore, according to the Biblical account, man lives in the fallen life of good and bad in His created good world. In it, goodness is presupposed rather than abstracted.

창조에서 단지 선만이 말해집니다. 하나님에 의해 되었기 때문입니다. 그러나 타락에서 사람의 성향이 창조된 세상에 나타남에 따라 선과 악의 혼합이 말해집니다. 그러므로 성경의 기술을 따르면, 사람은 하나님의 창조된 선한 세상에 선과 악의 타락된 삶을 삽니다. 그 안에서 선은 추상화되기보다 전제됩니다.

According to the Bible, the perspective of goodness is already built in, since the world was created by God. Its narration begins with the basic presupposition that man lives in His created good world. Even if he does bad things, he does them in the created good world. That is, the created goodness is the basis of Biblical life.

성경에 의하면 선의 관점은 이미 구축되었습니다. 세상이 하나님에 의해 창조되었기 때문입니다. 성경 서사는 사람은 그분 창조된 선한 세상에 산다는 기본 전제로 시작합니다. 그가 나쁜 일을 하더라도, 창조된 선한 세상에서 합니다. 즉 창조된 좋음이 성경의 삶의 기반입니다.

Therefore, the fall means the departure from good to the mixture of good and bad. Since man lives in the fallen life, he cannot return to the originally created good world. Whatever he does, it is the outcome of his own disposition. It is the mixture of good and bad. That is, his activity has to be contrasted to God's fulfillment on His creation ground.

그러므로 타락은 선으로부터 선과 악의 혼합으로 떠남을 뜻합니다. 사람이 타락된 세상에서 살기 때문에, 그는 원래 창조된 선한 세상으로 돌아갈 수 없습니다. 그가 무엇을 하든, 자기 성향의 소산입니다. 선과 악의 혼합입니다. 즉 그의 활동은 하나님의 창조의 근거에서 그분 이루심에 대조되어야 합니다.

Therefore, in the Biblical context, "a good man" or "a good deed" is senseless. Jesus says: "No one is good but One, that is, God" ^{Mark. 10:18}. In this respect, goodness is not to be used attributively in the fallen world. That's why it is mostly used judgmentally in daily life. The sentence, "my neighbor is good," reflects the utterer's own judgment.

그러므로 성경의 맥락에서 "선한 사람" 혹은 "선한 행위"는 무의미합니다. 예수님은 말씀하십니다: "하나님 한 분 외에는 선한 이가 없느니라^{막 10:18}" 이 점에서 선은 타락된 세상에서 속성적으로 사용되지 않습니다. 그 때문에 일상적 삶에서 대체로 판단적으로 사용됩니다. "내 이웃은 선합니다" 하는 문장은 발언자의 판단을 반영합니다.

For this reason, the Biblical goodness is not used descriptively. It is, rather, used exclamatory. Thus, it is phrased for the hymn or praise of God. The utterance, "God is good," is not a description but praise. The world becomes fallen in the sense that there is no referent of goodness in it.

이 때문에 성경의 선은 서술적으로 사용되지 않습니다. 그 보다 감탄조로 사용됩니다. 따라서 하나님의 찬송이나 찬양을 위해 표현됩니다. "하나님은 선하시다"는 발언은 서술이 아닌 찬양입니다. 세상은 그 안에 선의 지시 대상이 없다는 뜻에서 타락되었습니다.

Since God's created things are not transparent in the world, man lives for the pursuit of his own interest and benefit. The main theme in the fallen world is benefit rather than good. That is, man moves along with his own benefit which is either good or bad. Benefit is individualistic and subjective.

하나님의 피조물은 세상에 투명하지 않음으로, 사람은 자신의 이익과 혜택을 추구하며 삽니다. 타락된 세상의 주된 주제는 선이기보다 혜택입니다. 즉 사람은 선이기도 혹은 악이기도 한 자신의 혜택을 따라 움직입니다. 혜택은 개인적이고 또 주관적입니다.

In this respect, the word "good" connotes benefit in the fallen world. Thus, there is confusion in using the word "good," since its practical meaning departs from its literal meaning. Even so, any attempt to set its meaning rigorously brings out more ambiguity, for it merely adds up another meaning to the word "good."

이 점에서 "선"이라는 말은 타락된 세상에서 이익을 함축합니다. 따라서 "선"이라는 말을 사용하는데 혼동이 있습니다. 그 실제적 뜻이 그 문자적 뜻을 떠나기 때문입니다. 그렇다고 하더라도, 그 뜻을 견고하게 설정하려는 어떤 시도도 더한 모호함을 가져옵니다. 그것은 단지 "선"이라는 말에 또 하나의 의미를 더하기 때문입니다.

The sense of good has fallen in the fallen world. That is, there is nothing to uphold it in the fallen world. And there is no way out of the fallen word through searching and pursuing it, for man's thought is also fallen because of the fallen word. Any step in the fallen world goes toward labyrinth.

선의 의미는 타락된 세상에서 타락됩니다. 즉 타락된 세상에서 선을 유지할 것이 없습니다. 그리고 선을 찾고 추구함으로 타락된 말로부터 나올 길이 없습니다. 사람의 사고가 또한 타락된 말로 타락되었기 때문입니다. 타락된 세상에서 걸음은 미궁을 향해 갑니다.

Therefore, in the fallen world goodness comes as salvation rather than as a theme of philosophical investigation. It is what is to be guided rather than what is to be pursued. It is what is to be fulfilled rather than what is to be achieved. God's word is good, but man's word is not.

그러므로 타락된 세상에서 선은 철학적 탐구의 주제로 보다 구원으로 옵니다. 선은 추구되는 것이기 보다 인도되는 것입니다. 성취되는 것이기 보다 이루어지는 것입니다. 하나님의 말씀은 선하지만 사람의 말은 그렇지 않습니다.

The Christian aspect of goodness is guided by the Holy Spirit, since it is regarded as fruit borne by the guidance of the Holy Spirit. The Christian goodness is Spiritual. It is neither creational nor fallen. Therefore, it has to be observed from the new perspective of the Spirit.

선에 대한 그리스도인의 관점은 성령님에 의해 인도됩니다. 성령님의 인도하심으로 맺어지는 열매이기 때문입니다. 그리스도인의 선은 영적입니다. 그것은 창조적이나 타락적이 아닙니다. 그러므로 그것은 영의 새로운 관점으로부터 주시되어야 합니다.

Goodness as fruit of the Holy Spirit is elaborated in the following Paul's remark:

Likewise the Spirit also helps in our weaknesses. For we do not know what we should pray for as we ought, but the Spirit Himself makes intercession for us with groanings which cannot be uttered. Now He who searches the hearts knows what the mind of the Spirit is, because He makes intercession for the saints according to the will of God. And we know that all things work together for good to those who love God, to those who are the called according to His purpose Rom. 8:26-28.

성령님의 열매로 선은 다음과 같은 바울의 언급에서 퇴고됩니다. *이와 같이 성령도 우리의 연약함을 도우시나니 우리는 마땅히 기도할 바를 알지 못하나 오직 성령이 말할 수 없는 탄식으로 우리를 위하여 친히 간구하시느니라 마음을 살피시는 이가 성령의 생각을 아시나니 이는 성령이 하나님의 뜻대로 성도를 위하여 간구하심이니라 우리가 알거니와 하나님을 사랑하는 자 곧 그의 뜻대로 부르심을 입은 자들에게는 모든 것이 합력하여 선을 이루느니라*롬 8:26-28.

All things work together for good to Christians, since the Holy Spirit intercedes for them according to the will of God. Therefore, it can be affirmed that they are good, and their life is good. In this way, the word "good" can be ascribed to them. That is, they are not judged to be good but led to be good Spiritually.

모든 것은 그리스도인들에게 선으로 함께 일합니다. 성령님이 하나님의 뜻을 따라 그들을 위해 간구하시기 때문입니다. 그러므로 그들은 선하고 또 그들의 삶은 선하다고 확언될 수 있습니다. 이렇게 해서 "선" 이라는 말은 그들에게 부여됩니다. 즉 그들은 선하다고 판단되지 않고 선으로 영적으로 인도됩니다.

It is Spiritually confessed that Christians are good. And they are good in the Spiritual sense. Since they are guided by the Holy Spirit in accordance with the will of God, they are good. With their Spirituality they are good. Therefore, they use the word, "good," Spiritually, not judgmentally.

그리스도인들은 선하다고 영적으로 고백됩니다. 그리고 그들은 영적 의미에서 선합니다. 그들은 하나님의 뜻을 따라 성령님에 의해 인도되기 때문에, 선합니다. 그들 영성으로 그들은 선합니다. 그러므로 그들은 "선"이라는 말을 영적으로 사용하지 판단적으로 사용하지 않습니다.

Christians are good since they are together with God with the guidance of the Holy Spirit. That is, the goodness of Christians is fulfilled with His togetherness. Even in the fallen world, they are guided to be good because He is together with them. The Christian way and life is good, for they are guided with His togetherness.

그리스도인들은 성령님의 인도하심으로 하나님과 함께하기 때문에 선합니다. 즉 그리스도인들의 선은 그분 함께로 이루어집니다. 타락된 세상에서도 그들은 그분이 그들과 함께하심으로 선으로 인도됩니다. 그리스도인의 길과 삶은 선합니다. 그들은 그분 함께로 인도되기 때문입니다.

With God's togetherness, it can be asserted that all things work together for good. But in the fallen world everything is set apart, since it goes along with its own disposition. For this reason, goodness cannot be claimed in the fallen world, since it goes in its own way apart from His togetherness.

하나님 함께로 모든 것은 함께 선으로 일한다고 확언될 수 있습니다. 그러나 타락된 세상에서 모든 것은 따로 떨어져 있습니다. 자체의 성향으로 가기 때문입니다. 이 때문에 선은 타락된 세상에서 주장될 수 없습니다. 그분 함께를 떠나 자체의 길을 가기 때문입니다.

Togetherness is not visible in the fallen world. It is only fulfilled with God's togetherness. Therefore, togetherness that is fulfilled with His togetherness is good. This is the very affirmation of goodness in the fallen world. That is, togetherness is good in the fallen world. And goodness connotes holiness because it is the fruit of the Holy Spirit.

함께는 타락된 세상에서 보이지 않습니다. 단지 하나님 함께로 이루어집니다. 그러므로 그분 함께로 이루어진 함께는 선합니다. 이것이 타락된 세상에서 선에 대한 확언입니다. 즉 함께는 타락된 세상에서 선합니다. 그리고 선은 성령님의 열매이기 때문에 거룩함을 함축합니다.

Jesus says: "I am the good shepherd. The good shepherd gives His life for the sheep" John 10:11. He affirms His goodness with His togetherness with God on the cross. Because of His cross of being together with God, He becomes the good shepherd of being together with sheep.

예수님은 말씀하십니다: "나는 선한 목자라 선한 목자는 양들을 위하여 목숨을 버리거니와요 10:11." 그분은 십자가상에서 하나님과 함께하심으로 그분 선함을 확언합니다. 하나님과 함께하는 그분 십자가 때문에, 그분은 양들과 함께하는 선한 목자가 되십니다.

In the fallen world, there is no way of talking of good, since it goes along its own way apart from togetherness. And togetherness in the fallen world is fulfilled with God's togetherness. Therefore, the covenant life is good in the fallen world. The covenant people are "those who are the called according to His purpose." And to them, all things work together for good.

타락된 세상에서 선을 말할 길이 없습니다. 함께를 떠나 자체의 길을 가기 때문입니다. 그리고 타락된 세상에서 함께는 하나님의 함께로 이루어집니다. 그러므로 언약의 삶은 타락된 세상에서 선합니다. 언약의 백성은 "그분의 뜻을 따라 불러진 이들"입니다. 그리고 그들에게 모든 것은 함께 선으로 일합니다.

In this respect, church life is good in the fallen world. This affirmation is valid if the church is Spiritual. Since the Spiritual church is guided by the Holy Spirit, it can be seen as the fulfillment of God's togetherness. And goodness is ascribed to what is fulfilled with His togetherness.

이 점에서 교회 삶은 타락된 세상에서 선합니다. 이 확언은 교회가 영적이면 맞습니다. 영적 교회는 성령님에 의해 인도됨으로, 하나님 함께의 이루어짐으로 보일 수 있습니다. 그리고 선은 그분 함께로 이루어진 것에 부여됩니다.

집중(Focus)

사람들은 선을 있는 상태로 규명하려고 합니다. 그래서 선의 기준을 세우려고 합니다. 선과 악의 혼탁 된 세상에서 선을 뚜렷하게 구분해야 하기 합니다. 선과 악이 혼탁 된 세상에 사는 사람들로서 어쩔 수 없는 시도입니다. 선과 악이 혼탁한 세상에서 어떤 행위를 하든 우선 선을 악으로부터 구분할 수 있어야 합니다. 그래서 그들은 판단의 선을 의식합니다.

People want to inquire about goodness in terms of the existing state. Thus, they want to set the criterion of goodness. They have to distinguish goodness clearly in the mingled world of good and evil. It is an inevitable attempt to people who live in the mingled world of good and evil. Whatever they do in the mingled world of good and evil, they, first of all, have to distinguish good from evil. Thus, they are conscious of judgmental goodness.

그렇지만 성경은 하나님께서 말씀으로 이루시는 것을 서사합니다. 따라서 선도 이루어짐의 시각으로 보아지게 됩니다. 창조의 선이나 합력하여 일해지는 선을 말하는 이유가 여기 있습니다. 예수님은 선으로 인도하시는 의미에서 선한 목자이십니다. 그러므로 성경은 세상에 있는 상태로 선이 아닌 하나님의 이루심으로 선을 서사합니다.

However, the Bible narrates what God fulfills with His word. Thus, goodness is also seen from the perspective of fulfillment. Here is the reason for the telling of creational goodness or goodness of being worked together. Jesus is the good shepherd in the sense that He leads to goodness. Therefore, the Bible narrates not goodness as an existing state but goodness as God's fulfillment.

성령님의 열매로 선은 이루어짐의 선을 함축합니다. 구체적으로 교회로 이루어지는 선을 뜻합니다. 물론 이 경우 교회는 기관으로 굳혀진 것이 아닙니다. 성령님의 열매는 성령님에 의해 인도되는 삶으로 보입니다. 따라서 교회를 통해 합력하여 일해지는 선이 드러납니다. 교회로 선한 목자이신 예수님에 의해 인도된 선한 삶이 보입니다.

Goodness as fruit of the Holy Spirit connotes goodness of fulfillment. It specifically means goodness fulfilled into the church. In this case, it is, of course, not what is fixed as an institute. Fruit of the Holy Spirit is seen as life guided by the Holy Spirit. Thus, with the church, the goodness of being worked together is unveiled. With it, good life guided by Jesus, the good shepherd, is seen.

16.7

Faithfulness(신실)

Faithfulness is not an individual but covenant notion. It is not an individual merit or character of mutual relationship. Thus, it is not what can be morally or religiously advised. It is told in covenant life. It is shown with the fulfillment of togetherness. And, thus, it is entailed in togetherness.

신실은 개인적 통념이 아닌 언약의 통념입니다. 상호 관계에서 개인의 장점이나 인격이 아닙니다. 따라서 도덕적으로 혹은 종교적으로 권하게 될 수 있는 것이 아닙니다. 언약의 삶에서 말해집니다. 함께의 이루어짐으로 보입니다. 따라서 함께에 내포됩니다.

Since faithfulness is fulfilled for togetherness, it is ascertained by God's togetherness. Its basic statement is: God's togetherness is faithful. Familiarly speaking, He is faithful for His togetherness. Thus, faithfulness is, basically, unfolded with His togetherness. It is told in the life of His togetherness, i.e., the covenant life.

신실은 함께를 위해 이루어지기 때문에, 하나님 함께로 규명됩니다. 신실의 기본 진술은 이렇습니다: 하나님의 함께는 신실합니다. 친근하게 말하면, 그분은 그분 함께에 신실하십니다. 따라서 신실은 기본적으로 그분 함께로 펼쳐집니다. 그분 함께의 삶, 곧 언약의 삶에서 말해집니다.

Since God is faithful with His togetherness to His people, they are faithful. On the ground of His faithful togetherness, they are considered as faithfulness. Faithfulness is not an inborn quality but a fulfilled endowment. It is fulfilled into togetherness with His faithful togetherness so that His people may be faithful for their togetherness.

하나님은 그분 함께로 그분 백성에게 신실하심으로, 그들도 신실합니다. 그분의 신실한 함께의 근거에서 그들은 신실함으로 여겨집니다. 신실함은 타고난 성품이 아닌 이루어진 부여입니다. 그것은, 그분의 신실한 함께로, 함께로 이루어져 그분 백성이 함께에 신실하게 합니다.

As God's faithfulness comes into the changing world with togetherness, the covenant life becomes fulfilled not as changing life but as a faithful life. Therefore, faithfulness demarcates the covenant life from the ordinary or religious life which is not fulfilled but natural.

하나님의 신실하심이 함께로 변화하는 세상에 임함으로, 언약의 삶이 변화하는 삶이 아닌 신실한 삶으로 이루어지게 됩니다. 그러므로 신실함은 언약의 삶을 이루어지지 않고 자연적인 보통 혹은 종교적인 삶으로부터 구별합니다.

God's faithfulness with His togetherness is entailed in His word of promise. His people keep His word of promise as what He will fulfill faithfully. That is, His word of promise is cherished with the faithfulness of His togetherness. His promise that is given to His people will be fulfilled with His faithfulness.

하나님의 함께로 그분 신실함은 그분 약속의 말씀에 내포됩니다. 그분 백성은 그분 약속의 말씀을 그분이 신실하게 이루실 것으로 지닙니다. 즉 그분 약속의 말씀은 그분 함께의 신실함으로 누려집니다. 그분 백성에게 주어진 그분 약속은 그분의 신실함으로 이루어질 것입니다.

Since God fulfills His word of promise faithfully, the covenant life with His word does not go along with the natural course. Phrasing differently, since God is faithful with His word, He does not intervene in the natural course conditionally. That is, His intervention is against His faithfulness. He does not change but fulfills.

하나님은 그분 약속의 말씀을 신실하게 이루시기 때문에, 그분 말씀으로 언약의 삶은 자연적 경로를 따라 가지 않습니다. 달리 말하면, 하나님은 그분 말씀에 신실하심으로, 그분은 자연 경로에 조건적으로 개입하지 않으십니다. 즉 그분의 개입은 그분 신실함에 위배됩니다. 그분은 바꾸지 않고 이루십니다.

God's faithfulness is associated with His togetherness with His promise. People want to relate His faithfulness with their conditionality. His faithfulness does not mean His faithful relationship with them. It is not for relationship but togetherness. He is faithful with His people, not with His favored individual.

하나님의 신실함은 그분 약속으로 그분 함께와 연관됩니다. 사람들은 그분 신실함을 그들의 조건성과 관계를 짓길 원합니다. 그분 신실함은 그들과 그분의 신실한 관계를 뜻하지 않습니다. 그것은 관계성이 아닌 함께를 위함입니다. 그분은 그분 백성에게 신실하시지 그분의 호의적 개인에게 아닙니다.

Therefore, God's faithfulness is only told in the covenant life, since His word of promise is given to the covenant people. Therefore, His faithfulness cannot be claimed individually. There is no faithful relationship with Him, for individuality is prior to relationship. But His faithfulness is prior to the election of His people.

그러므로 하나님의 신실함은 언약의 삶에서 말해집니다. 그분 약속의 말씀은 언약의 백성에게 주어지기 때문입니다. 그러므로 그분 신실함은 개인적으로 주장될 수 없습니다. 그분과 신실한 관계성은 없습니다. 개인성은 관계성보다 먼저이기 때문입니다. 그러나 그분 신실함은 그분 백성의 택함보다 먼저입니다.

Therefore, God's faithfulness is not to be affirmed with personal assurance. It is unfolding with the fulfillment of His promise. With His faithfulness the covenant people are guided into faithfulness. Their faithfulness witnesses His faithfulness. That is, their covenant life is such a witness.

그러므로 하나님의 신실함은 개인의 확신으로 확언될 수 없습니다. 그분 약속의 이루어짐으로 펼쳐갑니다. 그분 신실함으로 언약의 백성은 신실함으로 인도됩니다. 그들의 신실함은 그분 신실함을 증거합니다. 즉 그들 언약의 삶은 그런 증거입니다.

To sum up: God is faithful with His togetherness, and His togetherness is given with the word of promise. Therefore, He is faithful with His word of promise. Consequently, His faithfulness is meaningful with the covenant people who have His word of promise. In this way, faithfulness of His covenant people is ascertained.

요약하면, 하나님은 그분 함께로 신실하십니다. 그리고 그분 함께는 약속의 말씀으로 주어집니다. 그러므로 그분은 그분 약속의 말씀으로 신실하십니다. 따라서 그분 신실함은 그분 약속의 말씀을 갖는 언약의 백성에게 의미 있습니다. 이렇게 해서 그분 언약의 백성의 신실함이 확인됩니다.

Faithfulness is fulfilled in the covenant life. Therefore, faithlessness in the covenant life is dealt as sin. Sin is faithless so as to pervert togetherness. Sinners are those who are so faithless that they cannot live together. Thus, they live their own individual life. This is the basic covenant notion of sinfulness.

신실함은 언약의 삶에 이루어집니다. 그러므로 언약의 삶에서 불신실함은 죄로 다루어집니다. 죄는 함께를 탈선시키는 불신실함입니다. 죄인들은 불신실해서 함께 살 수 없는 이들입니다. 따라서 그들은 그들 자신들의 개인적 삶을 삽니다. 이것이 죄 됨의 기본적 언약 통념입니다.

Sinners are the disobeyers of the word of God. Since they are not obedient to the word of God, His faithfulness is not to be fulfilled to them. Accordingly, they become unfaithful and are so indulged into their own desire as to live their own way. They live natural life because His faithfulness is not fulfilled to them.

죄인들은 하나님의 말씀에 불순종하는 이들입니다. 그들은 하나님의 말씀에 순종하지 않기 때문에, 그분 신실함은 그들에게 이루어질 수 없습니다. 따라서 그들은 불신실하게 되고 또 그들 자신의 길로 살려고 그들 욕망에 몰입됩니다. 그들은, 그분 신실함이 그들에게 이루어지지 않기 때문에, 자연적 삶을 삽니다.

People are inclined to go along with their natural propensity. This inclination perverts to hold up God's faithfulness of the fulfillment of His word of promise. Since the course of the fulfillment of His word of promise is different from the course of their natural tendency, their natural life is sinful against His faithfulness.

사람들은 그들 자연적 성향을 따라 가려고 합니다. 이 성향은 그분 약속의 말씀의 이루어짐에 대한 그분 신실함을 붙잡는 것을 방해합니다. 그분 약속의 말씀의 이루어짐의 경로는 그들의 자연적 성향의 경로와 다르기 때문에, 그들 자연적 삶은 그분 신실함에 반하여 죄 됩니다.

The law in the OT specifies what the Israelites should do. But it, meanwhile, clearly states what sin is. Sin is the breaking of it. Sin is so literally mentioned that it does not show its significance on the background of togetherness and, thus, faithfulness. That is, even if the breaking of the literal law is regarded as unfaithful, the keeping of it is not considered faithful.

구약의 율법은 이스라엘 백성이 해야 할 것을 명시합니다. 그러나 그것은 한편 무엇이 죄인지 분명하게 진술합니다. 죄는 율법의 범함입니다. 죄가 문자적으로 언급되어서 함께, 따라서 신실함의 배경에서 그 의미를 보여주지 않습니다. 즉 문자적 율법을 범하는 것이 불신실로 고려되더라도, 그것을 지킴이 신실하다고 여겨지지 않습니다.

Paul's criticism against the law is directed to its awakening of sin rather than faithfulness. Even though the law-breakers are easily expelled from the community, the law-keepers are not to be regarded as faithful for their living of the covenant life of togetherness. It is possible for them to keep the law in mannerism.

바울의 율법에 대한 비판은 신실함보다 율법의 죄에 대한 자각을 향해집니다. 율법을 범한 자들이 공동체로부터 쉬 추방되더라도, 율법을 지키는 이들이 함께하는 언약의 삶을 사는데 신실하다고 고려될 수 없습니다. 그들이 율법을 매너리즘에 빠져 지키는 것이 가능합니다.

The limit of the old covenant lies in this. Even if it clearly shows unfaithfulness, it fails to show faithfulness of togetherness. Specifically speaking, the law is not appropriate to disclose God's faithfulness for togetherness. Therefore, it is not fit for the covenant life which is unfolded with faithfulness.

옛 언약의 한계가 여기 있습니다. 그것이 분명하게 불신실함을 보이더라도 함께의 신실함을 보이지 못합니다. 구체적으로 말하면, 율법은 함께를 위한 하나님의 신실하심을 드러내기에 적절하지 않습니다. 그러므로 신실함으로 펼쳐지는 언약의 삶에 맞지 않습니다.

Jesus' cross shows faithfulness, since He is on the course of the fulfillment of God's togetherness. When togetherness with God is attentively focused on, faithfulness can be heeded. Thus, with His cross, the faithfulness with God can be narrated. It is ironical and paradoxical to affirm the faithfulness of His togetherness with the cross.

예수님의 십자가는 신실함을 보입니다. 그분은 하나님 함께의 이루어짐의 경로에 계시기 때문입니다. 하나님과 함께가 주의 깊게 집중될 때, 신실함이 유의될 수 있습니다. 따라서 그분 십자가로 하나님과 함께하는 신실함이 서사될 수 있습니다. 십자가로 그분 함께의 신실함을 확언하는 것은 반어적이고 역설적입니다.

In the Christian life, the cross means faithfulness. With it Christians live faithful life. Since faithfulness is the main constituent of the covenant life, their life, with the cross, can be affirmed as a covenant life. Reversely speaking, the covenant life is fully unfolded into the Christian life because of the cross.

그리스도인의 삶에서 십자가는 신실함을 뜻합니다. 그것으로 그리스도인들은 신실한 삶을 삽니다. 신실함이 언약의 삶의 주된 구성요인임으로, 십자가로 그들 삶은 언약의 삶으로 확언될 수 있습니다. 거꾸로 말하면, 언약의 삶은 십자가 때문에 그리스도인의 삶으로 완전히 펼쳐집니다.

This is why the new covenant is mentioned with the cross. It shows the faithfulness of Jesus to the will of God. Therefore, the believers who follow Jesus of the cross also live the faithful life to the will of God. The narrative of Jesus to the cross is the new covenant, for it shows the faithful life to the will of God.

이 때문에 십자가로 새 언약이 언급됩니다. 그것은 하나님의 뜻에 예수님의 신실하심을 보입니다. 그러므로 십자가의 예수님을 따르는 믿는 이들은 또한 하나님의 뜻에 신실한 삶을 삽니다. 십자가로 예수님의 서사는 새 언약입니다. 그것은 하나님의 뜻에 신실한 삶을 보이기 때문입니다.

Faithfulness with the cross revitalized the covenant life. The old covenant which had fallen into the legalism of the law could not impart the faithfulness of togetherness for the covenant life. The law could not be the expression of faithfulness with God's togetherness. Legalism and faithfulness cannot go together.

십자가로 신실함은 언약의 삶을 소생시킵니다. 율법의 법률주의로 타락된 옛 언약은 언약의 삶을 위한 함께의 신실함 나누어줄 수 없었습니다. 율법은 하나님의 함께로 신실함의 표현일 수 없었습니다. 법률주의와 신실함은 같이 갈 수 없습니다.

Since the cross of Jesus imparts faithfulness, it is the pivot of the covenant life. God fulfills His covenant in terms of the cross fully and wholly. Therefore, with it, the covenant life is unfolding eternally. Apart from it, any alleged covenant life is not to be avoided from the conditionality of the world.

예수님의 십자가는 신실함을 나누어주기 때문에, 언약의 삶의 추축입니다. 하나님은 그분 언약을 십자가로 완전히 그리고 온전히 이루십니다. 그러므로 그것으로 언약의 삶은 영원히 펼쳐갑니다. 그것을 떠나서 어떤 주장된 언약의 삶도 세상의 조건성으로 부터 피해질 수 없습니다.

God is faithful to His promise for His people. And His people are faithful for His fulfillment of the promise for them. Therefore, faithfulness is inclusive in the fulfillment of His will. This is well seen in the cross of Jesus. It is disclosed as the faithful fulfillment of His will. In the covenant, it is narrated as faithfulness.

하나님은 그분 백성을 향한 그분 약속에 신실하십니다. 그리고 그분 백성은 그들을 위한 약속의 그분 이루심에 대해 신실합니다. 그러므로 신실함은 그분 뜻의 이루어짐에 내포적입니다. 이것은 예수님의 십자가에서 잘 보입니다. 십자가는 그분 뜻의 신실한 이루어짐으로 드러났습니다. 언약에서 십자가는 신실함으로 서사됩니다.

Jesus was faithful for the fulfillment of God's will. And God fulfilled His will with the faithfulness of Jesus who was obedient to the cross. Therefore, His fulfillment of His will included Jesus' faithful obedience to the cross. God's faithfulness of His will goes together with Jesus' faithfulness of His obedience.

예수님은 하나님 뜻의 이루어짐에 신실했습니다. 그리고 하나님은 십자가에 순종하신 예수님의 신실하심으로 그분 뜻을 이루셨습니다. 그러므로 그분 뜻의 그분의 이루심은 십자가에 예수님의 신실한 순종을 포함했습니다. 하나님 뜻의 그분 신실함은 예수님 순종의 그분 신실함과 같이 갑니다.

God fulfills His will with the faithfulness of His people. Because of this reason, Christians should follow Jesus to the cross. They become faithful in the following of Jesus to the cross. When they are faithful, God's will be fulfilled with their faithfulness. With their faithfulness, His faithfulness becomes visible.

하나님은 그분 백성의 신실함으로 그분 뜻을 이루십니다. 이 때문에, 그리스도인들은 예수님을 십자가로 따라야 합니다. 그들은 예수님을 십자가로 따르는데 신실하게 됩니다. 그들이 신실할 때, 하나님의 뜻은 그들 신실함으로 이루어집니다. 그들의 신실함으로 그분 신실함이 보이게 됩니다.

Faithfulness is unfolded along the fulfillment of God's will, which is the disclosure of His togetherness. Therefore, His togetherness is disclosed with faithfulness. That is, the life of His togetherness, i.e., the covenant life, is fulfilled into faithfulness. Faithfulness is meaningful and pivotal in the life of fulfillment.

신실함은 하나님 함께의 드러남인 그분 뜻의 이루어짐을 따라 펼쳐집니다. 그러므로 그분 함께는 신실함으로 드러납니다. 즉 그분 함께의 삶, 곧 언약의 삶은 신실함에 이루어집니다. 신실함은 이루어짐의 삶에 의미 있고 추축이 됩니다.

Faithfulness with the cross opens up the new Spiritual realm. Since the cross precludes any worldly attachment, faithfulness with the cross is only narrated Spiritually. It is ironical and paradoxical to assert that faithfulness with the cross is Spiritual even if it is very physical. At any rate, the Christian faithfulness is Spiritual.

십자가로 신실함은 새로운 영적 영역을 엽니다. 십자가가 세상적인 어떤 부착도 금하기 때문에, 십자가로 신실함은 영적으로만 서사됩니다. 십자가가 육체적임에도 불구하고, 십자가로 신실함은 영적이라고 단언하는 것은 반어적이고 역설적입니다. 어떻든 그리스도인들의 신실함은 영적입니다.

The Christian faithfulness does not spring from the individual heart but is guided by the Holy Spirit. The following of Jesus to the cross is Spiritual. That's why Christians confess Him as Christ Spiritually. Such confession entails the sense of faithfulness. That is, the Christian faithfulness is not willful but Spiritual.

그리스도인의 신실함은 개인의 마음에 솟아나지 않고 성령님에 의해 인도됩니다. 예수님을 십자가로 따름은 영적입니다. 그 때문에 그리스도인들은 그분을 영적으로 그리스도라고 고백합니다. 그런 고백은 신실함의 의미를 내포합니다. 즉 그리스도인의 신실함은 의지적이 아닌 영적입니다.

Since the Christian faithfulness is narrated with the cross, it cannot be characterized by any worldly criterion. It is Spiritually unveiled with the fulfillment of God's will. That is, it is Spiritually linked with His will, although it is physically precipitated by men's will. Faithfulness is shown like the cross in the midst of the faithless world.

그리스도인의 신실함은 십자가로 서사되기 때문에, 어떤 세상의 기준으로 특징지어질 수 없습니다. 그것은 하나님의 뜻의 이루어짐으로 영적으로 드러납니다. 즉 그것은, 사람의 뜻에 의해 육체적으로 야기되었지만, 그분의 뜻에 영적으로 연계됩니다. 신실함은 신실하지 않는 세상 가운데 십자가같이 보입니다.

God's will is fulfilled with faithfulness as seen in the cross of Jesus. Therefore, His will is significantly mentioned in faithfulness. That's why His will becomes focused with the cross of Jesus. His will, if it is mentioned apart from faithfulness, means His power. The perspective of faithfulness is fulfilled with God's togetherness. It cannot arise from the changing world.

하나님의 뜻은 예수님의 십자가에서 보이듯 신실함으로 이루어집니다. 그러므로 그분 뜻은 신실함에서 의미 있게 언급됩니다. 그 때문에 그분 뜻은 예수님의 십자가로 집중됩니다. 그분 뜻은, 신실함을 떠나 언급되면, 그분 힘을 뜻합니다. 신실함의 관점은 하나님 함께로 이루어집니다. 그것은 변화하는 세상으로부터 일어날 수 없습니다.

The covenant brings out faithfulness to set up togetherness. In the covenant setting, God's togetherness is primary; therefore, the covenant narrative begins with the dealing of faithfulness. Since His togetherness is faithful, the covenant life is faithful. In this way, faithfulness becomes one of the main themes of the covenant narrative.

언약은 함께를 설정하기 위해 신실함을 불러옵니다. 언약의 설정에서 하나님의 함께는 일차적입니다. 그러므로 언약의 서사는 신실함을 다룸으로 시작합니다. 그분 함께가 신실함으로, 언약의 삶이 신실합니다. 이렇게 해서, 신실함은 언약 서사의 주된 주제 가운데 하나가 됩니다.

집중(Focus)

하나님께서 그분 약속을 그분 백성에게 이루시는 측면에서 신실함이 말해집니다. 하나님은 그분 함께로 이루어지는 언약에 신실하십니다. 이렇게 신실함은 언약의 백성을 향한 언약의 하나님의 함께로 보입니다. 그분 백성을 떠나 하나님의 속성으로 신실함을 말할 수 없습니다. 함께로 신실함이지 존재로 신실함이 아닙니다. 존재는 연장될 뿐 신실하다고 말해질 수 없습니다.

Faithfulness is told from the side of God's fulfillment of His promise to His people. He is faithful for the covenant that is fulfilled with His togetherness. In this way, faithfulness is seen by togetherness of the covenant God toward His people. it cannot be told as His attribute apart from His people. It is not faithfulness as being but faithfulness as togetherness. A being is only extended, but it is not to be said to be faithful.

신실함은 이루어짐을 향하고, 이루어짐은 약속에 근거합니다. 따라서 약속으로 맺어진 언약의 배경에서 신실함은 다루어집니다. 언약을 떠난 신실함은 성실함이라는 개인의 품성입니다. 신실함은 약속에 근거되지만 성실함은 삶을 사는 태도입니다. 신실함으로는 함께의 삶이 이루어지지만 성실함으로는 개인의 삶이 돋보입니다.

Faithfulness is directed to fulfillment, and fulfillment is based on promise. Thus, it is dealt with on the background of the covenant that is made with promise. Faithfulness apart from the covenant is sincerity of individual quality. Faithfulness is based on promise, but sincerity is an attitude of living. With faithfulness togetherness life is fulfilled, but with sincerity individual life stands out.

하나님의 신실함은 그분 영으로 그분 백성에게 열매 맺어집니다. 그분 백성의 신실한 삶은 교회로 보입니다. 그러므로 교회로 사는 그리스도인들은 신실합니다. 이 경우 그리스도인들은 개인들이 아닙니다. 그리스도인들은 교회로 사는 사람들입니다. 그들은 새 언약의 백성이고, 교회는 새 언약의 삶입니다. 그러므로 그들은 신실한 교회의 신실한 교인들입니다.

God's faithfulness is borne to His people with His Spirit. The faithfulness of His people is seen through the church. Therefore, Christians who live with the church are faithful. In this case, Christians are not individuals. Christians are those who live with the church. They are the new covenant people, and the church the new covenant life. Therefore, they are faithful members of the faithful church.

16.8

Meekness(온유)

Jesus says: "Take my yoke upon you, and learn from Me; for I am meek and lowly in heart: and ye shall find rest unto your souls" Matt. 11:29. From this saying, it can be easily inferred that He has His own quality of meekness. Since He is meek, those who come to Him will find rest.

예수님은 말씀하십니다: "나는 마음이 온유하고 겸손하니 나의 멍에를 메고 내게 배우라 그리하면 너희 마음이 쉼을 얻으리니마태복음 11:29." 이 말씀으로부터 예수님은 온유한 성품을 지닌다고 쉬이 유추될 수 있습니다. 예수님이 온유하시기 때문에, 예수님에게 온 이들은 쉼을 압니다.

However, Jesus' story, i.e., the gospel, is the new covenant. Therefore, whatever is said of Him should be read as the new covenant theme. His meekness should be also read as a covenant theme rather than personal quality. He is covenantally meek rather than ontologically meek.

그렇지만 예수님의 이야기, 곧 복음은 새 언약입니다. 그러므로 예수님에 대해 말해진 것은 무엇이든 새 언약의 주제로 읽어져야 합니다.

예수님의 온유함도 또한 개인의 성품보다 언약의 주제로 읽어져야 합니다. 예수님은 존재론적으로 온유하기보다 언약적으로 온유하십니다.

Jesus' blessing in the beginning of the Sermon on the Mount was given for the life of His disciples, i.e., the covenant life of His disciples. Therefore, it should not be perceived as the blessing for the individuals to have blessed qualities. He blessed not for individuals but for the disciples.

산상보훈 시작에 나오는 예수님의 축복은 그분 제자들의 삶, 곧 그분 제자들의 언약의 삶을 위해 주어졌습니다. 그러므로 그것은 개인들이 축복된 성품을 갖기 위한 축복으로 지각되지 말아야 합니다. 예수님은 개인들이 아닌 제자들을 축복하셨습니다.

The kingdom of God was introduced for the covenant life. Jesus' teaching of it was for the covenant life with God's togetherness. Thus, the blessing for it was rendered to the blessing for the covenant life. He blessed those who entered it to live the covenant life. He was concerned with meekness in the covenant life rather than the worldly life.

하나님의 나라는 언약의 삶을 위해 도입되었습니다. 그에 대한 예수님의 가르침은 하나님 함께로 언약의 삶을 위함이었습니다. 따라서 그것을 향한 축복은 언약의 삶을 위한 축복으로 주어졌습니다. 그분은 그곳에 들어간 이들로 언약의 삶을 살도록 축복하셨습니다. 그분은 세상의 삶보다 언약의 삶에서 온유함에 대해 관심을 가졌습니다.

Especially, the part of the blessing for the meek in Matthew 5:5 is arranged with a covenant formulation. The statement, "the meek shall inherit the earth," appears in Psalm 37:11. In the covenant life, the earth is not possessed but inherited. Therefore, Matthew 5:5 implies that the meek live the covenant life.

특히 마태복음 5:5에 온유함에 대한 축복 부분은 언약의 형성으로 정리되었습니다. "온유한 자는 땅을 기업으로 받는다"는 진술은 시편 37:11에 나옵니다. 언약의 삶에서 땅은 소유되지 않고 유업이 됩니다. 그러므로 마태복음 5:5는 온유한 자는 언약의 삶을 사는 것을 뜻합니다.

In the individual life, everything is possessed. But in the covenant life of togetherness, it is not possessive because the covenant life is not an individual life. The land where people live is inherited. Therefore, they need not endeavor to possess their land. But they should be meek in order to live together.

개인의 삶에서 모든 것은 소유됩니다. 그러나 함께하는 언약의 삶에서, 개인의 삶이 아님으로, 소유되지 않습니다. 사람이 사는 땅은 유업으로 받습니다. 그러므로 그들은 땅을 소유하려고 노력할 필요가 없습니다. 그러나 그들은 함께 살기 위해 온유해야 합니다.

The Israelites in the OT lived their covenant life on the land that was inherited. Because they lived in the kingdom of the world, their life had to be sustained on the land. Therefore, it should be provided as a constituent of their covenant and, thus, covenantally inherited.

구약에서 이스라엘 백성은 유업으로 받은 땅에서 그들의 언약의 삶을 살았습니다. 그들은 세상 나라로 살았기 때문에, 그들의 삶은 땅에서 유지되어야 했습니다. 그러므로 땅은 그들 언약의 구성요소로 제공되어야 했고, 따라서 언약적으로 유업 되어야 했습니다.

But the kingdom of God is not fulfilled on the land, since it is not a kingdom of the world. The land does not matter for the kingdom of God. Nevertheless, the 'inhabitants' in it should be meek in order for them to live together. That is, the meek live in it. To the meek, the land on which they live is provided.

그러나 하나님 나라는 땅에 이루어지지 않습니다. 세상 나라가 아니기 때문입니다. 땅은 하나님 나라를 위해 문제가 되지 않습니다. 그렇지만 거기에 '거주민'은 함께 살기 위해 온유해야 합니다. 즉 온유한 자들은 거기에 삽니다. 온유한 자들에게 그들이 사는 땅은 제공됩니다.

The kingdom of God that Jesus taught is the new covenant life, contrasted to the kingdom of the world of the old covenant life. Even though the old covenant people lived on the same land, they did not get to be together. But the new covenant people live together with meekness.

예수님이 가르치신 하나님 나라는 옛 언약의 세상 나라와 대조되는 새 언약의 삶입니다. 옛 언약의 백성은 같은 땅에 살았더라도, 함께되지 못했습니다. 그러나 새 언약의 백성은 온유함으로 함께 삽니다.

Meekness is not personal quality but covenant fulfillment of togetherness. That is, it is not shown in the personal life but shown in the covenant life. The covenant life is meek as Jesus was meek. The life of the disciples is meek. The life of Christians is meek. Therefore, the church is meek.

온유함은 개인적 품성이 아닌 함께의 언약의 이루어짐입니다. 즉 개인의 삶에 보이지 않고 언약의 삶에 보입니다. 언약의 삶은 예수님이 온유하신 것처럼 온유합니다. 제자들의 삶은 온유합니다. 그리스도인의 삶은 온유합니다. 그러므로 교회는 온유합니다.

Meekness of the covenant life is guided by the Holy Spirit. It is contrasted to meekness that comes out of the individual heart. The covenant life is not the life of the people who are meek in heart. It is, rather, the life of togetherness with meekness guided by the Spirit, i.e., Spiritual meekness.

언약의 삶의 온유함은 성령님에 의해 인도됩니다. 그것은 개인의 마음에서 나오는 온유함과 대조됩니다. 언약의 삶은 마음이 온유한 사람들의 삶이 아닙니다. 그보다 영에 의해 인도된 온유함, 즉 영적 온유함으로 함께하는 삶입니다.

The covenant life of togetherness is fulfilled into meekness with the guidance of the Holy Spirit. That is, the covenant life that is meek in the world is Spiritual. Therefore, it is not expressed by any physical interaction with other forms of life. Spiritual meekness is not expressed to other individuals but fulfilled for togetherness.

함께하는 언약의 삶은 성령님의 인도하심으로 온유함으로 이루어집니다. 즉 세상에서 온유한 언약의 삶은 영적입니다. 그러므로 다른 형태의 삶과 육체적 상호작용으로 표현되지 않습니다. 영적 온유함은 다른 개인에게 표현되지 않고 함께로 이루어집니다.

But the meekness of life is not easily expressed in ordinary life. People ordinarily conceive of qualitative expression like meekness as individual virtue or religiosity. Since they usually think of individual quality, they regard life as the totality of the individual lives. That is, to them, life is reduced to individual lives.

그러나 삶의 온유는 보통 삶에서 쉽게 표현되지 않습니다. 사람들은 통상적으로 온유와 같은 품성적 표현은 개인의 덕이나 종교성으로 인지합니다. 그들은 평소에 개인의 품성을 생각하기 때문에, 삶을 개인 삶의 총체로 여깁니다. 즉 그들에게 삶은 개인 삶으로 환원됩니다.

But the Bible deals with covenant life rather than individual quality. Therefore, it does not use qualitative expressions to address the covenant life. But in ordinary life they are used to enhance individual moral or religious inclination. They characterize individuality which is the basic constituent of worldly life.

그러나 성경은 개인의 품성보다 언약의 삶을 다룹니다. 그러므로 언약의 삶을 말하기 위해 품성적 표현을 사용하지 않습니다. 그러나 보통 삶에서 품성적 표현은 개인의 도덕적 혹은 종교적 성향을 고양하기 위해 사용됩니다. 그것은 세상 삶의 기본 구성요인인 개인성을 특징짓습니다.

The Spirituality of meekness is an unfolding mode of the covenantal life of togetherness. That is, the Spiritual life in the Bible is meant to be applied not to individuals but to togetherness. Biblical

Spirituality is sensible for togetherness. Phrasing differently, Spirituality and togetherness are inseparable in the Bible.

온유함의 영성은 함께하는 언약의 삶의 펼쳐가는 양상입니다. 즉 성경에서 영적 삶은 개인이 아닌 함께에 적용되도록 의미됩니다. 성경적 영성은 함께로 의미 있습니다. 달리 표현하면, 영성과 함께는 성경에서 분리되지 않습니다.

The covenant togetherness is not physical but Spiritual. The physical togetherness by the law in the old covenant was not proper. Therefore, it was replaced by the Spiritual togetherness of the gospel in the new covenant. Here, the difference of the lawful togetherness and Spiritual togetherness has to be noted.

언약의 함께는 육체적이 아닌 영적입니다. 옛 언약에서 율법에 의한 육체적 함께는 적절하지 않았습니다. 그러므로 그것은 새 언약에서 복음의 영적 함께로 대체되었습니다. 여기서 율법적 함께와 영적 함께의 다름이 주목되어야 합니다.

Therefore, the term, "Spirituality," is associated with the covenant rather than individuality. It is not to be assessed by individuals. It is not to be remarked on in terms of individual awareness. It is used to separate the covenant life of togetherness. That's why the Biblical Spirituality is holy. Spirituality is set in the covenant.

그러므로 "영성"이라는 용어는 개인성보다 언약과 연관됩니다. 개인에 의해 가늠되지 않습니다. 개인의 각성으로 언급되지 않습니다. 함께하는 언약의 삶을 구별하기 위해 사용됩니다. 그 때문에 성경적 영성은 거룩합니다. 영성은 언약에 설정됩니다.

In this way, the Spirituality of meekness is to be asserted for the fulfillment of the covenant life of togetherness. Since it is asserted for the covenant life, it is addressed for its fulfillment. That is, it is not addressed to enhance individual quality of meekness. The narrative of Jesus' meekness is not to enhance individual quality by imitating it.

이렇게 해서 온유함의 영성은 함께하는 언약의 삶의 이루어짐을 위해 주장됩니다. 그것은 언약의 삶을 위해 주장되기 때문에 그 이루어짐을 위해 말해집니다. 즉 그것은 개인적 온유한 품성을 신장하기 위해 말해지지 않습니다. 예수님의 온유함 서사는 그것을 모방하는 개인적 품성을 신장하려하지 않습니다.

The narrative of Jesus, i.e., the gospel, is the new covenant. Therefore, His meekness is narrated as the covenant fulfillment. Because He is meek, the new covenant life is meek. It is a mistake to think that He can be imitated individually, since He is narrated not as an individual but as the new covenant.

예수님의 서사, 곧 복음은 새 언약입니다. 그러므로 그분의 온유함은 언약의 이루어짐으로 서사됩니다. 그분이 온유하시기 때문에, 새 언약의 삶이 온유합니다. 그분이 개인적으로 흉내 내어질 수 있다고 생각하는 것은 잘못입니다. 그분은 개인으로가 아니라 새 언약으로 서사되기 때문입니다.

Therefore, Jesus has to be narrated Spiritually. His meekness is Spiritual. In this respect, the Spiritual meekness rather than individual meekness has to be concerned with. Spirituality is dealt with for the covenant life of togetherness, but individuality is for the individual life of excellence. Spirituality should be separated from individuality.

그러므로 예수님은 영적으로 서사되어야 합니다. 예수님의 온유함은 영적입니다. 이 점에서 개인의 온유보다 영적 온유가 관심이 되어야 합니다. 영성은 함께하는 언약의 삶을 위해 다루어집니다. 그러나 개인성은 우수함의 개인적 삶을 위해 다루어집니다. 영성은 개인성으로부터 구별되어야 합니다.

The covenant awareness of Spirituality is preceded for the dealing of the Biblical quality terms like meekness. The quality terms in the gospel have Spiritual meaning. They are expressed for the fulfillment of the covenant life of togetherness. Therefore, they have a sense of separateness.

영성에 대한 언약의 각성은 온유와 같은 성경적 품성의 용어를 다루는데 전제됩니다. 복음에서 품성의 용어는 영적 의미를 지닙니다. 그것은 함께하는 언약의 삶의 이루어짐을 위해 표현됩니다. 그러므로 그것은 구별됨의 의미를 갖습니다.

The quality terms treated in the NT are Spiritual and covenantal. They are expressed for the fulfillment of the covenant life of togetherness. Phrasing differently, they are used for the separated life of the kingdom of God. Not the sense of betterness but the sense of separateness is the key point to be noted.

신약에서 다루어지는 품성 용어는 영적이고 언약적입니다. 함께하는 언약의 삶의 이루어짐을 위해 표현됩니다. 달리 말하면, 그것은 하나님 나라의 구별된 삶을 위해 사용됩니다. 나음의 뜻이 아닌 구별됨의 뜻이 주목되어야 될 관권입니다.

The new covenant life of togetherness, i.e., the kingdom of God, is fulfilled with the Spirituality of the gospel. Jesus came to the world for the fulfillment of the new covenant life, the kingdom of God, Therefore, His teaching should be read for its fulfillment. It cannot be interpreted as a wisdom of the earthly life or religious insight of enlightenment.

함께하는 새 언약의 삶, 곧 하나님의 나라는 복음의 영성으로 이루어집니다. 예수님은 세상에 새 언약의 삶, 곧 하나님의 나라를 이루시기 위해 오셨습니다. 그러므로 예수님의 가르침은 그 이루어짐을 위해 읽어져야합니다. 예수님의 가르침은 세상 삶의 지혜나 깨달음의 종교적인 통찰로 풀이될 수 없습니다.

The kingdom of God does not consist of individuals like the kingdom of the world. It is to be fulfilled for the life of togetherness. Therefore, Jesus' blessing or teaching is not directed to individuals. Rather, it is the proclamation of the kingdom of God. Its fulfillment is seen by Him. That is, what is taught by Him is disclosed by Him.

하나님 나라는 세상 나라와 같이 개인으로 구성되지 않습니다. 함께의 삶으로 이루어집니다. 그러므로 예수님의 축복이나 가르침은 개인을 향하지 않습니다. 그 보다 그것은 하나님 나라의 선포입니다. 하나님 나라의 이루어짐은 그분에 의해 보입니다. 즉 그분에 의해 가르쳐진 것은 그분 자신에 의해 드러납니다.

Jesus' blessing for the meek or Paul's account of meekness as fruit of the Holy Spirit is delivered for the life of the kingdom of God. Therefore, meekness should be conceived as Spirituality of the kingdom of God. It is what is to be borne as fruit of the Holy Spirit in the kingdom of God.

온유한 이들을 위한 예수님의 축복이나 성령님의 열매로 온유함에 대한 바울은 기술은 하나님 나라의 삶을 위해 전해집니다. 그러므로 온유함은 하나님 나라의 영성으로 인지되어야 합니다. 하나님 나라에서 성령님의 열매로 맺어질 것입니다.

As long as people think of the worldly life, they are only concerned with the individual life in the kingdom of the world. Then, they cannot have the perspective of the kingdom of God. They are not concerned with the covenant life of togetherness. They are only concerned with their own qualities.

사람들이 세상의 삶을 생각하는 한, 그들은 단지 세상 나라에서 개인의 삶에 관심을 갖습니다. 그러면 그들은 하나님 나라의 관점을 가질 수 없습니다. 그들은 함께하는 언약의 삶에 관심을 갖지 않습니다. 그들은 그들 자신의 품성에만 관심을 갖습니다.

Therefore, meekness should be conceived as Spirituality. It is not a mind quality but Spiritual fulfillment. It is shown in the Spiritually guided life. The life guided by the Holy Spirit is meek. To put it into the word of Paul, the kingdom of God is meekness in the Holy Spirit. Christians are meek in the Holy Spirit.

그러므로 온유는 영성으로 생각되어야 합니다. 마음의 품성이 아닌 영적 이루어짐입니다. 영적으로 인도된 삶에서 보입니다. 성령님에 의해 인도된 삶을 온유합니다. 바울의 말로 표현하면, 하나님 나라는 성령님 안에서 온유함입니다. 그리스도인들은 성령님 안에서 온유합니다.

Meekness as Spirituality is asserted for the fulfillment of the kingdom of God. If the fulfillment of meekness is not a concern, it is encouraged for individual cultivation of the mind. That is, apart from its fulfillment, there is no way to talk of meekness as anything other than individuality. Its fulfillment is the fruit of the Holy Spirit.

영성으로 온유는 하나님 나라의 이루어짐을 위해 주장됩니다. 온유의 이루어짐이 관심되지 못하면, 그것은 마음에 대한 개인적 수양으로 격려됩니다. 즉 온유의 이루어짐을 떠나 개인성이 아닌 다른 것으로 온유를 말할 길이 없습니다. 온유의 이루어짐은 성령님의 열매입니다.

Since Jesus is narrated in the kingdom of God, His meekness is observed as its Spirituality. His meekness should be seen as its fulfillment. Therefore, quality terms that are applied to Him in His narrative are Spiritual. They should not be regarded as individual qualities. Since Jesus is meek as Christ, meekness has to be seen as His being Christ.

예수님이 하나님 나라로 서사되기 때문에, 그분 온유함은 하나님 나라의 영성으로 주시됩니다. 그분 온유함은 하나님 나라의 이루어짐으로 보아져야 합니다. 그러므로 그분 서사에 그분에게 적용되는 품성의 용어는 영적입니다. 그것은 개인의 품성으로 여겨지지 말아야 합니다.

예수님은 그리스도로 온유하시기 때문에, 온유함은 예수님의 그리스도이심으로 보아져야 합니다.

Meekness as Spirituality conveys the sense of fulfillment, since Spirituality is what is to be fulfilled. What is to be fulfilled should be differentiated from what is to be cultivated. Jesus came to the world not to cultivate anything but to fulfill the will of God, since He did not come to the world as an individual.

영성으로 온유함은 이루어짐의 의미를 지닙니다. 영성은 이루어질 것이기 때문입니다. 이루어지는 것은 양육되는 것과 구별되어야 합니다. 예수님은 세상에 어떤 것을 양육하기 위해서 아닌 하나님의 뜻을 이루시기 위해 오셨습니다. 예수님은 개인으로 세상에 오지 않으셨기 때문입니다.

What is told in the kingdom of God is different from what is told in the kingdom of the world. The former is proclaimed and fulfilled in the world. But the latter is described and explained in the world. Therefore, the meekness of the kingdom of God is different from that of the kingdom of the world.

하나님 나라에서 말해지는 것은 세상 나라에서 말해지는 것과 다릅니다. 전자는 세상에서 선포되고 이루어집니다. 그러나 후자는 세상에서 서술되고 설명됩니다. 그러므로 하나님 나라의 온유함은 세상 나라의 온유함과 다릅니다.

집중(Focus)

성경에서 온유는 개인의 품성이 아닌 언약의 삶의 구성요인입니다. 언약의 삶은 온유합니다. 온유한 언약의 삶에 그 삶이 이루어질 땅이 유업으로 주어집니다. 따라서 온유한 언약의 삶을 사는 언약의 백성은 온유합니다. 언약이 이루어지기 때문에 온유함이 이루어집니다. 이 경우 온유한 이들은 세상에 태어난 사람들 가운데 온유한 품성을 지닌 사람들이 아닙니다.

Meekness in the Bible is not an individual quality but a constituent of the covenant life. The covenant life is meek. To the covenant life that is meek, its land is provided as inheritance. Thus, the covenant people who live the covenant life that is meek are meek. Meekness is fulfilled because the covenant is fulfilled. In this case, the meek are not those who have the quality of meekness among people of natural birth in the world.

예수님의 온유함은 예수님 개인의 온유함이 아닙니다. 따라서 개인적으로 예수님의 온유함을 닮아 온유함을 보이려는 것은 잘못입니다. 예수님의 서사인 복음은 새 언약입니다. 그러므로 복음에 담아진 예수님의 온유함은 새 언약의 삶의 온유함을 뜻합니다. 즉 예수님의 온유함은 새 언약의 삶으로 이루어지는 온유함입니다. 교회의 온유함입니다.

Jesus' meekness is not His personal meekness. Thus, it is a mistake to wish to show meekness individually liken His meekness. The gospel that is the narrative of Him is the new covenant. Therefore, His meekness in the gospel means meekness of the new covenant life. That is, His meekness is meekness that is fulfilled into the new covenant life. It is the meekness of the church.

성령님의 열매로 온유함은 교회의 온유함으로 보입니다. 예수님의 온유함이나 성령님의 열매로 온유함은 하나님과 함께하는 언약의 삶에서 서사됩니다. 그것은 개인적 온유한 품성으로 여겨지지 말아야 합니다. 세상에 드러나는 교회가 온유합니다. 예수님이 세상에 세를 과시하지 않으심으로 교회도 세상에서 세를 과시하지 않습니다. 온유한 예수님으로 온유한 교회입니다.

Meekness as fruit of the Holy Spirit is seen as meekness of the church. Jesus' meekness or meekness as fruit of the Holy Spirit is narrated in the covenant life of God's togetherness. It should not be regarded as a personal meek quality. The church unveiled in the world is meek. Since He does not show off His power in the world, the church also does not show off its power in the world. The meek church is due to meek Jesus.

16.9
Self-control(자제)

Self-control as the fruit of the Holy Spirit should not be confused with self-control of an individual. In the cultural context, self-control has been treated as a kind of individual virtue. The autonomy of an individual, i.e., individuality, is shown with his own self-control. That is, self-control is integrated into individuality.

성령님의 열매로 자제는 개인의 자제와 혼동하지 말아야 합니다. 문화적 맥락에서 자제는 개인의 덕 가운데 하나로 다루어져 왔습니다. 개인의 자율성, 곧 개인성은 자신의 자제로 보입니다. 즉 자제는 개인성에 통합됩니다.

Individual virtue is shown as the characteristic of individuality. Therefore, it is somehow accompanied with self-control, since individuality is, most of all, expressed as self-control. That is, various individual virtues are, in a sense, regarded as diversity of self-control, or self-control is considered as being embedded in individual virtues.

개인의 덕은 개인성의 특징으로 보입니다. 그러므로 어쨌든 자제를 동반합니다. 개인성은 대체로 자제로 표현되기 때문입니다. 즉 다양한

개인의 덕은 어느 의미에서 자제의 다양성으로 여겨집니다. 혹은 자제
는 개인의 덕에 깔려있다고 생각됩니다.

However, self-control of the Biblical context is different from
that of the cultural context, for the Bible does not deal with self.
Therefore, the former is not for setting up individuality. It is for
the obedient life of being together with God. That is, the Biblical
self-control is for a life of togetherness.

그렇지만 성경의 맥락에서 자제는 문화적 맥락에서 자제와 다릅니
다. 성경은 자아를 다루지 않기 때문입니다. 그러므로 전자는 개인성을
설정하기 위함이 아닙니다. 그것은 하나님과 함께하는 순종의 삶을 위
합니다. 즉 성경의 자제는 함께의 삶을 위합니다.

The Bible narrates that the created men became fallen because
they were disobedient to the commandment of God due to the in-
dulgence into their own propensity. Self-control for them is to con-
trol themselves not to be indulgent into their own propensity so as
to be together with God.

성경은, 창조된 사람들이 그들 자신들의 성향에 몰입됨에 따라 하나
님의 계명에 불순종했기 때문에, 타락하게 되었다고 서사합니다. 그들
에게 자제는 하나님과 함께하게 되도록 그들 자신들의 성향에 몰입되
지 않도록 자신들을 통제하는 것입니다.

The Biblical self-control is for the obedience of togetherness.
Since self-indulgence leads to the disobedience of being isolated,
self-control is to prevent self-indulgence. In this case, it cannot be

achieved by one's own will. What is achieved by one's own will is also the outcome of self-indulgence.

성경의 자제는 함께의 순종을 위함입니다. 자기 몰입이 고립되는 불순종으로 이끌기 때문에, 자제는 자기 몰입을 막으려는 것입니다. 이 경우 자제는 자신의 의지로 성취될 수 없습니다. 자신의 의지로 성취되는 것은 또한 자기 몰입의 소산입니다.

In the cultural context, the controller of self is oneself. But, in the Biblical context, the controller of self is the Holy Spirit. That's why self-control is affirmed as a fruit of the Holy Spirit. Consequently, self-control of not willfulness but Spirituality has to be envisaged. That is, not self-control of controlling self but self-control of being guided by the Holy Spirit has to be concerned with.

문화적 맥락에서 자아의 통제자는 자신입니다. 그러나 성경의 맥락에서 자아의 통제자는 성령님이십니다. 그 때문에 자아는 성령님의 열매로 확언됩니다. 따라서 의지성이 아닌 영성의 자제가 착상되어야 합니다. 즉 자아를 통제하는 자제가 아닌 성령님에 의해 인도된 자제가 관심되어야 합니다.

Self-control as Spirituality is, in a sense, the departure from individuality. The Spirituality of self-control is different from the individuality of self-control. In terms of the former, self is controlled in the Spiritual life. Put it into Paul's terminology, self is dead in the Spiritual life. Therefore, Christians have to have a keen sense of difference between the Spirituality of self-control and individuality of self-control.

영성으로 자제는 어느 의미에서 개인성을 떠남입니다. 자제의 영성은 자제의 개인성과 다릅니다. 전자로는 자아가 영적인 삶에서 통제됩니다. 바울의 용어로 표현하면, 자아는 영적 삶에서 죽습니다. 그러므로 그리스도인들은 자제의 영성과 자제의 개인성 사이의 다름에 대한 예민한 감각을 가져야 합니다.

The Spirituality of self-control is not to be achieved but to be fulfilled. In the individual life, even self-control is what can be achieved with endeavor. In the midst of individual life, the Spirituality of self-control for togetherness is fulfilled. It is not what is to be achieved but what is to be fulfilled.

자제의 영성은 성취되지 않고 이루어집니다. 개인의 삶에서, 자제조차도 노력으로 성취되는 것입니다. 개인의 삶 가운데, 함께를 위한 자제의 영성은 이루어집니다. 그것은 성취되는 것이 아니라 이루어지는 것입니다.

God's togetherness unfolds with the guidance of the Holy Spirit for the fulfillment of self-control. With His togetherness, His people come to be together with Him with the fulfillment of self-control. Phrasing differently, self-control is fulfilled with His togetherness. Thus, self-control with His togetherness goes opposite to self-indulgence into the fall.

하나님 함께는 자제의 이룸을 위해 성령님의 인도하심으로 펼칩니다. 그분 함께로 그분 백성은 자제의 이루어짐으로 그분과 함께하게 됩니다. 달리 표현하면, 자제는 그분 함께로 이루어집니다. 따라서 하나님 함께로 자제는 타락으로 자기 몰입에 반대로 갑니다.

In cultural life, self-control is achieved by self. However, with God's togetherness, self-control is fulfilled to His people in the covenant life. That is, with His togetherness, His people live a self-controlled life of togetherness. This is one of the main themes with which the Bible narrates.

문화적 삶에서 자제는 자아에 의해 성취됩니다. 그렇지만 하나님 함께로, 자제는 언약의 삶에서 그분 백성에게 이루어집니다. 즉 그분 함께로, 그분 백성은 함께하는 자제된 삶을 삽니다. 이것이 성경이 서사하는 주된 주제 가운데 하나입니다.

Self-control as fulfillment opens up the Spiritual realm. It is Spiritual grace. But most people consider that self-control is what is to be achieved, Thus, they express it with will rather than grace. What they show is achieved self-control rather than fulfilled self-control. But achieving self-control is a virtue, since it is achieved by self-will.

이루어짐으로 자제는 영적 영역을 엽니다. 그것은 영적 은혜입니다. 그러나 대부분 사람들을 자제가 성취되는 것으로 여깁니다. 따라서 그들은 그것을 은혜로 보다 의지로 표현합니다. 그들이 보이는 것은 이루어진 자제이기 보다 성취된 자제입니다. 그러나 성취된 자제는 덕입니다. 그것은 자기 의지로 성취되기 때문입니다.

Self-control with grace rather than will is supposed to be seen in the covenant life of togetherness. However, it is not seen in the old covenant life. Since the old covenant life is regulated by the law, it requires self-control with will. Therefore, it is not graceful. The requirement of the law is, in a sense, a requirement of self-control in accordance with it.

의지보다 은혜로 자제는 함께하는 언약의 삶에서 보아져야 됩니다. 그렇지만 그것은 옛 언약의 삶에서 보이지 않습니다. 옛 언약의 삶은 율법으로 규정되기 때문에, 의지로 자제를 요구합니다. 그러므로 그것은 은혜롭지 않습니다. 율법의 요구는 어느 의미에서 그에 따른 자제의 요구입니다.

Therefore, the law is regarded as the regulation for self-control. Those who keep it show self-control in accordance with it. It is for the individuals to control themselves so as to live in accordance with its requirements. Therefore, it eventually enhances individuality. It preserves the individuals who keep it.

그러므로 율법은 자제를 위한 규제로 여겨집니다. 율법을 지키는 이들은 그에 따른 자제를 보입니다. 율법은 개인들이 자신들을 통제하여 그 요구를 따라 살도록 하는 것입니다. 그러므로 그것은 결국 개인성을 고양합니다. 그것을 지키는 개인들을 보전합니다.

For this reason, in the old covenant life with the law, people live with self-control in accordance with the law. But, here, self-control is what is achieved rather than what is fulfilled. Therefore, people who live in the old covenant life are boastful with self-righteousness rather than gracefulness.

이 때문에 율법으로 옛 언약에서, 사람들은 율법에 따른 자제로 삽니다. 그러나 여기서 자제는 이루어진 것이기 보다 성취된 것입니다. 그러므로 옛 언약의 삶을 사는 사람들은 은혜롭기보다 자기 의로 자랑합니다.

Self-control as togetherness should not be confused with self-control as virtue. The former is for the Biblical life, but the latter the cultural life. The former is for togetherness, but the latter for self-elevation. These days, even Christians are so confused that they are indulged in the latter.

함께로 자제는 덕으로 자제와 혼동되지 말아야 합니다. 전자는 성경의 삶을 위함입니다. 그러나 후자는 문화적 삶을 위함입니다. 전자는 함께를 위함입니다. 그러나 후자는 자기 고양을 위함입니다. 지금 그리스도인들조차도 혼동되어서 후자에 몰입됩니다.

Obedience is generally considered self-control. The Biblical obedience of the word of God is easily understood as self-control in accordance with it. In this case, it is regarded as the law-like commandment. This feature is seen by the Israelites in the OT. In this feature, obedience is seen in the physical side.

순종은 일반적으로 자제로 여겨집니다. 하나님의 말씀에 대한 성경의 순종은 그에 따른 자제로 쉬이 이해됩니다. 이 경우 하나님의 말씀은 율법과 같은 계명으로 고려됩니다. 이 양상은 구약의 이스라엘 백성에 의해 보입니다. 이 양상에서 순종은 육체적 면에서 보입니다.

Then, the obedience of the word of God only results in the achieved self-control. Thus, the covenant life of obedience is shown by individuals with achieved self-control. As long as the word of God is considered what is given for obedience, this outcome of the achievement of self-control is inevitable.

그러면 하나님 말씀의 순종은 단지 성취된 자제를 초래합니다. 따라서 순종의 언약의 삶은 성취된 자제로 개인들에 의해 보입니다. 하나님의 말씀이 순종을 위해 주어진 것으로 여겨지는 한, 이 자제의 성취의 소산은 불가피합니다.

This feature is apparent in the case that the word of God is regarded as the law. Its obedience is nothing but an achieved self-control in accordance with it. The old covenant life of the Israelites was shown by their achievement of self-control. In this case, the achievement of self-control can be judged in terms of physical criteria.

이 양상은 하나님의 말씀을 율법으로 고려되는 경우 확실합니다. 그 순종은 그것에 따른 성취된 자제일 뿐입니다. 이스라엘 백성의 옛 언약은 그들 자제의 성취로 보였습니다. 이 경우 자제의 성취는 육체적 기준으로 판단될 수 있습니다.

Seen from the perspective of achievement, moral encouragement and the obedience of the law are not different. Both of them are directed to the achievement of either moral or legal behavior. Individual achievement reflects individual capacity. And individual capacity is developed in accordance with the common standard.

성취의 관점으로 보아지면, 도덕적 격려와 율법의 순종은 다르지 않습니다. 그 둘 다 도덕적이거나 율법적인 행위의 성취로 향합니다. 개인의 성취는 개인의 역량을 반영합니다. 그리고 개인의 역량은 공통의 표준을 따라 개발됩니다.

The limitation of the old covenant life of the Israelites lies in this trend. They, after all, showed the obedience to the word of God with their own capacity. Therefore, what was shown by them was their capacity rather than His togetherness with His word. They were driven to reach a higher standard individually.

이스라엘 백성의 옛 언약의 삶의 한계는 이 경향에 있습니다. 그들은 결국 하나님의 말씀에 대한 순종을 그들 자신들의 역량으로 보였습니다. 그러므로 그들에 의해 보인 것은 그분 말씀으로 그분 함께보다 그들 자신들의 역량이었습니다. 그들은 개인적으로 보다 높은 표준에 이르려고 치달아졌습니다.

For this reason, the fulfillment side of self-control should be seriously concerned with. The fulfillment of self-control is unveiled as the Spirituality of self-control. That is, self-control is visible with the guidance of the Holy Spirit. It is visible in the guided life of the Holy Spirit. Not self but self-control appears in the covenant life of togetherness.

이 때문에 자제의 이루어짐의 측면이 심각하게 관심되어야 합니다. 자제의 이루어짐은 자제의 영성으로 드러납니다. 즉 자제는 성령님의 인도하심으로 보입니다. 그것은 성령님에 의해 인도된 삶에서 보입니다. 자아가 아닌 자제가 함께하는 언약의 삶에 나타납니다.

Fulfillment is associated with God's will; on the other hand, achievement is associated with man's will. Fulfillment narrative is expounded with His togetherness, but achievement discourse with his endeavor. The writings of His togetherness unfolds with a fulfillment narrative, but the writings of his endeavor exhibits a success story.

이루어짐은 하나님의 뜻과 연관됩니다. 다른 한편, 성취는 사람의 뜻과 연관됩니다. 이루어짐 서사는 그분의 함께로 상술됩니다. 그러나 성취 담화는 자신의 노력으로 상술됩니다. 그분 함께의 글은 이루어짐 서사로 펼칩니다. 그러나 자신 노력의 글은 성공 이야기를 내보입니다.

God's fulfillment of self-control is the basic expression of His togetherness. His togetherness is narrated from the perspective of fulfillment. Therefore, it should not be confused with His presence which has an ontological sense. His presence, likewise His existence or His Being, is the outcome of man's thought.

자제의 하나님 이루심은 그분 함께의 기본 표현입니다. 그분 함께는 이루어짐의 관점에서 서사됩니다. 그러므로 그것은 존재론적 의미를 지닌 그분 임재와 혼동되지 말아야 합니다. 그분 임재는 그분의 있음이나 그분의 존재와 같이 사람 사고의 소산입니다.

God's togetherness is fulfilled in self-control. Self-control with His togetherness is Spiritual. The Spirituality of self-control is the disclosure of His togetherness. For this reason, self-control is fulfilled into togetherness. It is fulfilled into the covenant life. Self is not a covenant term, but self-control is a covenant term.

하나님 함께는 자제로 이루어집니다. 그분 함께와 더불어는 자제는 영적입니다. 자제의 영성은 그분 함께의 드러남입니다. 이 때문에 자제는 함께로 이루어집니다. 언약의 삶으로 이루어집니다. 자아는 언약의 용어가 아니지만, 자제는 언약의 용어입니다.

Although the Bible is narrated from the perspective of the fulfillment of the word of God, its readers are accustomed to read it from the perspective of the achievement of their own understanding of it. They think that it instructs what they have to do, and what they have to do has a comparative sense.

성경은 하나님 말씀의 이루어짐의 관점으로 서사되지만, 성경의 독자는 성경에 대한 그들 자신들의 이해 성취의 관점으로부터 성경을 읽기에 익숙해집니다. 그들은 성경이 그들이 해야 될 것을 지시하는 것으로 생각합니다. 그리고 그들이 해야 할 것은 비교적인 의미를 갖습니다.

Because of this tendency, people believe that the obedience of God's word can be shown by their own achievement of self-control in accordance with His word. And they claim that they are in accordance with His word with their own will. In this way, they become individualized even if they claim that they live in accordance with His word.

이 경향으로 사람들은 하나님 말씀의 순종이 그분 말씀을 따른 자제에 대한 그들 성취로 보일 수 있다고 믿습니다. 그리고 그들은 그들 자신들의 의지로 그분 말씀을 따른다고 주장합니다. 이렇게 해서 그들은, 그분 말씀을 따라 산다고 주장하더라고, 개인화되게 됩니다.

The Spirituality of self-control overcomes this problem. Since self-control is guided by the Holy Spirit, it cannot be claimed as what is achieved. Since it is Spiritually guided, it is the disclosure of God's togetherness. In this way, the covenant self-control is ascertained. Covenant obedience connotes covenant self-control.

자제의 영성은 이 문제를 극복합니다. 자제가 성령님에 의해 인도되기 때문에, 성취되는 것이라고 주장될 수 없습니다. 그것은 영적으로 인도되기 때문에, 그분 함께의 드러남입니다. 이렇게 해서 언약의 자제가 규명됩니다. 언약의 순종은 언약의 자제를 함축합니다.

Apart from God's togetherness, there is no way to assert the fulfillment of self-control. Without the sense of fulfillment, there is no way to grasp the meaning of His word. His word is basically what is to be fulfilled. That is, His word cannot be read apart from His togetherness. That is, it cannot be read without self-control.

하나님 함께를 떠나 자제의 이루어짐을 단언할 길이 없습니다. 이루어짐의 의미 없이 그분 말씀의 뜻을 파악할 길이 없습니다. 그분 말씀은 기본적으로 이루어질 것입니다. 즉 그분 말씀은 그분 함께를 떠나 읽어질 수 없습니다. 즉 그것은 자제 없이 읽어질 수 없습니다.

Because of the sense of fulfillment, God's word cannot be dealt with ontologically. Fulfillment does not mean what will be. Therefore, His word and fulfillment are covenantal rather than ontological. His word is for what is to be fulfilled rather than what will be. What people have to do is also what will be, since they are what is in the world.

이루어짐의 의미 때문에 하나님의 말씀은 존재론적으로 다루어질 수 없습니다. 이루어짐은 있을 것을 뜻하지 않습니다. 그러므로 그분 말씀과 이루어짐은 존재론적이기 보다 언약적입니다. 그분 말씀은 있을 것으로보다 이루어질 것을 위합니다. 사람이 해야 할 것은 또한 있을 것입니다. 그들이 세상에 있는 것이기 때문입니다.

The life of fulfillment is covenantal. But the life of achievement is ontological. The Biblical life is a life of fulfillment. The following of Jesus is fulfillment, and the guidance of the Holy Spirit is fulfillment. The covenant life with God's togetherness is fulfillment. Therefore, the Bible has to be read from the perspective of fulfillment.

이루어짐의 삶은 언약적입니다. 그러나 성취의 삶은 존재론적입니다. 성경의 삶은 이루어짐의 삶입니다. 예수님을 따름은 이루어짐입니다. 그리고 성령님의 인도하심은 이루어짐입니다. 하나님 함께로 언약의 삶은 이루어짐입니다. 그러므로 성경은 이루어짐의 관점으로 읽어져야 합니다.

집중(Focus)

자제가 자신의 의지로 보이면 오히려 자아의 세움이 됩니다. 의지로 실현된 정제된 자아를 보입니다. 그래서 자제는 개인의 덕으로 장려됩니다. 개인의 덕은 무엇이든 자제된 양상으로 드러납니다. 덕을 위한 어떤 수련도 자제를 수반합니다. 따라서 자제는 자아 고양에 빠지게 됩니다. 이 점에서 자제는 자기 세움입니다. 자제된 개인들은 각기 개인성을 강하게 보입니다.

If self-control is shown by self will, it comes to build up one's self. It shows a refined self that is realized by will. Thus, it is encouraged as an individual virtue. Individual virtue, whatever it is, appears as self-controlled mode. Any cultivation for virtue is accompanied with self-control. Thus, self-control is trapped into self-elevation. In this respect, it is the upbuilding of self. Self-controlled individuals strongly show individuality respectively.

개인으로 자제가 아닌 함께로 자제가 동틉니다. 함께의 자제는 이루어집니다. 자제가 실현되기보다 이루어지면 개인성이 세워지지 않습니다. 즉 자아가 드러나지 않습니다. 하나님의 함께는 자아를 내세우며 이루어질 수 없습니다. 따라서 하나님 함께는 이루어진 함께의 자제를 수반합니다. 이 점에서 예수님이 십자가에 하나님 함께가 드러난다고 합니다.

Not self-control as individuals but self-control as togetherness is dawned. Self-control of togetherness is fulfilled. If it is fulfilled rather than realized, individuality is not upbuilt. That is, the self has not appeared. God's togetherness cannot be fulfilled by showing self. Thus, His togetherness is accompanied with fulfilled self-control of togetherness. In this respect, it is said that God's togetherness is unveiled on the cross of Jesus.

그리스도인들은 자제됩니다. 그들은 자제를 성령님의 열매로 맺습니다. 그들은 그들의 활동을 성령님의 은사로 보이지 자아의 덕으로 보이지 않습니다. 따라서 그들은 교회로 활동하지 개인으로 활동하지 않습니다. 그들은 영적으로 인도되니 아무 것도 개인적으로 실현하지 않습니다. 그들은 이루어지는 교회 삶을 삽니다. 이 경우 교회는 기관으로 보이지 않습니다.

Christians are self-controlled. They bear it as fruit of the Holy Spirit. They show their activity not in terms of virtue of self but as gifts of the Holy Spirit. Thus, they do not act as individuals but act with the church. Since they are Spiritually guided, they do not realize anything individually. They live the church life that is fulfilled. In this case, it is not seen as an institute.

Part 17

The Trinity

(삼위일체)

17.1

The Trinity(삼위일체)

The word "trinity" does not appear in the Bible; therefore, it is not a Biblical term. But the traditional theologians want to formulate the doctrine of the Biblical God in terms of it. They claim that the Biblical God is the trinitarian God and set it as the basis of the orthodox Christian faith.

"삼위일체"라는 말은 성경에 나오지 않습니다. 그러므로 성경 용어가 아닙니다. 그러나 전통적 신학자들은 성경의 하나님 교리를 그것으로 형성하려고 했습니다. 그들은 성경의 하나님은 삼위일체의 하나님이라고 주장하고 또 그것을 정통 그리스도교 믿음의 근거로 설정합니다.

Like other doctrines, the trinity doctrine was also formulated in terms of the ontological language. The traditional theologians tried to interpret the Biblical narrative in terms of ontological language. Since Greek philosophy whose main subject was ontology was the dominant cultural language, they wanted to introduce the Biblical content in terms of ontological vocabularies.

다른 교리들과 마찬가지로 삼위일체 교리도 또한 존재론적 언어로 형성되었습니다. 전통적 신학자들은 성경의 서사를 존재론적 언어로 해석하려고 했습니다. 주된 주제가 존재론인 그리스 철학이 지배적 문화적 언어였음으로, 그들은 성경의 내용을 존재론적 어휘로 소개하려고 했습니다.

Paul concludes some of his letters with the benediction, "The grace of the Lord Jesus Christ, and the love of God, and the communion of the Holy Spirit be with you all. Amen" [2 Cor. 13:14]. He proclaims his benediction with all of the three, God, Jesus, and the Holy Spirit, together. Since his benediction is the conclusive remark of his letter, his letter is assessed to be developed with the theme of togetherness of God, Jesus, and the Holy Spirit.

바울은 그의 몇 편 편지를 "주 예수 그리스도의 은혜와 하나님의 사랑과 성령님의 교통하심이 너희 무리와 함께 있을 지어다[고후 13:13]" 라는 축도로 끝맺습니다. 그는 그의 축도를 하나님, 예수님, 성령님 세 분 모두 함께로 선포합니다. 그의 축도가 편지의 결론적 언급이기 때문에, 그의 편지는 하나님, 예수님, 그리고 성령님이 함께하는 주제로 전개된다고 평가됩니다.

Overall the NT narratives are guided with either one, two, or all three: God, Jesus, and the Holy Spirit. Therefore, as seen in Paul's benediction, they are, somehow, supposed to be put together. Then, the question is: how are they supposed to be put together? Or what is the meaning of their being put together?

전반적 신약 서사는 하나님, 예수님, 성령님 가운데 한 분, 두 분 혹은 모두에 의해 이끌어집니다. 그러므로 바울의 축도에서 보이듯 그분들은 어떻든 함께 두어지셔야 합니다. 그렇다면 질문은 이렇습니다: 어떻게 그분들은 함께 두어지실 수 있습니까? 혹은 그분들이 함께 두어지는 뜻이 무엇입니까?

The doctrine of the trinity is formulated in terms of the ontological nature of God, Jesus, and the Holy Spirit. It claims that they are three persons but consist of one body. That is, they have different ontological status of personality but have one ontological status of body.

삼위일체 교리는 하나님, 예수님, 성령님의 존재론적 속성으로 형성됩니다. 그것은 그분들은 세 분의 위시지만 한 몸을 구성하신다고 주장합니다. 즉 그분들은 위로는 셋 다른 존재론적 신분이지만 몸으로는 한 존재론적 신분을 갖습니다.

Anyway, the doctrine of the trinity is formulated in the scheme of the interpretation of God, Jesus, and the Holy Spirit in terms of the dominant cultural language of ontology. In its formulation, the ontological nature of God, Jesus, and the Holy Spirit are the guiding themes because they are ontologically objectified.

어떻든 삼위일체 교리는 하나님, 예수님, 그리고 성령님을 지배하는 존재론의 문화 언어로 해석하는 개요로 형성되었습니다. 그 형성에서, 하나님, 예수님, 그리고 성령님은 존재론적으로 대상화되었기 때문에, 그분들의 존재론적 본성은 이끄는 주제입니다.

And the doctrine of the trinity is designed to preserve the Biblical tradition of monotheism. Thus, it tells of the one God with three persons. At any rate, it is an objective account of God. That is, it proposes to tell Christians who their God is so that they may confirm one another that their God is the trinitarian God.

그리고 삼위일체 교리는 성경의 유일신 전통을 보전하기 위해 고안되었습니다. 따라서 그것은 세 위로 한 하나님을 말합니다. 어떻든 그것은 하나님의 대상적 기술입니다. 즉 그것은 그리스도인들에게 그들 하나님이 누구신지 들려주어 그들이 서로서로 그들 하나님이 삼위일체 하나님이시라고 확인하게 합니다.

Therefore, the doctrine of the trinity is formulated to teach Christians the orthodox view of God whom they believe in. Regardless of its clear-cut ontological meaning, they are taught to be acquainted with the phrase, "the trinitarian God." In this way, they confess that their God is the trinitarian God even though they do not know its meaning clearly.

그러므로 삼위일체 교리는 그리스도인들에게 그들이 믿는 하나님의 정통 관점을 가르치기 위해 형성됩니다. 분명한 존재론적 의미에 불구하고, 그들은 "삼위일체 하나님"이라는 어구에 친밀하도록 가르쳐집니다. 이렇게 해서 그들은, 그 분명한 뜻을 모르더라도, 그들의 하나님이 삼위일체 하나님이라고 고백합니다.

At any rate, "trinity" is not a Biblical but doctrinal term. Nevertheless, the trinity is the orthodox teaching of God that the traditional church maintains. His nature is not easily understood by even Christians, but they just put on their lips "the trinitarian God" rather than "God." For the trinitarian God, His togetherness is still in question.

어떻든 "삼위일체"는 성경적이 아닌 교리적 용어입니다. 그렇지만 삼위일체는 전통 교회가 유지하는 하나님에 대한 정통적 가르침입니다. 그분 속성은 그리스도인들조차도 이해하기 쉽지 않습니다. 그러나 그들은 "하나님" 보다 "삼위일체 하나님"을 입술에 올립니다. 삼위일체 하나님에 대해선 그분 함께는 여전히 문제입니다.

Nevertheless, there is a difference between Paul's introduction of God, Jesus, and the Holy Spirit in his benediction and the traditional theologians' formulation of the trinity. He does not teach who God is but blesses with reference to the grace of the Lord Jesus Christ, the love of God, and the communion of the Holy Spirit.

그렇지만 바울의 하나님, 예수님, 그리고 성령님의 축도에 도입과 전통적 신학자들의 삼위일체 형성 사이엔 다름이 있습니다. 바울은 하나님이 누구인지 가르치지 않고 주 예수 그리스도의 은혜와 하나님의 사랑과 그리고 성령님의 교통하심에 준하여 축복합니다.

The doctrinal formulation of God is somewhat odd from the Biblical perspective. In the Bible, He reveals Himself directly to His people. They only reflect His revelation upon themselves. They do not recapitulate Him with their own understandable terms. The Biblical word is not the word of understanding.

하나님의 교리적 형성은 성경의 관점에서는 좀 이상합니다. 성경에서 하나님은 그분 백성에게 자신을 직접적으로 계시하십니다. 그들은 단지 그들 자신에게 그분 계시를 반영합니다. 그들은 그들이 이해할 수 있는 용어로 그분을 재현하지 않습니다. 성경의 말은 이해의 말이 아닙니다.

The Biblical word is covenantal. Paul's benediction is cove-
nantal, for his quoted benediction is a blessing for the Corinthian
Christians. He blesses them with the invocation that the grace of
the Lord Jesus Christ, and the love of God, and the communion of
the Holy Spirit be with them all.

성경의 말은 언약적입니다. 바울의 축도는 언약적입니다. 인용된 그
의 축도는 고린도 교인들을 향한 축복입니다. 그는 그들에게 주 예수
그리스도의 은혜와 하나님의 사랑과 성령님의 교통하심이 그들 모두
와 함께하기를 기원함으로 축복합니다.

Paul's benediction mainly emphasizes togetherness of God, Je-
sus, and the Holy Spirit with the Corinthian Christians. That is, all
three: God, Jesus, and the Holy Spirit are mentioned for the togeth-
erness with the Christians. He does not give any remark of their
nature but only affirms that they are together with the Christians.

바울의 축도는 전반적으로 하나님, 예수님, 그리고 성령님의 고린도
교인들과 함께하심을 강조합니다. 즉 하나님, 예수님, 그리고 성령님
세 분 모두가 그리스도인들과 함께하심을 위해 언급됩니다. 그는 그분
들의 속성에 대한 어떤 언급도 주지 않고, 단지 그분들이 그리스도인들
과 함께하시는 것을 확언합니다.

Paul's concern is not about who God, Jesus, or the Holy Spirit is
but about that they are all together with Christians. They are cove-
nantally together with their people. Not their identity or nature but
their togetherness is covenantally narrated. They become known
with their togetherness.

바울의 관심은 하나님, 예수님, 그리고 성령님이 누구신지 아니라 그분들이 모두 그리스도인들과 함께하신다는 것입니다. 그분들은 언약적으로 그분 백성과 함께하십니다. 그분들의 독자성이나 속성이 아닌 그분들 함께하심이 언약적으로 서사됩니다. 그분들은 그분들의 함께로 알게 됩니다.

The traditional doctrines are the outcome of the interpretation of the covenant togetherness into the ontological being. Especially the doctrine of the trinity shows this tendency clearly. Togetherness of God, Jesus, and the Holy Spirit with their people is interpreted in the ontological Being of one body with three persons.

전통적 교리는 언약의 함께를 존재론적 존재로 해석함의 소산입니다. 특히 삼위일체 교리는 이 경향을 분명히 보입니다. 하나님, 예수님, 그리고 성령님의 그분들 백성과 함께는 삼위로 한 몸의 존재론적 존재로 해석됩니다.

Any ontological interpretation is unfit to the covenant narrative of the Bible. God's word is the word from and for His togetherness. Therefore, there is no way to tell of Him with His word apart from His togetherness. This means that there will be no Biblical justification for the ontological formulation of Him.

어떤 존재론적 해석도 성경의 언약적 서사에 맞지 않습니다. 하나님의 말씀은 그분 함께로부터 또 그분 함께를 위한 말씀입니다. 그러므로 그분 함께로부터 떠나 그분 말씀으로 그분을 말할 길이 없습니다. 이것은 그분의 존재론적 형성에 대해 성경적 정당성이 없을 것이라는 뜻입니다.

God is told with His togetherness. This is the basic covenantal statement. With His togetherness, the covenant God and the covenant people are narrated. They are the counterparts of togetherness. The covenant God is the God of the covenant people, and the covenant people are the people of the covenant God.

하나님은 그분 함께로 말해집니다. 이것은 기본적 언약의 진술입니다. 그분 함께로 언약의 하나님과 언약의 백성은 서사됩니다. 그들은 함께의 대응부입니다. 언약의 하나님은 언약 백성의 하나님이십니다. 그리고 언약의 백성은 언약의 하나님의 백성입니다.

Therefore, apart from the covenant God, the covenant people cannot be narrated. And apart from the covenant people, the covenant God cannot be affirmed. Thus, Psalm 100 recites: "Know that the LORD, He is God; it is He who has made us, and not we ourselves; We are His people and the sheep of His pasture" vs. 3.

그러므로 언약의 하나님으로부터 떠나 언약의 백성은 서사될 수 없습니다. 그리고 언약의 백성으로부터 떠나 언약의 하나님은 확언될 수 없습니다. 따라서 시편 100편은 암송합니다: "여호와가 우리 하나님이신 줄 너희는 알지어다 그는 우리를 지으신 이요 우리는 그의 것이니 그의 백성이요 그의 기르시는 양이로다3절."

But with the trinitarian God, we cannot affirm that we are His people. That is, with Him His people have no sense at all. Since He is no more the covenant God, He is no more the God of the covenant people. He is the God of individuals who regard themselves as ontological beings.

그러나 삼위일체 하나님으로, 우리는 우리가 그분의 백성이라고 확언될 수 없습니다. 즉 그분으로 그분의 백성은 전혀 의미가 없습니다. 그분은 더 이상 언약의 하나님이 아님으로 더 이상 언약의 백성의 하나님이 아닙니다. 그분은 자신들을 존재론적 존재라고 여기는 개인들의 하나님입니다.

The doctrine of the trinity dissolves the covenant togetherness. Then, God becomes the personal God of individuals. It connotes oneness rather than togetherness. Thus, it gives the individual Christians who attend the church the general consensus about their common God. But they are not the covenant people.

삼위일체 교리는 언약의 함께를 해체합니다. 그러면 하나님은 개인들의 사적 하나님이 됩니다. 삼위일체 교리는 함께보다 하나를 함축합니다. 따라서 그것은 교회에 다니는 개인 그리스도인들에게 그들의 공통 하나님에 대한 일반적 합의를 줍니다. 그러나 그들은 언약의 백성이 아닙니다.

The monotheism in the OT was the covenant monotheism. The LORD was the only God to the Israelites. But in the land of Canaan there were other people who had their own gods. Therefore, the Israelites did not claim monotheism objectively. Their monotheism was covenantal, not ontological.

구약의 유일신론은 언약의 유일신론이었습니다. 주님은 이스라엘 백성에게 유일한 하나님이었습니다. 그러나 가나안 땅에는 자신들의 신들을 가진 다른 사람들이 있었습니다. 그러므로 이스라엘 백성들은 유일신론을 객관적으로 주장하지 않았습니다. 그들의 유일신론은 언약적이지 존재론적이지 않았습니다.

The Israelites were together with their covenant God. Those who were not together with Him were outcasted. They had a monotheistic covenant life with their covenant God. With the respect of His togetherness, they were the monotheistic covenant people. With covenant monotheism, they lived a monotheistic covenant life.

이스라엘 백성은 그들 언약의 하나님과 함께하였습니다. 그분과 함께하지 않은 이들은 추방되었습니다. 그들은 그들 언약의 하나님과 유일신적 언약의 삶을 살았습니다. 그분 함께의 관점으로 그들은 유일신적 언약의 백성이었습니다. 언약의 유일신론으로 그들은 유일신적 언약의 삶을 살았습니다.

Apart from God's togetherness, the claim of monotheism is senseless. It is clumsy to affirm to have faith in the same God apart from His togetherness. The claim of monotheism is sensible among people with whom God is together. The God who is together with the covenant people is the monotheistic God.

하나님 함께로부터 떠나 유일신론의 주장은 무의미합니다. 그분 함께를 떠나 같은 하나님을 믿는다고 확언하는 것은 어색합니다. 유일신론의 주장은 하나님이 함께하시는 백성 가운데 의미 있습니다. 함께하시는 하나님이 유일신적 하나님이십니다.

The claim of the same god by individuals has no basis. As long as they do not live together, their alleged sameness is groundless. That is, the sameness can be claimed in the life of togetherness.

But since individuals are conscious of independently, their claim of the same god is untenable because their god is thought of or felt in their consciousness.

　개인들에 의한 같은 신의 주장은 근거가 없습니다. 그들이 함께 살지 않는 한, 그들의 주장된 같음은 근거가 없습니다. 즉 같음은 함께의 삶에서 주장될 수 있습니다. 그러나 개인들은 독립적으로 의식하기 때문에, 그들의 같은 신에 대한 주장은 지지될 수 없습니다. 그들의 신은 그들의 의식에서 생각되거나 느껴지기 때문입니다.

With the trinitarian God, His togetherness cannot be mentioned, since He, like the God of philosophers, is formulated in terms of His existence or nature. Then, He is only thought of or felt by individuals. That is, He is God of their own consciousness. The trinitarian God is God of individuals.

　삼위일체 하나님으로 그분 함께는 언급될 수 없습니다. 그분은 철학자들의 하나님과 같이 그분의 있음이나 속성으로 형성되었기 때문입니다. 그러면 그분은 개인들에 의해 단지 생각되거나 느껴집니다. 즉 그분은 그들 자신의 의식에서 하나님입니다. 삼위일체 하나님은 개인들의 하나님입니다.

There is no way to affirm that the covenant God is the trinitarian God, or vice versa, for the Bible is not narrated with the trinitarian God. When the covenant God is interpreted, His togetherness cannot be affirmed because it is not interpretable. The interpreted Bible is no more Bible.

　언약의 하나님이 삼위일체 하나님이거나 혹은 그 반대를 확언할 길이 없습니다. 성경은 삼위일체 하나님으로 서사되지 않기 때문입니다. 언약의 하나님이 해석될 때, 그분 함께는, 해석될 수 없기 때문에, 확언될 수 없습니다. 해석된 성경은 더 이상 성경이 아닙니다.

Since the traditional church has guided Christians to confess their faith in terms of the trinitarian God, they have become acquainted with Him. But He is not together with them, since He is not the covenant God of togetherness. Therefore, they are only individuals who have faith in the trinitarian God.

전통 교회가 그리스도인들로 그들의 믿음을 삼위일체 하나님으로 고백하도록 인도해 왔기 때문에, 그들은 그분과 알게 되었습니다. 그러나 그분은 그들과 함께하지 않습니다. 왜냐하면 그분은 함께하는 언약의 하나님이 아니기 때문입니다. 그러므로 그들은 단지 삼위일체 하나님을 믿는 개인들입니다.

The early Christians lived together, confessing Jesus Christ as the Son of God with the guidance of the Holy Spirit. Their confession was the affirmation of togetherness of God, Jesus Christ, and the Holy Spirit with them. Their confession is confirmed with their togetherness.

초대 그리스도인들은 성령님의 인도하심으로 예수 그리스도를 하나님의 아들로 고백하면서 함께 살았습니다. 그들의 고백은 하나님, 예수님, 그리고 성령님이 그들과 함께하신다는 확언입니다. 그들의 고백은 그들 함께로 확인됩니다.

The narratives in the NT are guided by God, Jesus, or the Holy

Spirit. They appear together whether apparently or not. Even if one of them is explicitly mentioned, the other two are in the background of it. The opening theme of the NT is: God's sending of Jesus into the world for His togetherness is witnessed by the Holy Spirit.

신약에서 서사는 하나님, 예수님, 혹은 성령님에 의해 인도됩니다. 그 분들은 명백하거나 아니거나 함께 나타나십니다. 그분들 가운데 한 분이 명시적으로 언급되더라도, 다른 두 분은 그 배경에 계십니다. 신약을 여는 주제는 이렇습니다: 하나님 함께를 위해 그분의 예수님을 세상에 보내심은 성령님에 의해 증거됩니다.

The gospel is the narrative of Jesus. But it is narrated with God's togetherness with the guidance of the Holy Spirit. Therefore, it can be read with the togetherness of God, Jesus, and the Holy Spirit. In this respect, with the gospel, the togetherness of them can be only affirmed. But if their togetherness is thought of, they go out of the gospel since togetherness is dissolved.

복음은 예수님의 서사입니다. 그러나 그것은 성령님의 인도하심으로 하나님의 함께로 서사됩니다. 그러므로 그것은 하나님, 예수님, 그리고 성령님의 함께하심으로 읽어질 수 있습니다. 이 점에서 복음으로 단지 그분들의 함께가 확언될 수 있습니다. 그러나 그분들의 함께가 생각되면, 함께가 해체되기 때문에 그분들은 복음 밖으로 가게 됩니다.

집중(Focus)

"삼위일체"는 삼위의 한 몸이라는 뜻입니다. 삼위일체 하나님은 하나님, 예수님, 그리고 성령님이 삼위이지만 한 몸인 하나님이라는 뜻입니다. 여기서 강조되는 것은 하나입니다. 한 분 하나님이 세 위를 보이신다고 합니다. 이 경우 삼위의 한 몸 하나님은 대상적 존재로 기술됩니다. 존재론적 언어로 구축되기 때문입니다. "위"나 "몸"은 존재론적 용어입니다.

"The trinity" means one body of three persons. The triune God means that, although God, Jesus, and the Holy Spirit are three persons, they are God of one body. What is empathized here is oneness. It tells that the one God shows three persons. In this case, the one body God of three persons is accounted as an objective being, for it is constructed in terms of ontological language. "Person" or "body" is an ontological term.

성경의 하나님은 임마누엘 하나님이십니다. 우리와 함께하는 하나님이십니다. 따라서 성경의 하나님엔 함께가 강조됩니다. 하나님은 그분 백성과 함께하는 분이십니다. 언약의 백성과 함께하는 언약의 하나님이십니다. 하나님, 예수님, 그리고 성령님의 함께는 그분 백성과 함께로 고백됩니다. 그들의 임마누엘 하나님은 하나님, 예수님, 그리고 성령님으로 그들과 함께하십니다.

The Biblical God is Immanuel God. He is God who is with us. Thus, to the Biblical God, togetherness is empathized. God is the One who is together His people. He is the covenant God who is together with His people. The togetherness of God, Jesus, and the Holy Spirit is confessed as the togetherness with His people. Their Immanuel God is together with them as God, Jesus, and the Holy Spirit.

언약의 백성에게 함께하는 그들의 하나님은 유일한 하나님이십니다. 따라서 유일신론이 등장합니다. 이 경우 하나의 뜻은 함께에 근거합니다. 즉 대상적인 하나를 뜻하지 않습니다. 대상적으로 하나님을 한 분이라는 진술은 개인의 생각에서 나옵니다. 즉 그분은 개인적으로 생각되는 하나님입니다. 그러면 그분의 백성은 말해질 수 없습니다. 그분은 언약의 하나님이 아닙니다. 그렇지만 임마누엘 하나님은 언약의 백성의 하나님이십니다.

To the covenant people, their God who is together with them is the only God. Thus, monotheism arises. In this case, the meaning of oneness is based on togetherness. That is, it does not mean objective oneness. The statement that God is objectively one comes from individual thinking. That is, He is God who is thought of individually. Then, His people cannot be told. He is not the covenant God. Nevertheless, the Immanuel God is God of the covenant people.

후기

Epilogue

칸트[1724-1804]는, 그의 『순수이성 비판』에서, 순수이성은 경험의 한계 내에서만 적용될 수 있다는 것을 보입니다. 순수이성은 경험의 한계를 넘어가면, 경험적 내용을 줄 수 없는 도그마로 보인다고 합니다. 그의 이율배반론은 순수이성이 경험의 한계를 넘은 명제에 적용될 경우 상반된 결론을 이끌어낼 수 있다는 것을 증명합니다. 따라서 그는 경험을 넘은 영역에서는 순수이성이 아닌 실천이성이 다루어져야 한다고 합니다. 이것이 그의 비판철학 요지입니다. 그는 전래하는 형이상학을 비판적 시각으로 다룹니다.

Kant[1724-1804], in his *Critique of Pure Reason*, shows that pure reason can be applied to the limit of experience. He says that, if it goes beyond the limit of experience, it shows dogma which cannot give experiential content. His antinomy proves that pure reason can draw the opposite conclusions in the case that it is applied to a proposition that is beyond the limit of experience. Thus, he asserts that not pure reason but practical reason has to be dealt with in the realm of beyond experience. This is the tenet of his critical philosophy. He deals with the traditional metaphysics from a critical perspective.

실천이성으로 칸트는 도덕률을 세웁니다. 개인적 덕의 추구를 장려하는 아리스토텔레스의 도덕성과는 달리, 칸트의 도덕성은 범주 명령에 의한 실천 원리로 제창됩니다. 칸트에게 도덕은 모두 지켜야할 도덕률입니다. 그는 누구나 지켜야 할 도덕률로 실천이성을 확립하고서 『이성의 한계 안에서의 종교*Religion within the Limits of Reason alone*』를 씁니다. 여기서 reason^{이성}은 물론 practical reason^{실천 이성}을 뜻합니다. 그는 종교는 실천이성 안에서 다루어져야 한다고 합니다. 그에 따르면 성경은 형이상학적 내용이 아닌 도덕률로 풀이되어야 합니다.

Kant builds up the moral code in terms of practical reason. Unlike Aristotle's morality that encourages the pursuit of individual virtue, Kant's morality is advocated in terms of the principle of practice by the categorical imperative. To Kant, morals is the moral code that everyone has to keep. After he establishes practical reason as the moral code that everyone has to keep, he writes *Religion within the Limits of Reason alone*. Here, "reason", of course, is practical reason. He asserts that religion has to be dealt with for practical reasons. According to him, the Bible has to be interpreted not into the metaphysical content but into the moral code.

슐라이어마허¹⁷⁶⁸⁻¹⁸³⁴는 지성이나 도덕성과 다른 종교성을 제창합니다. 개인은 절대적으로 의존하는 느낌^{Gefühl}을 종교성으로 지닌다고 합니다. 따라서 그에 의하면 개인은 지성, 도덕성과 더불어 종교성을 속성으로 지닙니다. 그의 종교성은 19세기 낭만주의의 한 주류로 전개됩니다. 그의 신학은 종교성을 근거로 성경이 풀이된 소산입니다. 따라서 그의 신학은 정통 신학에 비추어 자유주의 신학이라 불러집니다. 그의 종교성은 톨스토이나 우찌무라 간조^{内村鑑三}의 글에 반영됩니다.

Schleiermacher[1768-1834] advocates religiosity which is different from intellectuality or morality. He asserts that an individual has a feeling of absolute dependence as religiosity. Thus, according to him, an individual has religiosity as well as intellectuality and morality as his property. His religiosity is generated as one of the mainstreams of 19th century romanticism. His theology is the outcome of his interpretation of the Bible on the basis of religiosity. Thus, his theology is called liberal theology, compared to traditional orthodox theology. His religiosity is reflected in the writings of Leo Tolstoi and Uchimura Kanzo.

중세부터 초월성[아우구스티누스]이나 형이상학[토마스 아퀴나스]으로 정립되어온 지성적 신학은 칸트의 도덕성에 의해 도전되거나 슐라이어마허의 종교성에 의해 재검토됩니다. 이 경향은 개신교 신학에만 타당합니다. 가톨릭 신학은 중세신학을 유지해갑니다. 신학이 칸트가 언급한 순수이성으로 정립되는 한, 그가 제기한 순수이성에 대한 비판을 수습할 수 있는 전제를 지녀야합니다.

The intellectual theology that has been established in terms of transcendentality[Augustin] or metaphysics[Aquinas] since the medieval times is challenged by Kant's morality or reassessed by Schleiermacher's religiosity. This tendency is only relevant to the protestant theology. Catholic theology has maintained medieval theology. As long as a theology is established by pure reason that Kant mentioned, it has to entail the presupposition that can handle his critique of pure reason.

신학을 도덕성이나 종교성으로 다루는 것은 신학의 주류일 수 없습니다. 인간의 기본 지성은 ^{순수}이성에 의해 그리스 철학으로부터 이어져왔기 때문입니다. 신학자들은 어떻든 칸트가 제기한 문제를 극복하면서 ^{순수}이성으로 신학을 정립하려 합니다.

It cannot be the mainstream of theology to deal with theology in terms of morality or religiosity, for the basic intellectuality has been succeeded from Greek philosophy by ^{pure} reason. Theologians, at any rate, want to generate their theology in terms of ^{pure} reason, overcoming the problem that Kant raised.

바르트¹⁸⁸⁶⁻¹⁹⁶⁸는 경험을 넘어감으로 처하게 될 칸트의 이율배반론에 대한 문제는 이율배반의 어느 한 편이든 도그마로 받아들임으로 해결된다고 봅니다. 상반되는 결론 가운데 하나가 도그마로 받아들여져, 그로부터 교리가 전개될 수 있습니다. 교회는 믿음을 도그마로 선포합니다. 교회가 들려주는 믿음의 내용은 경험에 근거하지 않으니, 도그마일 수밖에 없습니다. 믿음이 교리라는 도그마로 선포되더라도, 도그마를 전개하는 것은 ^{순수}이성입니다. 도그마는 도덕성이나 종교성을 담지 않습니다. 이것이 바르트가 그의 신학을 『교회 교의학^{Kirchliche Dogmatik}』으로 전개한 이유입니다.

Barth¹⁸⁸⁶⁻¹⁹⁶⁸ sees that the problem of Kant's antinomy that is encountered in the realm of beyond experience may be resolved as either side of an antinomy is accepted as a dogma. One of the contradicting conclusions may be accepted as a dogma from which doctrines can be generated. The church proclaims faith in terms of dogmas. The contents of faith that the church tells is not based on experience, they cannot but be dogmas. Even if faith is proclaimed in terms of doctrines, i.e., dogmas, what generates dogmas is ^{pure} reason. Dogmas do not contain morality or religiosity. This is the reason that Barth writes his theology as *Church Dogmatics*.

틸리히[1886–1965]는 교회에 근거한 도그마 신학보다 인간의 실존에 근거한 실존 신학을 전개하려 합니다. 그는 인간의 실존적 질문에 대한 하나님의 응답이라는 형태의 상관성을 존재론적으로 도입합니다. 하나님의 응답은 하나님으로부터 임한다는 점에서, 그는 인간의 추구가 칸트가 제기한 경험의 한계를 넘어가지 않도록 합니다. 그는 인간이 추구하는 것은 경험의 한계에 머물고, 경험의 한계를 넘는 것은 하나님의 응답으로 임한다고 봅니다. 이 때문에 그의 상관성은 도식에 머뭅니다. 하나님의 응답이 지적일 수 없으니 영적이어야 합니다. 그러나 영적 응답이 지적 질문에 주어진다고 단언하는 것은 적절하지 않습니다. 그리고 그의 상관성은 성경의 근본 설정으로부터 떠납니다.

Tillich[1886–1965] wants to generate existential theology which is based on human existence rather than dogmatic theology which is based on the church. He introduces correlation of the form of God's answer to human existential questions ontologically. In the respect that His answer comes from Him, he prevents human pursuit from going beyond the limit of experience that Kant brought in. He sees that what human pursues remains in the limit of experience, and what goes over the limit from human experience comes from His answer. For this reason, his correlation remains as a schema. As His answer cannot be intellectual, it has to be Spiritual. But it is not proper to assert that Spiritual answer is to be given to an intellectual question. And his correlation departs from the basic setting of the Bible.

교회 전통에서 정통과 이단의 문제는 어떤 도그마는 정통으로 받아들여지면서 다른 도그마는 이단에 종속된다는 것을 뜻합니다. 중세 신학에서부터 제기되어 온 정통과 이단의 문제나, 유신론과 무신론의 갈등은 모두 자체의 도그마로 지향됨으로 해결될 수 없습니다. 이 점은 칸트에 의해 비판철학에서 분명히 보입니다. 인간의 경험 영역에서 해결될 수 없는 문제는 도그마의 갈등으로 이끌어질 수밖에 없습니다. 교회가 세상에 도그마의 산실로 자리잡는 것은 바람직하지 않습니다.

The problem of orthodoxy and heterodoxy in the tradition of the church means that, while a certain dogma is accepted as orthodoxy, others are subjected to heterodoxy. The problem of orthodoxy and heterodoxy that has been raised from medieval theology and the conflict of theism and atheism cannot be resolved since all of them are directed by their own dogma. This is clearly shown by Kant in his critique. The problem that cannot be resolved in the realm of human experience cannot but be led into conflict of dogmas. It is not wishful for the church to be settled as a delivery of dogma in the world.

헤겔[1770-1831]은 칸트가 비판철학으로 한계를 정한 순수이성을 절대화함으로 이성에 의한 이념의 갈림을 조장합니다. 헤겔은 정반합이라는 변증법을 도식으로 도입하지만, 정과 반의 합은 이성에 내포된 속성일수 없습니다. 현대 삶이 이념적 갈등으로 치닫는 것과 같이, 도그마를 선포하는 교회도 도그마의 갈등 가운데 자리잡을 수밖에 없습니다. 따라서 교회는 종교적 갈등만이 아니라 이념적 갈등도 보입니다. 경험의 한계를 ^{순수}이성으로 넘어가려고 할 때, 도그마나 이념이 등장하게 됩니다.

Hegel[1770-1831] aggravates the ideological diversion by pure reason of which Kant set its limit in his critical philosophy, absolutizing it. Although Hegel introduces the dialectics of thesis-antithesis-synthesis as a schema, synthesis of thesis and antithesis cannot be the property which is entailed in reason. Modern life is driven into ideological conflict; likewise, the church which proclaims dogma cannot but be settled in the conflict of dogmas. Thus, it shows not only religious conflict but ideological conflict. When the limit of experience is passed over in terms of ^{pure} reason, dogma or ideology comes to appear.

그리스도교는 언어적입니다. 이 말은 쉽게 들려지지 않습니다. 사람의 말은 세상에 존재하는 것을 지적하거나 속성을 서술하기 위해 사용됩니다. 따라서 세상에 있는 것이나 일어나는 것을 동반합니다. 사람의 말은 어떻든 세상에 있는 것을 근거로 신화적으로 혹은 종교적으로 확장됩니다. 그러나 성경은 하나님의 말씀으로 이루어지는 것을 서사하기 때문에, 그 말의 우선성을 전제로 전개됩니다. 성경이 언어적으로 접해지지 않기 때문에, 지적으로, 도덕적으로, 혹은 종교적으로 이해되게 됩니다.

Christianity is linguistic. This is not to be heard easily. Man's word is used to indicate what is in the world or to describe its property. Thus, it is accompanied by what is or what occurs in the world. It, at any rate, expands on the basis of what exists in the world mythologically or religiously. But since the Bible as God's word narrates what is fulfilled, it is generated under the presupposition of the priority of its words. Since it is not to be encountered linguistically, it comes to be understood intellectually, morally, or religiously.

성경을 하나님의 말씀이라고 확언하는 것은 언어의 우선성을 반영합니다. 성경은 이루어짐으로 서사되기 때문에 총체적으로 하나님의 말씀이라고 합니다. 성경은 하나님께서 그분 백성과 함께하는 언약의 삶의 이루어짐으로 서사됩니다. 성경은 세상에 있거나 일어나는 것을 지적하기 위함이 아닙니다. 그러므로 성경이 사실적이라고 표현하는 것은 적절하지 않습니다. 성경의 기본 시각은 있음이 아닌 이루어짐을 향하기 때문입니다. 하나님 말씀의 이루어짐은 하나님 말씀의 우선성을 부여하지 않고 논의될 수 없습니다.

It reflects the priority of language to affirm that the Bible is God's word. Since it is narrated in fulfillment, it is wholly called His word. It is narrated as the fulfillment of the covenant life of His being together with His people. It is not for indicating what is or what occurs in the world. Therefore, it is not proper to express that the Bible is factual, for the basic perspective of the Bible is directed not to existent but to fulfillment. The fulfillment of God's word cannot be discussed without granting the priority of His word.

그리스도교가 로마제국의 국가 종교가 됨으로, 교회는 국가 기관이 되었습니다. 따라서 성경은 교회라는 국가 기관에 의해 관장되면서, 원래 언어적 우선성은 상실되게 됩니다. 하나님과 함께하는 언약의 언어가 될 수 없기 때문입니다. 언약의 백성은 언약의 언어로 이루어지지만, 로마제국의 시민은 언약의 백성이 아닙니다. 그들은 하나님과 함께하는 언약의 백성으로 이루어지지 않으니, 하나님께서 언약으로 이루시는 내용을 지니지 않습니다. 따라서 교회는 성경을 국가체계에서 속성으로 풀이하게 됩니다. 중세 교회가 형성한 교리는 성경을 로마시민이 지닐 속성으로 풀이한 것입니다.

As Christianity became the national religion of the Roman Empire, the church came to be a national institute. Thus, as the Bible was taken charge of by the institute of the church, its original linguistic priority came to be lost, for it could not be the covenant language of being together with God. The covenant people were fulfilled with the covenant language; however, the citizens of the Roman Empire were not the covenant people. Since they were not fulfilled into the covenant people of being together with God, they did not carry the content that would be fulfilled by Him with His covenant. Thus, the church came to interpret the Bible in terms of properties in the system of the nation. The doctrines that the medieval church formulated were the interpretations of the Bible into the properties that the citizens of the Roman Empire should be cherished.

성경이 언약의 백성이 아닌 이들에게 일차적으로 접해지는 것은 문자입니다. 하나님의 말씀이 아닙니다. 모든 문자가 세상 속성에 의해 반영된 것으로 여겨지면, 성경의 문자도 또한 세상 속성의 반영으로 읽어집니다. 그러나 성경에 담아진 것은 하나님께서 이스라엘 백성과 더불어 초대 그리스도인들과 함께하시는 언약의 내용입니다. 언약은 함께하는 언어입니다. 따라서 언약에 담아진 내용은 언약의 하나님과 언약의 백성으로 분리하여 다루어질 수 없습니다. 그러나 로마시민이 속성으로 자신들을 의식하는 한, 하나님을 속성을 띤 대상적 존재로 다룰 수밖에 없습니다. 이렇게 해서 언약의 언어는 존재론적 언어로 대치되게 됩니다.

What is primarily encountered with the Bible by non covenant people are its letters. It is not God's word. If all letters are considered as what are reflected by the worldly properties, the Biblical letters are also read in the reflection of the worldly properties. But what is contained in the Bible are the covenant contents of God's togetherness with the early Christians as well as the Israelites. The covenant is the language of togetherness. Thus, the content that is contained in the covenant cannot be dealt with the covenant God and the covenant people separately. But as long as the Roman citizens are conscious of themselves in terms of their properties, they cannot but deal with Him as an objective being who has property. In this way, the covenant language is substituted by the ontological language.

종교개혁 후에도 그리스도교는 국가 종교로 지속되어왔습니다. 루터나 칼뱅의 종교개혁은 교리 상 중세 그리스도교와 차이를 보이지만, 언약을 반영하지 못한 점에서 중세 그리스도교나 다를 바 없습니다. 즉 하나님 말씀의 우선성이나 그분 말씀으로 이루어지는 언약의 내용을 반영하지 않습니다. 미국과 한국은 헌법상 종교를 정치로부터 분리하지만, 교회 가르침의 내용은 2천년을 내려온 같은 교리입니다. 성경은 언약의 책으로 불러지지만, 언약으로보다 교리로 이해됩니다. 즉 성경은 하나님 말씀의 이루어짐으로 여겨지지 않습니다.

Even after the Reformation, Christianity has been sustained as a national religion. The reformation of Luther or Calvin shows a difference from medieval Christianity in its doctrine, it has no difference from medieval Christianity in the respect that it does not reflect the covenant content. That is, it does not reflect the priority of God's word or the covenant content that is fulfilled with His word. The United States and Korea separate religion from state constitutionally, the content of the church teaching is the same doctrine that has been inherited for two thousand years. Although the Bible is called the covenant book, it is to be understood in terms of doctrine rather than the covenant. That is, it is not to be considered as the fulfillment of God's word.

하나님 말씀의 우선성은 하나님 말씀은 세상의 어떤 기준으로 가늠될 수 없다는 것을 뜻합니다. 하나님의 말씀은 함께하는 하나님의 말씀으로만 의식됩니다. 하나님의 말씀이 함께하는 하나님의 말씀으로 의식되어야 언약의 삶은 이루어집니다. 이것이 언약의 기본 설정입니다. 성경의 창조와 구원의 기술은 언어적입니다. 성경의 창조 기술은 하나님의 말씀이 창조된 세상에 내재된 것을 보입니다. 예수님으로 서사되는 구원도 언어적입니다. 성경에서 사랑은 "사랑"이라는 말의 이루어짐입니다. 세상의 속성을 뜻하지 않습니다. 성경은 사랑보다 "사랑"이라는 말의 우선성을 보입니다.

The priority of God's word means that His word cannot be assessed by any criterion of the world. His word is only to be conscious of as His word of being together. The covenant life is fulfilled only if His word is to be conscious of as His word of being together. This is the basic setting of the covenant. The Biblical account of creation and salvation is linguistic. The creation account of the Bible shows that His word is inherent in the created world. Salvation that is narrated with Jesus is also linguistic. Love in the Bible is the fulfillment of the word, "love." It does not mean a property of the world. The Bible shows the priority of the word, "love," rather than love.

초대 사도들과 유대인들은 그들의 하나님과 함께에 대한 확신에서 극명한 대립으로 이끌어집니다. 유대인들은, 예수님이 율법을 지키지 않음으로, 하나님께서 예수님과 함께하지 않는다고 판단해서 십자가에 처형합니다. 그러나 초대 사도들은 하나님께서 예수님과 함께하신다는 확언으로 복음을 전파합니다. 그들은 예수님으로 하나님과 함께하는 새 언약의 삶이 이루어진다고 선언합니다. 즉 예수님으로 하나님께서 그들과 함께하신다는 것이 그들이 전하는 복음, 곧 좋은 소식입니다. 예수님의 탄생과 성육신의 서사는 처음부터 하나님께서 예수님과 함께하심을 보이려는 것입니다. 이렇게 유대인들과 초대 사도들은 언약의 관점에서 첨예한 대립을 보입니다. 이 첨예한 대립은 이스라엘 백성의 옛 언약으로부터 초대 그리스도인들의 새 언약이 출현하는 진통입니다.

The early apostles and the Jews were led into the stark conflict in the assurance of their being together with God. The Jews crucified Jesus, judging that God was not together with Him because He did not keep the law. But the early apostles preached the gospel with the affirmation that God was together with Him. They announced that the new covenant life of being together with God was fulfilled through Jesus. That is, it was the gospel, i.e., the good news, which they preached that God was together with them through Jesus. The narrative of Jesus' birth and incarnation were to show God's togetherness with Jesus from the beginning. In this way, the Jews and the early apostles showed a sharp conflict from the perspective of the covenant. This sharp conflict was the labor pains of the appearance of the new covenant of the early Christians from the old covenant of the Israelites.

예수님을 영적으로 서사한 복음은 영이신 하나님과 함께는 영성으로 서사됨을 보입니다. 이것은 모세가 이스라엘 백성이 율법을 지킴으로 하나님과 함께한다고 확언한 것에 대조됩니다. 즉 하나님과 함께에 대한 모세의 확언은 율법의 지킴이라는 조건으로 표현됩니다. 따라서 예수님이 세상 속성으로 서술되면, 예수님으로 하나님과 함께도 조건적이 될 것입니다. 이런 연유로 영이신 하나님과 함께하는 예수님의 이야기는 영적으로 서사되는 새 언약입니다. 따라서 예수님이 세상에 근거한 지적, 도덕적, 혹은 종교적으로 이해되게 되면, 하나님과 함께하는 새 언약의 영적 내용은 상실되게 됩니다.

The gospel which narrates Jesus Spiritually shows that togetherness with God who is Spirit is narrated Spiritually. This is contrasted with Moses' affirmation that the Israelites would be together with God in their keeping of the law. That is, his affirmation of togetherness with Him was expressed by the condition of the keeping of the law. Thus, if Jesus was described in terms of the worldly property, togetherness with God through Jesus would be also conditional. For this reason, the story of Jesus who is together with

God who is Spirit is the new covenant that is narrated Spiritually. Thus, if Jesus is to be understood by intellectuality, morality, or religiosity that is grounded in the world, the Spiritual content of the new covenant of being together with God comes to be lost.

"임마누엘"은 "임마^{함께}-누우리-엘^{하나님}"의 합성어입니다. 하나님께서 우리와 함께를 뜻하니 언약의 핵심적 말입니다. 모세는 이스라엘 백성에게 그들이 율법을 지키면 하나님이 그들을 축복하실 것이라고 했습니다. 즉 그는 그들이 율법을 지키면 하나님께서 그들과 함께하실 것이라고 했습니다. 그러나 이스라엘 백성의 삶이 붕괴 될 때, 그들은 하나님께서 그들과 함께하지 않으신 것을 보게 됩니다. 따라서 임마누엘의 예언이 나옵니다. 메시아의 예언은 임마누엘의 예언을 뜻합니다. 하나님은 메시아를 보내심으로 그분 함께를 드러내십니다. 이렇게 구약은 하나님께서 그들과 함께하실 것을 예언으로 남깁니다.

The word, "Immanuel," is a combined word, "Imma^{with}-nu^{us}-el ^{God}." Since it means that God is together with us, it is the core word of the covenant. Moses told the Israelites that God would bless them if they kept the law. That is, he told them that He would be together with them if they kept the law. But when their life collapsed, they came to see that He was not together with them. Thus, the prophecy of Immanuel came out. The prophecy of the Messiah means the prophecy of Immanuel. He would unveil His togetherness, sending the Messiah. In this way, the OT left His togetherness with them as prophecy.

신약은 예수님으로 임마누엘의 이루어짐을 선포하며 시작합니다.

이것이 예수님의 이야기를 복음이라고 하는 핵심적 뜻입니다. 함께로 서사되는 임마누엘 하나님은 존재로 말해질 수 없습니다. 하나님이 존재로 말해지는 한, 하나님의 우리와 함께는 절단되게 됩니다. 하나님이 독립적으로 말해지기 때문입니다. 따라서 우리와 존재하는 하나님은 기껏 관계로 설정됩니다. 임마누엘의 내용이 하나님이나 사람의 속성으로 다루어지면, 언약은 존재론으로 풀이되고, 따라서 임마누엘 하나님은 삼위일체 하나님으로 대치됩니다.

The NT begins with the proclamation of the fulfillment of Immanuel through Jesus. This is the core meaning of saying that His story is the gospel. The Immanuel God who is narrated with togetherness cannot be told as Being. As long as He is told as Being, His togetherness with us comes to be severed, for He is told independently. Thus, we and God who exists are at most set in a relationship. If the content of Immanuel is dealt with in terms of the property of Him or man, the covenant is interpreted into ontology and, thus, the Immanuel God is substituted by the triune God.

성경을 지성, 도덕성, 혹은 종교성으로 풀이하는 것은 개인들의 고양을 위해서입니다. 지성, 도덕성, 또 종교성은 개인들의 속성이기 때문입니다. 그러나 고양된 개인들이 하나님의 백성은 아닙니다. 하나님의 백성은 함께하시는 하나님의 말씀으로 이루어지지만, 고양된 개인들은 자신들의 독자성을 지님으로 하나님과 함께하지 못합니다. 성경의 지성, 도덕성, 혹은 종교성으로 풀이는 하나님의 말씀의 이루어짐일 수 없습니다. 즉 하나님의 언약의 이루어짐일 수 없습니다.

It is for the elevation of individuals to interpret the Bible in terms of intellectuality, morality, or religiosity, for intellectuality, morality, and religiosity are properties of individuals. But the elevated individuals are not God's people. God's people are fulfilled with the word of Him who is together; however, the elevated individuals are not together with Him because they have their own identity. The interpretation of the Bible into intellectuality, morality, or religiosity cannot be the fulfillment of His word. That is, it cannot be the fulfillment of His covenant.

언약은 언어적으로 이루어집니다. 하나님의 약속의 말씀으로 이루어지기 때문입니다. 그러나 율법이나 종교는 언어적으로 이루어지지 않습니다. 세상 속성으로 표현되기 때문입니다. 그렇지만 복음은 언어적으로 이루어집니다. 즉 예수님의 이야기는 언어적으로 이루어진 것이고 언어적으로 이루어질 것입니다. 세상 속성으로 표현될 것이 아닙니다. 따라서 언약은 예수님의 이야기, 곧 복음으로 온전히 드러납니다. 이 때문에 복음의 새 언약이 율법의 옛 언약을 따라와야 합니다.

The covenant is fulfilled linguistically, for it is fulfilled with God's word of promise. But the law or religion is not fulfilled linguistically, for it is expressed in terms of worldly property. However, the gospel is fulfilled linguistically. That is, Jesus' story is what was fulfilled linguistically and what will be fulfilled linguistically. It is not what is to be expressed in terms of the worldly property. Thus, the covenant is wholly disclosed by Jesus' story, i.e., the gospel. For this reason, the old covenant of the law has to be followed by the new covenant of the gospel.

언약은 하나님에 의해 그분 백성에게 그분 함께를 위해 그분 말씀으로 주어집니다. 언약의 하나님은 언약의 백성과 그분 말씀으로 함께하십니다. 그러므로 언약의 책인 성경을 읽는 이들은 언약의 하나님과 분리될 수 없는 언약의 백성입니다. 그리스도교는 예수님을 주와 그리스도로 고백함으로 언약의 하나님과 함께하는 언약의 백성인 그리스도인들의 삶입니다.

The covenant is given by God to His people for His togetherness with His word. The covenant God is together with the covenant people with His word. Therefore, those who read the Bible, the covenant book, are the covenant people who cannot be separated from the covenant God. Christianity is the life of Christians who are the covenant people of being together with the covenant God, confessing Jesus as Lord and Christ.